Management by Love

ECON Praxis

Gerd Gerken

Management by Love

ECON Taschenbuch Verlag

Die Deutsche Bibliothek – CIP-Einheitsaufnahme

Gerken, Gerd:
Management by Love : Mehr Erfolg durch Menschlichkeit /
Gerd Gerken. – Düsseldorf ; Wien : ECON Taschenbuch Verl., 1993
(ETB ; 21195 : ECON-Praxis)
ISBN 3-612-21195-1
NE: GT

Lizenzausgabe

ECON Taschenbuch Verlag GmbH, Düsseldorf und Wien
Januar 1993

Umschlaggestaltung: Molesch/Niedertubbesing, Bielefeld
Druck und Bindearbeiten: Ebner Ulm
Printed in Germany
ISBN 3-612-21195-1

gewidmet
Franz Spreither,
dem ich viel verdanke

Inhalt

Das Tao-Projekt

»Paradoxerweise tut das Tao nichts,
aber es schafft alle Dinge.«
J. C. Cooper

Warum es das Tao-Projekt gibt

Ich hatte eine Verabredung mit einer Studentin. Sie wollte Auskünfte und Ratschläge von mir, weil sie eine Diplomarbeit schrieb. Sie studierte Betriebswirtschaftslehre bei einem der führenden Betriebswissenschaftler. Und diese Diplomarbeit war anders als die meisten anderen Diplomarbeiten, handelte sie doch vom Verhältnis zwischen Management und Spiritualität. Deshalb brauchte sie Hilfe, denn in der normalen Universitäts-Bibliothek fand sie kaum Materialien zu diesem Thema.

Die Studentin hatte ihre Arbeit in den Grundzügen schon fertig, so daß sie mir die gefundenen Beziehungen zwischen neuem Bewußtsein einerseits und dem Management in »fortschrittsfähigen Unternehmen« andererseits klarmachen konnte.

Ich hörte mir die vielen Argumente und Strukturen ihrer Recherchen an, und je länger sie diese vortrug, um so mulmiger wurde mir. Es handelte sich im Grunde um eine minutiöse Auflistung vieler Facetten des Managements im Hinblick auf innere Wandlungs- und Fortschritts-Fähigkeit. Und immer wenn sie ihre Thesen, die weitestgehend abgestimmt waren mit dem, was »mein Professor von mir verlangt«, vorlas, hatte ich das Gefühl, daß das Gegenteil ebenso richtig sein konnte. Obwohl das alles sehr akademisch klang und außerordentlich präzise in Kategorien und Dimensionen unterteilt war, hatte ich immer das Gefühl, daß es sich hier um eine willkürliche, rein intellektuelle Ordnung handelte.

Nachdem sie zum Schluß – ein bißchen müde vom vielen Reden – die letzte Schlußfolgerung vortrug, fragte ich sie vorsichtig: »Nun, Sie haben sehr umfangreich beschrieben, was New Age und Spiritualität ist und was ein fortschrittsfähiges Unternehmen ist. Nun stellt sich aber die Frage: Woher kommt nun die Energie für die notwendigen Wandlungen? Woher kommt die mentale Kraft für den Fortschritt im Unternehmen?«

Woher kommt diese Kraft?

Darauf wußte meine Studentin keine Antwort. Und als ich sie immer wieder provozierte mit der Frage nach der Energie, meinte sie, das sei im Grunde eine überflüssige Frage. Die Mitarbeiter in den Unternehmen müßten arbeiten; von daher käme die Energie. Es gäbe ja schließlich den Zwang zum Brotverdienen, das sei so etwas wie die Basis-Energie. In der Betriebswirtschaft, die sie jahrelang gehört und studiert habe, gäbe es keine andere Quelle für diese Energie.

Ich ließ nicht locker. Immer wieder provozierte ich sie mit der Frage, woher die mentale Energie für den Fortschritts-Prozeß in den Unternehmen kommt. Woher die geistige Kraft für die Transformation der Organisation kommt. Wieder dachte sie lange nach. Und dann verwies sie auf Pläne, auf Strategien, auf Ziele und auf das klassische Projekt-Management. Kurz: »Pläne erzeugen diese Energie!«

Dann schaute sie mich lange an, etwas ungläubig lächelnd, so als wollten ihre Augen ausdrücken, wie sehr sie im Innersten selbst daran zweifelte. Ich antwortete ihr: »Nein, die Energien für Fortschritts-Fähigkeit kommt von Glauben und Liebe.«

Da lachte sie und sagte, mit derartigen Vokabeln und mit soviel poetischem Ballast könne man das Problem der Betriebswirtschaft weder erfassen noch operationalisieren. Glauben und Liebe . . . das habe nichts mit Betriebswirtschaft und der Fortschrittsfähigkeit von Unternehmen zu tun. »Nein«, sagte ich, »aber es hat etwas mit Spiritualität und neuem Management zu tun. Denn wenn man schon die Frage der Fragen stellt, nämlich die, woher die zentrale Energie für die vielfältigen Wandlungen in den Unternehmen kommt, dann muß man auch den Mut haben hinzuschauen, woher die Energie immerzu fließt. Energie kommt aus dem Kosmos. Und die Frage stellt sich: Wie kann ein Unternehmen oder ein Manager diese kosmische Energie anzapfen, um sie für seine Arbeit und für das Unternehmen nutzbar zu machen?«

Nein, die Frage nach der Energie beantwortet die Betriebswirtschaftslehre nicht, selbst wenn sie sich um Fortschrittsfähigkeit und innere Wandlung intensiv bemüht. Die Betriebswirtschaft spricht von der Fortschrittsfähigkeit der Organisation, ohne die energetische Quelle für diese Fähigkeit mit einzubringen.

Aber: Ohne Glauben kann ein Unternehmen sich nicht energetisieren. Und um Glauben zu erwecken, benötigt man die gemeinsame Liebe zu einer Vision. Vision kann man definieren als *ein Medium, das Glauben in eine Company trägt.* Nur wenn Gruppen einen gleich ausgerichteten Glauben haben (Kohärenz), sind sie in der Lage, mehr Energie zu produzieren, als sie durch ihre Aktivitäten in die Prozesse eingeben.

Und Liebe? Liebe ist ein Wort, das offensichtlich überhaupt nicht zum modernen, rationalen Management paßt, eher zu romantischen Gedichten, Pop-Musik und privaten Zärtlichkeiten. Aber Liebe definiert den Grad der Identifikation mit einer Aufgabe, mit einer Arbeit, mit einem Unternehmen, mit einem Team, mit einem Chef. Liebe ist *die Quelle für Sozialenergie*, wenngleich man auch in den Unternehmen kaum Liebe zur Liebe sagt, sondern eher von »Handlungsleidenschaft« oder – schlichter noch – »überdurchschnittlichem Engagement« spricht.

Das alles hatte sich die Studentin ruhig angehört. Dann fragte sie mich: »Meinen Sie wirklich, ich könnte in einer Diplomarbeit etwas über den energetischen Hintergrund von Glaube und Liebe schreiben? Die Arbeit würde nicht angenommen werden – und wenn, dann würde sie eine schlechte Benotung bekommen. Lassen wir das!«

Ja, das war mein Schlüsselerlebnis, das zum Tao-Projekt führte. Mir wurde damals schlagartig klar, daß die rationale und abstrakte Betriebswirtschaftslehre gar nicht in der Lage ist, die mentalen Kräfte hinter den Prozessen zu beschreiben, weil sie mit einer Sprache und mit einer Modellbildung arbeitet (also auch mit einem Wirklichkeits-Modell), das auf *Präzision und materielle Wirklichkeit* ausgerichtet ist. Die Universitätslehre wird damit Opfer ihrer eigenen Mythologie. Kaufmann spricht in diesem Zusammenhang vom »myth-of-managerial-omnipotence«.

Alles, was im metaphysischen oder mystischen Raum existiert – also etwa Sozialenergie, Glaube und Sympathie –, wird dadurch *automatisch weggefiltert* und damit instrumentell ausgegrenzt. Wenn man also fragt, was ein Unternehmen fortschrittsfähig macht, und dabei Liebe, Geist und Sozialenergie ausklammert, dann beantwortet man im Grunde nicht die Frage: »Was bringt die Energie für diesen Fortschritt«, sondern die Frage: »Wie sieht dieser Fortschritt aus?«

Und das ist das Dilemma der Betriebswirtschaftslehre. Sie beschreibt Phänomene und objektive Prozesse. Sie beschreibt aber nicht die Welt hinter diesen Prozessen. Sie negiert die unsichtbaren Kräfte hinter sichtbaren Prozessen.

Langfristig gesehen, wird das für die Betriebswirtschaftslehre, so wurde mir durch dieses Gespräch mit der Studentin klar, viele Probleme bringen. Denn in der internationalen Szene läuft die Betriebswirtschaft mehr und mehr auf das Paradigma komplexer, offener Systeme zu, das heißt beispielsweise auf *Selbstorganisation*. Je mehr Selbstorganisation ein Unternehmen aber einsetzt, um so mehr Energie braucht es. Ich nenne das *die Dennoch-Energie*.

Das ist die Energie, die Fehler positiv überfluten läßt. Das ist die Energie, die zum Ziel wird, obwohl das Ziel ungenau formuliert ist. Das ist die Energie, die den Erfolg bringt, obwohl die Planung vielleicht nicht perfekt war. Das sind die »geheimnisvollen Kräfte«, die dennoch zum Ziel führen.

Das erinnert an das Paradigma der neuen Medizin. Auch dort beginnt man umzudenken. Man gibt den Organen nicht mehr direkte, lineare Hilfe, sondern gibt den einzelnen Organen diejenige Energie, die sie befähigt, sich selbst zu heilen. Selbsthilfe, Selbstheilung und Selbstorganisation, das sind die neuen Prämissen, um in hochkomplexen Konstellationen flexibel und offen reagieren zu können.

Die Betriebswirtschaftslehre hat den Faktor »Energie« immer noch ausgeklammert. Oder – anders ausgedrückt – sie geht, wie meine Studentin, stillschweigend davon aus, daß immer genug Energie vorhanden ist. Motto: Die Menschen müssen ja arbeiten, um sich ihr »täglich Brot« zu verdienen. Damit wird eine *niedrige Basis-Energie*, die an der Grenze von Zwang und Pflicht angesiedelt ist, zur Grundlage betriebswirtschaftlicher Modellbildung gemacht.

Das Tao-Projekt versucht nun, dieses Energie-Dilemma zu überwinden. Und deshalb arbeitet es mit zwei Thesen:

① Wir brauchen eine Methodik, um soziale und persönliche Energien zu erwecken. Wir brauchen für Unternehmer und Manager eine Box of Instruments, um das Energie-Quantum zu steigern. Diese Arbeit wird eher mystischer, metaphysischer und geistiger Natur sein. Das Tao der Energie beantwortet die Frage, wie man die Energie in den Unternehmen steigern kann.

② Die rational-abstrakte Betriebswirtschaftslehre beschreibt ausschließlich vorbildlich, wie man diese Energien auf definierte Ziele steuern kann.

Mit anderen Worten: Die Betriebswirtschaftslehre beschreibt präzise Steuerungs-Prozesse, das Tao-Projekt beschreibt präzise Wege zur Energie-Erweckung.

Wenn es also richtig ist, daß die Unternehmen in Zukunft wesentlich wandlungsfähiger und fortschrittsfähiger sein müssen als bisher, dann müssen wir uns auch der Frage stellen, wie wir den Geist weiterentwikkeln können und wie wir die Sozialenergie weiterentwickeln können. Das Tao-Projekt versucht hier, begehbare Wege zu finden.

Am Schluß unseres langen Arbeitsgespräches war meine Studentin sichtlich resigniert. Sie sagte: »Es ist mir und meiner Arbeitsgruppe schon öfter aufgefallen, daß unser Professor in seinen Vorlesungen sehr nahe bis an die Grenze von Liebe, Bewußtsein und Geist herangeht, aber irgendwie paßt es nicht zur *inneren Ideologie der Betriebswirtschaftslehre*, diese Energiefelder mit zu berücksichtigen. Vielleicht ist deshalb die Querverbindung zwischen New Age und fortschrittsfähigem Unternehmen eine Verletzung der ideologischen Muster dieser Disziplin.«

Nun, ich kann nicht einsehen, daß die Betriebswirtschaftslehre, nur weil sie rational und abstrakt ist, mentale Faktoren für alle Zeiten ausklammern sollte. Deshalb das Tao-Projekt. Es versucht, *die energetische Seite des Managements* ebenso zu methodisieren, wie die Betriebswirtschaftslehre die prozessuale Seite methodisiert hat.

Natürlich weiß ich, daß die energetische Seite von der Betriebswirtschaftslehre aufgrund ihres rationalen Wissenschafts-Modells zwangsläufig ausgeblendet werden muß. Man kann mit rationalen Methoden eben das nicht beschreiben, was nicht rational ist. Energie ist eine mentale und mystische Angelegenheit. Und das Mentale und Mystische kann nur mystisch und mental beschrieben oder erfahren werden. Jede Dimension benötigt ihr eigenes Erlebnis- und Erfahrungs-System.

Das Tao-Projekt will die mystisch-mentale Seite des Managements mit mentalen Kriterien erfassen und instrumentell nutzbar machen.

Das Tao des Managements ist die Beschreibung des Weges zu persönlichen Energien und zu kollektiven geistigen Gruppen-Kräften. Und *diese Energien sind singulär*, das heißt, man kann sie nie durch abstrakte Kategorien und Klassifizierungs-Systeme beschreiben. Man muß sie persönlich erfahren. Man muß persönlich den Weg gehen, um über diese Kräfte verfügen zu können. Insofern verlangt das Tao des Managements auch eine *persönliche Transformation*, ein persönliches Engagement, das weit über Wissen und abstraktes Begreifen hinausgeht.

Spirit kann man nicht erfahren, indem man »Spirit« aufs Papier schreibt.

BWL und Tao

Die klassische Dimension der Betriebswirtschaftslehre und die rationalen Instrumente der strategischen Planung beschreiben eher *die Seite der Technik* im Management. Das Tao-Projekt soll dagegen eher die Seite der *Kunst im Management* beschreiben. Die rational-abstrakte Seite ist gut für die Festlegung präziser Steuerungsfunktionen im Hinblick auf Ziele. Die mystisch-energetische Seite ist gut für die Erweckung derjenigen Energien, die ausschließlich durch Strategie und Ratio-Management zu steuern sind.

Beides zusammen ergibt das *ganzheitliche Management*, von dem so viele träumen und derzeit sprechen. Ganzheitliches Management . . . das ist sicher das Zusammenklingen beider Seiten: der technischen Seite des Managements, wie sie die Betriebswirtschaftslehre beschreibt, und die energetische Seite des Managements, wie es das Tao-Projekt zu beschreiben versucht.

Auf dem Weg zum ganzheitlichen Management wird die Betriebswirtschaftslehre mehr umdenken müssen, als es den Experten derzeit klar ist. Warum? Die Betriebswirtschaftslehre ist eine Lehre, die man durch Wissensvermittlung lernen kann, denn sie ist *eine abstrakte Methode*.

Wie jede abstrakte Methode beruht sie auf Postulaten. Die Postulate der Betriebswirtschaftslehre sind die der *exakten Naturwissenschaften*. Und deren Grundüberzeugungen lauten nach Eisenhardt, Kurth und Stiehl (»Du steigst nie zweimal in denselben Fluß«, Reinbek 1988):

- Die Wirklichkeit ist feststehend.
- Die Wirklichkeit ist identisch.
- Die Wirklichkeit ist in ihrer Grundstruktur zeitlos.
- Die Wirklichkeit ist an sich strukturiert.

Auf diesen Postulaten ruht die Betriebswirtschaftslehre mit ihrem Versuch, Präzision und Exaktheit in die Prozeß-Beschreibungen einzubringen. Wenn eine Wirklichkeit feststehend, identisch, zeitlos und zugleich strukturiert ist, dann kann sie – so die Annahme der Betriebswirtschaftslehre – *übersehen und vorausgesehen werden.* Deshalb benötigt die Betriebswirtschaft z. B. das System und nicht die persönliche Erfahrung.

Aber die Entwicklung der allgemeinen Wissenschaft ist inzwischen viel weiter. Viele Wissenschafts-Kritiker haben darauf hingewiesen, daß dieses Modell der Wirklichkeit im Grunde *eine Selbsttäuschung darstellt*, die lautet: Die Abstraktion ist die Wirklichkeit.

Und die Illusion, die dahintersteckt, lautet: »Man glaubt, die an sich seiende Struktur der Realität bildet sich im Denken ab.« Eisenhardt, Kurth und Stiehl nennen diese Illusion »eine rein ideologische Interpretation«.

Das Tao-Projekt versucht also auch, schädliche Ideologien in Betriebswirtschaftslehre und Management sichtbar zu machen. Und diese werden zumeist erst dann sichtbar, wenn man bereit ist, die andere Seite anzuerkennen. Und das, obwohl sich diese nicht rational-abstrakt darstellt. Wir dürfen also nicht den Fehler machen, nur das als logisch und wirklich zuzulassen, was abstrakt und rational formuliert ist. Wir dürfen nicht den Fehler machen, Täuschungen, Illusionen und Ideologien nur deshalb als Wirklichkeit zu »glauben«, weil sie mit rationalem Vokabular vorgetragen werden.

Werfen wir nun einen Blick auf das Tao des Managements. Auch das Tao ist nur eine Lehre, genau wie die Betriebswirtschaftslehre. Sie arbeitet nicht mit Wissensvermittlung, sondern mit einem Lehrsystem, weil sie weiß, daß Menschen erst einen *echten Weg gehen müssen*, um die Wirklichkeit hinter den Phänomenen erleben zu können.

Das Tao ist also kein Wissens-Gebäude, das man auswendig lernen kann, sondern eine Anleitung für jemanden, der gehen will . . . gehen zur Kraft.

Damit wird klar, wie das Tao des Managements als Energie-Modell arbeitet: Die eigentliche Wirklichkeit liegt hinter den Beschreibungen und Abstraktionen. Hinter diesen Phänomenen liegt die Energie für diese Phänomene. Hinter den Prozessen sitzt die Kraft für die Prozesse.

Der Weg zu dieser Kraft, so die Grundüberzeugung des Tao-Projektes, kann deshalb nicht durch Abstraktion und Wissens-Vermittlung gefunden werden, sondern nur durch eine *Kette von Erlebnissen*, die an die konkrete Wirklichkeit so nahe wie möglich heranreichen.

Tao benötigt deshalb den gegangenen Weg. Das Wirklichkeits-Modell des Tao beruht ebenfalls auf Postulaten, die versuchen, »möglichst abstraktionsfrei« Wirklichkeiten aufzufassen. Diese Postulate lauten:

① Die Wirklichkeit ist *prozessual* und keineswegs statisch. Sie wird und ist wesentlich in der Zeit.

② Die Wirklichkeit ist *diskret und heterogen* und keineswegs kontinuierlich und homogen-identisch.

③ Die Wirklichkeit ist *lokal* und keineswegs global überschaubar. Sie ist jeweils nur örtlich – an den Orten möglicher Beobachtung – strukturiert.

④ Die Wirklichkeit ist *Wechselwirkung*, nicht an sich seiend, sie ist überhaupt nur existent, wenn sie auf einen Beobachter (der auch ein Meßinstrument sein kann) eine Wirkung ausübt und von diesem Beobachter eine Wirkung erleidet.

Dieser wechselseitige Prozeß, in dem lokal-diskrete Größen ausgetauscht werden, konstituiert erst die Wirklichkeit.

Warum das Tao-Projekt wichtig sein könnte

Weil es mit Energie zu tun hat. Weil es die Lehre des Weges zur Kraft ist. Tao wird definiert »als die transzendentale Erste Ursache« (J. C. Cooper: »Der Weg des Tao«, München 1985).

Tao ist also die Erste Ursache, die *Ursache hinter den Ursachen*. Sie ist die energetische Quelle, die dauernd fließt. Und je näher ein Unternehmer oder Manager an diese Quelle herankommt, um so mehr Energien hat er für seine Vorhaben. Das Tao energetisiert also Strategien. Das Tao energetisiert Pläne und Konzepte. Das Tao energetisiert das Führen. Das Tao energetisiert Führungsprozesse. Das Tao energetisiert Gruppenhandlungen. Das Tao energetisiert kreative Findungsprozesse.

Warum ist der Faktor »Energie« jetzt plötzlich wichtiger als noch vor wenigen Jahren? Nun, das Umfeld, in dem Betriebswirtschaft und Management gehandhabt werden, hat sich entscheidend verändert. Wir entwickeln uns mit wachsendem Tempo auf eine Informations-Gesellschaft zu, die zugleich eine hochkomplexe und multivernetzte Weltwirtschaft sein wird. Das führt zu folgenden neuen Herausforderungen:

① Der Grad der Komplexität für das Management nimmt zu.

② Der Grad der Unübersichtlichkeit nimmt zu (beides zusammen hat dazu geführt, daß »seit einiger Zeit mehr und mehr Vordenker des Managements sich von Ratio, Logik und Strategie entfernen«).

③ Die Turbulenz nimmt zu (also das Maß an Überraschungen und Brüchen).

④ Die Paradoxa nehmen zu (also nehmen die linearen Wahrheiten ab; wir müssen uns daran gewöhnen, daß gleichzeitig immer mehr Ungleiches oder Widersprüchliches richtig ist).

Darüber hinaus unterscheiden sich die Mitarbeiter in den Unternehmen von denen, die noch vor zehn oder zwanzig Jahren das Bild der Unternehmen bestimmten. Eine starke partizipative Welle hat sich durchgesetzt. Die Mitarbeiter sind kritischer, mündiger und in hohem Maße wertegewandelt. Das führt dazu, daß ein Teil der Mitarbeiter viel stärker als je zuvor echte Herausforderungen sucht, während sich ein anderer Teil auf eine »freizeitorientierte Schonhaltung« (Lutz von Rosenstiel) zurückgezogen hat. Es herrscht das Phänomen der »inneren Kündigung« vor. Experten sprechen davon, daß rund 50 Prozent der Mitarbeiter innerlich gekündigt haben. Wir brauchen also neuartige Methoden, um die Sozialenergie in den Unternehmen deutlich zu erhöhen.

Faßt man all diese Aspekte zusammen, so ergibt sich folgendes Bild:

① Die neue Nervosität des Umfeldes verlangt von den Unternehmen eine Flexibilität und Wandlungsfähigkeit, wie sie nie zuvor verlangt wurde. Für diese permanente Wandlung (permanente Transformation) benötigt jedes Unternehmen mehr Energie als zuvor. Fazit: *Wir benötigen mehr Energie für mehr Wandel.*

② Das Niveau der Sozialenergie in den Unternehmen ist zu gering, um im internationalen Wettbewerb bestehen zu können. In den meisten Industrienationen (bis auf einige wenige Ausnahmen im aisatischen Raum) sinkt seit Jahren das Produktions-Niveau auch im Bereich des Bürosektors. Um die wachsenden Herausforderungen bewältigen zu können, muß ein neues Maß für Selbstmotivation und Handlungsleidenschaft entwickelt und entfacht werden: Fazit: *Wir benötigen mehr Energie für mehr Produktivität.*

Was sind die drei Kräfte der Tao-Energie?

Energie ist also das neue Schlüsselwort, um die Umfeld-Probleme und die inneren Produktivitäts-Probleme zu lösen. Aber was ist nun Energie? Was ist der Unterschied zwischen einer normalen Energie (zum Beispiel Strom oder Dampfdruck) und der Sozial-Energie? Was ist der Unterschied zwischen einer beobachtbaren, physikalischen Energie und einer mentalen Energie?

Als Laotse, von dem man sagt, er sei der Begründer des Taoismus, um das Jahr 600 v. Chr., im Staate Chou lebend, das Buch »Tao Te Ching« schrieb, ging es ihm in erster Linie um die Urkraft, also um das, was man im Taoismus »die Erste Ursache« nennt. Der Weg des Tao ist der Weg zu den zentralen Kräften. Und es ist deshalb lohnend zu überprüfen, welche dieser Kräfte auch für das moderne Management nutzbar gemacht werden können und welche Kräfte mit unserem neuen Weltbild und mit dem sich jetzt entwickelnden neuen Paradigma eines expandierenden Universums in Übereinstimmung gebracht werden können.

Analysiert man den Weg des Tao, wie er von Laotse selbst und vielen Autoren, die ihm folgten, beschrieben wurde, so erkennt man, daß es drei Kräfte sind, die von der Tao-Energie (Erste Ursache) verursacht werden:

① **Die Kraft des Werdens**.

② **Die Kraft der Liebe**.

③ **Die Kraft des Nicht-Tuns (Wu-wei)**.

Die Kraft des Werdens

Die Kraft des Werdens beruht auf der Annahme, daß es einen Geist gibt, der die biologische und kulturelle Evolution des Menschen steuert. Das ist das System einer höheren harmonischen Ordnung. Für das Tao ist wichtig, daß dieser Geist nicht vorschreibt, wohin die Reise zu gehen hat. Es gibt keinen Plan . . . nur die Absicht zu werden. Die evolutionären Prozesse des Werdens werden im Taoismus als fließende Prozesse beschrieben, wobei sich das Fließen durch permanente Wandlungen vollzieht. Dabei sind Offenheit und Paradoxa die begleitenden Faktoren. Das Modell des Tao geht mit dem Geist folgendermaßen um: »Wo keine entsprechende Begabung ist, verweilt das Tao nicht. Wo keine äußere Korrektheit ist, wirkt das Tao nicht.«

Damit wird gesagt, daß nur derjenige die Kraft des Tao nutzen kann, der eine entsprechende mentale Form geformt hat. Das Tao fließt nur dort hinein, wo der Mensch eine adäquate Form bereitstellen kann. Um den Geist zu nutzen, benötigt man das *Instrument der geistigen Formung*. Um die Kraft der Evolution (also die Kraft des Werdens) energetisch nutzen zu können, benötigt man also die Fähigkeit, Evolution zu sehen oder Evolution zumindest fühlen zu können, um sich so in den evolutionären Prozeß einschwingen zu können.

Das alles sind geistige, ja mystische Prozesse. Denn wie formt man einen Geist? Und wie koppelt man sich an evolutionäre Strömungen an? Das sind Fragen, auf die die klassische Betriebswirtschaftslehre keine Antwort weiß. Deshalb das Tao-Projekt.

Im Tao ist es wichtig, daß alles fließt. Das wichtigste Stichwort für die Kraft des Werdens ist deshalb *Fließen*. Und dieses Fließen kommt zustande durch eine permanente Kette von Wandlungen. Die letzte Wandlung wird durch die neueste Wandlung wiederum gewandelt. Alles ist *permanente Wandlung*.

Im Taoismus gibt es kein strenges Entweder/Oder und auch keine feste Unterscheidung zwischen Schwarz und Weiß wie in der westlichen Logik (J. C. Cooper). Anders als in der griechischen Philosophie (Aristoteles) hat man im Tao nicht versucht, Endgültigkeit und Verbindlichkeit einzubringen. Aristoteles ging von dem Credo »tertium non datur« aus, was soviel wie »es gibt kein Drittes« bedeutet. Im Taoismus liebt man die Paradoxa dagegen sehr. Und es gibt im Taoismus immer das dritte und das versöhnliche Element, durch das alle Stimmigkeiten wieder unstimmig werden, alle Festigkeiten wieder erodieren und der Fluß wieder zu fließen beginnt. *Die Kraft des Werdens geschieht durch offenes Fließen.*

Die Kraft der Liebe

Im Taoismus wird die Kraft der Liebe durch den »Weg des Weisen« ausführlich beschrieben. Der Weise steht für Liebe. Es ist interessant, daß der Begriff der Liebe im Taoismus anders verwendet wird als in unserem Kulturkreis. Liebe hat hier nichts mit Leidenschaft, erhöhtem Adrenalinspiegel und verzückter Emotionalität zu tun. Für den Taoisten ist Liebe gleichbedeutend mit »im Mittelpunkt ruhen«. Allzu heftige Gefühle, allzu große Leidenschaften lassen den Weisen aus seiner Mitte fallen, und dann reduziert sich für ihn die Zufuhr der Tao-Kraft. Mit den Worten des Dichters William Wordsworth: »Mit einem Auge, das durch die Kraft der Harmonie und die tiefe Kraft der Freude still geworden, durchschauen wir das Leben der Dinge.«

Liebe hat im Taoismus etwas zu tun mit dem »Leersein«. Nur wer leer ist, was allzu egoistische Bestrebungen betrifft, kann Liebe schenken und kann sich mit dem Kraftstrom des Tao verschmelzen. Und nur wer in diesem Sinne »leer« ist, ist auch in der Lage, sich mit anderen zu verschmelzen und sie dadurch teilhaben zu lassen an dem Geheimnis der Kraft. »Der wahre Mensch ist leer und ist alles. Es ist unbewußt und ist überall. So vereinigt er auf geheimnisvolle Weise sein eigenes Selbst mit seinem anderen Selbst« (Laotse).

Laotse hat ausführlich darauf hingewiesen, wie wichtig diese *Ego-Leere* ist, um zur wirklichen Kraft zu kommen. Er sieht in diesem Sinne Künstler und Führer (also Politiker und – wie wir heute sagen – Manager) vor gleiche Probleme gestellt. J. C. Cooper hat das wie folgt beschrieben: »Wie der Weise nichts mit Persönlichkeitskult zu tun hat, so hatte der Künstler kein Verlangen danach, sein Ego auszuprägen oder durch seine Persönlichkeit zu beeindrucken. Im Gegenteil, das Ziel der heiligen Kunst liegt darin, das Ich in dem spirituellen Geist aufgehen zu lassen. So ›signierte‹ der taoistische Künstler selten seine Bilder. Sein Werk war nicht der Ausdruck einer individuellen Psyche oder – wie Albert Gleizes es ausdrückt – ›persönlicher physiologischer und psychologischer Konvulsionen‹, sondern des Wirkens des Geistes in der Kreativität: ›Erzeugen ohne Besitzen, Handeln ohne Selbstbehauptung, *Entwicklung ohne Herrschaft*‹.«

Eine andere Quelle sagt dazu: »Zu wünschen, daß bekannt würde, daß ich der Autor bin, ist der Gedanke des Menschen, der noch nicht erwachsen ist. Es kann keine Urheberschaft für Ideen geben, sondern nur ein Vorzeigen. Und dabei ist es unwesentlich, ob von einem oder mehreren Köpfen.«

Man sieht, daß das Tao dem Weisen die Fähigkeit zuschreibt, so leer und so harmonisch und zugleich abgehoben zu werden, daß er die Kraft der Liebe als Katalysator nutzen und als Mittler weiterleiten kann. *Die Kraft der Liebe geschieht durch Absichtslosigkeit.*

Die Kraft des Nicht-Tuns (Wu-wei)

Im Taoismus hat man sehr früh erkannt, daß nicht alle Wirkungen durch direkte, lineare Handlungen hervorgerufen werden. Da gibt es beispielsweise sehr präzise Beschreibungen für die Kraft des »Redens ohne zu reden«. Um diese Kraft geht es. Es handelt sich um den Faktor der *Selbstorganisation*, der jetzt auch vom Westen entdeckt wird. Ein idealer Lenker, so beschreibt ihn zumindest Laotse, bewirkt Selbstorganisation und sorgt dafür, daß andere das können, was sie ohne ihn sonst vielleicht nicht gekonnt hätten. Aber er ist nicht Chef in dem Sinne, daß er durch Anordnungen, Gebote und Verbote sowie Kontrolle jeden Handlungsgang vorschreibt, sondern er ist eher so etwas wie ein Kultivierer, ein Katalysator – heute würde man sagen: Er ist ein Coach.

Das deckt sich sehr mit den neuen, in erster Linie aus den USA kommenden Meldungen über ein Umschalten des Managements vom klassischen Führungsprinzip zugunsten einer Selbstorganisation. Typisch hierfür ist das Buch von Tom Peters (»Kreatives Chaos«, Hamburg 1988).

Es geht also um Selbstorganisation. Wie kann man die Selbstorganisation organisieren? Wie kann man durch das Nicht-Tun dafür sorgen, daß Selbstorganisations-Prozesse stattfinden und optimiert werden?

Das entscheidende Wort hierfür ist *Verschmelzen*. Die Grundüberzeugung des Tao lautet: Je mehr ich mich mit einer Situation oder Konstellation verschmelze, um so weniger Regeln brauche ich, um so weniger abstrakte Modellbildung benötige ich.

Das deckt sich sehr mit dem, was hervorragende Unternehmer in letzter Zeit artikuliert haben. Einer von ihnen, Schläpfer, wies einmal darauf hin, daß in seinem Unternehmen im Grunde alles falsch gemacht werde, wenn man die klassischen Prinzipien der Betriebswirtschaftslehre zum Maßstab nehme. Auch Abedi (der ehemalige Chef) der BCCI-Bank – ebenfalls ein vorbildlicher neuer Manager mit viel Erfolg –, hat darauf hingewiesen, daß nach den klassischen Regeln sein Management überhaupt nicht funktionieren dürfe, obwohl es mit hervorragender Effizienz und Rendite arbeite.

Es geht also um den Erfolg trotz falscher Regeln oder um *die Wirkung ohne Regeln*. Durch indirekten Einfluß, verursacht durch Verschmelzen. Eine typische Stelle dazu aus dem Lehrgebäude des Tao: »Für ihn [den Weisen des Tao] besteht keine Notwendigkeit, Einfluß auszuüben.

Er zieht die Menschen auf ganz natürliche Weise an. *Die Menschen folgen dem, der das Tao hat,* wie die Hungrigen der Nahrung folgen, die sie vor sich sehen. Weil er alle potentiellen Möglichkeiten des Menschen erfüllt, hat er das vollkommene Verstehen.« Mit anderen Worten:

Wer das Tao hat, hat die Liebe.

Für den Taoisten ist es sehr wichtig, daß die Gesetze und Regeln auf ein Minimum beschränkt werden. Wer die Energien bei sich und in Gruppen entflammen möchte, der muß auf Freiheit und *Entwicklung in Freiheit* achten. Deshalb sollten Vorschriften, Regeln und Begrenzungen immer auf ein absolutes Minimum beschränkt werden. Selbstorganisation benötigt Selbstentfaltung. Und Selbstentfaltung ist nicht möglich, wenn Menschen auf den »Status von Sklaven« (J. C. Cooper) herabgewürdigt werden.

Heute würde man sagen: Wenn das heute übliche Modell der Kader-Disziplinierung nicht bald überwunden wird, wird das Umschalten auf Selbstorganisation, Selbstmotivation und Selbstkontrolle nicht möglich werden. Man kann die gewünschte neue *Flexibilität durch Selbststeuerung* nicht wirklich wollen, wenn man gleichzeitig nicht neue Modelle für mehr Freiheit, für mehr Sinnvermittlung und auch für mehr Spaß an der Arbeit organisieren kann. Das klassische Modell der Arbeits-Organisation ist nach wie vor rational, kartesianisch und – was die Werte betrifft – protestantisch-disziplinierend. Dieses Modell zu überwinden ist ein Anliegen des Tao-Projektes.

Die Kraft des Nicht-Tuns kommt, nach taoistischer Sicht, aus der Fähigkeit der Geführten, ihre *eigenen Potenzen* wachsend zu erfahren und zu entwickeln. Gibt es zuviel Strategie, zuviel Regeln, zuviel Vorgaben, zuviel Kontrolle, so werden die Geführten »abhängig von Regeln und Verordnungen und verwechseln die Mittel mit dem Zweck«. Mit taoistischen Worten: »Sie verlieren den Weg.« Sie verlieren also ihre Energie. *Die Kraft des Nicht-Tuns geschieht durch Loslassen und Zulassen.*

Fazit: Tao ist das Wort für die universelle Energie. Sie wird die »transzendentale Erste Ursache« genannt. Und aus dieser Ersten Ursache, die wie eine Quelle aufzufassen ist, entspringen drei permanent fließende Kräfte, die vom Unternehmer und Manager genutzt werden können: die Kraft des Werdens mit dem Faktor der Evolution, die Kraft der Liebe mit dem Faktor der Weisheit und die Kraft des Nicht-Tuns mit dem Faktor der Selbstorganisation.

Das folgende Schaubild zeigt noch einmal den Aufbau des Tao-Projektes mit den drei zentralen Kräften, die für das moderne Management wichtig werden könnten:

Das Tao-Projekt

TAO
Tao ist die transzendentale Erste Ursache

Die Erste Ursache
ist die Quelle für
3 Kräfte

Die Kraft des Werdens	Die Kraft der Liebe	Die Kraft des Nicht-Tuns
Evolution Offenes Fließen	Weisheit Energie	Selbstorganisation Verschmelzen

Die fünf zentralen Management-Kriterien des Tao-Projektes

Natürlich hat auch die Betriebswirtschaftslehre (oft in Zusammenarbeit mit Unternehmensberatungs-Firmen) in den letzten zwanzig Jahren vieles entwickelt, um das Phänomen der Führung methodisch und wissenschaftlich zu beschreiben.

In »Capital« (10/88) zum Beispiel wurde eine Analyse veröffentlicht zu dem Thema: »Was Management-Theorien wirklich taugen«. Die Autoren gaben dem Beitrag die etwas süffisante Headline »Heldensagen«. Und in der Tat ist immer dann, wenn Theoretiker abstrakt das Phänomen der Führung – also die Kunst der Menschenführung – beschreiben, immer vieles dabei, was zwar vom Vokabular sehr eindrucksvoll klingt, aber oft nur sterile Methodik oder gar kurzlebige Mode ist. Da gibt es »Symbolik-Management« oder »Attributs-Theorie der Führung« oder den »9,9-Stil« nach Blake und Mouton. All das sind rational-abstrakte Verhaltens-Methoden, die weder das Charisma eines Leiters noch den Weg zur Kraft beschreiben.

Führung ist immer die Lösung eines Grund-Dilemmas, das »Capital« richtig so beschreibt: »Die Organisation effektiv und zugleich die Mitarbeiter zufrieden zu machen«. Also ist Führung *immer ein sozialer Prozeß*. Es bedeutet das Lebendigwerden von Visionen, das Herstellen von Kohärenz und Einheitlichkeit, das Aufbauen eines guten Klimas (Sozio-Sound) und das Herstellen einer kreativen Kultur. Das sind alles soziale, also zwischenmenschliche Prozesse. Deshalb ist es nicht verwunderlich, daß so viele »Management-by«-Moden immer wieder präsentiert und gelobt werden, obwohl man schon wenige Jahre später nichts mehr davon hört.

Denn all diese rationalen Patentrezepte vernebeln im Grunde das eigentliche Problem: Führung ist in erster Linie *die Qualifizierung des Führenden*, und in zweiter Linie ist sie die Fähigkeit, Sozial-Energie formen zu können, also den Weg zur Kraft zu kennen.

Führung hat also wenig mit der Manipulation derjenigen zu tun, die geführt werden sollen, sondern viel mehr mit der Transformation derjenigen, die führen möchten.

Das Tao-Projekt will deshalb versuchen, den Weg zur Qualifizierung der Führung aufzuzeigen, jenseits von Patentrezepten, rationalen Modellen und linearen Wenn-dann-Methoden.

Das Credo der Tao-Führung lautet demnach: **»Man kann nur dann gut führen, wenn man den Menschen nicht im Wege steht.«**

Das Tao des Managements hat davon fünf zentrale Faktoren abgeleitet:

① **Energetisieren.**

② **Entfalten.**

③ **Formen.**

④ **Verschmelzen.**

⑤ **Fließen.**

Das *Energetisieren* ist hauptsächlich eine Funktion von Liebe, Sozial-Energie und *High-Trust*. Was bedeutet High-Trust? In jedem Unternehmen existiert ein ungeschriebener Vertrag über die Art und Weise, wie Menschen miteinander umgehen wollen. Und die Art, wie Menschen miteinander umgehen, ist praktizierte Liebe. Wenn ein Unternehmen einen High-Trust-Vertrag formulieren, statuieren und auch kontrollieren kann (etwa durch einen sozialen Ombudsmann), dann *reduziert sich der Grad der Destruktivität* bei gleichzeitig aufblühendem geistigen Wettbewerb.

Beim *Entfalten* geht es hauptsächlich um die Vermittlung von Bewußtsein. Auch Bewußtsein kann geführt werden, und zwar durch Kontext-Vermittlung. Kontext und Bewußtsein sind in Zusammenhang zu bringen mit Zeit, weil es typisch ist für energetisches Führen, *früher das richtige Bewußtsein zu haben.*

Die Dimension des *Formens* impliziert als zentralen Faktor die Vision. Vision wird definiert als ein Medium, das Glauben in ein Unternehmen trägt. Hier handelt es sich also um die Fähigkeit, Zukünfte imaginativ zu formen und sie durch schriftliche und mündliche Kommunikation anderen rational und emotional zugänglich zu machen, *damit ein gemeinsames Wollen entsteht* (Kohärenz).

Verschmelzen ist diejenige Dimension, die die Umfeld-Dynamik berücksichtigt. Das wichtigste Instrument ist das Networking, also die Vernetzung mit Szenen, Gruppen und sozialen Fragmenten. Dazu kommen die Techniken der Interfusion, beispielsweise Szenen-Sponsoring und Dialog-Foren. Außerdem gehört die Issue-Politik dazu, die in zunehmendem Maße die klassische PR ablöst. Issue-Politik ist das Organisieren eines fairen Dialoges, wobei die Für- und Widersprüche der Gesellschaft im Mittelpunkt stehen bei bewußter, garantierter Ausschaltung von Info-Manipulation. Die Verschmelzung *fördert die Kooperation des Unternehmens mit der Gesellschaft.*

Die letzte Dimension betrifft das *Fließen.* Es ist ebenfalls stark umfeldorientiert. Das wichtigste Instrument ist das *Monitoring*, das systematische Erfassen von Veränderungen, Trends und sozialen Strömungen. Dazu kommt die Abkehr vom Kampagnen-Denken, wie es im Marketing üblich ist, und vom strategischen Block-Denken, wie es typisch ist für zentral organisierte und hierarchisch gegliederte Unternehmen. Fließen wird nur möglich durch das Instrument der *prozessualen Planung*, die wiederum jedoch das erforderlich macht, was im amerikanischen Sprachgebrauch »Organization Transformation« (OT) genannt wird, die Fähigkeit, durch Zirkel-Techniken und flexible Gruppen-Strukturen Planung und Handlung kontinuierlich wechselseitig vernetzt durchführen zu können. *Planung geschieht dann immer, weil auch Handlung immer geschieht.*

Der Aufbau des Tao-Projektes

Das Tao-Projekt will dort weitergehen, wo die Betriebswirtschaftslehre keine Worte mehr findet. Es will den rational-abstrakten Bereich überschreiten und den energetisch-mystischen Bereich für Unternehmen und Manager eröffnen. Insofern lautet das Ziel, einen Baustein zu finden für ein *ganzheitliches Management*, das die rational-strategische Dimension des Managens verbindet mit der neuen energetischen Dimension.

Es geht also auch um eine Balance zwischen Gefühl und Geist, zwischen Technik und Kunst. In der Theorie des Tao sagt man, daß die Gefühle zur Zerstreuung und Vergeudung tendieren würden, wenn sie nicht vom Geist oder vom Intellekt kontrolliert würden. Aber man sagt auch, daß der Geist, wenn er nicht vom Gefühl beeinflußt werde, zu Härte und Versteinerung neige. Deshalb geht es darum, dem Management wieder die *zirkuläre Wirkung von Gefühl und Intellekt* zu eröffnen.

Das Ziel des Tao-Projektes ist es auch, den Unterschied zwischen Wissens-Sammlung und Weg-Gehen deutlich zu machen. Wie J. C. Cooper richtig schreibt, »bekommen wir im Wissen mehr und mehr, im Tao bekommen wir weniger und weniger«. Und dieses Weniger bedeutet, sich selbst weniger im Weg zu stehen, damit das Tao, also soziale Ur-Energie, fließen kann.

Das Konzept des Tao-Projektes

Das Tao-Projekt wird in zwei Etappen vorgehen. In der ersten Etappe wird das klassische Tao, wie es von Laotse entwickelt worden ist, genutzt werden. Die drei Schwerpunkte habe ich bereits beschrieben:

① **Die Kraft des Werdens.**

② **Die Kraft der Liebe.**

③ **Die Kraft des Nicht-Tuns.**

In der zweiten Etappe werde ich neue Materialien vorlegen, um die Grenzen und Fehler des klassischen Tao zu zeigen. Ich werde also ein neues Buch vorlegen zum *Neuen Tao*. Denn auch das Tao wandelt sich. Und viele Dimensionen des Tao stimmen nicht mehr überein mit den neuen Erkenntnissen der Quantenphysik, der Kosmologie und der entstehenden neuen Paradigmen der Wissenschaft.

Beispielsweise betont das alte Tao, daß alles fließt. Fließen und Verschmelzen sind zwei wesentliche Elemente des klassischen Tao. Aber das zeitliche Modell des Fließens ist im alten Tao zyklisch, während die neue Lehre vom Universum gerade die zyklische Zeit als »Illusion von Menschen« erkannt hat. Das Universum selbst expandiert. Und die Wissenschaft hat eine neue Einstellung zur Zeit und Irreversibilität gewonnen. Nichts steht vorher fest, nichts gibt es zweimal. Alle zyklischen Modelle führen deshalb zur Passivität und reduzieren die Verantwortung für das irdische Leben. Genau das ist auch das, was man oft den Asiaten und den Taoisten vorgeworfen hat: die unterentwickelte Weltlichkeit und der fehlende Zugang zum Fortschritt.

Auf Basis des neuen Wissenschafts-Paradigmas wollen wir in der zweiten Etappe versuchen, das Tao neu zu formulieren, um dann anschließend dieses Neue Tao für Management und Führung nutzbar zu machen.

Die Bücher des Tao-Projektes

In der Phase I sind es drei Bücher. Jeder Baustein in Form eines Buches. Die folgende Übersicht zeigt den Aufbau der Phase I mit ihren fünf Dimensionen:

Die Dimension des Tao	Die Management-Instrumente	Die Bücher
Energetisieren:	Liebe · Sozial-Energie High Trust	Management by Love ECON 1990
Entfalten: Formen:	Bewußtsein Kontext · Zeit Vision Glaube	Besser führen durch Geist ECON 1991
Verschmelzen: Fließen:	Networking · Interfusion Issue-Politik Monitoring Prozessuale Planung	Abschied vom Marketing ECON 1990

In der Phase II geht es um das Neue Tao. Hier wird es folgende Bücher mit folgenden Inhalten geben:

Das Neue Tao.

Das energetische Tao.

Tao und Lebenskunst.

Zusätzlich ist ein Trainings-Programm geplant mit dem Schwerpunkt:

Mentale Energie.

Alles in allem: Das Tao-Projekt versucht, Weisheit und Höhepunkte des alten Tao für das Management aufzuschließen und zugleich ein Neues Tao zu entwickeln, das dem neuen Paradigma der modernen Wissenschaft entspricht, so daß neben den klassischen Aspekten des Fließens und des Verschmelzens auch die neuen Aspekte der Entfaltung von Evolution und der Formung von Geist enthalten sind.

Das Tao erfahren und erleben . . .

In den letzten Jahren habe ich sehr häufig Kontakt mit Studenten der Betriebswirtschaftslehre gehabt. Meistens ging es um Diplomarbeiten oder Dissertationen. Ich erinnere mich noch genau an ein Gespräch mit einem Studenten, der gerade im Abschluß-Semester war. Wir diskutierten sehr intensiv über die Sterilität und Kälte der Betriebswirtschaft und die Unfähigkeit dieses Lehrsystems, seine eigenen ideologischen Grenzen zu transformieren.

Wir analysierten unter anderem, wie modern die Führungs-Konzepte sind, die heutzutage gelehrt werden. Er hatte dazu seine Materialien, Skripte und Unterlagen mitgebracht. Wir verglichen seine Universitäts-Papiere mit den aktuellen Entwicklungen in der Praxis. Zum Schluß sagte er resigniert: »Mein Wissensmaterial ist ja völlig veraltet und überholt. Ich glaube noch nicht einmal, daß es einsetzbar ist, wenn ich eines Tages in einer Führungsfunktion sein werde. Na ja, dadurch habe ich immerhin eines erreicht: Ich habe durch mein Studium der Betriebswirtschaftslehre Wissenschaft gelernt, ich habe gelernt, wie man wissenschaftlich arbeitet. Das ist auch etwas. Aber das Eigentliche, das, worum es wirklich geht, um als Unternehmer oder Manager erfolgreich zu sein, dieses Eigentliche habe ich nicht gelernt!«

Vielleicht kritisiert unser Student hier zu hart. Vielleicht kann die Betriebswirtschaftslehre den Weg zur Kraft, den Schlüssel zum Charisma und den Mut zu Liebe im Business nicht vom Katheder aus lehren. Denn das »Eigentliche« kann vielleicht überhaupt nicht gelehrt werden.

Das, worum es im Tao-Projekt geht, nämlich die vielfältigen Formen der Energie, das ist wissenschaftlich nicht lehrbar. Energie kann nur in der *persönlichen Erfahrung* erfaßt werden und nicht in den Begriffen über Energie.

Deshalb lernen die Studenten der Betriebswirtschaft, also der kommende Führungs-Nachwuchs, ein Beschreibungs-System, aber sie lernen nicht, wie man den Weg zu gehen hat, um zu dem Beschriebenen zu kommen. Sie lernen den Begriffs-Apparat für Erfolg, aber nicht den Weg zum Erfolg.

Was wir also in Zukunft brauchen werden, ist eine Trainings-Stätte für

Erfahrungs-Wissen,

um die spirituellen und mentalen Dimensionen der Energien persönlich und emotional erleben zu können. Was wir brauchen, ist ein Trainings-Camp für die Elite des jungen Managements, damit sie die

Wirklichkeit der Energie

erleben können. Denn: *Wirklichkeit kann nur in der Erfahrung wirklich werden.*

Hören wir dazu Eisenhardt, Kurth und Stiehl: »Wirklichkeit ist ja nicht bloßes Komplement zu Abstraktion und Theorie, sondern etwas in der *Erfahrung* sich Offenbarendes. Die wissenschaftliche Erfahrung aber ist eine verarmte Erfahrung. Der Wissenschaftler ist ein umgebauter Mensch (Bacon), ein Mensch, der einer Gehirnwäsche unterzogen wurde. Sein Geist wurde gereinigt und von allen Stimmungen, Gefühlen und Empfindungen bei der Arbeit befreit, damit die Modelliteration störungsfrei verlaufen möge. Das gelingt natürlich nur teilweise.«

Das Tao-Projekt will versuchen, diese Erfahrungs-Lücke zu schließen, vielleicht als Grundlage für eine Lehre vom energetischen Management.

THE NEW SPIRIT OF MANAGEMENT
Der Jugend im Management gewidmet

Gerd Gerken
Worpswede 1990

Prolog

»Jeder Mensch steht als autopoietisches System allein auf der Welt. Wir wollen jedoch nicht beklagen, daß wir in einer subjektabhängigen Welt existieren müssen.
Auf diese Weise ist das Leben interessanter, denn die einzige Transzendenz unserer individuellen Einsamkeit, die wir erfahren können, entsteht durch die konsensuelle Realität, die wir mit anderen schaffen, das heißt durch die Liebe zueinander.«
H. R. Maturana

Dieses Buch beschreibt eine Vision. Und diese Vision heißt:

Mehr Erfolg durch Liebe.

Natürlich ist das ein seltsames Buch, denn es ist ein Sachbuch über Management, das von der Liebe handelt. Das scheint überhaupt nicht zusammenzupassen. Die Begriffe Business und Liebe waren immer meilenweit voneinander entfernt. Liebe hat etwas mit Ehe zu tun, mit dem Herzen und mit dem privaten Glück. Business und Management haben etwas mit Disziplin zu tun, mit Arbeit, mit Anstrengung, mit Strategie, mit Wettbewerb und Kampf ums Geld. Aber das sind vielleicht alles nur Metaphern von früher, die es zu überholen und überwinden gilt. Vielleicht sind das alles nur Vorstellungen, die eine Zeitlang tauglich waren und die sich jetzt immer mehr auflösen, weil sie immer untauglicher werden. Vielleicht entdeckt das Management – so ist zumindest die Ausgangs-These dieses Buches – den Faktor Liebe als Erfolgsfaktor, weil Liebe immer auch Energie ist. Und Erfolg im Business braucht Energie.

Dieses Buch basiert auf folgenden drei Behauptungen:

① Liebe ist mehr als nur Liebe.

② Liebe ist effizient und rentabel . . . besonders in der Wirtschaft.

③ Liebe beginnt, das Kadersystem der Wirtschaft aufzulösen.

Dieses Buch bringt vielfältige Fakten, Belege und Beweise dafür, daß die Liebe immer mehr in das Management eindringt und daß die kommenden Management-Modelle Liebe als zentralen Energie-Faktor mehr und mehr entdecken werden. Profit und Liebe verbinden sich, so wie sich Ethik und ökologisches Management derzeit immer mehr miteinander verbinden.

Vielleicht ist es gut, wenn wir uns die nun folgenden drei Behauptungen gleich zu Beginn näher ansehen . . .

Liebe ist mehr als nur Liebe

Wenn Menschen von Liebe reden, meinen sie meistens das, was sich zwischen Mann und Frau oder Frau und Mann abspielt. Liebe hat etwas mit Eros zu tun, mit Sex und mit Freundschaft. Liebe ist aber viel mehr als nur Sex. Liebe kann verstanden werden als *Haltung und Verhalten* zugleich. Liebe kann verstanden werden als die Art, wie wir mit uns selbst umgehen und wie wir mit anderen Menschen umgehen.

Deshalb gibt es beispielsweise die Liebe zur Arbeit, die Liebe zu einer Aufgabe, die Liebe zu einer Verantwortung und die Liebe zur Natur. Wir sehen: Liebe ist ein sehr umfassender Begriff. Und er ist sehr viel mehr als Erotik und Sex. Liebe ist der zentrale Faktor aller Prozesse des Lebens. Er beschreibt die Art, wie wir als Menschen miteinander umgehen oder aufeinander zugehen.

Und da die Evolution des Managements sich immer mehr zur Ethik einerseits und zum Zwischenmenschlichen andererseits entwickelt, entdecken wir immer mehr *die Wichtigkeit der Menschen* in den betrieblichen Organisationen. Zwar gab es schon seit langen Zeiten das Schlagwort: »Der Mensch im Mittelpunkt«, aber jetzt erst erkennen die Theoretiker und Praktiker immer stärker, daß wir vor einem epochalen Bruch stehen. Das Zwischenmenschliche wird als *Produktivfaktor* wichtiger als Strategie und Ratio. Und wenn das Zwischenmenschliche immer wichtiger wird, dann rückt die Art, wie wir miteinander umgehen und wie wir aufeinander zugehen, also das, was man Liebe nennt, schlagartig im Mittelpunkt des Managements.

Liebe und Management

Liebe	Herrschaft
Innerer Friede	Spaltung/Rivalität
Energie	Hierarchie
Fließen	Struktur
Fluktuation	Ordnung
Organismus	Organisation
Irreversibilität	Reversibilität
Zeit	Form
Kontext	Strategie
Geist/Bewußtsein	Ratio/Effizienz
Implizite Ebene	Explizite Ebene
Emanzipation/Entfaltung	Anpassung/Repression

Lassen Sie uns versuchen, einmal genauer zu prüfen, wo sich heute bereits Liebe und Management verbinden oder befruchten:

① *Liebe zur Verantwortung*
Das ist die Liebe zur Evolution, das heißt zur Kette der Generationen. Das ist die Liebe zur *Zukunft* unserer Kinder und Enkel.

② *Liebe zur Natur*
Das ist das große Themengebiet der Ökologie, das in den letzten Jahren ohnehin die Wirtschaft immer stärker beeinflußt. Es ist die Liebe zur *Umwelt*.

③ *Liebe zum Fortschritt*
Das ist die Liebe zur Überwindung des Status quo. Die Liebe zu Forschung, Entwicklung und zur *Kreativität*. Es ist aber auch die Liebe zu den menschlichen Problemlösungs-Kapazitäten.

④ *Liebe zum Markt*
Das ist die Liebe zu den Markt-Partnern und zu den Bedürfnissen, die sich im Markt strukturieren. Dazu gehört beispielsweise das, was man *New Marketing* nennt und das mehr auf Verschmelzung

und weniger auf Manipulation ausgerichtet ist. Dazu gehört auch der Trend zum *Szenen-Sponsoring* ... die Abkehr von abstrakten Zielgruppen zugunsten echter Dialoge und Kooperationen mit echten Gruppen in der Gesellschaft. Dazu gehört aber auch das, was man im Management die *Issue-Politik* nennt, also eine ehrliche und faire Kommunikation zwischen Unternehmen und den gesellschaftlichen Gruppierungen.

⑤ *Liebe zu Gesellschaft und Kultur*

Hierzu gehört das große Thema der *Visionen.* Immer mehr Unternehmen erkennen, daß Profit-Vorgaben in Form von Zahlen keine energetische Qualität haben und daß nur ein *sozialer Mehrwert* im Mittelpunkt einer formulierten Vision stehen kann. Die Frage: »Was macht unser wirtschaftliches Handeln sinnvoll?« gehört hierzu, aber auch das *Kultur-Mäzenatentum*, das in den letzten Jahren im Business ohnehin stark im Aufwind ist.

⑥ *Liebe zum Produkt*

Qualität und *Innovation* stehen im Mittelpunkt dieser Dimension von Liebe. Hier geht es darum, die Produkte so zuverlässig, so qualititativ zu machen, daß sie ihren Preis wert sind, und sie zugleich so neu und fortschrittlich zu machen, daß sie für eine permanente Verbesserung der *Lebensqualität* sorgen.

⑦ *Liebe zu den Mitarbeitern*

Das ist das Gebiet des *sanften Managements*, die Entdeckung des Faktors *Sozial-Energie.* Im Grunde bedeutet das die Überwindung des kartesianischen Menschenbildes, das in der Wirtschaft noch sehr weit verbreitet ist. Die Menschen werden dabei aufgefaßt als kleine Rädchen in einem großen Uhrwerk. Das spezifisch Menschliche (also etwa die Selbstentfaltung) der Mitarbeiter wird negiert. Der rein funktionale Aspekt bei Arbeit und Leistung dominiert (Taylorismus). Aber gerade hier hat es in den letzten Jahren eine deutliche Wende gegeben. Man hat – wie ich in meinem Buch »Der neue Manager« (Freiburg 1986) beschrieben habe – die mentale und sanfte Seite des Managements entdeckt, also zum Beispiel das *Führen ohne Befehl*, aber auch die Tatsache, daß Arbeit, die Spaß macht, produktiver ist.

Inzwischen hat auch die *moderne Naturwissenschaft* den Faktor Liebe entdeckt. So vollzieht sich derzeit gerade in der Biologie »eine wissenschaftliche Revolution«, hinter der unter anderem die Neurobiologen Maturana und Varela stehen. Für sie ist Liebe der *Faktor aller Faktoren*, durch den das Individuum und die Gesellschaft geformt und qualifiziert werden. Sie haben ihre Forschungen und Konzepte in dem Buch »Der Baum der Erkenntnis« (1987) niedergelegt. Wir wollen uns daraus einige Aspekte näher anschauen.

Die Neurobiologie kann zeigen, daß wir zu einer *neuen Ethik* kommen müssen, weil wir inzwischen erkennen, »daß wir nur in *der* Welt existieren, die wir uns *mit anderen zusammen schaffen* und die auf uns zurückwirft, also in einer sozialen Welt, in der wir auf den anderen angewiesen sind und die daher das Akzeptieren des anderen voraussetzt«. Ohne den anderen, ohne Toleranz und Liebe kann der Mensch nicht zum Menschen werden und kann sein Glück auch nicht vergrößern. Das gilt generell für alle Subsysteme der Gesellschaft und deshalb natürlich auch für das, was wir Wirtschaft nennen. Das gilt also auch für jene acht Stunden, die wir täglich miteinander verbringen, um Produkte und Dienstleistungen herzustellen und zu vertreiben.

Maturana und Varela gehen davon aus, daß wir alle Opfer unseres eigenen *blinden Flecks* sind. »Wir sehen nicht, daß wir nicht sehen.« Erst langsam, so behaupten beide Wissenschaftler, entsteht so etwas wie eine Erkenntnis über das Erkennen oder ein Bewußtsein über Bewußtsein. Erst langsam begreifen wir, wie wir erkennen, was wir nicht erkennen und warum wir nicht erkennen.

Und dieser Prozeß führt uns immer mehr zu der Erkenntnis, daß es »keine Welt da draußen gibt«, sondern daß alles auf Basis einer *Zirkularität* aufgebaut ist, nämlich »daß jede Art des Erkennens eine Welt hervorbringt«, so wie auch »jedes Tun Erkennen ist und jedes Erkennen Tun ist«.

Das bedeutet, daß alles das, was wir sind (Selbst-Konzept), und alles das, woran wir glauben und wofür wir eintreten, im Grunde keine Objektivitäten sind, sondern *gemeinsame Konstrukte* von Menschen, entwickelt und ausgetauscht zwischen Menschen. Unsere Welt entsteht ausschließlich durch *Mit-Menschlichkeit*.

Wenn Menschen also leiden, weil sie mit der Welt nicht zurechtkommen, so ist das nicht deren Problem, sondern zugleich auch immer unser aller Problem. Wenn wir falsche, schädliche Weltbilder in den Köpfen haben, so ist auch das kein privates Unglück einzelner Menschen, sondern das Ergebnis falscher menschlicher Dialoge und mentaler Austausch-Prozesse. Der Mensch wird immer nur zum Menschen durch andere Menschen. Und wenn da etwas schiefläuft, so ist es zwischen allen Menschen schiefgelaufen.

Das, was Menschen zu Menschen macht, ist eine *autopoietische Organisation*. Dieses Wort kommt von den griechischen Wörtern »auto« (»selbst«) und »poiein« (»machen«). Der Mensch macht sich selbst zum Menschen. Und wenn der persönliche Sinn darauf ausgerichtet ist, das persönliche und das kollektive Leid zu verringern oder – anders herum gewendet – das private und gesellschaftliche Glück zu vergrößern, dann hat das nichts mit Schicksal, Göttern oder Zufällen zu tun, sondern ausschließlich mit der Art, wie wir miteinander umgehen und wie wir aufeinander zugehen. Deshalb ist der autopoietische Prozeß ein Prozeß der Liebe zwischen den Menschen.

Wenn man anerkennt, »daß das Charakteristische an Lebewesen ihre autopoietische Organisation ist«, dann müßte man zugleich auch anerkennen, daß der zentrale Gestaltungsfaktor dieses Organisations-Prozesses *nur die Liebe* sein kann. Maturana und Varela haben dafür den Begriff der »strukturellen Kopplung« eingeführt. Gekoppelt sind Milieu und Einheit. Und zwar als Quellen wechselseitiger Beeinflussung. Milieu und Einheit (zum Beispiel ein Individuum, eine Gruppe oder eine Nation) sind so miteinander verbunden, daß sie gegenseitig beim anderen jeweils andere Zustands-Veränderungen auslösen.

Es ist also ein *ständiger Fließprozeß*, den sie als »strukturelle Kopplung« bezeichnen. Das, was der Mensch wird, kann er nur durch andere Menschen werden, durch das, was andere Menschen sind. Also ist die Art, wie wir miteinander umgehen, also der gelebte Grad der Liebe, entscheidend dafür, wie sich die Gesellschaft oder wie sich eine Gruppe (zum Beispiel ein Team oder ein Unternehmen) entwickelt, fühlt und verhält. Die Qualität der Liebe erzeugt die Qualität einer Gruppe.

Diese strukturelle Kopplung hat keine statische Dimension, sondern liegt auf einer *Drift-Achse*, das heißt, es findet eine permanente Anpassung statt zwischen dem Individuum und der Gruppe, also auch zwischen dem Unternehmen und der Gesellschaft. Die Austausch-Prozesse finden also statt in einer permanenten Drift, die darauf ausgerichtet ist, die Anpassungsfähigkeit zu erhalten. Man könnte sagen: Zwischen dem

Individuum und der Gesellschaft, aber auch zwischen der Gesellschaft und dem Individuum findet so etwas statt wie eine *permanente Co-Evolution.*

Das können wir besonders prägnant in der Wirtschaft sehen. Zwischen dem Business mit seinen Aktuatoren (etwa einem Unternehmen) und der Gesellschaft findet ebenfalls eine permanente Co-Evolution statt. Es gibt keine isolierten Systeme mehr. Wirtschaft ist immer auch das Ganze, sind wir alle. Insofern sind die Versuche vieler Wirtschafts-Strategen, ausschließlich mit den Mitteln der Manipulation oder der Ausbeutung zu arbeiten, im Grunde immer *Prozesse der Selbstschädigung.* Durch die strukturelle Kopplung kann man nie nur den anderen manipulieren oder ausbeuten, man zerstört im Rahmen einer längerfristigen Drift auch immer sich selbst.

Das ist die Quelle für den neuen *Trend zur Weisheit* (egoistischer Altruismus) und zum Aufblühen der Faktoren Ethik und Liebe im Rahmen der Diskussionen um eine Erneuerung des Managements.

Das wesentliche Instrumentarium für die Praxis dieser Liebe ist der *sprachliche Bereich*, also die kommunikativen Prozesse zwischen Menschen. »Wir menschlichen Wesen sind nur in der Sprache menschliche Wesen. Und weil wir über die Sprache verfügen, gibt es keine Grenzen dafür, was geschrieben, vorgestellt und miteinander in Zusammenhang gebracht werden kann«, sagen Maturana und Varela.

Hier schimmern die Bereiche *Vision und Kontext* durch, zwei wesentliche neue Faktoren des mentalen Managements.

Wenn man Menschen zu einer gemeinsamen Leistung verschmelzen möchte, brauchen sie einen gemeinsamen Kontext und eine gemeinsame Vision. Nur durch diese sprachlichen und mentalen Operationen kann Handlungsleidenschaft (Produktivität) und Kohärenz (Gleichgerichtetheit) erzeugt werden.

Sprache und Bewußtsein hängen, ebenso wie Geist und Bewußtsein, sehr eng zusammen. Die Sprache – so betonen Maturana und Varela – ist eine Bedingung sine qua non für die Erfahrung dessen, was wir Geist nennen. »Daraus ersehen wir, daß wir in dem Netzwerk der *sprachlichen Interaktion*, in dem wir uns bewegen, eine andauernde deskriptive Rekursion aufrechterhalten, die wir *unser Ich* nennen. Sie erlaubt uns, unsere sprachlich operationale Kohärenz zu bewahren sowie unsere Anpassung im Bereich der Sprache.«

Wir erkennen, daß die beiden Wissenschaftler hier sehr weit gehen. Sogar das, was wir als Identität – also unser Ich – erleben, ist abhängig davon, wie wir Menschen miteinander umgehen. Die beiden Neurobiologen verweisen auf das Schicksal sogenannter »Wolfskinder«, das uns die Augen geöffnet hat für die Tatsache, daß der Mensch tatsächlich nur durch menschliches Milieu, menschliche Interaktion und menschliche Zuwendung zum wirklichen Menschen werden kann. Fehlt dieser menschliche Input, kann der Mensch nicht zum Menschen werden. Es fehlt das gemeinsame »In-der-Sprache-Sein«. Es fehlt *die Gemeinsamkeit des Bewußtseins* in Form unseres Geistes oder des privaten Ichs. »Jede Struktur verpflichtet. Wir Menschen existieren als Menschen im Netzwerk von Struktur-Kopplungen, die wir dauernd durch die fortgesetzte sprachliche Tropholaxis unseres Verhaltens leben.«

Unsere Identität, aber auch unser Sein in Welt und Wirklichkeit, ist abhängig von unserem *kommunikativen Netzwerk*. »Wir geben unserem Leben in der gegenseitigen sprachlichen Kopplung Gestalt – nicht weil die Sprache uns erlaubt, uns selbst zu offenbaren, sondern weil wir in der Sprache bestehen, und zwar als dauerndes Wesen, das wir zusammen mit anderern hervorbringen. Wir finden uns in dieser co-ontogenetischen Kopplung weder als ein bereits vorher existierender Bezugspunkt noch in bezug auf einen Ursprung, sondern als eine fortwährende Transformation im Werden der sprachlichen Welt, die wir zusammen mit anderen menschlichen Wesen erschaffen.« Und so erschaffen wir zusammen entweder falsche Anpassungen (also Leid) oder günstige Anpassungen (Glück und Zufriedenheit).

Es wird sichtbar, daß das menschliche Leben im Grunde unentrinnbar eine *permanent praktizierte Ethik* darstellt. »Bezugspunkt dieser Ethik ist die Bewußtheit der biologischen und sozialen Struktur des Menschen. Es ist eine Ethik, die aus der menschlichen Reflexion entspringt und die die Reflexion, die das Menschliche ausmacht, als ein konstitutives soziales Phänomen in den Mittelpunkt stellt. Wenn wir wissen, daß unsere Welt notwendig eine Welt ist, die wir zusammen mit anderen hervorbringen, können wir im Falle eines Konfliktes mit einem anderen menschlichen Wesen, mit dem wir weiterhin co-existieren wollen, nicht auf dem beharren, was für uns gewiß ist (auf einer absoluten Wahrheit), weil das die andere Person negieren würde.«

Konflikte sind also nur zu überwinden, indem wir *auf Wahrheiten verzichten*, indem wir etwa den Begriff der Wahrheit auflösen. Wahrheit wird dann so etwas wie »fließende Lüge« oder wie »der letzte Stand des

Irrtums«. Konflikte sind also nur zu überwinden, wenn sich unsere Gesellschaft vom klassischen darwinistischen Modell (nur der Stärkere überlebt) trennen kann, um den Weg zu einer *neuen Kultur der Co-Existenz* zu finden.

Maturana und Varela gehen davon aus, daß Leiden und Konflikte, wie sie ja nicht nur in der großen Politik (man denke an Kriege etc.) gang und gäbe sind, sondern gerade auch im täglichen Einerlei der Wirtschaft und der Unternehmen, nur dann überwunden werden können, wenn es gelingt, einen *Raum mit echter Co-Existenz* zu organisieren. Wir werden später sehen, daß es tatsächlich Unternehmen gibt, die es in Ansätzen geschafft haben, derartige Räume wirklicher Co-Existenz herzustellen. Die BCCI-Bank gehört dazu, das Unternehmen Esprit oder Schläpfer. Wir werden darüber später in diesem Buch ausführlich berichten.

Für Maturana und Varela ist klar, daß das Wissen um die Wertigkeit der Co-Existenz »der soziale Imperativ jeder auf dem Menschlichen basierenden Ethik ist«. Für sie bedeutet das, daß in den Gesellschaften und ihren Subsystemen (zum Beispiel der Wirtschaft) eine neue Kultur der Co-Existenz und eine deutliche Abkehr von persönlichen Rivalitäten und *Sieg-Strategien* stattfinden muß. Das Ganze hat aber nichts mit scheinheiligen Sonntagsreden und blauäugigem Idealismus zu tun, sondern ist das, was die ersten Autoren »egoistischen Altruismus« nennen: Der eigene Vorteil wird um so größer, je größer die Vorteile der anderen werden.

Wenn man diese Zusammenhänge der Kopplung zwischen Menschen erkennt, dann kann man nicht mehr für Sieg und Niederlage im Sinne einer darwinistischen Kampf-Kultur sein, sondern letztendlich im Sinne der eigenen Lebens-Qualifizierung nur für eine neue Kultur der Co-Existenz. Und »diesen Akt nennt man auch Liebe«, schreiben Maturana und Varela.

Für sie ist Liebe die einzige und entscheidende *biologische Grundlage* für alle sozialen Phänomene. »Ohne Liebe, ohne daß wir andere annehmen und neben uns leben lassen, gibt es keinen sozialen Prozeß, keine Sozialisation und damit *keine Menschlichkeit*. Alles, was die Annahme anderer untergräbt – vom Konkurrenzdenken über den Besitz der Wahrheit bis hin zur ideologischen Gewißheit –, unterminiert den sozialen Prozeß, weil es den biologischen Prozeß unterminiert, der diesen erzeugt. Machen wir uns hier nichts vor: Wir halten keine Moralpredigt, wir predigen nicht die Liebe, wir machen einzig und allein die Tatsache offenkundig, daß es – *biologisch gesehen – ohne Liebe und ohne Annahme anderer keinen sozialen Prozeß gibt.*«

Maturana und Varela haben in ihrem Buch das gleiche Problem, was wir hier jetzt auch haben. Der Begriff der Liebe scheint irgendwie reichlich überzogen, poetisch, introvertiert oder fehl am Platze zu sein. Auch sie weisen darauf hin, »daß es uns ungewöhnlich vorkommen mag, den Begriff Liebe in einem naturwissenschaftlichen Zusammenhang zu gebrauchen«. Auch Maturana und Varela wissen, daß sich die meisten Menschen gegen den Begriff Liebe sträuben, »da wir um die Objektivität unseres rationalen Ansatzes fürchten.«

Dennoch betonen diese beiden Naturwissenschaftler immer wieder mit Vehemenz, daß »*Liebe eine biologische Dynamik* mit tiefreichenden Wurzeln ist. Sie ist eine Emotion, die im Organismus ein dynamisches, strukturelles Muster definiert, einen entscheidenden Schritt auf dem Weg zur Interaktion, die zu den operationalen *Kohärenzen des sozialen Lebens* führen.« Wenn die Wirtschaft also mehr Produktivität will, dann braucht sie den Mut zu besseren sozialen Strategien – den Mut zum Management by love.

Wenn man Liebe nicht in den Mittelpunkt sozialer Prozesse stellt (Führung und Management sind soziale Prozesse in reinster Kultur), dann verkennt man den sozialen Charakter dieser sozialen Prozesse. Im Grunde ist Management organisierte Liebe zum Zwecke von Effizienz und Gewinn.

Alle rationalen Business-Strategien sind also immer auch Prozesse der Liebe. Dieses zu leugnen, würde im Grunde bedeuten, »menschliche Wesen nicht als Lebewesen zu sehen. Alles, was wir tun, ist ein struktureller Tanz in der Choreographie der Co-Existenz.« Business und Management basieren als soziale Prozesse auf Liebe, auch wenn wir dafür – aus welcher Scham auch immer – andere Begriffe eingeführt haben, etwa Sympathie, Affinität oder Kohärenz.

Und auch das Gegenteil von Liebe (Furcht, Zorn, Traurigkeit, Aggression, Haß) sind im Grunde nur irregeleitete Prozesse der Liebe. Liebe hat für Maturana und Varela die Qualität des höchsten Kontextes, während Haß, Rivalität und Konkurrenz para-soziale Prozesse sind mit niedrigstem Kontext.

So gesehen, wird alles, was in der Wirtschaft, das heißt in den Gruppen und Organisationen, sozial geschieht, zu unterschiedlich aussehenden Prozessen von Liebe. »Wir haben nur die Welt, die wir zusammen mit anderen hervorbringen. Und nur Liebe ermöglicht uns, diese Welt hervorzubringen.«

In den letzten Monaten hat sich auch die Wirtschaft dieser breiteren Auffassung von Liebe mehr und mehr zugewandt. Typisch dafür ist beispielsweise die Konferenz »Von der Organisation zum Organismus«, die von der Findhorn Foundation in Schottland durchgeführt worden ist. Hier trafen sich vor einiger Zeit viele Vordenker und Neudenker des Managements, um miteinander zu diskutieren, was der Unterschied ist zwischen einer festen Organisation und einem fließenden Organismus, der im Sinne der These der strukturellen Kopplung und der globalen Drift permanent *mit der Gesellschaft im positiven Austausch* steht.

Roger Harrison, früher Professor für Organisations-Verhalten an der Yale University und heute Berater führender Firmen, hat bei dieser Konferenz einen besonders wichtigen Vortrag gehalten. Er hat ein Unternehmen mit einem Körper verglichen. »Genauso, wie sich beispielsweise der Magen keine Sorgen um seine Überlebens-Chancen zu machen braucht, würde auch die größere Gesamtheit ein Unternehmen unterstützen, das seine Funktion im gesellschaftlichen Ganzen erkennt und sich entsprechend verhält.« Für Harrison ist Liebe nicht nur eine esoterische Kraft, die das Individuum erfaßt, sondern etwas eminent Soziales, das im praktischen Sinne in der Wirtschaft zum Tragen kommt.

Liebe wird auch von ihm als eine Haltung gesehen, mit der sich das Unternehmen strukturell mit der Gesellschaft koppelt. Geschieht diese Kopplung unter den Aspekten »Liebe und Ethik«, so wird es automatisch – bedingt durch die strukturelle Kopplung – erfolgreich sein. Liebe ist der Garant für wirtschaftlichen Erfolg.

Anita Roddick, Gründerin des international erfolgreichen Naturkosmetik-Unternehmens »The Body Shop« zeigte ebenfalls Wege auf, um sich vom egoistischen und *isolierten Profit-System* zu trennen. Von einer höheren Perspektive der strukturellen Kopplung, also der Liebe, gesehen, sind isolierte Profitziele gefährlich, »weil sie für die meisten Leute höchst unprofitabel sind«. Je mehr sich die Firmen jedoch vom Faktor Kapital (das es in den meisten Ländern ja in reichlichem, ja überreichlichem Maße gibt) zum *Faktor Human-Kapital* entwickeln, um so wichtiger wird es, Management so zu organisieren, daß es für die meisten Menschen profitabel wird. Deshalb sind rein merkantile Zielsetzungen immer nur für Kapitaleigner profitabel, nicht aber für die Mitarbeiter. Wenn es aber stimmt, was Joseph Beuys einmal formulierte, nämlich daß Geld kein Kapital ist, sondern Fähigkeit Kapital ist, und wenn sich die Weltwirtschaft immer stärker den menschlichen und kreativen Potenzen zuwendet, dann müssen neue Ziele gefunden werden, die nicht nur für das Geld günstig sind, sondern für diejenigen, die ihre Fähigkeiten einbringen . . . also für die eigenen Mitarbeiter. Um diese jedoch zu voller Kreativität und Handlungsleidenschaft zu mobilisieren, wird es aufgrund des Wertewandels immer wichtiger, neue Führungs-Konzepte und offene Organisations-Formen zu finden, die die Unternehmen befähigen, »ihrem Umfeld mit Liebe zu begegnen und sich mit ihnen durch Liebe zu verschmelzen« (Roger Harrison).

Liebe ist effizient und rentabel . . . besonders in der Wirtschaft

Unsere erste Behauptung hat uns zu der Erkenntnis geführt, daß Liebe im Grunde der zentrale Faktor für alle sozialen Prozesse ist. Wir haben erkannt, daß alle wirtschaftlichen Prozesse immer auch soziale Prozesse sind, so daß sie im Grunde *Prozesse der Liebe* sind.

Und wir haben gesehen, daß die Wissenschaft, hier exemplarisch durch Maturana und Varela vertreten, sich immer mehr in die Richtung einer »operativen wissenschaftlichen Ausdeutung von Liebe bewegt«. Wir haben auch gesehen, daß die ersten Vordenker des neuen Managements ebenfalls den Prozeß der Liebe als zentral wichtig erkannt haben.

Unsere zweite Behauptung führt uns nun zu dem *Nutzen der Liebe*. Kann Liebe wirklich mehr Gewinn bringen, oder bringt Liebe nur höhere Kosten? Ist Liebe effizient, oder ist Liebe so etwas wie das idealistische Rad im Getriebe? Es stellt sich also die Frage, was eigentlich passieren würde, wenn die Unternehmen – wie Harrison formuliert – ihrem Umfeld mit Liebe begegnen würden, und was eigentlich passieren würde, wenn Organisation und Führung als Liebe verstanden und gestaltet werden würden.

Dieses Buch behauptet, daß es den Firmen dann wirtschaftlich nicht schlechtergehen würde, sondern – im Gegenteil – eher besser. Und daß es der Natur, das heißt der Umwelt, eher bessergehen würde als schlechter. Und daß es den Mitarbeitern nicht schlechtergehen würde, sondern besser, weil sie mehr Spaß und Sinn in ihrer Arbeit finden würden.

Das klingt sehr programmatisch. Und es fehlt uns der Beweis. Aber es gibt schon die ersten Unternehmen, die dieses neue Management teilweise praktizieren, also ein Management der globalen Verantwortlichkeit und der praktizierten Liebe nach außen und nach innen.

Wir wollen hier einige Pionier-Unternehmen darstellen, immer berücksichtigend, daß sie nur Teilaspekte eines Management by love realisieren. Noch ist nichts perfekt. Aber immerhin: Die ersten gehen den Weg bereits.

Einer der erfolgreichsten Designer in Deutschland ist *Hartmut Esslinger.* Er ist Chef eines großen, weltweit erfolgreichen Designer-Teams. Er arbeitet in Kalifornien ebenso wie in Japan oder Mailand. Sein Team ist jung, und seine Kunden sind international und renommiert. Zu seinen Kunden gehören Firmen wie Sony, Apple Computer, Louis Vuitton, Polaroid und Kodak, also die Creme derjenigen, die gutgestaltete Produkte weltweit verkaufen.

Esslinger gehört zu denen, die die Zeitschrift »Wiener« im November 1986 besonders hervorgehoben haben. Sie sind ganz in der Nähe des Begriffs »helles Management« anzusiedeln, den wir in diesem Buch ausführlicher beschreiben und begründen werden. Wie der »Wiener« schreibt, gibt es tatsächlich Unterschiede in der Art, wie man siegt und erfolgreich wird.

Da gibt es Siegertypen, die sind ehrgeizig bis zur Selbstvernichtung und rücksichtslos auf Kosten vieler anderer. »Aber es gibt auch Menschen, die werden Sieger, ohne zu Arschlöchern zu werden. Sozialverträgliche Siegertypen, die Freude am Erfolg haben und diesen Erfolg an viele weitergeben, die andere am Sieg teilhaben und miterleben lassen.« Soweit das kernige Zitat des »Wieners«.

Hören wir nunmehr die Philosophie von Hartmut Esslinger, die zeigt, warum er auf »heile Art« erfolgreich ist: »Meine Idee war es, alternativ zu arbeiten. Ich habe mir junge Leute ohne jede Erfahrung direkt von der Schule geholt, sie gut bezahlt und ihnen alle Chancen gegeben. Ich wollte nur für die Großen arbeiten. Das Geld war mir egal. Ich habe mich darauf konzentriert, was mein Ego befriedigt, vielleicht auch berühmt macht. Viele Ausschreibungen haben wir anfangs nur gewonnen, weil wir pünktlicher abgeliefert haben als die internationale Konkurrenz; später, weil wir auch viel besser waren. Ich selbst bin immer noch derselbe geblieben, der ich am Anfang war. Denn ich weiß doch selbst am besten, wie haarscharf alles hätte danebengehen können und noch danebengehen kann.«

Hier werden zwei Muster sichtbar. Zuerst das Muster der *Selbstentfaltung.* Die kommende, neue Generation der Unternehmer und Top-Manager hat eine neue Werte-Skala im Kopf und im Herzen: Selbstentfaltung geht vor Geld.

Das zweite Muster: Führung wird zur *Kultivierung von Kompetenzen.* Menschenführung wird zum Coaching für Talente. Mitarbeiter werden gefördert und entwickelt und nicht bis zur Demütigungs-Grenze zur Null gemacht oder benutzt nach dem Motto »ex und hopp«.

Wolfgang Joop, der renommierte Modeschöpfer, gehört ebenfalls zu den Siegertypen, die der »Wiener« vorstellte. Er sagt dazu: »Das Rezept meines Erfolges ist, sich nur einer Sache zu widmen und alle anderen Möglichkeiten beiseite zu lassen. Diese Konzentration bedeutet totale Hingabe, oft bis zur Schmerzgrenze.«

Hier wird das Muster der *Handlungsleidenschaft* sichtbar: »Totale Hingabe«. Unsere Recherchen zeigen, daß die neuen Unternehmer und die neuen Top-Manager aus der Selbstverwirklichung heraus zur Leidenschaft kommen. Und diese Leidenschaft ist Liebe zur Herausforderung.

Thomas Wegner, Gründer von Schauland, der größten Ladenkette für Unterhaltungs-Elektronik in Norddeutschland, erklärt seine Philosophie folgendermaßen: »Wenn man sich an das hält, was einem Spaß macht, stellt sich der Erfolg automatisch ein. Einfach, weil man gut ist.«

Hier wird die *Spaß-Komponente* sichtbar. Auch darüber werden wir in diesem Buch sehr viel hören. In der Tat hat der Wertewandel der Jugend dazu geführt, daß *Sinn und Spaß* die zwei neuen Leitwerte für eine »neue Arbeit« werden.

Stark – wenn auch oft unbewußt – setzen die neuen Unternehmer auch auf *Selbstorganisation und Vertrauen* in Situationen und Mitarbeiter. Hier wird die Abkehr von para-militärischen Planungsideologien sichtbar. Selbstorganisation bedeutet, sich mit dem Umfeld verschmelzen zu können und mit den Ereignissen mitfließen zu können. Das bedeutet aber auch das Aufgeben klassischer paternalistischer Chef-Attitüden und das Herstellen eines stabilen Vertrauens-Klimas.

Betrachtet man diese Exponenten einer neuen Idee zusammengefaßt, so ergibt sich folgendes Muster:

① Selbstentfaltung ist das vorherrschende Leitziel.

② Man versteht sich als Coach seiner Mitarbeiter und als Kultivierer ihrer latenten oder verborgenen Fähigkeiten.

③ Spaß- und Sinnerzeugung sind die Quellen kontinuierlicher Handlungs-Leidenschaft und Produktivität.

④ Man setzt auf Selbstorganisation statt auf starre Organisations-Schemen und klassische Strategien.

⑤ Vertrauen ist die Basis der Entfaltung.

Interessant ist in diesem Zusammenhang der Vergleich mit dem alten Management. Die Recherchen der zwei Redakteure vom »Wiener« hier zu haben »einem deutlich klargemacht, daß es in der Wirtschaft *überwiegend unsympathische Sieger* gibt und daß diese ganz anders arbeiten als die beschriebenen . . . Sieger«. Die vielen durchgeführten Interviews haben so etwas wie ein generelles Strickmuster für unsympathische Bosse ergeben. Es ist gut, sich das noch einmal anzuschauen, damit der Unterschied zwischen hell und dunkel bzw. unsympathisch ganz deutlich wird. Hier ist sie, die *Rezeptur für unsympathische Sieger*:

① Geben Sie sich nie eine Blöße. Wer Schwäche zugibt, eröffnet den Neidern nur Angriffsmöglichkeiten. Wenn Sie sich trotz ihrer überragenden Fähigkeiten einmal irren, wenn Sie selbst durchaus wissen, daß Sie Mist gebaut haben – andere dürfen es nie erfahren. Sie müssen ihnen, unter Hinweis auf Ihren klaren Vorsprung, zu verstehen geben, daß es aussichtslos ist, Ihnen am Zeug zu flicken. Wenn Sie Glück haben, glauben Sie am Schluß selbst, daß Sie immer im Recht sind.

② Umgeben Sie sich nur mit Personen, die deshalb vertrauenswürdig sind, weil Sie sie in der Hand haben. Sie vermeiden dadurch unliebsame Überraschungen.

③ Ihre Erfolge sind immer ihr persönliches Verdienst, während die Erfolge der anderen dadurch zustande kommen, daß (1) Manipulationen und Beziehungen im Spiel sind, (2) sich die Menschen bedauerlicherweise besonders von Nulpen leicht täuschen lassen oder (3) immer wieder Glückspilze nach oben rutschen, während Leute wie Sie dafür hart arbeiten müssen.

④ Lassen Sie sich nicht dadurch ablenken, daß Sie sich auch für Menschen interessieren, die Ihnen nichts nützen, oder für Arbeitsgebiete, in denen Sie nicht Spitze sind.

⑤ Schauen Sie nur nach vorne. Wer über die Vergangenheit nachdenkt, gerät in Gefahr, verpaßten Gelegenheiten nachzuweinen und sich nicht mehr voll auf die Gegenwart zu konzentrieren. Wer zuviel überlegt, wie es anderen Menschen auf dieser Welt geht und welche Gefahren uns in Zukunft bedrohen, ist ein Schwächling. Starke, originelle Persönlichkeiten werden immer einen Ausweg finden. Spenden Sie für die Hungerhilfe in der Dritten Welt (unauffällig oder publikumswirksam, je nach Ihrem Geschmack), aber beschäftigen Sie sich nicht intensiver damit. Sehen Sie zu, daß Sie einen Wohnort finden, wo Luft und Wasser sauber sind und die radioaktive Belastung möglichst gering ist. Wenn andere das nicht schaffen, ist es deren Problem.

⑥ Nehmen Sie sich selbst immer ernst. Wenn Sie lachen (und das sollten Sie gelegentlich tun, es ist gut für das vegetative Nervensystem), dann nur über andere, niemals über sich selbst.

Vielleicht lohnt an dieser Stelle ein Blick auf den 41jährigen Milliardär *Trump*. Das ist derjenige Mann, der derzeit gerade die Television City in New York baut. Das werden eines Tages elf 45stöckige Türme sein, die um das höchste Bauwerk, das 145 Stockwerke aufweist, gruppiert sind. Es wird vermutlich Trump-Park heißen, so wie es auch schon in New York den berühmten Trump-Tower gibt.

Trump, der auf rund 3 Milliarden Dollar geschätzt wird, hat kürzlich in einem Interview mit Heinz Hormann seine Philosophie ausgebreitet. Und da erkennt man das Antlitz des unsympathischen Siegers. Typischer Satz von Trump: »Eine Mittagspause machen nur Verlierer.«

In dem dreiseitigen Interview wimmelt es von Begriffen wie »Feinde« und »Gegner«, und die Sätze triefen vor brutalem Egoismus, garniert mit vielen Eitelkeiten und Narzißmen. Und auf die letzte Frage von Hormann: »Haben Sie Freunde?«, antwortet Trump in der typischen Manier des unsympathischen Siegers: »Wenige. Einsamkeit ist der Preis meines Business. Als Freunde bezeichne ich nur Menschen, die mich brutal, wenn es sein muß, auch hinterhältig verteidigen.« Das sagt alles. Das ist bestes *dunkles Management*.

Nun, werfen wir unseren Blick wieder auf die helle und heile Seite des neuen Managements. Betrachten wir vielleicht in diesem Zusammenhang das *Mode-Unternehmen Esprit*. Es wurde von Susi und Douglas Tompkins in Kalifornien gegründet und ist inzwischen weltweit erfolgreich, obwohl sich gerade kürzlich die beiden Gründer aus privaten und merkantilen Gründen getrennt haben. Für das Esprit-Management *ist Leben kein Kampf*. Deshalb gibt es keine Gegner und keine Feinde. Und wer rücksichtslos mit anderen umgeht, geht auch rücksichtslos mit sich selbst um. Er paßt nicht zur Firmenkultur, er paßt nicht zu Esprit. Die Devise von Esprit lautet deshalb: »Leben ist Spaß. Der Kampf ums Überleben ein Spiel.«

In der Tat kann man sich kaum vorstellen, daß ein Unternehmen, das in einem der international härtesten Märkte operiert, nämlich junge Mode, mit den Begriffen »Spaß und Spiel« erfolgreich werden kann. Aber Esprit ist erfolgreich, und zwar überdurchschnittlich.

Das 1969 in San Francisco gegründete Unternehmen arbeitet nur mit jungen Menschen. Das Durchschnittsalter der Mitarbeiter ist 26, und das »Du« gehört zum guten Ton. Man hat die interne Unternehmens-Kultur *mit dem Zeitgeist gekoppelt* und arbeitet ohne die üblichen hierarchischen Strukturen. Es gibt wenig Masken und wenig pseudo-seriöse Attitüden (zum Beispiel in Anzug und Krawatte zur Sitzung kommen). Man bringt sich so ein, wie man gerade ist.

Die meisten Mitarbeiter kommen nicht vom Fach. Das ist übrigens ein Umstand, der häufig anzutreffen ist: *Persönlichkeit* und *Drive* sind wichtiger als Studium, Fachkenntnis oder spezifische Ausbildung. Der deutsche Top-Manager von Esprit, Buckly, ist nie ein Modemacher gewesen, sondern Anwalt, der sich aus Faszination für das Ehepaar Tompkins bei Esprit engagierte.

Und diese Begeisterung steckt an. Inzwischen hat man Methoden entwickelt, um sich nicht nur mit dem Zeitgeist, sondern auch mit dem jugendlichen Umfeld immer besser zu vernetzen. Seit 1981 arbeitet man mit einem eigenen Katalog, der die Basis für ein *umfassendes Networking* ist. Inzwischen umfaßt die Kartei der Esprit-Fans in Deutschland 1,2 Millionen Adressen.

Esprit hat die gängigen Klischees und Strategien der Modebranche radikal durchbrochen, so etwa den Saison-Rhythmus. Früher brachten alle Modehersteller zwei Kollektionen pro Jahr heraus. Esprit macht das anders. Jetzt werden im Monats-Rhythmus neue Modelle ausgeliefert. Man will sich nicht nur mit der Zielgruppe optimal verschmelzen, sondern auch mit dem Zeitgeist mitfließen. Und der fließt nicht in starren Saison-Rhythmen. Deshalb lautet das Schlagwort von Esprit: »Lust auf Mode jeden Tag.« Deshalb permanente Variation, deshalb permanente Neu-Kreation.

Und der Handel zieht mit. Inzwischen ist die Zahl der Shops, die man in führenden Warenhäusern plazieren konnte, auf nahezu einhundert angewachsen. Esprit hat also sein eigenes Design- und Shop-System im klassischen Handel, so beispielsweise in Kaufhäusern, durchsetzen können. Und weitere Shops sind fest eingeplant.

Das wird den Umsatz noch deutlicher nach oben bringen. Von 12 Millionen Mark im Jahr 1977 – damals startete man in Deutschland – stieg der Umsatz im Geschäftsjahr 1988/89 deutlich über 500 Millionen. Die Rendite, über die nicht berichtet wird, soll seit Jahren zweistellige Prozentzahlen erreichen.

Esprit versteht sich inzwischen nicht mehr als Bekleidungs-Hersteller, sondern als *Produzent von Lebensstilen.* Dementsprechend wird das Angebot immer stärker ausgeweitet. 1987 kamen Schuhe und Accessoires hinzu. Weitere Additiv-Produkte sind in der Entwicklung.

Interessant ist beispielsweise, daß die Chef-Designerin Karin Koeppel nicht viel von Star-Designern hält. Sie selbst ist auch keine Star-Designerin, darauf legt sie Wert. *Sie entwirft, was ihr gefällt.* Und ihre fünfzehn Kollegen, alles junge Designer, sind ebenfalls weit entfernt von der narzißtischen Attitüde sonstiger Mode-Päpste. Man kreiert das, was man selbst gern tragen würde. Da gibt es keine heroische Genialität und auch keine intellektuellen Markt-Strategien. Das einzige, wofür man sorgt, ist, daß man immer mit dem Zeitgeist und dem gesellschaftlichen Umfeld schwimmt. Man sorgt dafür, daß die Leute, die bei Esprit arbeiten, möglichst diejenigen sind, die auch die Kunden sind. »Wir sind die Kunden . . .« so lautet das Credo von Esprit. Verschmelzung at it's best.

Das geht so weit, daß auch die Werbung inzwischen voll im Haus gemacht wird. Die Werbeagenturen, mit denen man am Anfang zu arbeiten versucht hat, sind verschwunden. Und man arbeitet auch nicht mehr mit professionellen Fotomodellen, sondern mit Mitarbeitern und Kunden. Man will *keine Schein-Realität* in der Werbung, sondern man will die Verschmelzung zwischen außen und innen so real und authentisch wie möglich. Deshalb steht die Frau von nebenan vor der Esprit-Kamera.

Ziehen wir an dieser Stelle so eine Art Zwischenbilanz in Sachen Esprit:

① Esprit ist erfolgreich aufgrund seines Credos, das aus »Spaß und Spiel« besteht.

② Esprit hat es geschafft, die Innenkultur mit der Außenkultur so weit wie möglich deckungsgleich zu bekommen. Man hat sich mit dem Umfeld (Gesellschaft und Kunden) ideal verschmelzen können. Das ist die »strukturelle Kopplung«, von der Maturana und Varela sprechen.

③ Esprit hat sich von den klassischen Mode-Ideologien trennen können und sich mit dem fließenden Zeitgeist fließend verbinden können. Als Formel: Wie innen, so außen ... was jetzt wichtig ist, bringen wir sofort.

Werfen wir nun einen Blick auf die *innere Kultur* von Esprit, etwa auf die Art, wie man mit Menschen umgeht. Wir haben gesagt, daß Liebe definiert werden kann als die Art, wie wir mit uns umgehen und wie wir aufeinander zugehen.

Bei Esprit wird viel Liebe praktiziert, wenngleich auch das Wort in der internen Nomenklatur nicht zu finden ist. Es gibt einen Videofilm von Esprit über Esprit. Und dort berichten Mitarbeiter in authentischer Form, warum sie bei Esprit arbeiten und nicht woanders. Betrachten wir einige Aussagen aus diesem Film:

»Wenn man für Esprit arbeitet, hat man soviel *Freiheit*, weißt du, da ist niemand, der dir sagt, du mußt dieses oder jenes tun.«

»Ich kümmere mich um die Modeschöpfung. Und das geht so: Wir, die dafür Zuständigen, gehen nicht in die Räume der Mitarbeiter und sagen, daß man dieses oder jenes Design kreieren muß. Ich habe die ganzen Jahre immer versucht, alles selbst zu machen. Ich könnte es nicht ertragen, wenn nun jemand da reinkommen würde und sagen würde, du mußt dieses oder jenes tun. Ich glaube, daß ist der Grund, weshalb wir so erfolgreich sind ... weil wir *nicht auf so viele Menschen hören müssen.*«

»Die Art und Weise, wie wir arbeiten, halte ich für sehr ungewöhnlich. *Wir helfen alle einander.*«

»Mein Titel ist Product Manager. Meine Arbeit ist – so wie ich sie sehe – die eines *Coachs eines Teams*. Ich versuche, meinen Line-Managern zu helfen, richtige Entscheidungen zu fällen. Ich versuche ihnen zu helfen, ihren Job gut zu machen.«

»In dieser Branche wird man *verlieren, wenn man nichts verändert.* Wenn man nichts ändert, wenn die Dinge so bleiben, wie sie sind. Wenn man jeden Tag etwas dazulernt, wenn man neue Ideen kreiert, neue Mode schöpft, wenn man eine neue Verkaufs-Strategie entwickelt, neue Wege der Distribution schafft, wir wissen, daß darin die Zukunft liegt.«

»Wir geben Mitarbeitern tatsächlich Blankoschecks. Es ist eine Situation der *vollen Verantwortung*. Überträgt man jemandem diese Verantwortung, besteht die Möglichkeit, daß er etwas Gutes damit anfängt. Überträgt man ihm niemals die Verantwortung, dann passiert gar nichts, weißt du. Und das ist wirklich ein Blankoscheck, jemandem Verantwortung zu übertragen.«

»Ich mag die Leute, ich mag den Stil von Esprit. Und ich kann überhaupt keinen Nachteil aufzählen. Was wir glauben, ist, daß *glückliche Leute mehr kreieren und mehr produzieren*. Es ist sehr grundsätzlich. Es ist sehr wichtig, daß ein Job und die Arbeit nicht vierzig Stunden pro Woche, sondern eher fünfzig bis sechzig Stunden und oft bis in die Nacht hinein oder am Wochenende *uns Spaß bringt*. Was mich am meisten fasziniert hat, als ich hierherkam, war die Atmosphäre. Es ist meine Freiheit. *Ich kann so bleiben, wie ich bin*. Ich mag es, weil hier so viele Nationalitäten vertreten sind. Ich liebe diese Leute.«

»Jedem, der hier arbeitet, gefällt es, wie die Firma gewachsen ist, weil es eine Herausforderung ist, daß jeder bis an die Grenze gehen muß. Sie finden dann heraus, daß sie eigentlich *keine Grenzen haben*. Sie können immer weitergehen. Sie können weiterhin mehr zustande bringen, als sie es im vorigen Jahr getan haben. Und ich glaube, das ist das Aufregende an Esprit.«

Soweit der Video-Film. Diese Original-Zitate machen sichtbar, daß hier tatsächlich ein anderes Menschenbild und eine andere Auffassung von Arbeit durchschimmert, gekoppelt an Sinn und Spaß. Und daß hier schon einiges an Liebe bereits verwirklicht worden ist. Natürlich gibt es auch hier Schattenseiten. Die Esprit-Manager weisen beispielsweise darauf bin, daß dieser Zwang zur permanenten Veränderung häufig sehr viel Spannung hervorruft. Wenn immer alles neu sein muß, dann gibt es keine Standards und keine Sicherheiten. Und es gibt viele Menschen, die das nicht ertragen.

Bei den neuen Mitarbeitern, so berichtet Buckly, gibt es sehr viele, die dieses permanente Innovieren nicht aushalten können. »Während der Probezeit trennen wir uns im Vergleich zu anderen Unternehmen sicher öfter von den Mitarbeitern. Doch wer dann bei uns bleibt, ist hier angebunden.« Das sagt Ursula Sessinghaus, bei Esprit zuständig für die Personalpolitik, 32 Jahre alt.

Natürlich gibt es auch von außen viel Kritik an Esprit. Im »Wiener« (Dezember 1987) wurde Esprit als *die Mode-Sekte* beschrieben. Man sah hier einen cleveren »Pop-Kapitalismus«, der Arbeit mit Spaß und Stolz verbindet. Aber selbst die kritischen Journalisten vom »Wiener« gaben zu, »daß es bei Esprit um nichts weniger geht als um die Revolution am Arbeitsplatz«.

In der Tat kann man zu Esprit eine sehr kritische Einstellung aufbauen, denn deren oberstes Gebot lautet: »Wir sind alle gleich.« Und da die Unternehmenskultur auf einen einzigen Lifestyle ausgerichtet ist, paßt da natürlich nicht jeder rein. Besonders dann, wenn Partys, Sprach-, Sport-, Meditationskurse angeboten werden, die diese Unternehmenskultur immer wieder aktualisieren. Das führt zu einer kräftigen, aber zugleich auch engen Kultur.

Weil für Esprit die permanente Verschmelzung mit dem gesellschaftlichen Umfeld und das permanente Mitfließen mit dem fließenden Zeitgeist wichtig sind, sorgt Esprit dafür, daß die Mitarbeiter permanent Zugang haben zu Jazz- und zu Pop-Konzerten. Alles das, was den Zeitgeist ausmacht, wird also bei Esprit *zur Pflicht*. Somit muß ganz klar gesehen werden: Esprit ist eine *Glaubens-Gemeinschaft*. Und wer diesen Glauben nicht mittragen kann, katapultiert sich selbst hinaus.

Ziehen wir jetzt eine Art Bilanz: Esprit arbeitet mit den Mitteln des kohärenten Glaubens. Die praktizierte Liebe (weitestgehende Gleichheit, das Coaching-Prinzip, Freiheit für Persönlichkeit, Handlung und Eigenverantwortung) kann offensichtlich nur entwickelt und realisiert werden in einem *eigenständigen sozialen Raum*, das heißt, wenn man so will, in einem Schonraum. Und dieser Schonraum entsteht durch Glauben und Unternehmenskultur. Damit wird das Unternehmen bei aller Verschmelzung mit Zeitgeist und Gesellschaft zugleich auch so etwas wie eine Burg, zu der nur Gleichgesinnte Zugang haben.

Aber immerhin: Esprit beweist, daß es möglich ist, anders zu arbeiten. Esprit beweist, daß es möglich ist, Menschen wie mündige Mitarbeiter zu behandeln: Da muß man sich nicht verstecken oder sich verstellen. Da kann man sich so geben, wie man ist. Und man kann so bleiben, wie man ist.

Esprit hat es geschafft, mit einer extrem flachen Hierarchie und bei einem extrem weitgehenden Vertrauen *Selbstorganisation und Selbstmotivation* ins Leben zu rufen. Da gibt es keine festen Organigramme, und da gibt es keine ehernen Grenzen, und da gibt es keine noch so gut getarnten Befehle und erst recht nicht das rigide Karriere-Spiel »Jeder gegen jeden«.

Man geht anders miteinander um bei Esprit. Offener, weniger maskiert, menschlicher. Und man ist trotzdem sehr erfolgreich. Wenn man den weltweiten Erfolg bei Esprit mit dem Erfolg anderer Mode-Unternehmen vergleicht, dann kann nur noch Benetton mithalten. Die Konkurrenten sind – sowohl was ihre Internationalität, den Umsatz und erst recht die Rendite betrifft – eher die Verlierer im Wettbewerb. Der andere Weg von Esprit – er ist effizient und rentabel.

Betrachten wir nun ein anderes Unternehmen: Gore & Associates, ebenfalls bekannt geworden durch ungewöhnliche Management-Methoden. Bei Gore gilt das Credo: »*Wir haben keine Chefs.*«

Bei Gore ist man der Meinung, daß die übliche Art, miteinander zu arbeiten, also das Kaderprinzip, menschenunwürdig ist und daß es die Kreativität und Effizienz der Mitarbeiter behindert oder begrenzt. Deshalb ist – wie »Manager Magazin« (2/88) schrieb – bei Gore »Gruppenarbeit Trumpf«. In Deutschland arbeiten fünftausend Mitarbeiter für Gore, aber man kennt keine Chefs und auch *keine echten Hierarchien.* Nur einige wenige Manager stehen an der Spitze. So in Amerika der Firmenerbe Robert Gore, so in Deutschland Heinrich Flik, der aber selbst sagt, daß er eigentlich nur aus juristischen Gründen den Chef spielen muß. Ihm steht ein Dutzend Spezialisten zur Verfügung, die an ihn berichten. »Darunter fehlt jegliche formale Organisation. Sie wird ersetzt durch *Mitarbeiter-Gesprächskreise*, die für alle Fragen – vom Marketing bis zur Produkt-Entwicklung – zuständig sind.«

Diese Mitarbeiter-Selbstorganisation funktioniert bei Gore. Und die Mitarbeiter wählen selbst die Führer für die Projekte und teilen sich selbst die Aufgabenstellungen zu. Man übernimmt also Aufgaben und Verantwortung für eine Aufgabe. Die Gruppen kontrollieren sich auch selbst.
Die Kurzformel dafür: No ranks, not titles – nothing but profit.

Dazu gehören die *vier Grundregeln* von Gore:

① *Freiheit*
Jeder Mitarbeiter tut das, was er gern möchte. Fähigkeiten sollten sich frei entwickeln und *mit den Aufgaben wachsen.*

② *Erfahrung*
Wie auf einem Schiff werden bei schwierigen Manövern erst erfah-

rene *Kollegen um Rat gefragt*, »um nicht das gesamte Unternehmen zu gefährden, wenn ein Loch unterhalb der Wasserlinie gebohrt wird«.

③ *Selbstverpflichtung*
Die Mitarbeiter verpflichten sich für Aufgaben und übernehmen dafür die *Verantwortung*.

④ *Fairness*
Innerhalb des Teams genauso wie gegenüber Kunden.

Für die Personalpolitik bedeutet das – wie Flik sagt: »Jeder Mitarbeiter soll gezielt seine Stärken finden und auch wissen, wo persönliche Schwächen liegen. Denn starke und *selbstbewußte Mitarbeiter* leisten am meisten.«

Selbstentfaltung wird hier als wichtigste Voraussetzung für Kreativität gesehen. Und Gore ist ein Unternehmen, das ganz eindeutig auf *Innovation* setzt. Man will für immer neue Märkte immer bessere Gore-Tex-Materialien entwickeln und anbieten.

Für Flik sind besonders *die Gefühle wichtig* und nicht nur Ratio und Strategie. Die Mitarbeiter werden deshalb angehalten, bei der Entwicklung neuer Strategien den Gefühlen zu folgen. »Wie wir bei Gore oft aus dem Bauch heraus entscheiden und neue Trends erkennen, ist in anderen Unternehmen in dieser spielerischen Form undenkbar.« Flik dazu: »Gefühle werden in den Stufen der Hierarchie weggefiltert.« Die Freiheit, die man sich wechselseitig gibt, wird hier zu einem eindeutigen Instrument der Innovation. Nur durch Freiheit können *Intuition und positive Gefühle* kultiviert werden. Basis dafür ist der Aspekt der Selbstverantwortung und das Konzept des »Natural Leaders«.

Bei Gore geht man davon aus, daß im Prinzip *jeder sein Chef* sein kann und daß derjenige, der eine Aufgabe übernimmt, sie wie ein Chef übernehmen sollte, und daß es bei Gruppen so etwas wie natürliche Führungspersönlichkeiten gibt, so wie es in jeder informellen Organisation Meinungsführer gibt.

Die Chefs werden also jeweils pro Gruppe neu definiert. Und sie sind dann die natürlichen Gruppen-Führer. »Sie sind einfach dadurch bestimmt, daß sie Anhänger haben. Es gibt keine Erbhöfe, es gibt *keine Stellenbeschreibungen*, es gibt keine Macht-Pools. Deshalb gibt es auch weniger Intrigen und nicht das übliche schmutzige Karriere-Spiel.«

Dieses Ideal kann natürlich nur funktionieren, wenn die Unternehmen nicht so groß werden. Man arbeitet in *überschaubaren Werken*. Mehr als 100 bis 150 Mitarbeiter sollte ein Werk nicht haben. »Bei über 150 Mitarbeitern im Werk kann man nicht mehr ›Hallo‹ sagen.« Deshalb gründet man bei Gore immer wieder neue Fabriken, neue, eigenständige Werke, die miteinander vernetzt operieren. Man will die typische Gore-Dynamik nicht *durch zuviel Größe zerstören*. Wachstum ja, aber ohne Bürokratie und Kaderorganisation.

So hat man im Laufe der Zeit 33 Werke gegründet. Das erinnert stark an das biologische Konzept der *natürlichen Zellteilung*. Das einzige, was zentral bleibt, ist die Verwaltung. Flik dazu: »Unser Verwaltungs- und Finanz-System ist als Regulativ zu der *chaotisch-kreativen Gruppenarbeit* auch im Vergleich mit anderen Unternehmen professionell organisiert.«

Damit wird das Erfolgs-Muster von Gore deutlich: Dort, wo es um menschliche Produktivität geht, wird bewußt auf chaotisch-kreative Selbstorganisation gesetzt. Dort, wo es um Innovationen geht, wird extrem viel Freiheit und Menschlichkeit offeriert. Aber dort, wo es um Finanzkontrolle geht, dort wird eher klassisch gearbeitet.

Natürlich können nicht alle Mitarbeiter von Anfang an mit dieser Gore-Philosophie zurechtkommen. Deshalb haben neue Mitarbeiter *oft große Probleme*. So hat sich beispielsweise gezeigt, daß diejenigen, die extrem autoritär erzogen worden sind und deshalb Autorität verlangen, bei Gore sehr schwer zurechtkommen. Ähnlich wie bei Esprit ist die Fluktuation bei Neulingen deshalb überdurchschnittlich hoch. Aber wenn man erst einmal dabei ist und wenn man die Vorteile der Freiheit und der Menschlichkeit erkannt hat, dann bleibt man dabei, zumal Gore international außerordentlich erfolgreich ist.

Und dieser Erfolg zahlt sich für alle Mitarbeiter aus, denn man hat ein *Mitarbeiter-Beteiligungsmodell* entwickelt. Die alten Gore-Besitzer, die die Mehrheit des Stammkapitals halten, zahlen jedes Jahr *Gewinnprämien* in Höhe eines Monatsgehaltes und verschenken überdies Anteilscheine an die Mitarbeiter im Wert von 10 Prozent des Lohnes.

Erst nach fünfzehn Jahren Betriebszugehörigkeit können die »Associates« über ihre Aktien ganz verfügen und ihre Anteile intern entweder an die Eigentümer-Familie oder an Kollegen verkaufen. Je länger man also bei Gore bleibt, um so mehr wird man ein echter Mitbesitzer von Gore.

Versuchen wir hier ein Fazit: Gore ist sicherlich das Unternehmen, das am konsequentesten *Macht und Machtmißbrauch* ausgeschaltet hat. Wenn Liebe die Art ist, wie wir aufeinander zugehen und miteinander umgehen, so hat Gore ein großes Stück *Liebe praktikabel gemacht.*

Die gelebte Fairness in Verbindung mit der extremen Freiheit (gekoppelt an Selbstverpflichtung) ist einzigartig und zeigt, daß es möglich ist, in menschlicher und dennoch effizienter Form miteinander umzugehen. Offensichtlich stimmt die Formel nicht, daß produktive Arbeit nur durch die Aufgabe persönlicher Freiheit möglich ist. Der international beachtliche Erfolg von Gore belegt, daß dieses Modell von Freiheit und Mündigkeit zugleich auch effizient und rentabel ist.

Besuchen wir jetzt die PSI. Das ist die Gesellschaft für Prozeßsteuerungs- und Informations-Systeme mbH in Berlin. Das ist in der Tat ebenfalls ein ungewöhnlich anders arbeitendes Unternehmen. Und es ist bekannt geworden, weil man dort einen »real existierenden Sozialismus per Computer« betreibt. Auch dort mehr Freiheit, mehr Menschlichkeit . . . auch dort die Überwindung der klassischen Kaderdisziplin.

PSI ist eines der größten freien Software-Häuser in Deutschland, wobei »frei« für konzernfrei steht. Man gehört also zu keinem Computer-Hersteller. Man macht über 40 Millionen Mark Umsatz mit rund dreihundert Mitarbeitern. Und insofern ist man im Vergleich zu den Konkurrenten schon ein »Soft-Gigant«. PSI steht – wie Diedrich Jaeschke, Mitglied und Sprecher der Geschäftsleitung, mitteilte – im Spitzenfeld der Anbieter. Zugleich hat man eine Sonderstellung, weil man sich spezialisiert hat auf Prozeßsteuerungs- und Informationssysteme. Dementsprechend beeindruckend ist die Kundenliste: Opel, Du Pont, Salzgitter, aber auch die Städte Berlin, Rotterdam und Düsseldorf. Dazu Deutschlandfunk und Deutsche Welle usw.

Das Besondere am Menschenbild und Arbeits-Modell von PSI ist die Tatsache, daß »rund *2/3 der Mitarbeiter* nicht Angestellte sind, sondern *Gesellschafter*, die neben Gehalt und Erfolgsprämien auch noch satte Gewinnanteile einstreichen«. So schreibt »Management Wissen« (8/86). PSI gehört also hauptsächlich der Belegschaft.

Und das kam so: Man suchte in der Gründungsphase hochkompetente junge Mitarbeiter. Man fand sie hauptsächlich bei den Absolventen der Berliner Hochschulen. Aber das waren – wie Jaeschke sagte – »Apo-Leute«. Und mit denen konnte man nicht im Rahmen der klassischen Kader-Disziplin arbeiten. Die Leute waren zu frei dafür. Aber man wollte ihre Kreativität, und man wollte sie dringend. Denn Jahr für Jahr werden etwa 5000 bis 8000 Software-Mitarbeiter in Deutschland benötigt, aber es gibt nur 3000 bis 4000 Nachwuchskräfte. Insofern besteht inzwischen ein Defizit von 25 000 bis 30 000 Fachkräften. Also ein dramatischer Personalmangel. Und der war damals, als PSI gegründet wurde, noch eklatanter als heute. Man brauchte also die jungen Computer-Experten. Aber diese wollten nicht die üblichen Karriere-Spiele und Arbeitspraktiken, wie sie in der Wirtschaft gang und gäbe sind, akzeptieren. »Die Apo-Leute haben uns praktisch zur neuen Unternehmens-Struktur gezwungen«, so Jaeschke.

Dazu gehört, daß die *Mitarbeiter die Chefs wählen*. Das gibt es in Deutschland sonst nur noch bei der Firma Software-Partner, Darmstadt. Gewählt wird von einem aufsichtsratsähnlichen Beirat. Ist man aber von der Basis gewählt, kann die Geschäftsleitung aus Gründen der Flexibilität »fast autoritär handeln und entscheiden«. Jaeschke dazu: »Wir können über Millionen-Investitionen in Minuten eine Entscheidung treffen.« Das neuartige Wertsystem von PSI wurde also von »zornigen jungen Männern« aus der Studentenecke in das Unternehmen hineingetragen. Und deshalb spricht man bei PSI von einem »real existierenden Sozialismus«. Prüfen wir die Dimensionen des PSI-Wertesystems:

Der zentrale Begriff ist *Selbstbestimmung*. Und die wird durch folgende Kategorien organisiert und garantiert:

① *Autonomie*
Man will unabhängig sein von Banken, Gewerkschaften, Großkonzernen oder Arbeitgeberverbänden. Das ist die externe Autonomie. Die interne Autonomie heißt, daß die Positionen des einzelnen und der Gruppe gestärkt werden, ohne die Solidarität im ganzen zu verletzen.

② *Arbeitsplatzsicherung*
Die Arbeitsplätze sollen langfristig gesichert werden. Investitionen gehen daher vor Konsum. Dazu gehört aber auch ein hoher Anspruch an Inhalt und Gestaltung des Arbeitsplatzes.

③ *Technik*
PSI will eine hervorragende Technik liefern und Spitzenleistungen erreichen. Der technische Fortschritt wird bei sinnvoller Nutzung als eine positive Chance für alle gesehen.

④ *Partnerschaft*
PSI begreift sich als eine Interessengemeinschaft, die alle Aufgaben und Probleme partnerschaftlich nach demokratischen Spielregeln löst.

Aufgrund dieses Wertsystems leiten sich sieben wichtige Handlungs-Vorgaben ab:

① Selbstbestimmung statt Mitbestimmung.

② Eigenfinanzierung statt Fremdfinanzierung.

③ Unternehmertum statt Arbeitnehmertum.

④ Leistungsprinzip statt Gleichmacherei.

⑤ Weiterentwicklung statt Sicherung des Status quo.

⑥ Risiko-Bereitschaft statt Sicherheitsdenken.

⑦ Vielfalt statt Einheit.

Basis für diese Vorgaben ist die Organisation eines überdurchschnittlichen *Vertrauens-Verhältnisses*, das hauptsächlich durch eine hohe Kommunikations-Kultur und durch ein spezifisches Wahlverfahren gesichert wird. Die Chefs einer Gruppe werden in der PSI von dem nächsthöheren Management vorgeschlagen und müssen von dieser Gruppe über ein geheimes Wahlverfahren für eine Zeit von drei Jahren bestätigt werden. »Sowohl der vorgeschlagene Manager als auch der betroffene Vorgesetzte haben dadurch die Pflicht, sich mit einer Person ganzheitlich auseinanderzusetzen und auch die Bedürfnisse der Gruppe zu berücksichtigen.«

PSI ist mit diesem Management sehr erfolgreich, obwohl man immer wieder in der Wirtschaft hört, zuviel Demokratie schade dem Gewinn. PSI läuft seit Jahren voll im Gewinn. Finanzchef Götze: »Wir haben zuviel Geld. Neben dem Gesellschafter-Kapital von 4,2 Millionen Mark gibt es 2,7 Millionen Mark offene Rücklagen, aber auch noch fette Ablagerungen in der Betriebs-Pensionskasse. Obwohl in den letzten fünf Jahren 11 Millionen investiert wurden überwiegend in Computer-Hardware für die Software-Herstellung.«

Alles in allem: PSI beweist, wie erfolgreich man innovativ arbeiten kann, wenn Wege gefunden worden sind, die das übliche Kader- und Karriere-System auflösen. Wenn das Vertrauen die Basis von Leistung wird. PSI . . . das ist die derzeit weitestgehende Form der Demokratisierung im deutschen Business. Und der stolze wirtschaftliche Erfolg von PSI beweist, was zu beweisen war . . . praktizierte Liebe ist effizient und rentabel.

Bleiben wir im Computer-Bereich und schauen uns die Situation bei Apple, USA, an. Dort ist derzeit John Sculley der Chef. Er kam von Pepsi. Und er war ein *typischer Hardline-Manager.* Aber er stieg vom hohen Roß der Bosse runter, zog den berühmten Nadelstreifen aus und Jeans und Sweatshirt an. So hat er sich als Boß total geändert. Und wieder waren es die jungen intelligent-kreativen Mitarbeiter – die für die High-Tech-Branche so typisch sind –, die ihn dazu zwangen.

Zuerst einmal hat Sculley – wie er in einem Interview berichtete – lernen müssen, *viel mehr mit Menschen zu sprechen.* Menschen sind immer Menschen und keine Maschinen. Sie sind die kollektive Seele eines Unternehmens. Das Unternehmen wird getragen von Menschen, also muß man als Chef nicht Kontrolle, Disziplin und Anordnung organisieren können, sondern die *mentale Seite des Managements*, also die Seele, die Begeisterung. Also das, was man *Sozialenergie* nennt.

Sculley hat frühzeitig erkannt, daß die Sanierung von Apple, wofür er angetreten war, *nicht strategisch-administrativ* zu bewältigen war. »So etwas mußte *aus der Seele des Unternehmens* kommen.« Also mußte er den Weg zur Seele des Unternehmens finden.

Das funktionierte nur durch das Überwinden der klassischen Kader-Methoden, die mit Angst, Disziplinierung, Kontrolle und Hierarchisierung operieren.

So ist Sculley in kürzester Zeit selbst zu einem Propheten für ein anderes, menschlicheres Management geworden. Sculley hat erkannt, daß die klassischen Management-Prinzipien viel zu sehr an Stabilität orientiert sind. Aber er hat auch erkannt, daß in den meisten Märkten Stabilität eher ein seltener, kurzlebiger Sonderzustand sein kann. Wenn die weltwirtschaftlichen Turbulenzen weiter anhalten und wenn die innovativen Entwicklungen sich weiter so beschleunigen, dann läuft die Wirtschaft auf eine *erhöhte Instabilität* hin.

Das klassische Kader-Management kann mit diesen Instabilitäten nicht fertig werden. Sculley dazu: »Apple hat meine Auffassung von Geschäft grundlegend verändert. Im traditionellen Konzern der zweiten Generation, wo ich herkomme, ist Stabilität eine äußerst geschätzte Eigenschaft. Deshalb ist auch die Art und Weise, in der Informationen innerhalb der Organisation weitergeleitet werden, straff durchorganisiert.

In einem Unternehmen der dritten Generation in einer schnellebigen Industrie – Apple also – ist Stabilität ein Zeichen von Verwundbarkeit. »Unternehmen der dritten Generation müssen flexibel und schnell beweglich sein.« Die neue Flexibilität, die überall gefordert wird, verlangt also ein menschlicheres Management.

Sculley bestätigt, daß Mitarbeiter und Menschlichkeit im Mittelpunkt der Kompetenz zum flexiblen Fließen stehen. Laut Sculley kann ein Unternehmen nur dann zur *dritten Generation* gehören, wenn es mit den Mitarbeitern und Menschen anders umgeht. »Die Leute bei Apple sind jung. Man bewirbt sich hier nicht um einen beeindruckenden Titel, die gesicherte Lebensstellung, eine großzügige Pension – das gehört zum Erscheinungsbild der zweiten Generation. In der dritten Generation sind die Angestellten *auf Abenteuer aus*. Und ihr Ziel ist es, innerhalb eines Unternehmens etwas zu verändern. Um das zu schaffen, müssen sie wissen, worauf die Firma aus ist und was die Geschäftsführung vorhat. Und es ist zwingend notwendig, daß der Geschäftsführer alle überkommenen Vorstellungen von seinem Beruf hinter sich läßt. Neuerungs-Vorschläge der Mitarbeiter dürfen nicht länger an Personalbüros delegiert werden. Der Geschäftsführer muß selbst von seinem hohen Roß steigen und sich in das Innenleben der Organisation integrieren, egal ob die Firma groß oder klein ist. Und er muß sich Gedanken darüber machen, wie er mit den Ideen und der Kreativität, die er entdeckt, die Firma besser machen kann. Und man muß einfallsreich sein und die internen Organisationsläufe durchbrechen können. In kleinen Firmen ist das ein alltäglicher Prozeß, doch in dem Maße, in dem eine Firma wächst, glaubt der Geschäftsführer, er müsse sich von derlei distanzieren – und dann gibt es eben Ärger.«

Wie weit sich Sculley inzwischen von den klassischen hierarchischen und autoritären Mustern, die er noch bei Pepsi-Cola so virtuos gehandhabt hat, entfernt hat, zeigt seine *Metapher vom genetischen Code*: »Ich finde, eine optimale Möglichkeit, die Vergangenheit eines Konzerns in seine Zukunft einzubinden, liegt im Konzept der *genetischen Veränderung*. Bekanntlich erneuern sich sämtliche Zellen des menschlichen Körpers vollständig im Zeitraum von sieben Jahren – der genetische Code bleibt aber ein ganzes Leben. Genau wie die Kultur bewahren die Gene Informationen über Identität und Ideale eines Konzerns. Und diese Form der Speicherung ist zukunfts-orientiert. Sie akzeptiert die *Notwendigkeit interner Veränderungen* als Reaktion auf Veränderungen in der Umgebung.«

Sculley ist dabei, ein dynamisches *Change-Management* zu entwickeln, weil er erkannt hat, daß das klassische Kader-Management nicht mehr in der Lage ist, die Herausforderungen der 90er Jahre zu bewältigen. In einer Podiumsdiskussion mit dem Titel »Challenges to Advance Technology Managers« beschrieb Sculley, daß er dabei ist, bei Apple »alles, aber auch alles auf den *permanenten Wandel* auszurichten«. Deshalb »gibt es bei uns in keinem Gebäude unverrückbare Wände mehr. Titel haben sehr wenig Bedeutung. Die Mitarbeiter wissen, daß wir unsere Organisations-Struktur von Jahr zu Jahr verändern müssen. Sie sind auch nicht so sehr an freiwilligen Sozialleistungen interessiert, wichtiger ist für sie das *Arbeitsklima*.«

Sculley berichtet weiter, daß die Veränderungen im High-Tech-Bereich so schnell erfolgen, daß es im Unternehmen gar *keine Planungs-Abteilungen* mehr gibt. Die sogenannten *globalen Strategien* sind aufgelöst worden. Im Grunde ist Strategie ein implizites Element jeder Manager-Aufgabe geworden. Man führt durch *Visionen* und nicht mehr durch Strategie und Langfrist-Pläne.

Typisch für die High-Tech-Branche ist der Faktor Zeit. »Es ist wichtiger, *Zeit zu sparen* als Geld. Wenn man ein Jahr verliert, kann das bedeuten, daß man 50 Prozent des Produkt-Lebenszyklus verpaßt hat« (so der Siemens-Vorstandsvorsitzende Karl-Heinz Kaske, der ebenfalls bei der Podiums-Diskussion anwesend war).

Was erkennt man daraus? Branchen, die auf Instabilität und permanentes Ungleichgewicht ausgerichtet sind (das werden morgen die meisten Märkte und Branchen sein), können mit dem klassischen Management, das mit Kontrolle, Disziplinierung, Befehl und Hierarchie arbeitet, nicht mehr erfolgreich operieren. Sie brauchen ein neues Management. Und dieses Management muß den Menschen wirklich in den Mittelpunkt stellen. Weil der Mensch flexibler ist als jede Organisation. Der Mensch im Mittelpunkt. Das darf keine Floskel sein, sondern sollte praktizierte Liebe sein ... Liebe, verstanden als denjenigen sozialen Prozeß, durch den Menschen sich wechselseitig fördern zugunsten einer kollektiven Höchstleistung, die offen in die Zukunft fließt.

Interessant ist dabei, daß Apple inzwischen auch beginnt, das übliche *Hire-and-Fire-Modell* zu überwinden. Sculley selbst spricht von einer Trendwende, was die amerikanischen Firmen betrifft, weil man erkannt hat, wie wichtig *High-Trust* einerseits und *Talent-Coaching* andererseits ist.

Selbstentfaltung und Selbstorganisation werden auch in den USA – zumindest von einigen Pionier-Firmen – als die neuen Variablen für den wirtschaftlichen Erfolg gesehen. Sculley dazu: »Wir haben es uns zur Aufgabe gemacht, eine Arbeits-Atmosphäre zu schaffen, die auf *gegenseitigem Respekt* beruht. Wir werden unsere Mitarbeiter bei der Erreichung ihrer *persönlichen* Ziele und Wünsche im Einklang mit den Unternehmenszielen unterstützen.« Das ist das Credo des *hellen Managements*: die Arbeit so organisieren, daß sie zum Motor der Selbstentfaltung wird.

Sculley hat auch dafür gesorgt, daß bei Apple die *Entscheidungsfindungs-Prozesse* neu geordnet worden sind. Es gibt weder Top-Down- noch Konsens-Management wie in vielen anderen amerikanischen oder japanischen Firmen. Die Entscheidungs- und Informations-Prozesse laufen nach dem Muster der Selbstorganisation und der Kohärenz. Das kann nur funktionieren, weil Apple die Mitarbeiter *»hoch einstuft«* und das *Klima der Zwischenmenschlichkeit* verwirklicht hat. Nur so kann Autonomie und Individualität wirksam werden ohne Chaos. Diese Individualität und Kreativität wird bewußt gefördert. Der neue interne Feind heißt *Begrenzungen*. Und die Kohärenz wird durch eine gemeinsam getragene Vision immer wieder hergestellt. Sculley dazu: »Zwar dauern Entscheidungen nun länger, aber die übliche Buy-in-Methode erstickt schlechte Ideen im Keim und sortiert die guten aus. Es gibt keine offizielle Bevormundung mehr von oben. Weil jeder die Entscheidungen mitträgt, werden sie schneller umgesetzt als bei den traditionellen Befehlsketten.«

Fazit: Es entsteht im internationalen Management tatsächlich ein anderes Menschenbild und ein anderes Konzept von Arbeit und Führung, durch das Liebe – in dem Sinne, wie wir sie hier beschrieben haben – nicht nur praktikabel, sondern auch rentabel wird.

Lassen Sie uns nun zur dritten Behauptung kommen: Liebe beginnt, das Kadersystem der Wirtschaft aufzulösen. Der ganze Rest dieses Buches soll diesen Prozeß in allen Einzelheiten beschreiben.

Wertewandel: Der Weg zu Ethik und Liebe

Auf dem Weg zum Supra-Bewußtsein

Es war an einem Samstagabend im Radio zu hören. Um es genauer zu sagen: Radio Bremen. Eine Sendung über neues Bewußtsein, New Age und dem international beobachtbaren Trend zum neuen Optimismus.

Der verantwortliche Redakteur hatte ein Telefon-Interview mit einer leitenden Mitarbeiterin der Grünen arrangiert. Und er fragte sie, wie denn die Grünen zum Thema Bewußtseinswandel stehen würden. Und siehe da, man hörte Erstaunliches aus grünem Munde: Die ökologischen Konzepte und politischen Strategien allein würden nicht ausreichen, die vielfältigen Krisen-Symptome (man denke an das Robbensterben oder an die Rhein-Vergiftung) bewältigen zu können. Irgendwie – so argumentierte die Grüne – würde man langsam begreifen, daß es nicht auf die Strategien ankommt, sondern auch auf das Bewußtsein, das dahintersteht. Und aus diesem Grunde hätte die grüne Partei auch kürzlich ein Treffen zwischen spirituellen und grünen Denkern arrangiert.

Und genau da liegt die Kern-Substanz des nächsten Werteschubs in den 90er Jahren: die Entdeckung des Bewußtseins als Problemlösungs-Kraft. Der Trend dafür heißt »Supra-Bewußtsein«. Was ist das? Prüfen wir diesen Trend genauer:

Das Ende der westlichen sensualistischen Kultur naht

Wenn man die ungeheure Vielzahl kultureller und sozialer Indikatoren aus der Industrie-Kultur sammelt, dann wird beweisbar, was Pitirim Sorokin frühzeitig vorausgesagt hatte: der Niedergang der nachmittelalterlichen westlichen »Sensate Culture«. Dieses Wort steht hier wörtlich für eine *sensualistische Kultur*, das heißt im übertragenen Sinne für eine Kultur, in der die *materielle Objektwelt* die eigentliche Bestimmungsgröße ist. Ein Weltmodell also, das für unsere Zeit und Probleme zu empiristisch, rational und zu mechanistisch ist. Denn inzwischen sind die Gefahren, aber auch die Werte von einer anderen Qualität. Der 1. Wertewandel hat gewirkt.

Schauen wir einmal zurück auf diesen 1. Wertewandel: Er vollzog sich zwischen 1965 und 1979. Und er brachte in erster Linie ein *Umkippen der Werte*. Vor 1965 dominierten die *Pflicht- und Akzeptanzwerte*, also klassisch-bürgerliche und leistungs-protestantische Werte: Der Mensch hat sich anzupassen, und er kann nur durch harte Arbeit erfolgreich sein.

Dann kamen die Hippies, die Studenten, die Bürgerinitiativen, die ökologisch-grüne Bewegung, die Frauenbewegung und die Friedensbewegung, um nur die wichtigsten *sozialen Bewegungen* zu nennen. Und sie veränderten die Werte-Landschaft in Deutschland grundsätzlich, um nicht zu sagen radikal. Jetzt sind über 50 % der Bundesbürger in erster Linie auf *Selbstentfaltung*, das heißt Kreativität, Autonomie, Spontaneität, Freiheit und ehrliche Zwischenmenschlichkeit, ausgerichtet.

Diese »neuen Werte« hat es natürlich schon immer gegeben, aber sie lagen tief im Keller der persönlichen Ziele, denn sie waren für eine *bürgerliche Karriere* oft hinderlich, getreu dem Motto: »Bloß nicht zuviel Individualismus, das schadet der Karriere.« Oder: »Selbstentfaltung kann warten, bis man in Rente geht.«

Der 1. Wertewandel war nicht innovativ

Betrachtet man diesen ersten Wertewandel-Schub, der zwischen 1965 und 1979 stattfand, genauer, so wird sichtbar, daß hier im Grunde lediglich eine *Veränderung in den Rang-Positionen* stattgefunden hat, aber kein eigentlich innovativer Akt. Es sind *keine neuen Werte* hinzugekommen. Es haben sich nur die Prioritäten verändert. Das, was unwichtig war, ist plötzlich wichtig geworden.

Es kann aber schon jetzt vorhergesagt werden, daß der nächste Werte-Schub, den wir in den 90er Jahren erwarten, auch einige völlig neue Werte hervorbringen wird. Und das läßt sich folgendermaßen begründen:

Ungelöste Krisen erwecken die Sehnsucht nach Transformation

Wenn eine Gesellschaft seit über einem Jahrzehnt (das heißt von 1979 bis heute) versucht hat, Selbstentfaltung zu leben, und wenn trotzdem die akuten Krisen nicht weniger, sondern drängender und gefährlicher werden (seit Tschernobyl wurde das zur offiziellen Gefühlslage), dann wird eine *Sehnsucht frei nach Transformation*, das heißt nach einem »qualitativen Überspringen« der bisherigen Werte-Kategorien. Das ist die Konstellation, durch die neue Werte-Dimensionen geboren werden.

Wir wollen versuchen, die Konturen dieser neuen Werte sichtbar zu machen. Es ist vielleicht das erste Mal, daß so etwas in der deutschen Fachliteratur versucht wird, und es mag auch ein wenig zu früh dafür sein ... aber Firmen brauchen für größere Umorientierungen immer mindestens vier bis sechs Jahre. Daher ist es vielleicht nicht zu früh, sondern rechtzeitig. Lassen Sie uns also den Wertewandel Nr. 2 betrachten:

Am besten geht man von Sorokins Lebenswerk aus, von dem unter anderem Willis W. Harman behauptet, daß »sein geistiges Werk als einer der größten Fortschritte des 20. Jahrhunderts« gewertet werden wird, zumindest dann, wenn die Gesellschaften erkennen, wie existentiell gefährdet sie sind.

Von der heutigen Selbstentfaltung zur Bewußtseins-Entfaltung

Sorokin sieht – ähnlich wie die grüne Politikerin im Radio – die Probleme unserer Gesellschaft nicht in den Strategien und Konzepten, sondern in der Unfähigkeit unserer Gesellschaft, *das derzeitige Bewußtsein massiv zu ändern.* »Die westliche Industrie-Gesellschaft würde mit der Wahl konfrontiert, entweder durch eine Transformation ihre grundlegenden Sinn- und Werte-Strukturen aufzugeben oder auf Degeneration und Selbstzerstörung hinzutreiben«, prognostiziert Sorokin.

Fazit: Der vor uns liegende Wertewandel Nr. 2 wird mit Sicherheit das Thema Bewußtsein in den Mittelpunkt bringen. Statt wie derzeit Selbstentfaltung wird das neue Motto heißen: Bewußtseins-Entfaltung oder Bewußtseins-Evolution.

Vom Individualismus zum kreativen Altruismus

Eine andere Dimension des kommenden Wertewandels wird die »Sehnsucht nach Transformation« sein. Immer mehr Menschen werden nicht persönliche Autonomie, persönliche Kreativität und persönliche Selbstentfaltung anstreben, sondern einen Wert, der deutlich darüber liegt: den *kreativen Altruismus.*

Was ist der kreative Altruismus? Dieser Begriff, der im Moment sehr spröde und abstrakt wirkt, hat große Chancen, in soziologischen Debatten über den kommenden Wertewandel eine Art Schlüsselbegriff zu werden.

Der kreative Altruismus ...
die Basis für kollektive Problemlösungen

Der kreative Altruismus ist das *Gegenteil von privater Kreativität.* Es ist nichts, was man für sich selbst braucht, um sich zu entfalten, sondern es ist ein Verlangen, *etwas für das Ganze* zu tun. Und genau diese altruistische Komponente ist in dem Wertewandel-Konzept, wie es heute dominiert (Selbstentfaltungs-Werte), in keiner Weise präsent. Die jetzigen Werte – so könnte man sagen – sind *privat-egoistische Werte.* Sie sind – gemessen an den alten Disziplin-Werten – sicher ein großer Schritt nach vorn, aber sie landen oft im *Narzißmus.* Und sie sind sicherlich nicht die adäquate Basis, um *kollektive Probleme kollektiv lösen* zu können.

Wie wir aber des öfteren berichtet haben, liegt die Ursache unserer Krisen darin, daß die einzelnen Systeme (Wirtschaft, Justiz, Pädagogik, Kunst etc.) jeweils einzeln Schäden produzieren, daß diese Schäden sich akkumulieren zu *Global-Problemen*, die wiederum kein einzelnes System mehr lösen kann.

Um es konkret zu sagen: Ein Unternehmen wie Sandoz kann durch Fahrlässigkeit oder Mißachtung von ökologischen Vorschriften einen ganzen Fluß töten und breite und kollektive Langfrist-Schäden verursachen. Aber dieses Unternehmen kann auch beim besten Willen diese Schäden nicht allein reparieren. Die Probleme sind zwar systembedingt, die Lösungen aber können nur global entwickelt werden. Die alten Ursachen-Wirkungs-Schemata stimmen nicht mehr und auch nicht die alten Regeln von Schuld und Sühne.

Aus dieser Perspektive erkennt man schnell, daß auch wertegewandelte Personen mit ihren eher »privaten Werten der Selbstentfaltung« keineswegs in der Lage sind, an der jetzt stattfindenden Transformation aktiv mitzuarbeiten. Deshalb wird es die neue Werte-Dimension des »kreativen Altruismus« geben.

Das ist aber ein Altruismus, der nicht etwa »Opfer« bedeutet oder naiven Idealismus oder »freiwilliges Zurückstehen«. Ganz im Gegenteil: Es ist ein Altruismus, der engagiert ist, der dynamisch-aggressiv ist und der ausgesprochen konstruktiv eingesetzt wird. Deshalb nennt ihn Sorokin den »kreativen Altruismus«.

Fazit: Unser sensualistisches Handlungs-System (Sensate Culture) verursacht immer mehr globale Schäden, die von den einzelnen Subsystemen der Gesellschaft zwar verursacht und verschärft werden können, aber nicht isoliert gelöst werden können.
Der bisherige Wertewandel stellt für derart globale Problemlösungen nicht das richtige Werkzeug dar. Es ist zu privatistisch und auch zu narzißtisch.
Deshalb wird der kommende Wertewandel Nr. 2 eine völlig neue Werte-Dimension in das obere Prioritätenfeld schieben: den kreativen Altruismus. Aber dieser Altruismus wird ein aktiv-aggressiver Altruismus sein mit einer bewußt konstruktiv-dynamischen Note.

Das Supra-Bewußtsein als Instrument der Transformation

Wir haben gesagt, daß der nächste Werteschub einen Hunger nach Transformation erweckt und daß das Ergebnis ein kreativer Altruismus sein wird. Die Voraussetzung hierfür ist, was Sorokin »Supra-Bewußtsein« nennt. Das ist ein Begriff, der in der letzten Zeit ohnehin immer häufiger auftaucht. Bei Bruns und Spreither (»Durchbruch zur größeren Wirklichkeit«, Konstanz 1980) heißt es beispielsweise »Supra-Rationalität«, bei Ken Wilber »transpersonales Bewußtsein«, und bei Lutz (»Die sanfte Wende«, München 1984) wird es schlicht die »echte Rationalität« genannt.

Wie auch immer: Es entsteht ein zur Zeit noch diffuses Wissen über die *Begrenztheit unserer Rationalität.* Und in Verbindung mit Gehirn-Forschungen und Bewußtseins-Theorien entwickeln sowohl Wissenschaftler als auch Therapeuten und Philosophen ein ungefähres Vorstellungsbild davon, was eine *höhere Rationalität* beinhalten müßte.

Mit den Worten von Sorokin wäre das »die Quelle unserer kreativen, intuitiven, ästhetischen, mystisch-wissenden und bedingungslosen liebenden Fähigkeiten«.

Soweit zum Begriff des Supra-Bewußtseins. Was folgt daraus? Hier sehen wir drei Strömungen:

① Es entsteht eine weiße Drogen-Szene.

② Es entsteht eine Brain-Praxis.

③ Es entsteht eine Bewußtseins-Elite.

Betrachten wir genauer:

① *Die weiße Drogen-Szene*
Es kann schon heute vorhergesagt werden, daß sich auch ein Teil der Drogenszene diesem Thema zuwenden wird. Zur Zeit ist die Drogenszene ja im Feld der internationalen Mafia, der Kriminalität und der Selbstzerstörung plaziert.

Es sind aber inzwischen deutliche Trendsignale geortet worden, auch in Deutschland, die darauf hinweisen, daß *neuartige Drogen für Supra-Bewußtsein* in bestimmten Zirkeln, zumeist begleitet von einer bewußtseins-erweiternden Therapie, eingesetzt werden.

Die gesamte Drogen-Thematik könnte hier eine zusätzliche Dimension bekommen. So wie es schwarze und weiße Magie gibt, könnte es hier auch eine weiße und eine schwarze Drogen-Szene geben.

② *Die Brain-Praxis*
Fast ebenso sicher ist die Prognose, daß das Gesamtthema Gehirnforschung und *Brain-Theorie* zu einem Populär-Thema der 90er Jahre werden wird.

Die methodische Entwicklung eines anderen Bewußtseins wird sicherlich ein öffentliches Anliegen sein. Und die derzeitigen Diskussionen, die besonders von Personalchefs, Werbeagenturen und Marketing-Experten geführt werden, nämlich über die Frage, ob die Menschen in Zukunft materieller oder non-materieller sein werden . . . diese Frage ist viel zu eng gestellt: Sie verläßt die alten Wert-Achsen nicht. Und *die neue Wert-Achse heißt Bewußtsein*.

Die Qualität des Bewußtseins ist unabhängig vom materiellen Verhalten. Deshalb stimmen auch viele Langfrist-Strategien der Konzerne nicht, die zumeist offen oder unbewußt davon ausgehen, daß die Wertegewandelten meistens jünger sind und daß sie mit zunehmendem Alter und mit zunehmender materieller Korruption »vernünftiger«, also materieller oder egoistischer, werden. Und es stimmt auch die Prognose nicht, daß die Wertegewandelten der Zukunft überwiegend in den Anti-Szenen plaziert sind, bei Aussteigern oder bei Leuten, die wenig Geld verdienen, weil sie sich den System-Zwängen entziehen.

③ *Die Bewußtseins-Elite*
Bewußtseins-Entfaltung in Richtung Supra-Bewußtsein wird ein *neues Privileg* sein und wird ein *mentales Prestige-Element* werden, das schwierig zu erringen ist und das – wenn man so formulieren darf – mit dem Einsatz des ganzen Lebens errungen wird. Es ist deshalb unabhängig von der materiellen Ausstattung, von Zielgruppen-Typologien oder von Alterserwartungen etc. *Weisheit* (als Ergebnis von Supra-Bewußtsein) wird zum neuen Ziel für die Pioniere des 2. Wertewandels. Und diese Weisheit ist unabhängig von Wissen, Geld und Alter.

Fazit: Wenn der Wertewandel Nr. 2 kommt, stimmt ein Großteil der mittel- und langfristigen Erwartungen der Marketing- und Unternehmens-Planer nicht mehr. Alle typologischen Modelle, die bisher entwickelt worden sind, beruhen immer noch auf den klassischen Dimensionen, die eher Dimensionen einer sensoriellen und materiellen Kultur sind.

Neben den beiden Zentral-Trends »materielle Orientierung« und »neue Bescheidenheit« wird es eine dritte, alternative Orientierung geben, die des Supra-Bewußtseins.

Wir entwickeln uns zum besten aller Wertsysteme

Sorokin hat viele westliche, aber auch andere Kulturen historisch daraufhin analysiert, inwieweit sich auch Wertsysteme in einer Evolution befinden. Heute bemerken wir aufgrund der Turbulenzen, daß Wertsysteme keineswegs gottgegeben sind und daß sie zumindest in bestimmten Phasen *relativ schnell gewechselt* und verändert werden können. Die Analysen von Sorokin haben beispielsweise ergeben, daß die gesellschaftliche Kultur geprägt wird von einem *zyklischen Auf- und Abstieg* dreier Basis-Wertsysteme:

① *Das ideationelle Wertsystem: Schwerpunkt Ethik*
Dieses Wertsystem ist sehr metaphysisch oder spirituell. Es nimmt an, daß die wirkliche Realität (also die echte Welt) hinter den von unseren fünf Sinnen wahrnehmbaren Ereignissen und Weltstrukturen liegt. Die wirkliche Wirklichkeit ruht hinter dem, was wir sehen, schmecken, fühlen, tasten etc.

Es hat Kulturen gegeben (siehe die buddhistische), für die alles das, was um uns herum ist, lediglich Illusion ist (Maja). Dieses Wertsystem ist nur durch persönliche Offenbarung oder durch andere Formen innerer Erfahrung zugänglich. Gesellschaften mit einem derartigen Wertsystem haben ihren besonderen Schwerpunkt auf allen Fragen der *Legitimität* und der *Ethik*. Man könnte sagen, sie sind spirituell. Und deshalb ist ihre Alltags-Kultur ausgesprochen ethisch. Ideationelle Werte dominierten in westlichen Gesellschaften von 500 v. Chr. bis 1000 n. Chr.

② *Das sensualistische Wertsystem: Schwerpunkt Nützlichkeit*
Hier lautet die Grundannahme: Nur das, was mit den fünf Sinnen erfahrbar ist, ist wirkliche Realität. Alles andere ist Illusion. So gesehen ist das, was Materie oder empirisch nachweisbare Energie (wie beispielsweise Elektrizität) ist, die einzige Wirklichkeit, die Bestand hat.

Das sensualistische Modell geht unter anderem zurück auf den englischen Philosoph John Locke, der postuliert hat, daß alle Erkenntnis allein auf die Sinne zurückzuführen ist. Unsere jetzige Gesellschaft ist eine sensualistische Gesellschaft mit einer starken *empirischen Nützlichkeits-Note* (das ist das, was Lutz »pragmatische Teil-Rationalität« nennt). Legitimitäts-Probleme und ethische Werte sind dadurch unterentwickelt, verkümmert oder gelten sogar als problematisch und schädlich. Motto: Wenn du nach oben kommen willst, kannst du dir eine Ethik nicht erlauben.

Durch die Französische Revolution haben die sensualistischen Werte immer mehr an Bedeutung gewonnen. Und wie Roszak zu Recht schreibt, ist auch die *Chip-Revolution* (Computer) im Grunde immer noch das *Gefängnis des Sensualismus*. Es kann aber vorhergesagt werden, daß gerade durch die Computer-Elektronik das Supra-Bewußtsein, das nur von Menschen entwickelt, geformt und verarbeitet werden kann, entdeckt wird. Das Motto: Je mehr Computer-Rationalität, um so stärker die Verlagerung zur Supra-Rationalität.

③ *Das integrale Wertsystem: Schwerpunkt Innovation*
Das ist eigentlich *eine Zwitterform*, insofern als sie das ideationelle Muster mit dem sensualistischen Muster vereint. Meistens sind diese Wertsysteme Übergangs-Systeme. Die Grund-Annahme: Wichtig ist das *Gleichgewicht* zwischen ideationellem und sensualistischem Wertsystem. Alle Blütezeiten von Kulturen, so zeigt die historische Analyse, basieren auf einem solchen Wertsystem.

Rein ideationelle Wertsysteme sind zu einseitig, rein sensuelle Wertsysteme ebenfalls (wie wir heute sehen). Erst die Integration schafft eine problemlösende Kultur, die in der Lage ist, Neues in kürzester Zeit zu gestalten. Je integraler eine Kultur, um so mehr kulturelle Innovation. Im Westen bestand zwischen 1500 und 1800 ein solches optimales Wertsystem.

Eine Prognose: Unsere Gesellschaft befindet sich in einer historischen Herausforderung, die auch zugleich eine unermeßlich wertvolle Chance ist. Wir sind dabei, unser sensualistisches System zu verlassen, weil der *Grad der Selbstschädigung* durch dieses Wertsystem und durch dieses Bewußtsein zu groß ist.

Durch den kommenden Wertewandel, der in Richtung Supra-Bewußtsein geht, haben wir die Chance, ein integrales Wertsystem zu etablieren und damit die Periode einer besonders fruchtbaren Kultur zu beginnen.

Die historischen Analysen zeigen, daß immer dann, wenn ein Wertsystem beginnt, zu einem anderen Wertsystem überzuwechseln, eine lange Welle *sozialer Dislokationen* auftritt. Die westliche sensuelle Kultur ist seit vielen Jahrzehnten dabei, sich in diesem Sinne immer mehr abzuwetzen. Durch die vielen sozialen Bewegungen kommen immer mehr neue ideationelle und spirituelle Dimensionen in unsere Welt. Aus dieser Perspektive ist es auch kein Wunder, daß gerade heute soviel *Hunger nach Spiritualität*, Sinn und Ethik besteht.

Alles läuft auf Integration von Gegensätzen hinaus ... das macht den 2. Wertewandel aus

Diese Analysen zeigen, daß das gesamte Werte-System zur Zeit in Frage gestellt wird. Es bewegt sich jedoch nicht in Richtung einer neuen mythologischen oder ideationellen Phase, sondern wir stehen vor der positiven Herausforderung, ein integrales Wertsystem bilden zu können. Als Formel: *High-Tech und High-Touch können integriert werden*. Rendite und Ethik ebenso. Sinn und Zweck auch. Sein und Haben ebenso. Männliches und Weibliches natürlich auch.

Fazit: Seit 1979 (Ende des 1. Werteschubs) beginnt unsere Gesellschaft, ideationelle und sensualistische Werte zu integrieren. Es entsteht langsam ein integrales Wertsystem. Eine Kultur des Sowohl-Als-auch.
Alle Schwarzweiß-Prognosen, die auf Eindeutigkeit ausgerichtet sind, werden deshalb falsch sein. Multi-Option wird Realität. Und alle Business-Strategien, die die neue, »integrale Kultur« nicht berücksichtigen, sind im Kern problematisch oder gar falsch.
Für Top-Manager sind deshalb zwei Ziele wichtig:
a) das persönliche Bewußtsein zu einem *integralen Bewußtsein* weiterzuentwickeln (persönliche Transformation zum Supra-Bewußtsein),
b) das *persönliche Weltbild* den derzeit ablaufenden Prozessen in Richtung *Integral-Kultur* anzupassen, das heißt, sich sowohl vom Wert-Konservatismus als auch vom Struktur-Konservatismus zu trennen (Weltbild der kulturellen Evolution).

Die persönliche Transformation . . . Weg zum kreativen Altruismus

Sorokin hat schon in den 50er Jahren vorhergesehen, daß der Altruismus eine entscheidende Variable sein wird, um unsere Welt positiv zu gestalten. Die derzeitigen Trend-Signale zeigen deutlich, daß auch in der Wirtschaft *altruistische* und *ethische Dimensionen* immer wichtiger werden.

Was die Persönlichkeit der Eliten, der Entscheider und der Manager betrifft, so gibt es

- *glückliche Altruisten*, wie Sorokin sie nennt, die »leise und anmutig und ohne Katastrophe oder scharfe Konversion zum Supra-Bewußtsein gelangen«;

- *Katastrophen-Altruisten*, die »durch irgendwelche drastischen Neuordnungen ihrer Egos, Werte und Gruppenmitgliedschaft« zu dem höheren Bewußtsein kommen.

Im Moment ist in allen Industrie-Nationen zu beobachten (auch in Japan), daß immer mehr Menschen beginnen, auf methodischem Weg diese persönliche Transformation in Richtung Altruismus zu vollziehen.

Sorokin selbst hat in seinem Buch »The Ways and Power of Love« alle historisch bekannten Techniken der persönlichen Transformation analysiert und erkannt, daß besonders die ideationellen Kulturen (bestimmte Mönchsorden, Yoga-Gurus und insbesondere der *Buddhismus*) mit »unübertroffenem Scharfsinn, Subtilität und Effizienz« Techniken entwickelt haben, die ohne Erschütterung (Katastrophen) das persönliche Bewußtsein in Richtung Altruismus transformieren können.

Das erklärt das derzeitig starke Interesse sensibilisierter Manager an allen spirituellen, ethischen oder bewußtseins-psychologischen Fragen. In den 50er und 60er Jahren gab es diese Suche nach Transformation im Business so gut wie nie. Die Techniken mögen alt sein, aber sie sind von einer zeitlosen Effizienz. Deshalb werden sie heute in unzähligen Workshops und Seminaren gelehrt . . . an jedem Wochenende finden auf der ganzen Welt viele tausend Seminare hierzu statt. Die uns vorliegenden Listen zeigen, daß hier, im *kulturellen Untergrund*, seit Jahren eine eigenständige Schule der spirituellen Szene entwickelt worden ist, die auch von immer mehr Wirtschafts-Eliten, Politikern und Verantwortlichen genutzt wird.

Wie man das Bewußtsein methodisch verändert . . . die Kernfrage des 2. Wertewandels

Charles D. Laughlin und Sheila Richardson haben vor einiger Zeit Analysen zum Thema »Die Zukunft menschlichen Bewußtseins« veröffentlicht. Dabei ist sichtbar geworden, daß unsere derzeitige Kultur an einem *Grenzpunkt* steht, an dem immer mehr Menschen begreifen, daß das Bewußtsein nicht mit Verstand und Gehirn gleichgesetzt werden kann, sondern daß das Bewußtsein geformt werden kann durch Kultur und daß das *kollektive Bewußtsein* »systematisch und zielbewußt« verändert und verbessert werden kann.

Wenn es den Menschen in diesem Sinne gelingt, zum Regisseur der eigenen kulturellen Evolution zu werden, dann hört das Bewußtsein auf, eine Konstante zu sein, sondern wird ein *aktives Energiefeld*, durch das konkret Probleme gelöst werden können.

> **Fazit:** Wenn man also ein besseres Morgen will, muß man nicht die materielle Welt verändern (Reparatur-Strategien sensualistischer und empirischer Natur), sondern muß das Bewußtsein verändern. Der zukünftige Fortschritt in der materiellen Welt ist der heutige Fortschritt in der Welt des Bewußtseins.

Der Anteil der sogenannten *»global-abstrakten Denker«* wird in unserer Kultur immer größer, obwohl sie – gemessen an dem Gesamtvolumen der Menschen – nur sehr wenige sind. Diese Menschen sind in der Lage, ihr Bewußtsein zu formen – und dieses nicht nur durch Denken. Sie nutzen auch Bewußtseins-Qualitäten, die *nicht direkt ans Denken gebunden sind* (leeres Bewußtsein/void consciousness, das heißt zum Beispiel Transzendenz-Erfahrungen). Sie haben ihr Ego stark reduziert durch eine gesteigerte Selbst-Reflexion, damit sie die allgegenwärtige Transzendenz besser fühlen und nutzen können.

Es kann vorhergesagt werden, daß die *kommenden Eliten* derartige global-abstrakte Denker sind und daß es zu einem besonderen Prestige führen wird, zu dieser Bewußtseins-Elite gerechnet zu werden.

Für das nächste Jahrhundert ist zu erwarten, daß durch *Gehirn-Maschinen-Dialoge* (etwa auf Basis der Bio-Chips) versucht wird, das menschliche Bewußtsein »synthetisch« zu verbessern. Zwar sind die Projekte, die in Richtung *Bio-Chips* laufen, im Moment umfangreich und weltweit, jedoch ist der Bio-Chip nach wie vor »nur ein Traum«.

Kann er entwickelt werden, so ist anzunehmen, daß der Bio-Chip für die Bewußtseins-Qualifizierung eingesetzt wird, weil immer mehr Menschen die *genetischen Beschränkungen des Denkens* überwinden wollen.

Insgesamt entsteht durch die neuen *sozialen Bewegungen* (hauptsächlich feministische, ökologische und New-Age-Bewegung) ein neuer Kontext für unsere Kultur, den man »evolutionäre Kultur« nennen könnte. Für Laughlin und Richardson ist das eine Kultur, in der Menschen in zunehmendem Maße bewußt auf höhere Bewußtseins-Zustände hinarbeiten, so daß sie einer spirituellen Reife und dem »leeren Bewußtsein« (Transzendenz) zugeführt werden. Als Analogie: So wie wir heute automatisch auf *materielle Ziele* hinarbeiten (Auto, Haus etc.), so werden viele Menschen automatisch auch auf *Bewußtseins-Ziele* hinarbeiten. Das ist das, was beispielsweise Thompson »die Spiritualisierung des Alltags« nannte.

Die Globalisierung des Bewußtseins

Ein anderer Aspekt kommt hinzu: Bisher war Europa der »kreative Leader«, zumindest in den letzten fünfhundert Jahren, was die Geburt von Werten und ethischen Systemen betrifft.

Nun entsteht aber ein weltweites Bewußtsein, eine Welt-Kultur und auch eine Welt-Wirtschaft. Und durch diese *Globalisierung des Bewußtseins* wird es neue »Stars« im kommenden Akt der Schöpfung eines integralen Wertsystems geben.

Neben Europa, Amerika und Rußland werden mit hoher Wahrscheinlichkeit Indien, Japan, China, Indonesien, aber auch die islamische Welt starke Impulse und methodische Bausteine für die erwachende integrale Kultur liefern.

Der inzwischen ohnehin sehr starke Trend zur Weltkultur wird auf Basis elektronischer Welt-Medien zur Bühne des neuen, integralen Wertsystems (siehe hierzu Peter Russell: »Die Erwachende Erde«, München 1984). Die neue, integrale Kultur wird viele *über-nationale Elemente* aufweisen. Manager sollten sich deshalb frühzeitig kulturell internationalisieren.

Das wichtigste Fundament des integralen Wertsystems: Liebe

Das Wort »Liebe« wirkt in unserer Zeit immer noch ein bißchen deplaziert-verschämt. Liebe hat mit Politik, Wissenschaft und erst recht mit Wirtschaft nichts zu tun. Wirtschaft ist harter Konkurrenz-Kampf.

Dennoch zeigen vielfältige Trend-Signale, etwa die Solidaritäts-Kampagnen Band-Aid, Fashion-Aid sowie weltweite Friedensaktionen, daß vom Wurzelgrund unserer Kultur eine Kraft erwächst, die die bisher ausgegrenzte Liebe immer mehr zu einem *strategischen Instrument* macht.

Obwohl das im Moment ausgesprochen verfrüht zu sein scheint, kann doch gesagt werden, daß für die Wirtschaft Kooperation, Altruismus, Sponsorship, Mäzenatentum und praktizierte Liebe wichtige *neue Erfolgs-Faktoren* werden.

So wie wir uns jahrzehntelang daran gewöhnt hatten, daß Wirtschaft mit Härte, Sieg, oder Niederlage und einem gewaltigen Schuß Zynismus gleichzusetzen war, so wird der Wertewandel Nr. 2 dafür sorgen, daß Altruismus und Liebe plötzlich ganz selbstverständliche Ziel-Vokabeln für die Wirtschaft sein werden ... und das nicht nur im Hinblick auf Öffentlichkeitsarbeit (Issue-Politik), sondern insbesondere im Hinblick auf das Personal-Management. Der Faktor »Weisheit« wird zum Erfolgs-Faktor.

Der Meta-Trend der Führung entwickelt sich in folgende Richtung: »Aus Firmen werden *Glaubens-Gemeinschaften*.« Die Stichworte dazu: Abbau von Kader-Prinzipien. Hin zu *Mission und Passion*.

Wir empfehlen:

Der Umgang mit dem 1. Wertewandel hat einige Aspekte freigelegt, die typisch sind für den Umgang der Manager mit »externen Einflußgrößen«. Zu Beginn wurde der Wertewandel nämlich konsequent verschwiegen und übersehen. Danach gab es so etwas wie ein modisches Strohfeuer in Sachen »Wertewandel, na und?« Inzwischen häufen sich in den Fachzeitschriften so nette Formulierungen wie: »Der schon stark abgegriffene Begriff Wertewandel soll hier möglichst vermieden werden« (C. Lakaschus, W & V 46/86).

Dieser Umgang mit dem Wertewandel ist also gekennzeichnet durch ein zu spätes und zu oberflächliches Reagieren. Das ist auch der Grund dafür, warum bis auf wenige Ansätze (Carlos Wyss: »New Marketing 86«) die Absatzpolitik den Zeitgeist bisher nicht verinnerlichen konnte. Das ist auch der Grund dafür, daß bis auf wenige Ausnahmen (Dr. Artur Wollert: »Werteorientiertes Personal-Management« bei BMW) nichts entwickelt worden ist, was den nach wie vor wachsenden Trend zur inneren Kündigung effizient stoppen könnte.

Ich empfehle dringend, den vor uns stehenden 2. Wertewandel diesmal »anders zu umarmen«, das heißt, ihn frühzeitig und pro-aktiv anzunehmen und zu nutzen. Der Wertewandel wird erst dann zum Gegner der Manager, wenn die Manager ihn als Gegner miß-interpretieren.

Der 2. Wertewandel läßt sich im Grunde auf drei Kernthesen zusammenfassen, die alle für das tägliche Management von hoher Bedeutsamkeit sind:

1. Von der Selbstentfaltung zur Bewußtseins-Entfaltung

2. Vom Individualismus zum kreativen Altruismus

3. Integration von Gegensätzen

Die Gefahr liegt nahe, daß das Management diese drei neuen Werte-Dimensionen als »zu abgehoben« interpretiert und glaubt, davon nicht betroffen zu sein. Der 1. Wertewandel, der ja den Wechsel von den Disziplin-Werten zu den Werten der Selbstentfaltung brachte, wirkt gegenüber diesen neuen Dimensionen ausgesprochen praxisnah. Begriffe wie »kreativer Altruismus« scheinen mit dem Business fast gar nichts mehr zu tun zu haben. Hier liegt die Ursache für viele potentielle Mißachtungen des 2. Wertewandels.

Dazu kommt folgendes: Der 2. Wertewandel bringt im Gegensatz zum 1. wirklich neue Dimensionen und verändert nicht nur die Prioritäten bei den alten Werten.

Insofern ist er von Anfang an durch ungewohnte Begriffe und Vorstellungs-Bilder gekennzeichnet, für die es noch keinen Kontext im Management gibt. Der 2. Wertewandel ist inhaltlich so neu, daß er nicht im Handumdrehen begriffen und planerisch impliziert werden kann. Wir empfehlen deshalb denjenigen Unternehmen, die eine starke Außen- und Umfeld-Orientierung aufweisen (Markenartikler, Dienstleister etc.), den 2. Wertewandel durch spezielle »Future Circles« und Szenarien-Teams sorgfältig aufzuarbeiten, um das allzu Fremde möglichst schnell zu einem guten Bekannten umzuformen.

Empfehlenswert ist in diesem Zusammenhang der intensive Umgang mit den neuen Modellen der Selbstorganisation, wie sie von der New-Age-Bewegung und in letzter Zeit auch von mehreren deutschen Soziologen (Luhmann) immer deutlicher in die Diskussion eingebracht werden.

Gerade die System-Konstruktionen der Autopoiese (Selbstgestaltung und Selbst-Organisation) wirken türöffnend für das neue Denken, das nötig ist, um etwa den kreativen Altruismus im Sinne eines echten Produktiv-Faktors erkennen zu können (Buchempfehlung hierzu: Günter Altner: »Die Welt als offenes System«, Frankfurt am Main 1986).

Im Grunde bringt der 2. Wertewandel nicht mehr und nicht weniger als eine breite Neuorientierung der Bevölkerung in Richtung Ganzheitlichkeit und fließende Evolution. Dieses wiederum sind die Voraussetzungen für das, was Ilya Prigogine die »neue Rationalität« nennt.

Für das Management ist es von außerordentlicher Wichtigkeit, diese »neue Rationalität« begreifen und entwickeln zu können. Geschieht das nicht, wird die Gefahr immer größer, daß mit falschen Führungs-Modellen geführt und daß durch falsche Markt- und PR-Politik das ohnehin schon stark geschmälerte Volumen an Attraktivität und Glaubwürdigkeit weiter reduziert wird.

Der 2. Wertewandel bietet besonders den Top-Managern die hervorragende Chance, die für die nächsten Jahrzehnte typische »andere Rationalität« zu entwickeln.

Die wichtigste Dimension des 2. Wertewandels liegt im kreativen Altruismus. Gelingt es den Unternehmen, diesen bisher blassen Faktor praktikabel zu machen, so gewinnen sie ein Stück Dynamik und Gesundheit. Ausgehend von einem Modell von Peseschkian (WIPP, Wiesbadener Inventar für Positive Psychotherapie, Springer-Verlag) ist nur dasjenige lebende System wirklich gesund, das sämtliche Dimensionen gleichermaßen »bedienen« kann. Und diese Dimensionen lauten:

- Ich-Dimension: das Rendite-Streben.
- Du-Dimension: das Strategie-Angebot/Produkt.
- Wir-Dimension: die Firmenkultur/Arbeitsspaß.
- Ur-Wir-Dimension: der gesellschaftliche Sinn.

Im Grunde bringt der 2. Wertewandel die Weiterentwicklung von der jetzigen Stufe der Firmenkultur zum neuen Produkt, das »ethischer Mehrwert« genannt werden kann. Die Produktion des Sinns ist zugleich die Produktion von Leistungs-Stolz. Hier liegt der Schwerpunkt des kreativen Altruismus. Im Grunde also ein ganz egoistisches Ziel für Unternehmen, um mit weniger Konflikten intern und mit weniger Pannen extern eine legitime Rendite erzielen zu können.

Wir stehen also – verursacht durch den kommenden 2. Wertewandel – vor einer deutlichen Weiterentwicklung der Führungslehre. Der erste Schritt, hauptsächlich verursacht durch Peters und Waterman (»Auf der Suche nach Spitzenleistungen«), war der Schritt von der Strategie zur Firmenkultur. Der nächste Schritt bringt uns von der Firmenkultur zur ethischen Sinn-Vision. Dadurch entsteht ein neues Wirtschafts-Paradigma, wie die folgende Skizze zeigt:

Dimension	**Wirtschafts-Paradigma**	
	alt	neu
DU/Strategie WIR/Konsens UR-WIR/Ethik	Leistung Rivalität Ausblendung	Leistung Spaß Stolz
	Kader-System	Transformations-System

Die neue Formel für das Management der 90er Jahre lautet deshalb: Leistung + Spaß + Stolz.

Teil 1

Der Einfluß des New Age Das Management entdeckt die Selbstorganisation

Am Sonntag, dem 3. August 1986, brachte das Erste Deutsche Fernsehen einen Film mit dem Titel »Absage an den Weltuntergang«. Der Film von Gerhard Bott, NDR, trug den Zusatztitel »Die Hoffnung der neuen Optimisten«.

Natürlich war das ein Film, der ganz spät lief, nämlich um 23.10 Uhr. Aber dennoch: Der Film hat in vielen Kreisen Furore gemacht, weil er das erste Mal das *neue Paradigma einer anderen Wissenschaft* via TV in eine breite Öffentlichkeit transportiert hat.

Gerhard Bott präsentierte mit diesem Film den in Kalifornien entstandenen »neuen Optimismus«, der sich schon im Ansatz vom alten Optimismus unterscheidet. Und er präsentierte als Kronzeugen die wichtigsten New-Age-Propheten: von Jonas Salk, Ilya Prigogine, Fritjof Capra bis hin zu Willis W. Harman.

Das Interessante an diesem Film und der Auswahl der Experten war die Tatsache, daß es sich nicht um Revoluzzer handelte, auch nicht um Aussteiger und erst recht nicht um Repräsentanten der sogenannten Jugend-Revolte. Es waren alles ernste, seriöse und gestandene Männer der Wissenschaft, die Auskunft gaben über das, was im populären Sinn heute *New Age* oder neues Paradigma genannt wird. Diese Männer kommen überwiegend aus den Top-Etagen der Wissenschaft. Ein Großteil von ihnen ist mit dem Nobelpreis dekoriert worden. Ein großes Potential wissenschaftlicher Reputation steckt dahinter.

1987 war das Durchbruchs-Jahr des New Age in Deutschland

Die Trend-Signale beweisen, daß die neuen Optimisten schon 1987 ihre *erste breite Öffentlichkeit* erreicht hatten. Und dadurch wurde ein Kampf zwischen *drei geistigen Fraktionen* entflammt:

① *Die alten Optimisten* (Motto: »Weiter so wie bisher, nur mit weniger Fehlern«). Dazu gehören die Konservativen und die Hyper-Technokraten.

② *Die Anti-Fortschritts-Kämpfer* (hierzu gehören viele Grüne, aber auch viele Konservative und zum Teil auch – aus dem linken Spektrum – einige Alt-Kämpfer aus der Gewerkschaftsbewegung; Motto: »Zurück!«).

③ *Die neuen Optimisten, auch New-Ager genannt* (sie wollen nach vorn; Motto: »Noch mehr Fortschritt, aber diesmal anders!«).

Alles in allem: Zwei Optimismus-Fraktionen werden für den Fortschritt sein. Nämlich die alten Optimisten mit dem alten technokratischen Fortschritts-Konzept und die neuen Optimisten mit einem neuen, eher spirituellen Fortschritts-Konzept. Diese beiden Fraktionen werden bekämpft werden von einer Gruppierung, die in Deutschland überraschend stark geworden ist: den Fortschritts-Verneinern. Sie wollen zurück zu einem Stadium, »an dem das Schlechte noch nicht vorhanden war«.

Für die Manager ist nun die Frage wichtig, wie solide dieser neue Optimismus ist, ob er den alten Optimismus verdrängen wird und wie stark dieser neue Optimismus die vielfältigen Facetten des Managements beeinflussen wird.

Die New Ager tendieren zu High-Tech

In den USA ist diese Antwort im Prinzip schon gegeben: Die neuen Optimisten bekommen nicht nur *ein breites öffentliches Forum*, sondern sie bekommen auch sehr viel Geld. Ihr neuer Fortschritts-Glaube ist nämlich *überwiegend auf High-Tech* ausgerichtet.

Der New Ager (nicht mit dem konservativen Esoteriker zu verwechseln!) hat begriffen, daß *die Globalisierung des Bewußseins* ohne Fortschritte in der Elektronik und der Tele-Kommunikation kaum möglich sein wird. Deshalb gibt es eine – für Deutschland unvorstellbare! – Allianz zwischen der Chip-Industrie und der New-Age-Bewegung. Viele kräftige Unterstützungs-Etats laufen von den Computer-Firmen zur New-Age-Bewegung. Manch einer der vielen Kongresse, Workshops und Foren ist – wenn man aufmerksam analysiert – von den High-Tech-Firmen gesponsert worden. High-Tech und New Age haben sich in den USA längst verbunden.

In Deutschland ist das noch nicht der Fall. Es ist nämlich offen, ob es einen visionären Neo-Konservatismus à la Späth und Biedenkopf geben wird. Also ist es offen, ob sich das Business kooperativ zur jetzt startenden New-Age-Bewegung stellen wird.

Dazu kommt die *unklare Sprachregelung*. Die Begriffe purzeln noch munter durcheinander. Sowohl in den Medien und erst recht in den Geschäfts-Etagen laufen die Vokabeln ziemlich willkürlich hin und her. Deshalb hier der Versuch einer ersten Sprachregelung, was diesen Trend betrifft:

① *Die wissenschaftliche Basis: das neue Paradigma*
Hier hat sich der Begriff »die neue Naturwissenschaft« durchgesetzt oder auch »die Naturwissenschaft des Geistigen« (Lorenz/Riedl).

② *Die geistigen Effekte: das Klima*
Hier ist der »neue Optimismus« zu beobachten. In den deutschen Medien wird dieser Begriff wahrscheinlich eine breite Akzeptanz finden.

③ *Die soziale Form: die Organisation*
Hier wird sich mit hoher Wahrscheinlichkeit der Begriff »New-Age-Bewegung« durchsetzen.

Fazit: Eine neue Auffassung von Wissenschaft führt zu einer neuen Sicht von Welt und Wirklichkeit. Diese überwinden den derzeit herrschenden Pessimismus, die aktuelle Selbstanklage (besonders nach Tschernobyl) und führen zu einem neuen, kraftvollen, aber wissenschaftlich seriösen Optimismus, dessen soziale Realisation in Form der New-Age-Bewegung stattfinden wird. Die New-Age-Bewegung ist damit das Kind der neuen optimistischen Wissenschaft.

Die neuen Inhalte einer anderen Weltsicht

Kommen wir zu den inhaltlichen Aussagen der neuen Optimisten. Wählen wir von den vielfältigen Veröffentlichungen und Statements, die auch im TV-Bericht von Gerhard Bott präsentiert wurden, diejenigen, die besonders wichtig für Wirtschaft, Management und Führung sein könnten:

① *Die neuen Optimisten haben eine andere Auffassung von Evolution.* Sie nennen es die *meta-biologische Evolution.* Das ist viel mehr als die übliche darwinistische Sicht der Evolution, die in erster Linie eine nur-biologische Evolution ist (das Überleben des Stärkeren). Die meta-biologische Evolution setzt gegen die rein biologischen Veränderungen die *selbstgesteuerten Veränderungen des Menschen* (Transformation genannt) durch die permanente Neugestaltung von Geist, Seele und Kultur. Die neue Sicht setzt also auf *Kultur-Evolution.*

Die neuen Optimisten sind sicher, daß die derzeitige *Turbulenz* nichts anderes ist als eine große evolutionäre Herausforderung, die durch eine meta-biologische Evolution konstruktiv genutzt werden kann. Ihr Haupt-Ansatz (beispielsweise repräsentiert durch Jonas Salk, den Nobelpreisträger und Erfinder des ersten Impfstoffs gegen Kinderlähmung) ist der *Faktor Information.*

Das kommende Informations-Zeitalter ist aus dieser Sicht keine »perverse Entwicklung«, wie es viele grüne und konservative Kreise immer wieder behaupten, sondern eine zwingende Voraussetzung, um überhaupt eine kulturelle Evolution gestalten zu können. Denn die Information, die jetzt immer mehr in den Mittelpunkt der Kultur rückt, muß und kann *Weisheit produzieren*, weil in der jetzigen Phase extremer Selbstgefährdung (siehe atomare Bedrohung) das Überleben nicht mehr vom Stärkeren getragen wird, sondern vom Weisesten.

Und das, was die neuen Optimisten »das Überleben des Weisesten« nennen, ist nichts anderes als die Fähigkeit, durch Informations-Produktion und *kulturelles Lernen* zu einer schnelleren und gezielteren Kultur-Evolution zu kommen. Der Mensch beginnt zu begreifen, daß er sich und sein Bewußtsein gezielter, schneller und konsequenter beeinflussen kann als bisher gedacht. In diesem Sinne fällt das alles entscheidende Wort für diese Bewegung: »Selbst-Organisation«.

Selbst-Organisation bedeutet für die New Ager, daß der Mensch im Sinne einer bewußt gewollten Self-fullfilling-Prophecy beginnt, auch Unmögliches zu wollen, damit Mögliches möglich wird. Und genau das ist das Credo dieser Bewegung: »Vertrauen in die Evolution des Menschen«.

Die Selbst-Organisation der menschlichen Rasse ist aus der Sicht der neuen Optimisten möglich und nötig geworden, weil um uns herum *überall Turbulenz und Chaos* ist. Der Nobelpreisträger Prigogine dazu: »Das Weltall ist nicht statisch.«

Jahrhundertelang haben wir die Welt um uns herum und das Weltall wie eine große Maschine betrachtet, eben wie ein Uhrwerk (*kartesianisches Modell*). Die neuen, optimistischen Wissenschaftler sehen aber auch den Kosmos in einer permanenten prozessualen Entwicklung. Auch die Materie steht nicht still. Und es gibt keine festen Naturgesetze, gegen die der einsame Mensch kämpfen müßte.

»Der Wandel ist der Grund-Charakter allen Lebens«. Deshalb – so Prigogine – ist die universelle Evolution um uns herum die Chance, aber auch die Aufgabe für den Menschen.

Die New-Age-Bewegung basiert auf dieser Überlegung, weil sie annimmt, daß sich die Menschen, das Universum und das Leben in einer vermaschten Einheit permanent selbst organisieren (universelle Evolution). Es gibt keine Natur, die vom Menschen getrennt ist. Es gibt keine Distanz zwischen Kosmos und Bewußtsein. Das neue Paradigma lautet deshalb: *Ganzheitlichkeit.* Der Mensch gestaltet sich und seine kulturelle Evolution, und dadurch gestaltet er auch den Kosmos mit. Eine neue, extrem globale Verantwortlichkeit schimmert da durch.

Auch der Physiker Capra (»Wendezeit«, München 1983) betont, daß das neue Weltbild im Grunde *keine Elementar-Teilchen mehr kennt.* Es gibt keine einzelnen Objekte mehr, keine Teilchen oder Grund-Elemente. Die gesamte Welt ist *ein fließender Prozeß.* Und selbst die Materie ist aus der neuen Sicht so aktiv, daß sie sich permanent selbst organisiert, neu organisiert. Wenn es keine Elementar-Teilchen gibt – so die neue wissenschaftliche Sicht –, dann gibt es nur noch »ein System von Beziehungen«.

Dieses wiederum bedeutet, daß es keine mechanischen Prozesse gibt und keine festen Gesetze. Die Welt – und damit auch wir – *gehorcht keinem Uhrwerk-Modell*, sondern ist unabhängig und damit frei für eine *Co-Evolution mit Natur und Kosmos.*

Der Mensch wird aus dieser Sicht zum Verursacher und Opfer der Probleme, aber auch zum Regisseur der Evolution. Jonas Salk formuliert daraufhin die drei wichtigsten Ansatzpunkte für die Wissenschaft des neuen Optimismus:

Selbst-Transzendenz: Der Mensch muß seine extreme Mitgestaltungs-Verantwortung erkennen und damit seine eigene Fehlerhaftigkeit und seine bisherige problematische Rolle.

Transformation: Der Mensch muß begreifen, daß sich zwar die biologische Evolution sehr langsam vollzieht, daß sich aber Kultur in recht kurzer Zeit gezielt und pragmatisch verändern läßt. Der

Mensch muß fähig werden zur privaten und sozialen Transformation. Das ist der Sinn der derzeitigen geistigen und kulturellen Kämpfe.

Neues Paradigma: Die Welt ist veränderbar. Und auch die harte materielle Welt von morgen ist nur das Kind des heutigen Bewußtseins. Wenn wir also morgen eine andere, bessere (auch materiell bessere) Welt haben wollen, müssen wir heute das Bewußtsein verbessern. Das Bewußtsein (Paradigma) wird zum Schlüssel-Instrument. Das ehemals passive Bewußtsein wird damit zum entscheidenden Aktivposten der menschlichen Selbst-Organisation.

② *Das neue Bewußtsein ist keine neue Ideologie, sondern ein Bewußtsein über Bewußtsein.*

Und das ist erstmalig gegen Ende dieses Jahrtausends in breitesten Kreisen ein »dämmerndes Wissen«, wie Willis W. Harman behauptet. Bisher war das Bewußtsein immer so etwas wie der Windschatten-Effekt von Wissen. Und damit war Bewußtsein eingebettet in Ideologien.

Nunmehr lernt die Menschheit aufgrund der Wissens-Explosion, daß es *ein Bewußtsein über Bewußtsein* gibt, durch das der Mensch sich selbst besser bewerten kann. Das nennt die neue Bewegung *Selbst-Transzendenz*.

Für die neuen Optimisten sind die Probleme um uns herum immer nur die Probleme unseres Geistes und damit abhängig von der Qualität des Bewußtseins.

Prigogine und ähnlich orientierte Wissenschaftler gehen von dem Chaos-Modell aus und von den *Gesetzen der Dissipation*. Hier zeigt sich, daß das Bewußtsein keine feste Größe ist und daß hier auch nicht das »Gesetz der großen Zahl« regiert, sondern daß durch viele *Fluktuationen* Selbst-Organisation und Selbst-Verstärkung durchaus möglich sind. Das Credo der gesamten New-Age-Bewegung: *Wenige verändern viele, wenn die wenigen das evolutionär bessere Bewußtsein haben.*

Ein heftiger Bewußtseins-Kampf wird bald in aller Öffentlichkeit ausgetragen werden

Auf dieser Basis kann vorhergesagt werden, daß es schon bald zu einem heftigen Bewußtseins-Kampf zwischen den alten und den neuen Optimisten kommen wird. Wie der Forscher Wallis ermittelte, gilt nämlich das Gesetz, daß es immer kurz vor dem *sozialen Erwachen* zu einer kurzen und heftigen Phase des *Konservativismus* kommt. Das Neue gibt dem Alten quasi die Gelegenheit, noch einmal zu beweisen, ob das Bestehende doch nicht besser ist. Die letzte Chance für das alte Denken.

Die Trend-Signale zeigen, daß dieser restaurative Backlash, den sich Deutschland in den letzten Jahren erlaubte, zu Ende geht und daß die 90er Jahre geprägt sein werden durch einen heftigen Bewußtseinskampf zwischen dem alten und dem neuen Optimismus.

Für die Wissenschaftler des neuen Optimismus existiert das Phänomen der *gesellschaftlichen Ignoranz* im eigentlichen Sinne nicht. Man weiß zwar, daß Gesellschaften sehr langsam und auch nur sehr aversiv das Neue annehmen, aber man hat eine *andere Einstellung zu Brain und Bewußtsein*. Viele der optimistischen Wissenschaftler (siehe beispielsweise den Nobelpreisträger Roger Sperry) haben ohnehin eine starke Affinität zur Gehirn- und Bewußtseins-Forschung.

Die entscheidende Annahme: »Alle Gehirne sind ein Gehirn«

Und die meisten von ihnen gehen explizit von dem aus, was Jonas Salk in dem TV-Film wie folgt definierte: »Unsere Gehirne sind miteinander verbunden.«

Die Gesellschaft braucht also keine langen Epochen mehr, um zu lernen, sondern sie kann schneller lernen als je zuvor. Je größer und turbulenter die Probleme, um so schneller wird gelernt werden.

Schon 1986 waren – so das renommierte Stanford Research Institute – rund 21 Prozent der Amerikaner »inner-directed«, das heißt, 30 Millionen Menschen hatten im weitesten Sinne ein Bewußtsein wie die New Ager oder wie die neuen Optimisten. Es kommt nur darauf an – so Prigogine –, »wann die kritische Masse erreicht ist«.

Die New Ager glauben an diesen – in der Literatur auch Meißner-Effekt genannten – Prozeß ganz konsequent: Ab Erreichen einer kritischen Masse lernen auch diejenigen, die das Neue nicht gelernt haben, latent das Neue . . . »denn alle unsere Gehirne sind miteinander verbunden«. Das neue Bewußtsein benötigt also nicht immer eine vollständige soziale Diffusion. Es beginnt mit aufgeklärten Minoritäten, die immer mehr zum Umgestalter der Gesellschaft werden. Das Ergebnis wird – so Jonas Salk – folgendes sein: »Die Ära der gesellschaftlichen Hypnose geht zu Ende.«

Die System-Theoretiker der neuen Wissenschaft sehen deshalb in den vielfältigen sozialen Bewegungen und Bürgerinitiativen *positive Fluktuationen*. Minoritäten beeinflussen in Turbulenz-Zeiten auf geistigem Wege Milliarden Menschen. Entsprechend der »Spontaneität der Natur« (Prigogine) gibt es auch eine Spontaneität im Rahmen der *sozialen Ketten-Reaktion*. Alle Versuche, das jetzige Bewußtsein als relativ statisch und gleichbleibend zu definieren, verkennen, daß es *im Bewußtseins-Bereich keine Entropie* gibt. Es gibt nur ein positives Aufschaukeln. Wie Prigogine dazu sagt: »Jeder einzelne ist ein wichtiger Katalysator.« Und: »Kein Impuls geht verloren.«

In Turbulenz-Zeiten entscheidet die persönliche Transformation

Das ist das zweite Königs-Argument der New-Age-Bewegung: Der Weg zu einer besseren Alltags-Realität führt nur über die *persönliche Transformation* des einzelnen. Jeder kleine Fortschritt und jeder positive Gedanke akkumulieren sich. Man benötigt keine sozialen Revolutionen, keine Auseinandersetzungen mit destruktiven Aggressionen auf der Straße. *Die Sanftheit der New-Age-Bewegung* (Ferguson) liegt darin begründet, daß die Wissenschaftler und New-Ager glauben, daß sich alle Systeme, wenn sie in Turbulenz sind, auch ohne Revolutionen durch viele einzelne Impulse in Form von Fluktuationen verändern, so etwa die persönliche Transformation.

Diese persönliche Transformation des einzelnen verstärkt so die ohnehin laufenden Prozesse der Selbst-Organisation. Es kommt dadurch zu dem, was man einen *Quantensprung im Bewußtsein* nennt. Das eigentlich Interessante an der New-Age-Bewegung ist nun folgende Argumentation: »Alle Menschen sind zum Konformismus erzogen worden« (Marilyn Ferguson).

Sie glauben das, was im *Bewußtseins-Untergrund* präsent ist. Hier liegt die Chance der neuen Bewegung. Denn wenn sich das New-Age-Weltbild der neuen Optimisten erst einmal breiter durchsetzt, dann wird es zu dem alten Fortschritts-Bewußtsein automatisch *eine deutliche Alternative* geben. Und bisher gab es diese andere Geistigkeit nicht. Deshalb sind die meisten Marktforschungen und Zukunfts-Szenarien auch so falsch.

Selbst wenn die Massen-Medien eher zynisch und karikierend über das neue wissenschaftliche Paradigma der New-Age-Bewegung berichten (siehe zum Beispiel »Stern« und »Spiegel«), selbst dann wird das *indirekt eine Promotion* für die neue Bewegung sein, weil zu viele Menschen mehr oder weniger dumpf oder gezielt auf der Suche sind – nach einem anderen Weltbild.

Die *Intensivierung der Publizität* wird dafür sorgen, daß die New-Age-Bewegung in den nächsten Jahren die entscheidende »kritische Masse«

erreicht. Von da an wird das Gesamt-Denken aller Menschen in einem Kultur-Kreis »schlagartig« ein anderes sein. Der Bewußtseins-Untergrund ist plötzlich neu. Etwas salopp formuliert: Je mehr Massen-Medien über die New-Age-Bewegung reden, um so mehr wird die New-Age-Bewegung recht haben . . . egal, ob sie negativ oder positiv darüber berichten.

Welche Konsequenzen wird das für Politik, Wirtschaft, Medizin und Erziehung haben? Hier hat Hanspeter Gschwend eine gute Übersichts-Tabelle erarbeitet, die verdeutlicht, wie grundlegend und brisant die Veränderungen sein werden:

	Altes Paradigma	**Neues Paradigma**
Macht und Politik:	Betonung liegt auf starker, zentraler Regierungsmacht.	Begünstigt den umgekehrten Trend: Dezentralisierung der Regierung, wo immer möglich. Horizontale Machtverteilung.
	Entweder pragmatisch oder visionär.	Pragmatisch und visionär.
	Regierungen halten die Menschen in Gleichschritt (Disziplinarrolle) oder sind die großzügigen Eltern.	Regierungen fördern Wachstum, Kreativität, Kooperation, Transformation, Synergie.
	Menschheit als Eroberer der Natur. Ressourcen dienen der Ausbeute.	Menschheit als Partner der Natur. Betonung auf Erhaltung und ökologischer Gesundheit.
Wirtschaft:	Fördert Konsum, was immer es koste – durch geplanten Mangel, Werbungsdruck oder künstliche »Bedürfnisse«.	Sinnvoller Konsum. Bewahren, behalten, wiederverwenden, Qualität, Handarbeit.
	Aggression, Wettbewerb, Geschäft um des Geschäftes willen.	Kooperation. Menschliche Werte transzendieren das »Gewinnen«. »Spiele hart, spiele fair, verletze niemanden.«

	Altes Paradigma	Neues Paradigma
	Kurzsichtige Ausbeute begrenzter Ressourcen.	Ökologisch sensibel gegenüber Folgekosten, Verwaltung, Haushalten.
	»Rational«, nur zu Daten Vertrauen.	Rational und intuitiv. Datenlogik wird erweitert durch Ahnung, Gefühl, Scharfblick, nichtlinearen (holistischen) Sinn für Strukturen.
	Zentralisierte Unternehmen.	Dezentralisierte Operationen, wo immer möglich, Mensch als Maßstab.
Medizin:	Behandlung von Symptomen.	Suche nach Strukturen und Ursachen, zusätzliche Behandlung von Symptomen.
	Professionell sein heißt: emotional neutral.	Professionelle Fürsorge ist ein Teil der Heilung.
	Körper und Geist sind getrennt. Psychosomatische Erkrankungen sind mentaler Natur und werden an den Psychiater verwiesen.	Körper-Geist-Perspektive: Psychosomatische Erkrankungen fallen in den Zuständigkeitsbereich aller Heilberufe.
	Placebo-Effekte beweisen die Macht der Suggestion.	Placebo-Effekte beweisen die Rolle des Geistes bei Krankheit und Heilung.
Erziehung:	Betonung der Inhalte, in der Absicht, sich ein für allemal einen Satz »richtiger« Informationen anzueignen.	Betont wird, das Lernen zu lernen: Wie man gute Fragen stellt, die Aufmerksamkeit auf die richtigen Dinge lenkt, offen ist für neue Konzepte und wie man sie untersucht. Zur Information Zugang haben. Was man jetzt »weiß«, kann sich ändern. Wichtig ist der Sinnzusammenhang.

Altes Paradigma	Neues Paradigma
Lernen ist Ergebnis, ein Ziel.	Lernen ist ein Prozeß, eine Reise.
Vorrang hat, etwas zu »machen«, etwas zu leisten.	Vorrang hat das Selbstverständnis: der Motor von Handlung und Leistung.
Betonung analytischen, linearen, links-hemisphärischen Denkens.	Zielt auf eine Erziehung des ganzen Gehirns ab. Steigert die links-hemisphärische Rationalität durch holistische, nichtlineare und intuitive Strategie.
Befaßt sich mit Normen.	Befaßt sich mit den individuellen Leistungen. Sieht sie als Ausdruck eines Potentials.

New Age: Eine neue geistige Führungsrolle für Europa?

Inzwischen hat auch Amerika beobachtet, daß sich in Europa, vorzugsweise in Österreich, der Schweiz und Deutschland, allerhand in Sachen New Age tut. Es gibt sogar viele Trend-Impulse, die darauf hinweisen, daß amerikanische New-Age-Pioniere besonders große Hoffnungen auf den kulturellen und auch *natur-romantischen Fundus* der europäischen Kultur setzen.

Auffällig ist, daß unter der mythologischen Programmatik »Rückkehr des Adlers« in den letzten Jahren immer mehr Schamanen, Aufklärer, Sensitive und Mythologen die Reise nach Europa antraten, um hier aufzuklären und um spezifisch kalifornische Denk-Impulse mit den klassischen humanistischen Traditionen des Abendlandes zu verbinden.

Viele New-Age-Theoretiker projizieren inzwischen ausgesprochen hohe Erwartungen auf Europa. Einige von ihnen, wie etwa Bill Thompson, sind gleich ins Abendland übergesiedelt. Er – und mit ihm viele andere – glaubten, daß das New Age in Europa nicht ganz so zeitgeistig-modisch und nicht ganz so flach, wie es in Kalifornien zum Teil der Fall ist, weiterentwickelt und popularisiert wird.

Sie glauben, daß die spezifisch *europäischen Wurzeln* dafür sorgen werden, daß tatsächlich eine neue spirituell-ökologische Kultur entstehen könnte. Und sie verweisen unter anderem – nicht ganz zu Unrecht – auf die extrem kurze Zeitstrecke, die benötigt wurde, um aus einem anfangs diffusen grünen Wollen eine eigenständige und nach wie vor politisch reüssierende offizielle Parteien-Kraft zu machen.

Der neue Optimismus steckt an: Die Kühnheit der Ingenieure kommt wieder

Ein anderer Aspekt ist die Befruchtung der Ingenieure und Visionäre durch den neuen Optimismus. Es wurde bereits ausgeführt, daß die New-Age-Bewegung eine *starke Affinität zu High-Tech* und insbesondere zum Computer aufweist. Die Trend-Signale zeigen aber auch, daß die evolutionäre Eigenverantwortlichkeit des Menschen dazu führen wird, daß wieder *mehr Mut gewagt werden wird*. Es häufen sich in letzter Zeit Vorschläge für *Mega-Projekte*. Mehr und mehr Experten – und die meisten von ihnen sind keine unbekannten Spinner, sondern renommierte Technologen, Wissenschaftler und Manager – entwickeln Zukunfts-Ideen, die »atemberaubend« klingen. *Der geistige Optimismus fördert den Mut.*

Die Mega-Projekte kommen

In Anchorage im US-Bundesstaat Alaska fand eine ganz speziell darauf ausgerichtete Konferenz statt. Rund sechzig Wissenschaftler, Industrielle und Visionäre trafen sich, um über neue, mutige Mega-Projekte zu sprechen. Es entsteht ein neues Klima für *globale Fortschritts-Projekte*.

Die derzeit herrschende ängstliche und ambivalente Haltung, die zum Teil in *krasser Fortschritts-Negation* gipfelte, scheint von führenden Experten immer mehr überwunden zu werden. Aber es ist kein blinder Fortschritts-Glaube nach dem Motto: »Das gleiche noch einmal«, sondern es sind Mega-Projekte, die wesentlich mehr auf eine nationenübergreifende *Menschen-Solidarität* ausgerichtet sind. Einige Beispiele:

- Harold Heinze, Präsident einer Ölgesellschaft, präsentierte in Anchorage folgendes Projekt: Von der Prudhoe-Bucht in Alaska soll eine Straße nach Norwegen gebaut werden, genannt »Weltstraße Nr. 1«, um Nordamerika und Nordeuropa auf völlig neue Art zu verbinden, was für Handel und Kultur von großer Wichtigkeit wäre.
- Ein anderes Mega-Projekt ist der geplante Bau eines 85 Kilometer langen Dammes quer durch die *Beringstraße* zwischen Alaska und Sibirien, um das Klima im nordpazifischen Raum zu mildern.

- Ein weiteres Projekt: die *Begrünung der Wüste Sinai* und der Sahara.
- Aufbau eines riesigen *Sonnen-Kollektors* in »einem entlegenen Teil der Erde«. Diese Anlage dürfte wenigstens 50 Billionen Mark kosten. Die Befürworter rechnen damit, daß dadurch jedoch jährlich 200 Milliarden Barrel Öl gespart werden können.
- Ein weiteres Projekt: Der *Sanpo-Fluß* zwischen China und dem indischen Bundesland Assam soll durch einen Damm gestaut werden, damit er durch einen quer durch den Himalaya zu bauenden Tunnel nach Indien umgeleitet werden kann. Ein mit dem Staudamm verbundenes Elektrizitätswerk könnte jährlich 330 Milliarden Kilowattstunden Strom erzeugen.

Wie auch immer man zu diesen Ideen stehen will – beachtenswert ist die Tatsache, daß derartige Mega-Projekte überhaupt wieder ernsthaft diskutiert und nicht von vornherein als Illusionen verdammt werden. Anders ausgedrückt: Langsam wächst wieder der Mut, komplexe Visionen zu entwickeln. Das ist ein Ergebnis des langsam um sich greifenden neuen Optimismus.

Interessant ist, daß die renommierten Teilnehmer der Konferenz nicht an »Technologie pur« interessiert sind, sondern daß dieser neue Techno-Optimismus getragen ist von einer *anderen Fortschritts-Ethik* im Hinblick auf das »Überleben der Menschheit« und insbesondere auf die *Probleme der Dritten Welt.*

Fazit: Die neue, *weltumspannende Solidarität* (die als Trend erst ganz am Anfang steht) verbindet sich hier mit dem neuen Optimismus und mit dem langsamen Salonfähigwerden eines visionären Techno-Fortschritts neuer Art.

Das bedeutet:

- Wir gehen davon aus, daß das Thema New Age sehr strittig werden wird, verursacht durch die wachsende Publizität.
  New Age wird damit auch in der New-Age-Bewegung selbst immer kontroverser und differenzierter diskutiert werden.
  Vermutlich wird sich die New-Age-Bewegung aufteilen. Der größte Teil der New Ager ist im Grunde eher retrospektiv orientiert, also mythologisch, nostalgisch und in einer verkappten Form zukunftsängstlich.

Nur ein kleiner Teil der New Ager – so prognostiziert es auch der Vordenker Ken Wilber – verfügt über das angestrebte »transpersonale Bewußtsein« und kann optimistische Visionen für eine kulturelle Evolution und eine wirtschaftliche Transformation formulieren.

- Schon bald wird es die ersten Unternehmer und Manager-Eliten geben, die viele Aspekte des New-Age-Denkens übernehmen, besonders die wissenschaftlichen Neu-Sichten, ohne daß diese sich als New Ager definieren würden. Diese Gruppe neuer, optimistischer Unternehmer wird ein anderes Aufgaben-Szenario für die Wirtschaft definieren: Manager werden zu Führungs-Figuren der Gesellschaft, wenn sich die Manager den evolutionären Sinn-Zielen der Gesellschaft unterordnen.

Dieser Trend ist auf gar keinen Fall zu verwechseln mit dem Trend zum Entrepreneurship, wie ihn etwa John Naisbitt des öfteren beschrieben hat. Diese »neuen Unternehmer« legen ihren Schwerpunkt in erster Linie auf die Reaktivierung klassischer unternehmerischer Fähigkeiten (zum Beispiel Risikobereitschaft, Kreativität etc.). Die neuen Optimismus-Unternehmer dagegen sehen sich voll »im Dienst an der Gesellschaft« und definieren damit eine gesellschafts-ethische Selbstverpflichtung, aus der heraus sie jedoch auch wesentlich mehr Einfluß und Autorität ableiten.

Sie verstehen sich als »weise Mitgestalter« einer besseren Gesellschaft und nicht etwa wie der Entrepreneur als Gestalter einer neuen Wirtschaft. Typisch dafür ist beispielsweise der japanische Sony-Chef Akio Morita, der in einem »Stern«-Interview darauf hinwies, daß Manager und Unternehmer für die kommende Epoche »die Führungs-Figuren der Gesellschaft« sein werden, wenn es darum gehe, die enormen Chancen der Hochtechnologie für eine verbesserte Sinn- und Human-Qualität der Gesellschaft einzusetzen.

New-Age-Manager (unabhängig davon, ob sie sich so nennen oder nicht) ordnen sich der Gesellschaft unter, um dadurch diese Gesellschaft aktiver mitgestalten zu können.

- Es wird einen deutlichen Ruck in Richtung »andere Rationalität« geben. Zwar verkünden die meisten Vorstände – so etwa MTU-Bildungs-Chef Sattelberger –, daß man »kein New Age in den Führungs-Etagen will«, aber gleichzeitig ist unübersehbar, daß die Wirtschaft selbst voll dabei ist, das selbstreferentielle Muster von der alten Rationalität hin zu einem »neuen Mentalismus« (Roger Sperry) zu verschieben.

Selbst die Kirchen werden durch das, was sie »okkultistische Bewegung« nennen, immer stärker gezwungen, die alten Botschaften nunmehr wieder »mythischer zu verkünden«.

Karlheinz Stoll, der leitende Bischof der Vereinigten Evangelisch-Lutherischen Kirche Deutschlands, VELKD, hat anläßlich einer Tagung in Bad Harzburg die Trend-Wende vorprogrammiert: Weg von nur philosophisch-wissenschaftlicher Argumentation, hin zu einem mythischen Erleben. Also auch hier die Überwindung der alten Rationalität.

- Wir empfehlen, sich frühzeitig darauf einzustellen, daß dieser Paradigmen-Wechsel das Gesamt-Klima mystischer, mentaler und auch spiritueller machen wird. Dadurch werden die Firmen zu anderen Motivations-Konzepten gezwungen werden. Immer mehr Menschen erleben immer »größeren Hunger« nach sinnvollerem Engagement. Das führt dazu, daß sich die Entwicklungs-Schritte des Managements im Tempo beschleunigen: Nach der relativ langen Phase der Strategien dominiert jetzt seit einiger Zeit die Phase der Kultur. Aber während sich diese Kultur-Orientierung langsam durchsetzt, ist bereits die Phase der Ethik gestartet.

Die Zeit geht zu Ende, in der die Management-Etappen sich geordnet sukzessiv entfalten. Kulturfähigkeit und Ethik-Kompetenz beispielsweise müssen vom Manager in extrem kurzer Zeit akzeptiert und trainiert werden. Diese neuartige Doppel-Orientierung verlangt vom künftigen Manager mehr als eine gute Kommunikationsfähigkeit. Er muß – wie es Winfried D. E. Völcker, Chef des Neusser Luxus- und Kongreß-Hotelzentrums »Rheinpark Plaza« fordert – »eine echte Passioniertheit« aufweisen, weil sich ohne Vision, Passion oder gar Mission Menschen nicht mehr begeistern lassen (»Management Wissen« 10/86).

Schon heute ist »der Anteil der beruflich enttäuschten Führungskräfte« größer als je zuvor (Hans-Joachim Karnbach). Morgen wird aufgrund der Strömungen zu Mystik, Mentalismus und Spiritualität, die ja insgesamt lediglich eine neue Epoche einer »höheren Rationalität« (Peter Ulrich) einleiten werden, der Anteil der sinn-orientierten Mitarbeiter wesentlich größer sein als heute.

Deshalb werden die Mitarbeiter immer häufiger innerlich kündigen oder aktive Ziel-Illoyalität praktizieren . . . und dieses auch dann, wenn sie nicht zur New-Age-Bewegung gehören (es ist ja gerade ein Baustein der New-Age-Überzeugung, daß ab der »kritischen Masse« auch diejenigen latent spirituell werden, die keine New Ager sind).

Es kommt dadurch zu der paradoxen Situation, daß Produktivität und Rentabilität dann am besten erzielt werden, wenn das Unternehmen von puren Rendite-Zielen umschalten kann auf eine Passion oder Mission, weil nur das kontinuierlich fließende Handlungs-Leidenschaft garantiert.

Diese wiederum ist die Grund-Voraussetzung für die neuen Trends zur Selbst-Organisation. Gelingt es Managern, diese Passion oder Mission zu entfachen, werden überdurchschnittliche Produktivitäts-Zugewinne möglich. Der Neusser Hotel-Manager Völcker dazu: »Ich glaube ganz fest daran, daß wir mit der bestehenden Manpower ein Leistungs- und Kapazitäts-Potential haben, das sich aus dem Stand verdoppeln ließe.«

Bei ihm – so schreibt »Management Wissen« – waren die Mitarbeiter so begeistert bei der Sache, »daß er sein 250 Zimmer großes Luxus-Hotel mit rund einem Drittel weniger Leute führen könne als konkurrierende Betriebe gleicher Größenordnung«. Und das ohne Einbußen an Qualität und ohne »Schinderei«.

- Alle Umfragen zeigen, daß der Manager von morgen mehr Wert auf Spaß bei der Arbeit legen wird. Das gilt für seine eigene Arbeit und erst recht für die der Mitarbeiter. So ungewohnt es derzeit noch klingt: Die neue Ausrichtung auf Selbst-Organisation benötigt dringend missionarische Aspekte und den Zugang zu Heiterkeit und Arbeits-Spaß. Das Ende des »bitteren Ernstes« naht.

- Für die Wirtschaft als Ganzes ist die New-Age-Bewegung insofern Chance und Herausforderung zugleich, weil sich erst durch die Verbindung von High-Tech und Sinn-Spiritualität akute Technik-Feindlichkeit und Zukunfts-Ablehnung überwinden lassen. Diese negativen Haltungen müssen überwunden werden, damit das Exportland Deutschland auch in Zukunft seine Vorsprünge in Produktivität und Qualität halten kann. Umfragen von Allensbach zu diesem Thema zeigen, daß 1986 nur noch 37 Prozent (1966: 50 Prozent) der Bürger glauben, daß technischer Fortschritt das Leben einfacher macht. Nur noch 44 Prozent (1966: 72 Prozent) glauben, daß die Technik alles in allem ein Segen ist.

Die Wirtschaft schaltet um auf Flexibilität und nutzt deshalb die neue Philosophie der Selbst-Organisation

Die *Wettbewerbs-Bedingungen* verändern sich grundsätzlich. Zwar haben wir auch in den Jahrzehnten zuvor viele Veränderungen erlebt, was Markt, Konkurrenz und Wettbewerb betrifft. Aber jetzt stehen wir in einer Zeit, in der sich die Wettbewerbs-Faktoren so grundsätzlich neu formen wie nie zuvor.

G. Anderson, der Direktor des Business Intelligence Program von Stanford Research International, hat darauf hingewiesen, daß die wachsenden Umfeld-Veränderungen den Wettbewerb viel intensiver umgestalten werden, als es sich die meisten Manager heute vorstellen können.

Einige Perspektiven und Beispiele:

① *Die Weltwirtschaft* wird richtig »voll da sein« erst gegen Ende der 90er Jahre. Unsere Management-Modelle und unsere »Handlungs-Konzepte im Kopf« sind jedoch weitestgehend auf *überschaubare Märkte* und auf *kalkulierbaren Wettbewerb* ausgerichtet. Die Weltwirtschaft aber wird viele Unkalkulierbarkeiten durch *erhöhte Komplexität* und viele gefährliche Fluktuationen in Form von Überraschungen mit sich bringen.

Anderson geht davon aus, daß der Zeitraum weiterer weltwirtschaftlicher Unsicherheiten auf mindestens ein Jahrzehnt anzusetzen ist, da sie nicht zyklischer Art sind. Die Trend-Signale gehen davon aus, daß die weltwirtschaftlichen Turbulenzen vermutlich bis ins nächste Jahrtausend hineinreichen werden, unter anderem auch durch den Faktor »Wirtschaftsoffensive von China«.

② Die *Abhängigkeiten von der Weltwirtschaft* haben sich dramatisch erhöht. Während vor zehn bis fünfzehn Jahren die Manager und die Politiker politische Entscheidungen auf rein *regionaler Ebene* treffen konnten, sind sie heute gezwungen, fast alle Entscheidungen von internationalen Entwicklungen abhängig zu machen bzw. auf internationale Perspektiven auszurichten.

③ Weiterhin werden die Wettbewerbs-Bedingungen dadurch sprunghafter, daß sich immer mehr *technologische Innovationen* miteinander verbinden, so beispielsweise die Kette Roboter, Künstliche Intelligenz, Laser und Bio-Technologie. Niemand kann vorhersagen, welche Veränderungen durch diese technologischen *Vermaschungen* eintreten werden.

④ Außerdem ändern sich die Wettbewerbs-Bedingungen auch dadurch, daß die *Produktion kleiner Losgrößen* immer wirtschaftlicher wird. Die notwendige *Vorlaufzeit*, um ein Produkt wirklich marktreif zu machen, schrumpft dadurch drastisch. Wie sich am Beispiel des Modemarktes zeigt, gibt es einen Mega-Trend, den man wie folgt kennzeichnen könnte: *von der Vor-Produktion zur Nach-Produktion.*

Starre Rhythmen, Saisons und Branchen-Traditionen gehen dadurch verloren. *Die Zappeligkeit des Konsumenten* überträgt sich direkt auf Produktion, Sortiments-Gestaltung und Promotion. Zugleich wird dadurch *»Information«* zukünftig zu einem der teuersten und vermutlich *wichtigsten Produktionsfaktoren.*

Aber gerade Information ist ein ausgesprochen schwierig zu greifender Faktor, dessen Haupt-Merkmal in der fließenden Weiterentwicklung liegt: Information ist immer neue Information.

Zugleich ist Information nie widerspruchsfrei, sondern in der Regel *paradox*, so daß auch hierdurch Klarheiten immer häufiger unklar werden. Die Informations-Gesellschaft sorgt nicht etwa für überschaubare Ruhe und kristallklare Markt-Konturen, sondern eher für etwas, was Habermas die »neue Unübersichtlichkeit« nannte.

⑤ Anderson weist darüber hinaus darauf hin, daß der Markt-Eintritt nicht mehr von der eigenen Präsenz abhängt, sondern von Information, die *immer weniger monopolisiert* werden kann. Die Information über technisch überlegene Produkte läuft in unseren Zeiten immer schneller überall hin. Also: Konkurrenten wissen immer schneller und immer präziser, wo wirkliche Chancen und Durchbrüche liegen. Das erhöht die *Agilität des Wettbewerbs.*

⑥ Des weiteren werden die Wettbewerbs-Bedingungen durch den Trend zur *Multi-Options-Gesellschaft* und damit durch den Trend zur *Fragmentierung* entscheidend verändert.

Noch nie haben sich so viele Menschen so intensiv damit beschäftigt, ihre spezifische Individualität auszuformen und in differenzierte Konsum-Muster umzusetzen.

In den 50er Jahren lautete das zentrale Motto: »Materielles Besitzen«. In den 70er und 80er Jahren dominierte das *Prestige.* Aber schon heute ist sichtbar, daß die Konsum-Formel für die 90er Jahre »Individuelle Einzigartigkeit« lauten wird.

Diese Meta-Muster des Konsums beeinflussen die Märkte insofern eminent, als sie sich in kleinere und *keineswegs stabile Segmente* aufteilen.

⑦ Außerdem gibt es sehr unterschiedliche internationale Strömungen, so die Welt-Kultur. Aber auch die *Regionalisierung* (neue Heimatliebe). Diese beiden Antipoden beeinflussen und gestalten die Produkt-Versprechen immer stärker. Es gibt deshalb immer weniger *klare kulturelle Muster*.

Und die *Pop-Welt* selbst wird zu einer *über-nationalen Kulturquelle*. Gerade aber die Pop-Kultur, die als neue Volks-Kultur typisch sein wird für die entstehende Informations-Gesellschaft, ist durch Sprunghaftigkeit und permanente thematische und *stilistische Evolution* gekennzeichnet.

Die Summe der Festigkeiten reduziert sich dadurch. Das zeigt sich schon heute an der Inflation von Stil-Arten, Lebensmustern und Orientierungs-Standards.

⑧ Der letzte Grund für die enorme Flexibilisierung der Wettbewerbs-Bedingungen kommt aus dem *Trend zur wachsenden Interdisziplinarität*. Die Untersuchungen, auf die sich Anderson bezieht, zeigen, daß es früher typisch war, daß eine bestimmte Produkt-Technologie oder ein spezifisches Produktions-Verfahren eine ganze Branche langfristig bestimmten. Diese Zeit ist jetzt vorbei.

Die Problemlösungs-Konkurrenten kommen aus unterschiedlichsten, nicht vergleichbaren Industrien. Das erhöht den Überraschungs-Charakter. Es gibt keine brancheninternen Normen mehr, auf die man sich langfristig verläßlich stützen könnte. Überraschungen »von außen« werden zur Normalität.

Soweit einige der Veränderungen im Wettbewerbs-Klima. Sie alle zeigen, daß auch der Wettbewerb immer mehr durch zwei Aspekte gekennzeichnet sein wird:

① *Zunehmende Komplexität* und damit geringere Überschaubarkeit.

② *Zunehmendes Wandlungs-Tempo* und dadurch abnehmende Festigkeit.

Für die Manager bringt das eine ganze Palette von Problemen und Neu-Orientierungen.

Konsequenz für Manager: Verlust von drei alten Rationalitäten

① *Unternehmen und Manager müssen sich grundsätzlich neu orientieren: Von der internen Orientierung zur Umfeld-Orientierung.*

Das ist das, was beispielsweise Philip Kotler mit Mega-Marketing bezeichnet. Das Umfeld wird immer wichtiger. Und Informationen, die weit über die Branche hinausgehen, werden immer deutlicher wettbewerbsentscheidend.

Für das Management bedeutet das eine extreme Ausweitung seines Handlungsfeldes und Wahrnehmungs-Focus. *Die alte Fakten-Rationalität geht damit verloren.*

② *Für die Fitness des Managers bedeutet das eine deutliche Umorientierung zur fließenden Information.*

Es wird immer weniger wichtig, wie gut ein Manager feststehende Pläne ausführen kann, sondern wie gut, das heißt, wie qualifiziert er Informationen suchen und wie kreativ-pragmatisch er diese innovativen Informationen nutzen kann.

Als Motto: Von der Ziel-Disziplin hin zur flexiblen Informations-Verarbeitung. *Die alte Strategie-Rationalität geht damit verloren.*

③ *Organisation und Führung werden anders: Abgabe von Macht als Problemlösung.*

Die Organisation muß in erster Linie auf Flexibilität ausgerichtet werden. Sie muß mithelfen, auf Veränderungen schneller und adäquater reagieren zu können. Das erfordert sowohl weitreichende organisatorische Umstrukturierungen (etwa small is beautiful, partizipatives Management, Delegation strategischer Verantwortung) als auch ein neuartiges Weltbild für den Manager. *Die alte Kader-Rationalität geht damit verloren.*

Ohne New Age gibt es kein neues Weltbild des Managers

Genau an diesem Punkt, den man als »Bruch des Weltbildes« bezeichnen könnte, befruchten sich Management und New Age schon heute. Und diese wechselseitige Befruchtung wird immer stärker werden. Es kann schon heute vorhergesagt werden, daß die New-Age-Gedanken das Management, die Führungs-Methodologie und auch das Selbstverständnis des Business wesentlicher und kraftvoller beeinflussen und korrigieren werden, als es die ökologisch-grüne Bewegung konnte.

Warum? Weil aufgrund weltweit veränderter Wettbewerbs-Bedingungen das Business auf den folgenden Ansatz umschalten wird.

Fazit: Die Führung von Menschen und die Steuerung wirtschaftlicher Prozesse muß in Zukunft von Präszisions-Steuerung auf Selbst-Organisation umgeschaltet werden. Das heißt: Es muß kraftvoller geführt werden, ohne direkt zu führen.

Die Betriebswirtschaftslehre entfernt sich langsam von der alten Rationalität

Inzwischen hat sich auch die renommierte Betriebswirtschaftslehre diesem neuen Gedanken genähert. Ein Beispiel dafür ist Charles F. E. Sabel. Dieser in den USA populäre Wissenschaftler weist darauf hin, daß Betriebswirtschaft und Management-Lehre mit dem »Aufbrechen der Massenmärkte« auf Herausforderungen reagieren müssen, die mit dem rationalen Management einerseits und mit dem *Taylorismus* andererseits nicht mehr bewerkstelligt werden können.

Sabel geht davon aus, daß »die Ereignisse des letzten Jahrzehnts paradoxerweise gezeigt haben, daß die Erfolge des Fordismus [damit meint er die heute typische rationale Arbeitsteilung im Sinne des Taylorismus] selbst *destruktive Kräfte freisetzen*, die die Grundlage des Systems untergraben, nämlich die Marktsicherheit«.

Er argumentiert, daß der materielle und geistige Taylorismus, verbunden durch moderne Informations-Techniken und Datenverarbeitungs-Systeme, dazu geführt habe, daß immer mehr Länder Massenproduktions-Techniken übernehmen und in ihre Industrie-Kultur verankern würden, so daß die Anzahl der *Me-too-Anbieter* immer größer werde (Beispiele: Südkorea, Taiwan, Brasilien, Mexiko, aber auch Osteuropa).

Früher, so zeigen seine Analysen, war es für eine hochqualifizierte Produktion wichtig, daß die Nation ein hohes wirtschaftliches Niveau erreichte mit den typischen infrastrukturellen Ressourcen wie Wissenschaft, Patente, Ausbildung und Fortbildung. Durch die neuen elektronischen Möglichkeiten (Roboterisierung etc.) wird dies immer weniger nötig. Die aktuellen Qualitäts-Standards können immer souveräner und leichter auch von denjenigen Staaten erreicht werden, die eigentlich zu diesem Niveau nicht fähig sind. Sabel bezeichnet das als das *Problem der Imitation* und sieht diese Imitations-Trends immer stärker werden für den regionalen und internationalen Wettbewerb (wie richtig das ist, zeigt das Beispiel China . . . vor kurzem noch ein Rückwärts-Land, bietet es heute schon erfolgreich Personal Computer auf dem Weltmarkt an).

Die Betriebswirtschaftler haben in den frühen 70er Jahren auch rationale Theorien über *die Produktions-Zyklen* entwickelt, die heute noch die Basis der meisten Marketing- und Unternehmens-Strategien sind. Man ging beispielsweise davon aus, daß Erfolg unter anderem dadurch erzielt werden kann, daß das *Intervall zwischen Innovation und Imitation* groß genug ist, so daß der Pionier die Gewinne vom Verkauf eines standardisierten Produktes in das Design und die Produktion des nächsten investieren kann und somit immer einen Schritt voraus ist.

Man glaubte, daß jedes Produkt, dessen Herstellung nicht leicht zu imitieren ist, den industrialisierten Ländern bleiben würde und daß es hochkomplexe Produkte gäbe, die immer nur in den High-Tech-Nationen produziert werden könnten.

Aber diese ehemals ehernen Gesetze sind inzwischen deutlich erschüttert worden. Imitatoren (also Länder mit niedriger Industrie-Kultur) beginnen immer schneller und auf immer breiterer Front aufzuholen. Und *jede Runde der Imitation erleichtert die nächste*, indem sie Qualifikation, Institution und Infrastrukturen wie Straßen und Häfen schafft, die dann für die folgenden Schritte ein adäquates Fundament bilden.

Typisches Beispiel: In den frühen 70er Jahren war Schweden der zweitgrößte Schiffbauer der Welt. Heute sind Brasilien, Korea, aber auch Spanien weitaus wichtiger. Schweden liegt inzwischen in der internationalen Statistik der Stapelläufe nur noch an achter Stelle.

Aber es kommt noch schlimmer für die Industrie-Nationen: Der internationale Wettbewerb verändert auch die Innovations-Schwerpunkte. Durch *High-Tech* kommen die Imitatoren immer mehr in die Lage, *mehr als nur Imitatoren zu sein*. Die Elektronik hilft ihnen, sich schneller als je zuvor zu Innovatoren zu entwickeln. *Elektronik macht aus Imitatoren neue Innovatoren*.

Die neue Basis ist permanente Fluktuation

Völlig neue Wettbewerbs-Modelle stehen vor der Tür. Und für die Betriebswirtschaftslehre werden zur Zeit grundsätzlich neue Theorien über

Innovations-Zyklen, Produktions-Rhythmen und Lebens-Kurven entwickelt. All diese neuen akademischen Tendenzen aber haben eine General-Tendenz gemeinsam: Die Betriebswirtschaftler empfehlen den Managern, andere Organisations- und Führungs-Modelle zu entwikkeln, *die von permanenter Fluktuation ausgehen* und nicht mehr von relativ statischen Gegebenheiten.

Sie empfehlen also den Managern, ein Management aufzubauen, das auf *Anpassungs-Tempo* und *Überraschungs-Fähigkeit* ausgerichtet ist. Sie empfehlen darüber hinaus, von einer Massen-Fabrikation (Vorab-Produktion) zu einer Kleinserien-Produktion mit erhöhter Markt-Anpassung umzuschalten (Nachher-Produktion). Und sie empfehlen den Managern, sich wesentlich stärker auf Turbulenzen und Wandel auszurichten, ja zum Regisseur des Wandels zu werden, statt ihn zu bekämpfen.

Und das dafür entscheidende Wort heißt *Selbst-Organisation*.

Fazit: Auch die Betriebswirtschaftslehre erkennt immer stärker, daß die neuen Einflußfaktoren der Komplexität und der Flexibilität dafür sorgen, daß die üblichen Modelle der Zyklen und Rhythmen überholt sind.
Damit wird auch das klassische, zumeist strategische Management problematisch und muß mittelfristig überwunden werden. Die neue Marschrichtung lautet deshalb: Verbesserung der Selbst-Organisation als wirksamsten, wenn nicht sogar entscheidenden Faktor für mehr Flexibilität. Unternehmen sind fit für Turbulenzen, wenn sie weitestgehend selbstorganisierend organisiert sind.
Die Kernfrage der Zukunft lautet: Wie organisiert man die Selbst-Organisation?

Die New-Age-Philosophie beruht auf Selbst-Organisation

Die neue Wissenschaft des Optimismus bietet hierzu neue Ansätze und Theorien, die – gerade noch rechtzeitig – helfen können, diese neue Kernfrage zu beantworten.

Denn das neue Paradigma der New Ager geht explizit von *Turbulenz*, ja von Chaos und von *Autopoise* (Selbstgestaltung bzw. Selbstorganisation lebendiger Systeme) aus. Hier ist die Berührungs-Stelle. Hier findet die Befruchtung zwischen der Führungslehre des Managements und der New-Age-Bewegung statt.

Versuchen wir hier eine erste Prognose, um zu sehen, wohin die Trend-Reise gehen wird:

Das New-Age-Management wird kommen

Es gibt international einen Trend zum *Neo-Fordismus*. Die Elektronik wird die klassische Massenproduktion immer mehr überwinden. Der alte Fordismus (Taylorismus) wird damit überwunden.

Die Gründe liegen zum Beispiel in der Welt-Ökonomie (das Problem der Imitatoren, die zu Innovatoren werden), in der wachsenden Stringenz der staatlichen Eingriffe und Regulierungen (Ökosozialismus) und im Wertewandel mit seinen völlig neuartigen Consumer-Trends.

Alles zusammen zwingt die Firmen, die gesamte Produktion so zu verändern, daß eine flexible Produktion in Richtung *Nachproduzieren statt Vorproduzieren* möglich wird. Wie Sabel und andere Wissenschaftler dabei betonen, muß dafür aber die gesamte Management-Philosophie und Führungs-Kultur verändert werden. Man kann auf gar keinen Fall nur die *technische Seite* der Produktion verändern und die *organisatorische* und *mentale Seite* hierarchisch belassen.

Die Abkehr von der Massenproduktion durch CIM und ähnliche elektronische Modelle benötigt auch ein anderes Weltbild der Organisation. Die Zuwendung zur flexiblen Produktion benötigt die Abkehr von der Hierarchie zugunsten der Heterarchie (Netzwerke) und benötigt auch eine völlige Neuordnung der Kommunikations-Flüsse und der Führungs-Prinzipien.

Die Voraussetzung: Umschalten von Low Trust auf High Trust

Um es in einem einzigen Satz zu sagen: Die Firmen müssen beginnen, von Low-Trust-Organisationen auf High-Trust-Organisationen umzuschalten. Das ist das eigentlich Neue. Und die High-Trust-Organisationen (Organisations-Kulturen, in denen wechselseitiges Vertrauen vorherrscht und der Grad an Disziplinierung, Fremdsteuerung etc. extrem reduziert wird) benötigen ein anderes Management, das *para-systemisches Management* genannt werden kann.

Je mehr Low-Trust-Organisation, um so disziplinierender und fester muß das Kader-System sein. Je mehr High-Trust-Organisation (als Voraussetzung für Selbst-Organisation), um so mehr muß geführt werden, ohne zu führen, um so mehr müssen Visionen, Missionen und Organization Transformation (OT) die neuen Richtwerte sein.

Fazit: Der Neo-Fordismus benötigt dringend eine High-Trust-Organisation. Aber die klassische, heute verankerte Führungs-Lehre geht von einer Low-Trust-Organisation aus. Die New-Age-Bewegung bietet hier einen zweifach positiven Impuls: Sie bietet das Material für eine qualifizierte Selbst-Organisation (das ist die Prozeß-Seite des New Age), und sie bietet neuartige Regeln für den Aufbau von High-Trust-Organisationen (das ist der mentale Faktor, um das alte Kader-System abzulösen).

Auch der Wertewandel forciert die Zuwendung zum New-Age-Management

Der Wertewandel gesellt sich zu den elektronischen Neuerungen (CIM und Robotics). Er selbst ist aber eine mentale Dimension. In der Tat haben sich zwischen 1965 und 1979 die Werte in der Bevölkerung entscheidend verändert: *von Disziplin- und Anpassungs-Werten zu Werten der Selbstentfaltung.*

Zwar kommt dieser Prozeß im Moment nicht weiter voran, aber schon bald, das heißt in den 90er Jahren, könnte *der nächste Werte-Schub* kommen. Dann würde das Kriterium der Selbstentfaltung deutlicher dominieren als bisher.

Für die Wirtschaft bedeutet das: *von der Wachstums-Ökonomie zur Sinn-Ökonomie.* Zugleich zwingt der Wertewandel die Wirtschaft, immer stärker anzuerkennen, daß sie kein autonomes und in sich geschlossenes Sub-System der Gesellschaft ist, sondern daß sie eine neue, *dienstleistende Rolle* für die Gesamt-Gesellschaft übernehmen muß.

Hier gilt das Schlagwort von der »Re-Integration der Wirtschaft in das System der Gesellschaft«. Damit stehen alle *Fragen der Ethik* und der wirtschaftlichen Moral kurz davor, zu wichtigen Parametern des wirtschaftlichen Handelns und der betriebswirtschaftlichen Erfolge zu werden.

Die Ursachen dafür liegen in der Bildungs-Explosion, in der zunehmenden Kompetenz der Bürger und Angestellten zur Partizipation und in einem allgemeinen Klima, das in Richtung *Para-Kompetenz* geht. Darunter versteht man die neuen Tendenzen zur partizipativen Demokratie.

Immer deutlicher wird, daß sich die Offizial-Politik mit der Para-Politik/Bürger-Diplomatie verbindet, um komplexe Probleme in angemesseneren, das heißt schnelleren, Zeiten lösen zu können.

Die neuen Werthaltungen sind aber nicht nur draußen vor den Toren der Fabriken zu sehen, also im sozialen Umfeld, sondern sie sind natürlich auch bei den Mitarbeitern lebendig. Der Wertewandel in den Bürgerherzen ist zugleich auch der Wertewandel bei den eigenen Mitarbeitern.

Die meisten Firmen versuchen aber, durch Kader-Systeme und durch Motivierungs-Programme die Phänomene der *stillen inneren Kündigung* dadurch zu bekämpfen, daß sie sich in den Unternehmen durch den *falschen Einsatz von Firmenkultur* (geschlossene Binnen-Kulturen) von der Werte-Dynamik »draußen im Land« abschotten. Da dies jedoch nicht möglich ist, wird die immer stärker werdende Sinn-Suche der Bürger auch immer stärker als Sinn-Forderung in die Firmen getragen.

Ohne Selbst-Motivation ... keine Selbst-Organisation

Wenn nun aber aufgrund des Neo-Fordismus die Unternehmen immer stärker auf Selbst-Organisation umschalten, wird zugleich der Faktor *Selbst-Motivation* immer wichtiger. Ohne Selbst-Motivation gibt es keine Selbst-Organisation.

Selbst-Motivation (kontinuierliche Handlungs-Leidenschaft) kann jedoch bei gebildeten und emanzipierten Mitarbeitern nur möglich werden durch Sinn-Ziele. Je qualifizierter die Sinn-Ziele des Unternehmens, um so qualifizierter die Selbst-Motivation.

Und hier berühren sich wiederum Management und New-Age-Bewegung. Diese sieht sich als klassische *sinn-spirituelle Bewegung*, so daß ein Großteil der New-Age-Sehnsüchte zu Bestimmungsgrößen betriebswirtschaftlicher Personalpolitik werden.

Prognose: Die Wirtschaft wird sich immer stärker in das globale System der Gesellschaft re-integrieren. Damit wird das geschlossene System »Wirtschaft« immer offener. Die veränderten Werthaltungen der Mitarbeiter werden deshalb immer offener und ungeschminkter in die Firmen hineintransportiert werden.
Will das Management jedoch auf Selbst-Organisation umschalten, muß es den zentralen Faktor der Selbst-Motivation neu entfachen. Dieses geht in der Phase einer »geöffneten Wirtschaft« nur dadurch, daß die privaten Sinn-Ziele weitestgehend deckungsgleich werden mit den wirtschaftlichen Zielen des Unternehmens.
Aus betriebswirtschaftlichen Zielen werden gesellschaftliche, soziale und private Sinn-Ziele.

Wachsende Turbulenz macht Transformation im Sinne der New-Age-Bewegung nötig

Der Ausdruck »Turbulenz«, so schreibt Christian Lutz in seinem Buch »Die Kommunikationsgesellschaft« (Rüschlikon 1986), hat in letzter Zeit eine neue Bedeutung gewonnen – hauptsächlich durch die *Theorie der sich selbst organisierenden komplexen Systeme*, für die etwa Jantsch, Haken und Prigogine stehen, also im weitesten Sinne Kronzeugen des neuen New-Age-Paradigmas. Was besagt nun Turbulenz?

»Wird ein komplexes bio-chemisches System einem zunehmenden Veränderungsdruck ausgesetzt, dem die bestehende Struktur schließlich nicht mehr standhält, tritt es in einen labilen Zustand ein, in dem es noch nicht ›weiß‹, welche Gestalt es einnehmen wird. In diesem Zustand genügen wenige molekulare Zufalls-Bewegungen, um die Weichen zu stellen zwischen verschiedenen möglichen Struktur-Typen, welche die Weiterentwicklung des Systems gewährleisten« (Lutz).

Turbulenzen kommen also durch Veränderungs-Druck und Fluktuationen. Die wichtigsten Veränderungen sind derzeit »hausgemacht«, das heißt, sie werden von Wirtschaft und Wissenschaft selbst initiiert, so zum Beispiel Computer-Technik, Roboterisierung, Tele-Kommunikation, künstliche Intelligenz, Bio- und Gen-Technologie.

Sie alle sorgen dafür, daß der *Zeitgeist* immer wichtiger wird als die Vergangenheit aufgrund einer permanenten *Entwertung der Historie.*

Das spätestens ist der Zeitpunkt, an dem der Mensch begreift, daß er vor einem Quantensprung steht und daß die Labilität von ihm selbst durch *eine gewollte Kultur-Evolution* gesteuert werden muß, will er nicht wie ein Schiff ohne Steuermann in eine ungewisse Zukunft treiben.

Das Motto heißt: Visionary Factor

Und damit sind wir beim entscheidenden Schlagwort des neuen Paradigmas: *kulturelle Evolution*, verstanden als Selbst-Steuerung des Menschen durch geistig-kulturelle Initiativen.

Hier gilt das, was Marilyn Ferguson, vielleicht als erste prototypisch für die New-Age-Bewegung, geschrieben hat: *Die gesellschaftliche Transformation wird ohne die private Transformation nicht möglich sein.*

Beide Seiten bedingen sich. Man kann auf Turbulenz nicht mit dem »alten Menschen« reagieren, sondern muß sich selbst »verbessern und transformieren«, um überhaupt turbulenz- und zukunfts-fähig zu werden. In einer labilen Situation sind – wie wir gehört haben – oft nur wenige Impulse in der Lage, neue Formen und Strukturen herbeizuzwingen (Hermann Haken spricht hier von »Ordnern«, die alle anderen Variablen versklaven).

Wollen Industrie und Unternehmen eine positive Zukunft für sich gestalten, so gibt es für sie nur den Weg zum *Visionary Factor.*

Das erklärt nun schlagartig den international deutlich zu beobachtenden *Trend zu mehr Szenarien.* Deshalb die neuen Diskussionen um *visionäres Management.* Und deshalb die Abwendung von dem, was die Betriebswirtschaftler das technomorphe System des Managements nennen (Ratio-Management oder auch systematisches Management genannt).

Bewußtsein als Schlüssel-Element

Um überhaupt positive Zukünfte entwerfen und wollen zu können, bedarf es dessen, was die New-Age-Bewegung die »Selbst-Transzendenz« nennt, das heißt, seine eigenen Ideologien zu durchschauen, die Begrenztheit der privaten Welt-Konstruktion anzuerkennen und neue, bessere Konstrukte und Zukunfts-Modelle entwickeln zu können.

Das ist eine klare Absage an den Konservativismus und forciert folgendes Credo:

»Die Zukunft von morgen ist abhängig von dem Bewußtsein von heute. Wenn man die Zukunft morgen besser gestalten will, muß man das Bewußtsein von heute besser gestalten.«

Damit wird der Faktor »Bewußtseins-Entwicklung«, der so typisch ist für das neue New-Age-Paradigma, auch für das Management wichtig. Der neue Manager muß also auch seine eigene Persönlichkeit transformieren können, um fit zu werden für Turbulenz und Vision. Damit wird all das, was in der New-Age-Szene an Training und Therapien so läuft, auch für den »neuen Manager« wichtig. Eine Epoche des *Inner-Managements* steht vor der Tür.

Fassen wir an dieser Stelle zusammen:

① *Der Neo-Fordismus zwingt die Firmen zum »Führen ohne zu führen«.*

Die New-Age-Bewegung bringt wichtige wissenschaftliche und praktische Elemente für den Aufbau von High-Trust-Organisationen, durch die diese Führung ohne Führung erst möglich wird.

② *Der Wertewandel zwingt die Wirtschaft, sich für die Gesellschaft zu öffnen.*

Wirtschaftliches Handeln ordnet sich deshalb der Gesellschafts-Ethik unter: Sinn-Ziele schaffen Selbst-Motivation. Die New-Age-Bewegung bietet dem Management neue Instrumente, um zwischen den privaten Sinn-Zielen und betriebswirtschaftlichen Zielen zu vermitteln. Da sie hauptsächlich auf dem Axiom der »Selbst-Organisation« ruht, hat sie eine vielfältige Praxis, um durch Selbst-Motivation eine bessere Selbst-Organisation zu schaffen.

③ *Die wachsende Turbulenz zwingt das Management, fähig zu werden für eine permanente Transformation:* Die wirtschaftliche Zukunft wird durch Bewußtseins-Gestaltung verwirklicht.

Die New-Age-Bewegung ist in ihrer Praxis (siehe diverse Szenen, Schulen und auch Sekten) relativ erfolgreich in dem Bemühen, durch persönliche Entwicklung an einer gesellschaftlichen Transformation mitzuarbeiten. Die New-Age-Bewegung hat Modelle dafür entwickelt, wie man durch persönliche Transformation das materielle und soziale Umfeld mitgestalten kann.

Die vier neuen Zielsetzungen und New Age

Was haben die Trend-Signale also bisher gezeigt? Der Neo-Fordismus, der Wertewandel und die Turbulenzen werden mit Sicherheit nicht nur die Markt- und die Wettbewerbs-Bedingungen radikal verändern, sondern auch die Auffassung von Organisation und Führung. Dabei kreist alles um folgende vier Ansätze:

① Zugewinn an *Handlungs-Flexibilität.*

② Verbesserung der *Umfeld-Reagibilität.*

③ Verbesserung der *Selbst-Organisation.*

④ Qualifizierung der *Selbst-Motivation.*

Damit sind die vier Schlüsselworte aufgezeigt, die die Entwicklung des Managements maßgeblich beeinflussen werden. Die New-Age-Bewegung, die weitestgehend auf Basis der *Naturwissenschaft des Geistigen* steht, hat viele Modelle, Theorien, aber auch praktische Trainings-Erfahrungen parat, um mitzuhelfen bei der Entwicklung für eine Praxis des neuen Managements, das folgende Dimensionen aufweist:

- Führen ohne zu führen im Sinne von Befehlen.
- Sinn-Ziele schaffen Selbst-Motivation.
- Wirtschaftliche Zukunfts-Gestaltung ist Bewußtseins-Gestaltung.

Betrachten wir den aktuellen Stand der alten Lehre. Nun werden viele, die die Management-Trends aufmerksam verfolgen, sagen: So neu ist das alles nicht. Und in der Tat tauchen schon seit geraumer Zeit sehr häufig Bücher und Publikationen auf, die darauf hinweisen, daß wir unsere Mitarbeiter anders motivieren müssen und daß eine neue Epoche alternativer Führungs-Prinzipien vor uns liegt.

So erschien beispielsweise im »Manager Magazin« 10/86 unter der Überschrift »Management/Motivation« ein Beitrag von Dieter Kiehne mit dem Titel »Im Einklang mit dem Ziel«. Er ist symptomatisch für die derzeitige *Verweigerungs-Haltung* der meisten Manager und Unternehmensberater, wenn es darum geht, aufgrund der an sich akzeptierten Problematiken (Turbulenz, Flexibilisierung, Selbst-Organisation etc.) in eine wirklich neue Führungs-Praxis einzusteigen.

In seinem Beitrag zeigt Kiehne, hauptsächlich basierend auf dem Buch »Leistung aus Leidenschaft« von Peters und Austin (Hamburg 1986), daß es unterschiedliche Etappen der Auffassung von Motivation gibt und daß *Selbst-Motivation sehr stark mit Leistungs-Leidenschaft* zusammenhängt.

Aber die von Kiehne und anderen favorisierten Motivations-Empfehlungen sind eben überwiegend *Techniken* und sind daher bewußt *weit entfernt von Ethik und Spiritualität* (was sie im Prinzip für die nächsten zehn bis fünfzehn Jahre untauglich macht).

Außerdem basieren sie nach wie vor auf einem *kartesianischen Weltbild*, liegen also zumindest unbewußt auf dem klassischen Reiz-Reaktions-Ideal, das von Capra, einem der »Päpste« der New-Age-Bewegung, als ein *materialistisches Muster* mit klarer Objekt-Subjekt-Trennung disqualifiziert wird. Mit diesen Input-Output-Modellen wird »Leistungs- Leidenschaft« und Selbst-Motivation kaum zu gewinnen sein.

Wagen wir deshalb einen evolutionären Blick in die kommenden Motivations-Theorien des Business:

Gestern: Die erste Etappe
»Incentives oder das Zuckerbrot des Reiz-Reaktions-Modells«

Das war die Zeit, in der die Macht-Verhältnisse ganz eindeutig waren. Der, der bezahlt, hat die Macht. Wer Arbeiter und Angestellte einstellt und beschäftigt, hat auch das alleinige *Handlungs-Primat für die Motivation* (Direktions-Recht).

Es gab nur Motivation von oben. Und in der gesamten Literatur tauchte das Wort der Selbst-Motivation praktisch gar nicht auf. Das wäre auch vom oberen Kader als *Selbst-Entmachtung* erlebt worden. Wenn man die Trends aufmerksam verfolgt, so kann gesagt werden, daß fast alle Vorstände, Personalleiter und Unternehmensberater inzwischen von diesem klassischen Reiz-Reaktions-Modell Abstand genommen haben. Es kann als überholt gelten. Ab in den Papierkorb.

Heute: Die zweite Etappe
»Kunden-Orientierung als Motivations-Instrument«

Dieses Denken ist spätestens seit Peters und Watermans »Auf der Suche nach Spitzenleistungen« relativ schnell durchgesetzt und verbreitet worden. Es nimmt Abstand vom klassischen Reiz-Reaktions-Schema und ordnet den Handelnden ein erhöhtes Maß an Selbst-Organisation zugunsten erhöhter Flexibilität zu.

Aber an den eigentlichen Organisations-Formen und Macht-Strukturen hat sich nichts geändert: Man führt zwar nicht mehr durch präzise Vorgaben (Befehle, Anordnungen etc.), sondern man führt durch *präzise Binnen-Kulturen* (IBM gilt hier immer als krönendes Beispiel), die möglichst betonte Markt-Orientierung und Kundennähe aufweisen. Man will die fehlende Flexibilität durch eine *Kultur mit deutlicher Außen-Orientierung* erzielen. Das ist der Stand von heute. Das ist das aktuelle Bewußtsein der meisten Unternehmensberater, Personalchefs und Vorstände.

Wenn man genau hinschaut, wird aber eines schnell sichtbar: *Es ist nach wie vor ein systematisches Management.* Und die alten Organisations-Strukturen werden zu bewahren versucht. Kultur ja . . . aber Organigramm bitte lassen! Immerhin hat sich – als deutliche Verbesserung! – eine Verschiebung vom harten Management zum sanften Management ergeben durch die *Neu-Entdeckung des Faktors Kultur.*

Aber dieses Modell kann nur als Übergangs-Modell tauglich sein, weil schon die neueren Untersuchungen deutlich gezeigt haben, daß intakte Binnen-Kulturen keineswegs ausreichend sind, um wirkliche Selbst-Motivation (Leistungs-Leidenschaft) zu organisieren. Anders ausgedrückt: Dieses Modell ist nur begrenzt tauglich, weil die Binnen-Kultur prinzipiell abgetrennt ist von allen Fragen der privaten, der sozialen und der gesellschaftlichen Sinn-Orientierung. Firmenkulturen können kraftvoll, dynamisch und stringent sein, aber sie müssen deshalb nicht auch gesellschafts-ethisch überzeugend sein (Stichwort: Auch die Mafia kann eine satte, kraftvolle Firmenkultur haben).

Erst durch die Öffnung zum Gesellschafts-Ethischen können Mitarbeiter mehr als nur den sozialen, das heißt gruppen-dynamischen, Sinn erleben, nämlich einen gesellschaftlichen Sinn. Und genau dieses bringt – langfristig gesehen – die ersehnte stabile und kontinuierliche Leistungs-Leidenschaft.

Morgen: Die dritte Etappe »Sinn durch Kohärenz«

Hier nutzt das Management das Modell des *New-Age-Business*, wie es in der Schweiz, in Deutschland und überwiegend in Kalifornien entwickelt worden ist: Firmen verstehen sich als evolutionär beauftragt. Sie versuchen sich deshalb als *Glaubens-Gemeinschaften* zu organisieren.

Als Leitlinie gilt folgender Satz: Je sinn-ethischer die Ziele, um so mehr Kohärenz ohne Führung, um so mehr autonome Selbst-Organisation und Selbst-Motivation.

Das New-Age-Management (siehe Hickman und Silva: »Der Weg zu Spitzenleistungen«, München 1986) operiert hier mit völlig neuartigen Vorstellungen, die sehr ungewohnt und zur Zeit außerordentlich umstritten sind.

So geht man beispielsweise davon aus, daß Organisationen immer dann gut sind, wenn sie *Energien produzieren*, daß positive Energien selbst in großen Unternehmen über viele Etagen und über viele tausend Kilometer transportiert werden können (siehe das Credo der New-Age-Bewegung: Alle Gehirne sind miteinander verbunden).

Das entscheidende Schlüsselwort aber ist Kohärenz, also Gleichklang durch »Kommunikation ohne Kommunikation«. Hier liegt die mentale Basis für ein kraftvolles Führen, ohne zu führen.

Prognose: Es kann vorhergesagt werden, daß die derzeitige Entwicklungs-Stufe der Führungs-Lehre (Führen durch Kultur) nicht ausreicht und schon bald abgelöst werden wird durch Kohärenz-Modelle der New-Age-Bewegung, weil dadurch ein kraftvolleres Führen, ohne zu führen möglich wird.

Wie soll das geschehen? Auf jeden Fall geht das nicht nur mit den üblichen Formen der Kommunikation, also Sitzungen, Arbeitskreise, Telefonate und Briefe. Man muß lernen, die Kohärenz wie ein Stück Ton zu formen. Das aber ist *angewandter Mentalismus*.

Das Gesetz der Metaphysik der Kommunikation

Monroe (»Der Mann mit den zwei Leben«, München 1986), Charon und andere dem New Age nahestehende Wissenschaftler und Forscher haben frühzeitig darauf hingewiesen, *daß unsere Vorstellungen von Kommunikation sicherlich nicht richtig sind.* Sie sind zu eng und zum Teil auch zu dogmatisch. Die neue Wissenschaft erklärt deshalb, daß auch *Kommunikation ohne Kommunikation* stattfinden kann, das heißt Kommunikation ohne Medien oder ohne sichtbare Kommunikations-Prozesse.

Wenn das, was Jonas Salk als »alle Gehirne sind miteinander verbunden« postulierte, richtig ist, dann muß es für das Management interessant sein, die *unbewußte Kommunikation* zu entdecken, um auf dieser Ebene Regeln und Ziele zu plazieren. Offensichtlich liegt hier das Geheimnis der »Führung ohne Führung«. Prüfen wir einen zentralen Aspekt aus der Fülle der New-Age-Theorien. Es ist die Regel:

Je mehr positive Emotionen und je größer der Signal-Austausch zwischen Menschen, um so mehr

Ziel- und Handlungs-Kohärenz

in Teams, Firmen und Gruppen.

Das ist die Leit-Aussage. Und das Fazit daraus: Je mehr Kohärenz in der Ziel- und Handlungs-Ebene, um so weniger Anordnung, Machtausübung, Zwang und um so weniger Controlling und direktives Management werden nötig.

Das, was die Betriebswirtschaftslehre weltweit händeringend sucht, nämlich neue Modelle der Selbst-Organisation, der Selbst-Führung und eine neue Praxis des visionären Managements, das wird auf Basis der klassischen Vorstellung von Kommunikation und Motivation nicht zu gewinnen sein. Dementsprechend blicken die ersten New-Age-Manager mehr in Richtung neuartiger *Feld-Theorien* (Vereinheitlichtes Feld) und mehr in Richtung *non-medialer Kommunikation* (Pipeline zwischen den Seelen) und scheuen auch nicht davor zurück, die *PSI-Welt* in den Blickwinkel zu nehmen (esoterische Ansätze).

Die Zielsetzung lautet: »Wir müssen versuchen, die Pipelines von Mensch zu Mensch auszubauen . . . aus dünnen Pipelines müssen dicke Pipelines werden, so daß inter-personelle Austausch-Prozesse stattfinden können, ohne Aktennotizen, Computer, Exposés, Meetings, Foren und Betriebsversammlungen.

Die New-Age-Bewegung sieht hier zwei Ebenen: a) die bewußte Ebene und b) die schlummernde bzw. unbewußte Ebene. In der *bewußten Ebene* kann man drei Affinitäts-Zonen voneinander unterscheiden:

- Intime Partner (starke Affinität).
- Freunde und Verwandte (mittlere Affinität).
- Bekannte, Mitarbeiter etc. (schwache Affinität).

In der schlummernden bzw. *unbewußten Ebene* unterteilen die New-Ager zwei Ebenen:

- Alle Menschen.
- Alle sonstigen Lebewesen (also auch Pflanzen).

Die Glaubenslehre des New Age geht nun davon aus, daß in der unbewußten Ebene alle Menschen und – in der ausgeweiteten Sicht – auch alle Lebewesen von Natur aus durch seelische Interaktion permanent miteinander verbunden sind. Das ist das, was man als »dünne Pipeline« bezeichnen kann.

Das New-Age-Management versucht nun, diese Pipelines voluminöser zu machen, um einen besseren energetischen Austausch zu erreichen. Hier sind zwei Ansätze praktikabel:

- *Die Menge des Signal-Austausches.*

- Die Stärke der Emotion.

Die Überlegungen und Studien haben gezeigt, daß beide Faktoren zusammen (also Emotions-Stärke und Signal-Menge) eine optimale Kohärenz formen, das heißt, daß auch das Nicht-Gesagte gesagt wird und daß »wie selbstverständlich« bestimmte Handlungen klar sind.

Wenn die emotionale Distanz sehr groß (»kalte Beziehungen«) und die Menge der ausgetauschten Signale sehr gering ist, so ist die Kohärenz sehr gering. Permanentes Mißverstehen und wenig spontane, positive Selbst-Organisation findet statt. Die unterschiedlichen Intentionen annullieren sich und bilden einen permanenten Quell für Reibung, Intrigen und für eine »unerklärliche Müdigkeit im Unternehmen«.

Die Führungslehre der New-Age-Manager

Das Credo der New-Age-Manager lautet deshalb: Man muß Firmen so führen, daß sie nicht mehr wie relativ neutrale Bekannte (oder gar Gegner) miteinander umgehen, sondern daß sie zu Freunden werden (eine Art ideelle Verwandtschaft). Aus Firmen werden Glaubensgemeinschaften.

Dahinter steht die Überzeugung, daß auf der Ebene der intimen Partnerschaften (wie etwa Ehepaare) die *emotionale Stärke* am kraftvollsten ist und daß es auch dort häufig den größten Austausch der Signal-Menge gibt. Dort sind also die dicksten Pipelines zwischen den Seelen. Dort funktioniert auch am besten die non-mediale Kommunikation. Dort können demnach auch *Kohärenz-Energien* am besten aufgebaut und ausgetauscht werden.

Vielleicht liegt auch hier das Geheimnis für die so häufig beschriebene und beobachtete Tatsache, daß hinter vielen »großen Männern« immer eine Frau steht, die durch die typisch feminine Polarität zum permanenten Kraftquell wird. Es ist übrigens interessant, daß gerade intuitive Manager und Elite-Manager sehr häufig in Interviews berichten, daß sie nicht nur ihre Ehefrau für ihren erfolgreichen Job »nutzen«, sondern daß sie prinzipiell »das Gegengeschlecht benötigen«, um permanent inspiriert und seelisch »ernährt« zu werden. Hier spüren besonders sensibilisierte Top-Manager das Gesetz der »Energie durch Polarität« und folgen ihm zumeist in einer Art instinktiver Gewißheit.

Darüber hinaus muß gesehen werden, daß im New-Age-Management die Signal-Austausch-Menge nicht etwa aus konkreten Ziel-Vorgaben oder konkreten Anordnungen besteht. Meistens sind es informelle Gespräche, die mit symbolischen und rituellen Handlungen verbunden sind. Es ist also weniger ein fakten-orientiertes rationales Austauschen von Signalen und Botschaften, sondern oft nichts anderes als Kommunizieren, um die Pipeline dicker und effizienter zu machen (indirekte Effekte).

Es ist also zumeist nicht der Inhalt, der im Signal-Austausch eine Rolle spielt, sondern es ist der Signal-Austausch als Stimulation, die auf die unterbewußte Ebene wirkt, so daß aus den naturgegebenen dünnen Pipelines bessere, das heißt voluminösere, Pipelines werden.

Fazit: Das New-Age-Management wird eine andere Auffassung von Kommunikation für die Führung einbringen. Eine Kommunikation ohne Medien und ohne »klassische Kommunikation« ist für die New Ager durchaus vorstellbar aufgrund ihres anderen Weltbildes.
Neben der materialistischen Seite von Kommunikation und Organisation sieht man eine *energetisch-mentale Seite*, indem man unsichtbare Verbindungen von Mensch zu Mensch (Pipelines zwischen den Seelen) annimmt und die Organisation und das Personal-Management darauf ausrichtet, diese dünnen Pipelines zu kräftigen, um sie zu dicken Pipelines umzuwandeln. Je voluminöser die Pipelines, um so mehr Austausch, um so effizienter die Kommunikation ohne Kommunikation, um so größer die Kohärenz bei einem Maximum an Selbst-Organisation.

Die beiden hauptsächlichen Einflußfaktoren, die das New-Age-Management hierbei einsetzt:

- *Die Emotionen stärker machen.* Das bedeutet, daß ein Unternehmen nicht aufgefaßt wird als eine Summation von distanzierten Bekannten, sondern als eine gruppen-dynamische Verbindung von engagierten Freunden (Glaubensgemeinschaft).

- *Die ausgetauschte »Signal-Menge« erhöhen.* Es geht dabei weniger um die Inhalte der Signale, sondern um die Häufigkeit des Signal-Austausches, weil dadurch die Pipelines verbessert werden.

Das alles kann als *Metaphysik der Kommunikation* oder auch als – wie es der Nobelpreisträger Roger Sperry nannte – »neuer Mentalismus« im Management benannt werden.

Die globale Zielrichtung ist klar. Man möchte kohärentes Wollen und kohärentes Handeln herstellen für ein Maximum an Selbst-Motivation, Selbst-Steuerung und Selbst-Organisation bei weitestgehendem Verzicht auf direkte Anordnungen und direktive Kommunikation. Es soll »weitestgehend wie von selbst« das gleiche gefühlt, das gleiche gewollt, das gleiche getan werden. Das ist sicher eine Ideation, aber wenn sie auch nur zu 60–75 % funktioniert, so ist um so weniger Anordnung, Zwang, Macht und direktives Management nötig.

Abschied vom alten Feldherren-Postulat

Da in turbulenten Zeiten auch das beste Top-Management nicht mehr alles richtig sehen, analysieren, prognostizieren und in zieltechnische Vorgaben umwandeln kann (altes Feldherren-Modell) und da gerade in turbulenten Zeiten das intelligente Top-Management auf Selbst-Organisation umschaltet, kommt man zu folgendem neuen Motto, das auch dem neuen Paradigma der New Ager entspricht:

Man kann die Selbst-Organisation des Unternehmens dann am besten organisieren, wenn man die metaphysische Seite der Kommunikation optimal organisiert.

Wir empfehlen:

- Die akuten Führungs- und Loyalitäts-Probleme, die sich häufig mit dem Phänomen der inneren Kündigung verbinden, werden mit hoher Wahrscheinlichkeit fast alle Unternehmen in allen Branchen beeinflussen.

  Eine Untersuchung von Baumgartner & Partner zeigte deutlich die Ursache dafür: »Ca. 30 Prozent aller Industrie-Unternehmen führen mit Strukturen, die längst überholt sind«. Zuviel Bürokratismus und damit zuwenig Selbstorganisation.

  Wir empfehlen deshalb, die neuen Prinzipien der Selbstorganisation intern umfassend aufzuarbeiten. Jedoch sollte dieses nicht so vorgenommen werden wie z. B. bei Mobil Oil (siehe »Manager Magazin« 10/86). Dort ließ der neue Chef, Herbert Detharding, beim Amtsantritt eine Analyse des Sozial-Klimas durchführen (durch Prof. Röglin). Das Ergebnis war niederschmetternd: »Ein Negativ-Katalog sondergleichen.« Nur 4 Prozent fühlten sich ausreichend am Entscheidungs-Prozeß beteiligt. Nur 14 Prozent ausreichend informiert. Mehr als 70 Prozent vermißten die kooperative Führung. Ein demotiviertes mittleres Management sorgte durch den Druck von oben für ein Klima, in dem »Angst als Motivations-Ersatz« diente.

Die Konsequenzen, die der Vorstand entwickelte: Fünf bis sechs Arbeitsgruppen, um ein neues Unternehmensbild zu erarbeiten, dazu Vorschläge zum Führungsstil. Das alles eher auf höherer Ebene. Die Manager wollen also bei der Erneuerung weitestgehend unter sich bleiben. Dazu eine Umorganisation, die zwar für den Vorstand deutlich Entlastung bringt, für die mittleren und unteren Hierarchien jedoch keine »Befreiung von falscher Organisation«.

Wir empfehlen, derartige halbherzige Neu-Organisationen in Zukunft kritisch zu sehen, wobei hier Mobil Oil nur ein exemplarischer Fall ist. Wir empfehlen deshalb, »tatsächliche Selbst-Organisation zu organisieren«. Und das kann nicht »von oben« mit den alten Methoden des systematischen Managements durchgeführt werden, weil es sich um die komplexe Aufgabe handelt, »einen völlig neuen humanen Geist zu formen«. Gerade dabei wird das systematische Management à la Mobil Oil versagen. Zuerst einmal müßte das Top-Management fähig werden für para-systemische Problemlösungen, das heißt für mentales Führen.

Vor jeder Konzeption einer neuen Führungs-Epoche steht also mit Sicherheit, ganz wie es die New Ager formulieren, die persönliche Transformation der Führenden. Im Grunde ist bessere Führung aus der neuen Sicht der Selbst-Organisation nichts anderes als:

a) dafür zu sorgen, daß die Top-Manager »bessere Menschen« werden (persönliche Transformation),

b) bewußte Delegation von Macht in Richtung autonomer Gruppen (Selbst-Steuerung statt Management von oben).

Neue Führungs-Kulturen sind also keine technokratischen Probleme, sondern menschliche Reifungs-Probleme.

Alles in allem empfehlen wir, Abschied zu nehmen von systematisch-rationalen Methoden der Führungs-Verbesserung, durch die die eigentlichen Probleme ohnehin weitestgehend ausgeblendet werden.

Und die liegen in der Entwicklungs-Reife der Persönlichkeit eines Managers.

- Zugleich empfehlen wir, die klassischen Fundamente der Führung, die laut Prof. Mintzberg durch die Vokabeln »Planung, Organisation, Koordination und Kontrolle« bestimmt werden, grundsätzlich kritisch zu überdenken.

  Das sind typische Instrumente des systematischen Managements. Und sie gehen vom inzischen überholten Weltbild rationaler und linearer Prozeß-Steuerung aus.

  Wie Mintzberg – laut »Manager Magazin« 10/86 ein Verkünder der »neuen Management-Lehre« – durch umfassende Studien belegt hat, sind die rationalen Strategien ohnehin sehr selten die wirklichen Väter überragender Erfolge (er verweist beispielsweise auf den Erfolg der Honda-Motorräder in den USA, die gerade wegen fehlender Strategie so erfolgreich eingeführt werden konnten).

  Es ist deshalb anzuraten, die Prinzipien der »Führung ohne Führung« in die Perspektiven und internen Entwicklungen einzuführen, auch wenn im Moment diese New-Age-Gedanken außerordentlich fremd und zum Teil abenteuerlich wirken. Um ein »kontrolliertes Chaos« (Mintzberg) einsetzen zu können, ist das klassische Ratio-Paradigma (kartesianisches Weltbild) zu überwinden. Jedoch reichen die üblichen Zuwendungen zu Kreativität und Intuition (so Synektik, Brainstorming etc.) bei weitem nicht mehr aus.

  Wir empfehlen deshalb, die Bewußtseins- und Brain-Modelle der New-Age-Bewegung konkret zu nutzen, weil hier nicht nur viel Theorie, sondern auch eine seit vielen Jahren begehbare Praxis entwickelt worden ist.

- Darüber hinaus raten wir, daß sich insbesondere das Top-Management kontinuierlich qualifiziert, und zwar in dem Sinne, daß es neuartige Kompetenzen aufbaut für ein mentales Führen.

  Zwar weisen alle Untersuchungen darauf hin, daß der Manager von morgen besser motivieren, besser kommunizieren und besser kooperieren können muß (siehe Umfrage »Management Wissen«), aber das sind alles noch sehr vordergründige und weitestgehend auch lineare Faktoren und systematische Kompetenzen.

Die New-Age-Bewegung geht weit darüber hinaus (und mit ihr die inzwischen in den USA sehr renommierte Organization Transformation, genannt OT) und postuliert unter anderem:

① Die mentale Führung ist die eigentliche Aufgabe des Top-Managements. Sie wird immer wichtiger, je mehr das Top-Management auf die sachlich-materielle Führung verzichtet (Umschalten von Steuerung auf Selbst-Steuerung).

Die mentale Führung ist abhängig von biologisch-geistigen Feldern, die auch »Energiekörper« genannt werden. Der Top-Manager von morgen wird also fähig sein müssen, derartige Energie-Körper »innerlich zu sehen«, um sie über »Kommunikation ohne Kommunikation« so zu formen, daß sie – wie Thompson schreibt – »zu einer laser-gleichen Kraft werden«, die die Mitarbeiter zu einer erhöhten Kohärenz führt.

② Nach der jetzigen »Kultur-Phase« des Managements wird es mit Sicherheit zu einer neuen Praxis für »Energie-Formung und Energie-Aufladung« kommen.

Da derartige Fähigkeiten nicht von heute auf morgen erzwungen werden können, empfehlen wir den interessierten Top-Managern, sich »fit« zu machen – etwa durch Beauftragung eines Coachs für mentale Trainings-Programme.

New Age beeinflußt die Zukunft der Fabrik: Neue Team-Techniken kommen

Es gibt einen deutlichen Trend in Richtung *neuartiger Sozial-Techniken* für eine bessere Produktivität. Dieser Trend beinhaltet in erster Linie die Auflösung der alten Kader-Disziplin (Anordnung und Controlling) zugunsten neuer *Glaubens-Energien*: Firmen werden zu Glaubensgemeinschaften.

Den ersten Unternehmen, die damit experimentieren, ist ein völlig *neuer Team-Geist* gemeinsam. Arbeit wird hier nicht als Broterwerb definiert, sondern als ein »gemeinsames Anliegen, das Freude macht«. Deshalb herrscht hier eine *dynamische Heiterkeit*. Diese wiederum – so behaupten die Initiatoren – soll die Quelle sein für eine deutlich erhöhte Produktivität.

Die Leitlinie ist damit klar: *Die menschliche Ressource* rückt immer mehr in den Mittelpunkt. Denn Produktivität kann durch CIM und andere elektronische Rationalisierungs-Maßnahmen allein nicht gesteigert werden. Letztlich sind es die Menschen und das Team, die aus Rationalisierungs-Technologie eine überdurchschnittliche Produktivitäts-Steigerung herausholen.

Fazit: Ohne mutige soziale Reformen können die Rationalisierungs-Potentiale der Elektronik nicht genutzt werden. Ohne mehr Menschlichkeit gibt es keine Mehr-Produktivität per Chip.

Inzwischen sind diese Gedanken aber nicht nur bei Managern und Arbeitnehmern gelandet, sondern beeinflussen immer stärker auch die Organisations-Modelle im Hinblick auf den *einfachen Arbeiter* an den Maschinen. Ein neuer Humanismus setzt zum Sprung an ... und diesmal – verursacht durch High-Tech – besonders im Blue-Color-Bereich. Warum gerade dort?

Die Rationalisierung durch Roboterisierung prägt völlig *neuartige Fabrik-Visionen* und beeinflußt dadurch intensiv die Rolle und das Verhalten des Arbeiters in den Fabriken.

Zu Beginn der Roboterisierung setzte das Management in allen Industrie-Nationen mehr oder weniger einheitlich auf ein *techno-zentrisches Konzept*. Die Vision, die dahinterstand, lautete: Laßt uns eine rechnerintegrierte, automatisierte Fabrik schaffen, die weitestgehend ohne Menschen auskommt ... die *mannlose Fabrik*.

Mehr Produktivität durch soziale Reformen

Inzwischen hat sich gezeigt, daß diese Vision falsch ist. Je mehr High-Tech, um so wichtiger wurden die Menschen in den Fabriken, gerade dann, wenn nur noch wenige Menschen da waren. Und noch etwas ist deutlich geworden: Je mehr Elektronik in der Produktion, um so *humaner muß die Organisation sein* ... human vom Pförtner bis zum oberen Manager. Warum? Weil die Rationalisierungs-Chancen der Elektronik allein das teure Geld der Chip-Maschinen nicht lohnen. So brachte ein Kongreß in Paris das Ergebnis, daß konsequent genutzte Rationalisierungs-Elektronik im Durchschnitt *nur 1 Prozent Rationalisierungs-Vorteil* bringt. Fügt man aber ein neues Human-Bild und eine neue Organisation hinzu, ergeben sich *Produktivitäts-Steigerungen von bis zu 60 Prozent.*

Fazit: Erst der andere Umgang mit den eigenen Mitarbeitern macht aus der Elektronik das Wunderding unserer Zeit.

Der Mensch im Mittelpunkt ... nun wird's ernst!

Sowohl in der Theorie als auch in der Praxis hat sich ein anderes Modell durchgesetzt: der *anthroprozentrische Pfad* (Peter Brödner). Hier steht der Mensch im Mittelpunkt, weil nur dadurch die Elektronik wirklich funktionieren kann. Man will keine mannlose Fabrik, sondern eine *alternative Produktions-Organisation*, die dadurch gekennzeichnet ist, daß man Fertigungs-Inseln mit weniger Arbeitsteilung aufbaut.

Die Konsequenz daraus: Abschied vom Taylorismus. Abschied vom Maschinendenken. Und damit Abschied vom kartesianischen Bild einer linearen und rationalen Steuerung von Menschen und Prozessen. Hin zu den *Modellen der Selbst-Steuerung*, wie sie typisch sind für die Ergebnisse der New-Age-Wissenschaft.

Für das Management bedeutet das eine »stille soziale Revolution«, weil jetzt zusammen mit der Rationalisierungs-Technologie auch eine völlig neuartige *Gruppen-Technologie* organisiert werden muß. In den USA sprechen die Experten von »alternativen sozio-technischen Systemen«. Das klingt sehr abstrakt, aber ein umfangreicher Bericht in »Business Week« (29. 9. 1986) macht die Chancen dieser neuen humanistischen Organisations-Formen klar. Einige Aspekte daraus:

Die Zeit der Hierarchien geht zu Ende
Das Management begreift langsam die Vorteile der Selbst-Organisation und Selbst-Steuerung durch sogenannte autonome Gruppen. Aber für die Manager bedeutet das eine völlig neue Definition ihrer Rollen, da sie sich nicht mehr als Kontrolleur verstehen dürfen, sondern als »Kultivierer von Fähigkeiten anderer«.

Die vielfältigen Möglichkeiten der Elektronik müssen deshalb von den Managern so eingesetzt werden, daß es zu einer »Versöhnung der Menschen mit den Maschinen« kommt.

Die autonomen Teams, die ihr eigener Chef und damit auch ihr eigener Kontrolleur sind, steuern die Rationalisierungs-Potentiale der Elektronik so, daß sie *»durch mehr Arbeitsspaß zu mehr Produktivität kommen«*. Krasser und konsequenter kann die Absage an das Modell der Kader-Disziplin nicht formuliert werden.

Noch versucht man, die Macht oben zu halten

Die meisten amerikanischen Unternehmen versuchen jedoch, die Elektronik so einzusetzen, daß sie die Rollen und Machtbefugnisse des Top-Managements nicht verändert. Man versucht dem Motto zu folgen: Mehr Elektronik, aber keine Selbst-Organisation der Arbeiter. Ein Macht-Problem . . . das umgangen werden soll.

Neo-Humanismus durch Selbst-Steuerung autonomer Gruppen

Inzwischen gibt es Untersuchungen, die deutlich zeigen, daß vermehrter Computer-Einsatz ohne Neo-Humanismus (verstanden als Kombination von Selbst-Steuerung autonomer Teams) fast nichts bringt. Ein typisches Beispiel ist Shenandoah Life Insurance Co. Man hat 2 Millionen Dollar investiert, um im Haupt-Quartier in Roanoke (Va.) die Policen-Bearbeitung per Computer effizienter zu gestalten. Trotz konsequenter Elektronifizierung brauchte man aber immer noch 27 Arbeitstage und 32 Angestellte in drei Abteilungen, um einen Antrag in eine fertige Police umzuwandeln. *Eine blamable Bilanz der Computerisierung!*

Deshalb entschloß man sich, »semi-autonome Teams« einzusetzen und damit eine Revolution im Hinblick auf Führung und interne Organisation zuzulassen: Die Firma bestand nunmehr aus vielen Kleinst-Firmen mit fünf bis sieben Mitarbeitern pro Team. In jedem Team wurde jeder Fall rundum bearbeitet. *Keine geistige Taylorisierung mehr!*

Dadurch kombinierte man die technischen Möglichkeiten der Computer mit neuen sozio-humanen Möglichkeiten. Das Ergebnis: Nun braucht man nur noch zwei Tage, um einen Antrag in eine Police umzuwandeln. Von 27 Tagen auf zwei Tage! Und 1986 konnten 50 Prozent mehr Anträge mit 10 Prozent weniger Beschäftigten als 1980 bearbeitet werden. Ein enormer Produktivitäts-Sprung.

Mehr Menschlichkeit als Weg zu mehr Produktivität

Der Produktivitäts-Experte George H. Kuper ist davon überzeugt, daß fast jedes Unternehmen derartige Produktivitäts-Zugewinne erzielen kann, wenn man die *Dezentralisierungs-Chancen*, die die Elektronik bietet, verbinden würde mit dem, was er »eine soziale Revolution am Arbeitsplatz« nennt. Aber gerade die oberen Manager führen einen *gut getarnten Kampf* gegen diese sozial-humanen Chancen der Elektronik.

Warum? Weil das einen grundsätzlichen Bruch mit dem bisherigen Business-Weltbild bedeuten würde: *Menschlichkeit würde zum Produktiv-*

Faktor werden. Und das würde nicht nur das Kader-System in kürzester Zeit auflösen, sondern von den Managern auch völlig *neue Formen von Autorität* verlangen ... von der Positions-Autorität hin zur *menschlichen Autorität*. Und in den oberen Etagen herrscht viel Angst vor dieser Menschlichkeit, die den *Menschen als Chef* fordert. Dennoch kann prognostiziert werden, daß die High-Tech-Nationen vor einem *Boom alternativer Team-Organisation* stehen.

Auch hier das gleiche: Die meisten Manager kämpfen unbewußt oder taktisch gut getarnt gegen diese *neuen Formen der Gruppen-Intelligenz*. Dennoch wird das nicht lange bestehen können, weil in einer Weltwirtschaft mit Turbulenz-Charakter die *Flexibilität* zum dominanten Faktor für Rendite und Überleben wird.

Und Computer und Roboter allein können diese Flexibilität nicht erzeugen. Der Ausweg: Statt Menschen linear arbeiten zu lassen (Taylorismus), wird man Menschen in *autonomen Gruppen* arbeiten lassen müssen.

Die nächste Konsequenz daraus: Autonome Gruppen brauchen zur Selbst-Steuerung ein *dickes Paket von Macht*, die Genehmigung zur Interdisziplinarität und völlig neue Fortbildungs-Programme, die eindeutig auf *Partizipations-Kompetenz* ausgerichtet sind.

Das alte »Kontroll-Paradigma«, so schrieb »Business Week«, liegt deshalb im Sterben. *Neue Konsens-Formen* müssen auch von den Managern ganz oben gelernt werden, damit sie fähig werden, Selbst-Motivation zu organisieren. Selbst-Steuerung statt Steuerung von oben.

In den USA gibt es schon viele Firmen, die Elektronik zur Dezentralisierung und auch per Selbst-Steuerung autonomer Teams zur Dynamisierung der *menschlichen Intelligenz* nutzen. »Business Week« spricht von mehreren hundert Unternehmen (vor zwölf Jahren – so die Recherchen – waren es etwas über zwanzig). Aber bisher sind es in erster Linie mittlere Unternehmen. Der neue Trend beginnt jetzt erst, die Multis und Großkonzerne zu beeinflussen, obwohl inzwischen nachgewiesen ist, daß durch Einsatz autonomer Teams 30 bis 50 Prozent mehr Produktivität auf Dauer erzielt werden können.

Die Sucht nach Macht durch Bürokratismus

Warum haben die *großen Unternehmen* so viele Probleme mit den neuen Beteiligungs-Modellen der Arbeit? »Weil Manager dadurch zu einer persönlichen Paradigmen-Veränderung gezwungen werden« (Lyman

Ketchum). Dazu kommt die Tatsache, daß Großunternehmen überwiegend bürokratisch organisiert sind. Das führt bei den Managern zu einer »Sucht nach Macht«.

Aber die Trend-Signale sind ganz eindeutig: *Je mehr Automatisierung, um so mehr Autonomie.* Auch der Gigant General Motors hat das erkannt. Da gibt es in Saginaw (Mich.) eine Fabrik für Vorderachsen. Auch die ist hochautomatisiert konzipiert worden. Und wenn sie voll arbeitet, werden fast nur noch Roboter die eigentliche Arbeit machen. Und es wird nur noch 38 Beschäftigte auf Stundenbasis geben . . . aber was für Arbeiter!

Es sind *Super-Arbeiter*, Multi-Talente, super ausgebildet. General Motors hat erkannt, daß ausschließlich engagierte »Super-Arbeiter« die Automatisierung produktiver machen, ebenso wie die Automatisierung die Menschen produktiver macht.

Prof. Eric Trist dazu: Ohne neue sozio-technische Konzepte können die teuren Computer und Roboter die erwünschte Produktivität und Flexibilität nicht bringen. Deshalb muß die *Personal-Politik* völlig neu konzipiert werden: Weg vom kleinsten gemeinsamen Nenner, weil das die Herstellung eines schlechten personellen Durchschnitts bedeutet. Hin zu autonomen Teams. Und in diesen Teams möglichst *ausgeprägte Individuen mit Rückgrat* und hoher Selbst-Motivation.

Mehr Ordnung durch mehr Freiheit

Konkret sieht das in den ersten Fabriken wie folgt aus: Die Mitarbeiter können sich frei bewegen. Sie können ihre Jobs tauschen. Sie können sich sehr viel länger an einem Arbeitsgang aufhalten. Und sie allein haben die Kontrolle über die Produkt-Qualität. Nichts ist mehr zu sehen von der *klassischen Disziplinierung*! Hier blitzt das New-Age-Postulat für Turbulenzen durch: *Mehr Ordnung durch mehr Freiheit.*

Ein berühmter Vorkämpfer für derartige Ideen ist übrigens Volvo. Bereits 1974 hat man in Kalmar, Schweden, die Fließband-Produktion verlassen und dafür rund zwanzig Produktions-Teams eingesetzt. Jedes Team baute eine größere Auto-Einheit in durchschnittlich 20 bis 40 Minuten zusammen.

Erst die Elektronik macht die Selbst-Organisation möglich

Das klingt – gemessen am alten *Fordismus rationaler Art* – sehr umständlich und riecht sehr nach umständlicher Manufaktur. Aber durch Elektronik wird gerade diese Form der selbst-organisierten Arbeit immer leichter organisierbar. Der Effekt: Die Produktions-Kosten in Kalmar sind 25 Prozent niedriger als in konventionellen Volvo-Fabriken. Deshalb setzt Volvo bei neuen Fabriken jetzt voll auf dieses neohumanistische Konzept der Produktion.

Interessant ist die Tatsache, daß laut »Business Week« die Pioniere der Partizipation und der Selbst-Organisation dafür sorgen, »daß es bisher eine *stille Revolution* bleibt«. Offensichtlich kollidieren die neuen Experimente, die ja auch deutlich in Richtung *Organization Transformation* (OT) gehen, zu sehr mit dem *internen Normendruck* des Business. Ein Beispiel dafür ist Procter & Gamble. Da weigert man sich beharrlich, über die neuen *Team-Fabriken* Auskunft zu geben. Jedoch hat einer der Top-Manager, David Swanson, bestätigt, daß die selbstorganisiert arbeitenden Fabriken »30 bis 40 Prozent produktiver sind« und zugleich auch anpassungs-flexibler.

Aber es tauchen auch einige ernste Herausforderungen auf: Die *Gewerkschaften* sind oft gegen diese Konzepte eingestellt, weil die klaren Job-Descriptions und Rollen kaputtgehen. Auch das Top-Management ist überwiegend noch nicht bereit, gigantische *Umschulungs- und Fortbildungs-Prozesse* zu finanzieren, die für diese »Machtverlagerung« nötig sind. Und immer häufiger versuchen Kontrolleure alten Stils, die Möglichkeiten einer *geheimen Super-Kontrolle* per Elektronik durchzusetzen (automatische Leistungs-Kontrolle an den Maschinen).

Alles in allem kann aber gesagt werden, daß die wachsende Dynamik der Roboterisierung mit über 75 Prozent Wahrscheinlichkeit dazu führen wird, daß sich ein Neo-Humanismus, ausgerichtet auf Selbst-Organisation und Selbst-Kontrolle, durchsetzt, weil die Kombination »*High-Tech und High-Trust-Organisation*« zu einer beweisbar höheren Produktivität führt. Viele Anliegen des New Age werden also aus Gründen der Effizienz und Rendite schon bald verwirklicht werden.

Teil 2

Abkehr vom Kader
Produktivität trennt sich von der Disziplinierung

Selbstentfaltung contra Disziplin

Es gab eine Studie, die sehr deutlich belegte, daß »eine leise Sehnsucht« (»Wirtschaftswoche« 46/85) nach einer anderen Wirtschafts-Ethik auch in die obersten Kader-Gruppen des Managements einzieht.

Diese Studie, durchgeführt von der Universität München zusammen mit dem Erftstädter Universitäts-Seminar der Wirtschaft (USW), zeigt ganz deutlich, daß sich die Wertvorstellungen der Manager und insbesondere die Werte de *Chef-Nachwuchses* drastisch wandeln und daß die Wirtschaft mit ihren Kader-Prinzipien und ihren festgeschraubten *Rendite-Ziel-Prinzipien* kaum noch Chancen hat mitzukommen. Wenn man es etwas drastischer ausdrücken würde: Der *Wertewandel* – von dem viele glauben, er sei inzwischen ein für allemal vorbei – zieht jetzt erst richtig in die Business-Etagen ein. Und die Transporteure für diesen neuen Werte-Geist sind die Nachwuchs-Manager. *Die Jugend-Werte machen Karriere* in der deutschen Wirtschaft.

Werfen wir einen Blick nach den USA. Auch dort Erosion der alten Elite-Prinzipien. Die Amerikaner sagen es in ihren Schriften, Vorträgen und Büchern sogar ganz plakativ: Die *neuen Karreristen* werden eine neue Wirklichkeit in die Top-Etagen der Unternehmen bringen.

Überall Erosion. Warum? Die »Wirtschaftswoche« (46/85) schrieb in einem Bericht über »die neuen Manager«, daß es unübersehbar sei, wie stark »Wunsch und Wirklichkeit in den deutschen Unternehmen auseinanderklaffen«. Das Top-Management lebt immer mehr im Schonraum wachsender Illusionen . . . was Nachwuchs, Karriere und Wertewandel betrifft.

Ein Beispiel dafür: Ein Rüstungs-Unternehmen im Süddeutschen hatte vor einiger Zeit ein chiffriertes Stellenangebot für Jung-Akademiker placiert, und es gingen mehr als tausend Bewerbungen ein.

Der Nachwuchs wollte also Leistung und Job. Doch als das Rüstungs-Unternehmen dann hundert Kandidaten persönlich einlud und damit seine Anonymität aufgeben mußte, zeigten sich nur noch »ein paar Management-Aspiranten interessiert« (»Wirtschaftswoche« 46/85). Der Rest, also die überwältigende Mehrheit, lehnte eine Tätigkeit in der Rüstungs-Branche ab – trotz bester Aussichten auf einen guten Posten und beste Verdienstmöglichkeiten. Das Werte-System der kommenden Manager entfernt sich mit immer schnelleren Schritten von den Kader-Prinzipien, die insbesondere das deutsche Top-Management bisher beherrschten.

Die Selbstwerte beginnen Regie zu führen

Die Recherchen, die wir in den letzten Jahren zu diesem Thema durchgeführt haben, zeigen ein ganz eindeutiges Bild. Es soll hier in Thesenform präsentiert werden:

① Der kommende Manager-Nachwuchs lehnt das klassische *preußische Kader-Prinzip* ab. Die Firmen haben immer weniger Möglichkeiten (Macht), um Disziplinierung im alten Stil zu verlangen (»Botmäßigkeit« bzw. Prinzipien-Disziplin).

② Immer mehr Manager rücken, was ihre Werte-Orientierung betrifft, an das *alternative Werte-Muster* heran. Sie entfernen sich konsequent und mit deutlichem Tempo von den Traditions-Werten des Business, das heißt auch von dem Gesetz »Karriere heißt Anpassung und Verzicht auf Autonomie«.

③ Die Werte-Dynamik des *gesellschaftlichen Außen-Umfeldes* kann in zunehmendem Maße von den Personalchefs nicht mehr abgeschottet werden. Was draußen gefühlt und gewollt wird und was privat als sinnvoll erlebt wird, bestimmt immer mehr das direkte Arbeits- und Führungsverhalten des Manager-Nachwuchses. Firmen verlieren ihren Schutzwall nach außen. Die *Innenkultur* wird immer stärker von der Außenkultur beeinflußt. Dadurch zerbricht das Kunst-System »Karriere durch Kader-Verhalten«.

④ In den 90er Jahren kommen für die Firmen besonders brisante Nachwuchs-Probleme, weil schon jetzt sichtbar geworden ist, daß der engagierte, intelligente Nachwuchs (das eigentliche Top-Nachwuchs-Potential) sich zunehmend mehr in Richtung New Age orientiert.

Der kommende Typus des »New-Age-Managers« (siehe hierzu auch »Der Weg zu Spitzenleistungen« von Hickman und Silva, München 1986) fordert von den Firmen eine soziale *Ziel-Solidarität* anstelle der Kader-Solidarität. Damit stirbt die Leistungs-Disziplin klassischen Typs. Leistung und Loyalität werden abhängig von der subjektiv erlebten *Sinnqualität der Firmenziele*.

Damit kommt es, alles in allem, zu einer deutlichen, fast historisch wichtigen Wendemarke: *Die Selbstwerte führen Regie über die Disziplin-Werte.*

Der Trend zur stillen Kündigung

Der *Trend zur stillen Kündigung* ist in den letzten Jahren unübersehbar deutlicher geworden. Das Phänomen wurde vor einigen Jahren in den Mittelpunkt des Business-Bewußtseins gerückt.

Stille Kündigung besagt im Prinzip, daß immer mehr Mitarbeiter, Führungskräfte und Spitzen-Manager zwar körperlich und arbeitsfunktional voll dabei sind, aber nicht mit ganzem Herzen, das heißt, sie machen so etwas wie »geistigen Dienst nach Vorschrift«. Das wäre an sich nicht weiter schlimm, wenn es für die da oben klare und deutliche Vorschriften gäbe. Aber gerade in den mittleren und oberen Etagen ist der Normierungsgrad (der Präzisionsgrad der Vorschriften) sehr gering, so daß für die Gesamtwirtschaft ungeheure Produktivitäts-Verluste und für die einzelnen Firmen deutliche Effizienzverluste, Kostensteigerungen und Problem-Akkumulationen entstehen.

Das Phänomen der stillen Kündigung bedeutet aus der Sicht der Trend-Daten die folgerichtige psycho-logische Antwort auf ein überholtes Kader-Prinzip, das besonders bei den Chefs der Konzerne und Multis so liebevoll gepflegt wird.

Neu: Der Trend zur Ziel-Illoyalität

Nun könnte man einwenden, daß die meisten Firmen dieses Phänomen der stillen Kündigung bisher recht gut verkraftet haben, so daß man eigentlich zur Tagesordnung übergehen kann. Aber es muß hier gesehen werden, daß die Trend-Signale doch sehr eindeutig zeigen, daß sich eine *weitere Verschärfung* dieses Trend-Phänomens vollzogen hat: Nach der stillen Kündigung kommt es heute zu einer *dosierten Ziel-Illoyalität.*

Was bedeutet das? Eine dosierte (und deshalb offen kaum sichtbare) Ziel-Illoyalität ist sehr viel mehr als nur eine Verweigerung von Dauer-Höchstleistung. Führungskräfte mit Ziel-Illoyalität können sich nicht mehr mit den Strategie-Vorgaben identifizieren und beginnen von sich aus, Ziele zu korrigieren durch Nichterfüllung oder durch Uminterpretation der Ziele. Die nächste Trend-Etappe wird also einen deutlichen Ziel-Konflikt bringen.

Die Personalchefs der deutschen Firmen sind heute bis auf wenige Ausnahmen – wie etwa BMW mit der werte-orientierten Personalpolitik – noch nicht einmal auf dieses Phänomen der stillen Kündigung eingestellt. Die Trend-Recherchen haben gezeigt, daß dieses Phänomen zwar in Buchform und durch einige Aufsätze bekannt ist, daß aber die Kluft zwischen den Innenwerten (Kader-Prinzipien) und den *privaten Sinn-Werten* auch durch eine werte-orientierte Personalpolitik keineswegs überwunden werden kann.

Prognose: Wenn es in den nächsten Monaten und Jahren zur Ausbreitung der dosierten Ziel-Illoyalität kommt (also zur zweiten Etappe der Kader-Erosion), dann werden die derzeitig üblichen Personal- und Führungs-Modelle in gar keiner Weise tauglich sein. Und auch die ersten werte-orientierten Personal-Modelle (siehe BMW) sind nicht in der Lage, das Konfliktfeld einer Ziel-Illoyalität zu überwinden.

Warum? Werte-orientierte Personalpolitik bedeutet in erster Linie die Integration der privat-persönlichen Werte (mehr Freiheit, mehr Selbstentfaltung etc.) in das Führungs- und Fortbildungs-Prinzip. Bei Ziel-Illoyalität jedoch sind die Konflikte grundsätzlicher und höher angesiedelt.

Zurückkommend auf unser Beispiel mit dem Rüstungs-Unternehmen würde das bedeuten, daß das Unternehmen *gesellschaftliche Ziele* definieren muß, die mit den sozialen Zielsetzungen und privaten Sinn-Orientierungen identisch werden können. Nur so kann es zu einer *Ziel-Solidarität* kommen.

Ziel-Solidarität bedeutet, daß sich der gesellschaftliche Beitrag der Firmen mit den privaten Vorstellungen von *guter Gesellschafts-Politik* decken sollte. Das, was die Firma will, sollte auch das Wollen der Mitarbeiter sein.

Eine wert-orientierte Personalpolitik gibt den Mitarbeitern beispielsweise mehr Freiheit und Autonomie bei der Arbeit. Aber Freiheit wofür? Wenn das Mehr an Freiheit nicht verhindert, daß – um beim Beispiel zu bleiben – man Rüstungsgüter profitabel herstellen muß, dann versagt die – zu kurz greifende – neue Wertepoche der deutschen Personalpolitik.

Der gesellschaftliche Sinnbeitrag des Unternehmens wird in Zukunft zum Schlüsselfaktor. Und das forciert den Trend von der werte-orientierten Personalpolitik zur *Transformations-Personalpolitik* . . . das Unternehmen muß sich transformieren zum *gesellschaftlichen Sinn-Mehrwert.*

Vom Kader-Zwang zum Sinn-Glauben

Noch einmal in Thesenform: Die bisherige werte-orientierte Personalpolitik (die ja nur in sehr wenigen deutschen Firmen anzutreffen ist; der Rest vertraut noch auf die Stärke der Kader-Prinzipien) gibt den persönlich-privaten Werte-Vorstellungen der Mitarbeiter einen größeren Spielraum. Für die kommende Konflikt-Etappe der Ziel-Illoyalität reicht eine derartig enge Werte-Orientierung nicht aus. Die Firmen sind gezwungen, auf die *Synchronisierung* persönlicher Sinn-Ziele und betrieblicher Sinn-Ziele hinzuarbeiten.

Damit würde das oberste, heimliche Gesetz aller Kader-Prinzipien ins Wanken geraten: Die Firmenziele dürfen nicht angetastet werden. Das betriebliche Wollen steht vor den personalpolitischen Freiräumen. Wie Prof. Engel in der »Wirtschaftswoche« schrieb, würde das bedeuten, daß die Firmen gezwungen wären, auf »Kirchen umzuschalten«. Es muß zu einem gemeinsamen Glauben und zu einem gemeinsamen Wollen kommen. *Vom Kader-Zwang zum Sinn-Glauben.*

Um ein anderes Beispiel zu nehmen: Wenn ein Nahrungsmittel-Unternehmen einige produktionstechnische Verfahren entwickelt hat, mit denen sich ein Großteil der Mitarbeiter nicht identifizieren kann (»teures Verfahren für eine deutliche Zerstörung der gesundheitlichen Qualität«), dann nützt es den jugendlichen Nachwuchs-Managern nicht viel, wenn ihnen die Personal- und Führungspolitik mehr Freiräume zur eigenen Entfaltung, zur eigenen Entscheidung und zur Partizipation gibt. Diese Wert-Prinzipien reichen nicht aus, weil der höhergelagerte, »gesellschaftliche Beitrag« dieses Unternehmens nicht identifikationswürdig ist. Man kann das, was die Firma will, nicht wollen. Und daran ändert auch eine freiheitliche Personalpolitik nichts.

Zusammengefaßt ergibt das eine Verlagerung der Personalpolitik auf gesellschaftspolitische Dimensionen. Wie gesagt: Damit ist das oberste Gesetz aller Kader-Prinzipien durchbrochen . . . die sogenannten *Ober-Ziele* würden freigegeben für Hinterfragen, Revision und Korrektur. Der Trend läuft zur *Sinn-Mitbestimmung* des Managements gegenüber dem Kapital.

Elemente des Kader-Prinzips

Bleiben wir bei den Kader-Prinzipien. In der Wirtschaft spricht man nicht gerne davon, obwohl gerade in der obersten Etage des Top-Managements die Kader-Prinzipien immer noch ausgesprochen heftig wirken und gepflegt werden. Kader-Prinzipien beinhalten immer »Treue zur Gruppen-Disziplin«. Hier wird die Disziplin verabsolutiert. Deshalb auch in den soziologischen Studien häufig die Querverweise und Analogien auf Preußen. Kader-Treue ist also immer die Treue zum Kader – und *nicht Treue zum Sinn*. Die nicht-kritisierbaren Ziele, Maximen und Prinzipien bekommen eine L'art-pour-l'art-Qualität. Man erfüllt die höheren (zum Beispiel gesellschaftspolitischen) Zielsetzungen auf Basis des üblichen Prinzips »Belohnung durch Karriere«.

Der neue Manager kommt mit einer anderen Definition von Treue. Statt Treue zur Gruppen-Disziplin . . . Treue zur Aufgabe und Treue zum Sinn. Damit wird die *Disziplin kein Selbstzweck mehr*, sondern sie wird instrumentell. Disziplin ist nicht in sich selbst und für sich selbst gut, sondern ist gut für Sinn-Dimensionen. Und dieser Sinn muß ausgehandelt werden. Deshalb das Stichwort: *Ziel-Solidarität*.

Selbstentfaltung wird eine berufliche Dimension

Die Trend-Signale zeigen sehr eindeutig, daß der Wertewandel, der zwischen 1965 und 1979 seine erste große Durchbruchs-Etappe hatte und der hauptsächlich von den *Jugendlichen* zuerst aktualisiert und realisiert worden ist, alle Disziplin-Werte »in den Keller geschickt hat« und alle *Werte der Selbstentfaltung* an die oberste Spitze placierte.

Selbstentfaltung ist nun nicht nur eine private Dimension, wie Personalchefs häufig meinen (also mehr Freiraum für eigene Initiativen, mehr Förderung von Kreativität oder mehr Selbst-Organisation). Die kommende Nachwuchs-Generation definiert die Selbstentfaltung im Management zweifach:

- Selbstentfaltung für die persönlich-privaten Möglichkeiten (Entwicklung des persönlichen Potentials) innerhalb der täglichen Management-Arbeit.
- Selbstentfaltung als gesellschaftspolitische Aufgabe (Identifikation mit einer »vorzeigbaren« Sinnaufgabe).

Das ist der Trend, den John Naisbitt wie folgt beschrieb: Immer mehr Manager hungern danach, sich für eine wirklich gute Sache zu engagieren.

Wo liegen die Differenzen zwischen alten und neuen Managern?

Es gibt deutliche und zum Teil überraschende Ähnlichkeiten, was Ziele und Wünsche zukünftiger (neuer) und etablierter (alter) Führungskräfte betrifft. Zum Beispiel wollen sie alle, daß die *Arbeitsplätze* soweit wie möglich gesichert sind. Zum Beispiel wollen sie, daß der *Umweltschutz* stärker die ökonomischen Prinzipien steuert. Das will die alte und neue Generation der Business-Führer.

Aber etwas ist anders. Die Studenten (Potential der Nachwuchs-Manager) wollen »die Förderung der Persönlichkeits-Entfaltung« in die Betriebe hineinführen. Für sie ist Selbstenfaltung kein privater Wert und kein persönliches Anliegen mehr. Für sie lassen sich Firmen- und Selbstentfaltungs-Ziele miteinander verbinden.

Fazit: Die kommende Manager-Generation wird nicht nur ökologische Ziele mit den ökonomischen Prinzipien verbinden, sondern sie wird darüber hinaus die betrieblichen Zielsetzungen mit den psychologischen Zielsetzungen (Selbstentfaltung) kombinieren wollen. Das ergibt ein brisantes Gemisch unterschiedlicher Ziele, die nach den heutigen Karriere- und Kader-Prinzipien auf gar keinen Fall harmonisch zusammenpassen.

Die »Wirtschaftswoche« dazu: »Wenn die Befunde stimmen, wird in den Top-Etagen bald ein völlig anderer Wind herrschen.« Nun könnte man argumentieren, daß es nur ein Generations-Problem sei, das habe es immer gegeben, und diese Jugendlichen würden sich ihre Hörner bald abgewetzt haben. Aber so einfach ist das nicht.

Die Trend-Analysen zeigen deutlich, daß eine *epochemachende Wandlung* eingetreten ist im Verhältnis der Jüngeren zu den Älteren.

Neu: Die Jugend beeinflußt die Älteren

Es ist unübersehbar, daß die Jugendlichen ihre Eltern als Meinungsmacher und *Sinn-Produzenten* bereits abgelöst haben (so auch die Erkenntnis der USW-Studie). Die Eltern geben nicht mehr die Richtung der Sinnfindung vor, sondern die Jugendlichen. Die Eltern prägen nicht mehr die Wertmaßstäbe, sondern die Jugendlichen.

Zwar haben die älteren Eliten wie etwa die Top-Manager, nach wie vor Autorität, und noch bestimmen sie die Prinzipien für Aufstieg, Erfolg und Geldverdienen. Aber in einem Bereich ist ihre *Autorität drastisch geschrumpft*: in der Dimension der Sinnvermittlung.

Die Jugendlichen haben direkt oder indirekt (über Freunde und Medien-Beobachtung) gelernt, daß es Alternativen gibt zu den klassischen Disziplin- und Karriere-Werten des Protestantismus und des Big Business.

Im alternativen und im spirituellen Lager der Jugend haben sie persönlich testen oder zumindest von weitem beobachten können, daß sich sinnvolles gesellschaftliches Handeln sehr wohl mit Initiative, Engagement und Leidenschaft verbinden läßt. Für Jugendliche wird die Formel sogar anders herum richtig: Je mehr gesellschaftlicher Sinn, um so größer die Freigabe von Engagement und Leistung.

Die USW-Studie dazu: »Auf Dauer wird den Betrieben nichts anderes übrigbleiben, als sich auf den neuen Typ von Manager einzulassen.«

Betrachten wir deshalb die Lebens-Orientierungen der Jugend und der Studenten. Die Firma Market Horizons, Düsseldorf, hatte vor einiger Zeit eine Analyse über die grundsätzlichen Orientierungs-Muster der Heranwachsenden vorgelegt. Und die Zahlen zeigen deutlich, daß junge Leute »ganz anders« sind als Erwachsene:

- Fast 15 Prozent zählen zu den *Oppositionellen*. Das ist ein hoher Wert und kann nicht mit den üblichen Problemen der Generations-Abfolge erklärt werden. Sie sind real desintegriert.

- Fast 43 Prozent zählen zu den *Ich-Bezogenen*. Dahinter verbirgt sich natürlich auch ein extrem hohes Maß an problematischem *Narzißmus*, aber eben auch eine Zuwendung zu *Innerlichkeit*, Meditation, Sinn, Spiritualität und Bewußtsein. Überhaupt heißt das Schlagwort der kommenden Manager-Generation »Bewußtsein«. Offensichtlich kommt es so, wie Ken Wilber es vorausgesagt hatte: Mit der Informations-Gesellschaft kommt die Bewußtseins-Epoche in der Kultur.

- Rund 43 Prozent der Jugendlichen gehört zu den *Umgebungs-Orientierten*. Auch sie sind nicht etwa platt und direkt an die alten Karriere-Muster angepaßt. Zwar sind sie häufig außengelenkt, und rund ein Drittel ist auch materiell orientiert, aber viele verfügen über ein höchst sensibilisiertes Bewußtsein für soziale Gerechtigkeit und ökologisch ganzheitliche Problematiken.

Der wachsende Einfluß der Jugend-Revolte

In der Studie von August Nietschke mit dem Titel »Junge Rebellen, Mittelalter, Neuzeit, Gegenwart: Kinder verändern die Welt« (München 1985) wird diese Problematik ein wenig gründlicher ausgeleuchtet.

Es hat schon immer jugendliche Rebellen gegeben, und zwar besonders verbreitet in Phasen der Turbulenz und der breiten und intensiven Wandlung, wie wir sie auch jetzt wieder haben. Aber besonders auffällig ist, daß seit Ende des 19. Jahrhunderts der *Widerstand der Jugendlichen gegen die Erwachsenen* kontinuierlich zunimmt.

Dieser Widerstand ist ein historisches Phänomen. Er ist nicht in allen Familien und bei allen Kindern anzutreffen, aber wenn man die Generations-Abfolgen miteinander vergleicht und die große Linie betrachtet, so gibt es einen breiten Trend, der darauf hinausläuft, daß der *Bruch zwischen Jugend-Kultur und Erwachsenen-Kultur* immer größer wird. Laut Nietschke liegt die Ursache darin begründet, daß *Idealwerte und Realität* zu sehr auseinanderklaffen. Das Gesetz dazu: je größer die Distanz zwischen Ideal und Realität, um so stärker die Kluft zwischen den Generationen.

Und offensichtlich sind die klassischen Ideal-Werte in der Bundesrepublik Deutschland besonders wenig verändert worden, während sich die Realität (neuartige und einzigartige Turbulenzen durch Mikroelektronik, Telekommunikation, Roboterisierung, Künstliche Intelligenz und Gen-Technologie etc.) immer schärfer und krasser verändert.

Der Bruch ist da

Mehrere internationale Untersuchungen haben auch gezeigt, daß die Kluft zwischen den Generationen gerade in der Bundesrepublik Deutschland am größten ist. Offensichtlich haben wir in unserem Land die größten Unstimmigkeiten zwischen Ideal-Realität und Alltags-Realität.

Die Trend-Recherchen basieren auf mehreren Untersuchungen zu diesem Thema. Vor einiger Zeit hat auch Market Horizons die *Generations-Kluft* für Deutschland per Fragebogen erhoben. Das Ergebnis deckt sich mit den vergleichenden deutschen und amerikanischen Forschungen:

In den Vereinigten Staaten sind die Moralvorstellungen zwischen der Eltern- und der Jugend-Generation zu 84 Prozent identisch, in Europa noch zu 63 Prozent, aber . . . in der Bundesrepublik nur zu 49 Prozent.

Das deckt sich mit einer amerikanischen Untersuchung, nach der sich nur rund ein Drittel der Jugendlichen in Deutschland mit dem Wertesystem »ihrer Erwachsenen« identifizieren. Die Kluft ist also sehr groß.

Das wird besonders deutlich in der Dimension »Einstellungen gegenüber anderen Menschen«:

In den Vereinigten Staaten herrscht hier eine Übereinstimmung zwischen der alten und der jungen Generation von immerhin noch 70 Prozent, in Europa von 55 Prozent, in der Bundesrepublik nur noch von 44 Prozent.

Wie die Erwachsenen sich anderen Menschen gegenüber verhalten, wird nicht einmal von 50 Prozent der Jugendlichen für richtig und ideal gehalten.

Das gleiche Phänomen bei den politischen Ansichten:

Die Generations-Übereinstimmung beträgt in den Vereinigten Staaten immerhin noch 48 Prozent, in Europa 36 Prozent . . . die Bundesrepublik wieder Schlußlicht mit nur 28 Prozent.

Die deutsche Jugend ist offensichtlich weit entfernt von den Erwachsenen. Die Frage ist, ob die Erwachsenen – und insbesondere die Eliten und die Top-Manager – diese Wandlungen bemerken können. Kader-Prinzipien neigen ja zur *Auto-Immunisierung*: Man sieht die Wirklichkeit nicht, weil man sich eine geschlossene Wirklichkeit herstellt mit Eigen-Dynamik und deutlicher Abgrenzung nach außen. Man bestätigt sein (inzwischen falsches) Weltbild durch die Konstruktion einer falschen Wirklichkeit in den Büros und Konzern-Etagen.

Ursachen der Generations-Brüche

Nun stellt sich natürlich die Frage: Wenn der Widerstand und die deutliche Werte-Distanzierung der jungen Rebellen nichts mit dem klassischen Generations-Problem zu tun hat, womit hat diese Distanzierung dann etwas zu tun?

Die Studie von Nietschke kommt zu dem Ergebnis, daß der Grad der *Wandlungs-Turbulenz* der eigentliche Parameter ist. In normalen Zeiten können sich Erwachsene und Jugendliche offensichtlich identischer entwickeln und orientieren.

In Zeiten des Wandels forcieren Eliten und Machtbewahrer offensichtlich eher *retardierende und konservierende Momente*, während die Jugendlichen aufgrund ihrer erhöhten Phantasie und ihrer geringeren sozial-finanziellen Einbettung wesentlich sensibler und visionärer Probleme und Chancen der Krise sehen.

Das beginnt schon allein beim Wort »Krise«. Für klassische Macht-Besitzer fällt schon schwer zuzugeben, daß wir in einer kulturellen Krise und in einer wirtschaftlichen Dauerturbulenz-Phase leben. Für Macht-Besitzer ist Turbulenz und Krise in der Regel synonym mit *drohendem Machtverlust.*

Die historischen Analysen von Nietschke zeigen, daß in Turbulenz-Phasen die Jugendlichen entweder in einer *Lähmung* verharren oder daß ein Teil von ihnen in eine nicht mehr zu »überbrückende Isolation hineinging. Aber diese Situation war für das 16. bis 19. Jahrhundert richtig, nicht mehr für das 20. Jahrhundert.

Warum? Die Isolation ist durch die Informations-Gesellschaft und die neuen Netzwerk-Formen nicht mehr ein privates Unglück . . . die historisch dokumentierte Isolation der jugendlichen Rebellen wird heute durch *Info-Netzwerke und Aktions-Initiativen* überwunden. Die jugendlichen Rebellen können heute agieren, statt sich atomisiert zu isolieren.

Die Daten zeigen, daß in keiner Phase der gesellschaftlichen Entwicklung die jungen Rebellen so konzertiert und so koordiniert (das heißt auch seelisch verbunden) operiert haben wie in unserem Jahrzehnt. *Aus Einzel-Rebellen werden Netzwerk-Rebellen.*

Und aus dieser Sicht war es kein Zufall, daß mit Joschka Fischer der erste *Staatsminister mit Turnschuhen* (Synonym für die neue Werte-Orientierung) vereidigt wurde. Die jugendlichen Rebellen gegen Ende des 20. Jahrhunderts sind durch Netzwerk-Organisation und Kommunikations-Fortschritt nicht mehr isoliert und atomisiert (siehe die Grünen, die Umweltschützer oder die neuen Religiösen). Sie gewinnen eine *Konzertationskraft*, die historisch einzigartig ist.

Und das Ergebnis ist ebenfalls einzigartig: Noch nie hat es in der Geschichte der Generations-Konflikte eine Phase gegeben, in der so offen und deutlich die Jugendkultur die Erwachsenen-Kultur geprägt und geführt hat.

Zwar haben schon immer – so Nietschke – die jugendlichen Rebellen früher und auch besser die Wege gesehen, die aus den akuten Schwierigkeiten herausführen. Aber noch nie hat die Jugend-Kultur eine so starke – wenn auch meist offiziell in Abrede gestellte – Führungsrolle innegehabt wie in unseren Jahren.

Die Alten werden die Jungen unterstützen

Und das Ergebnis der historischen Untersuchungen von Nietschke lautet dementsprechend auch schlicht: In *Zeiten besonderer Umbrüche* (wie etwa in unserer heutigen Phase) werde die Chance immer größer, daß Kinder und Erwachsene sich begegnen und erkennen, daß sie in ähnlichen Schwierigkeiten stecken.

Und in derartigen Hyperturbulenz-Phasen würden sich die Generationen wechselseitig unterstützen: »So können die Rebellen unerwartete Hilfe erhalten . . . nämlich von den Alten.«

Und genau vor dieser Trendwende stehen wir heute. Die Trend-Signale zeigen es deutlich. Auch in der Wirtschaft ist ein Bazillus freigeworden. *Immer offizieller übernimmt die Jugendkultur die Führung.* Management-Evolution durch Jugendkultur.

Das begann mit der Durchsetzung ökologischer Prinzipien im ökonomischen System. Das ist ein Erfolg der alternativen Jugend-Revolte. Und das wird in den 90er Jahren weitergehen mit der Spiritualisierung der Wirtschaft durch die Jugend-Revolte der New Ager.

Die Prozesse sind im Prinzip heute schon aktiv und erfolgreich. Neu wird nur sein, daß man sich immer offizieller zu der *Führungs-Funktion der Jugend-Kultur* mit ihren anderen, das heißt ganzheitlicheren, ökologischeren und spirituelleren Werten bekennt. Das Neue ist also nicht der Beeinflussungs-Prozeß von jung zu alt. Das Neue liegt in der *offiziellen Wertschätzung* und Hofierung dieser Prozesse.

Vielleicht ein Blick in die USA, weil dort ähnliche Probleme aufgetreten sind. Jens D. Biermeier, Professor an der School of Business and Economics in Los Angeles, dazu: »In amerikanischen Betrieben beeinflussen *jüngere Kollegen* ganz entschieden Werte und Ziele der älteren. Gestandene Manager müssen sich – wenn sie nicht den Anschluß verpassen wollen – immer wieder aufgeschlossen zeigen gegenüber neuen Strömungen und Zeitproblemen« (Wirtschaftswoche 46/85).

Die Jugend-Manager als Führer durch wirtschaftliche Turbulenzen

Wenn sich also Firmen organisatorisch und geistig fitmachen wollen für die langanhaltende Turbulenz-Phase, in die alle Industrie-Nationen hineinrutschen, dann brauchen sie die Prinzipien, Überzeugungen und Wert-Orientierungen der Jugendlichen.

Die neue Zeit werde durch die Nachwuchsleute repräsentiert, so Biermeier. Und die neuen Problemlösungen werden ebenfalls kreiert durch den kommenden Manager-Nachwuchs (typisch dafür ist die Elektronik-Branche).

Biermeier vergleicht das US-Business mit der deutschen Wirtschafts-Szene, und er konstatiert, daß in den deutschen Firmen die Leute auf *Vorstands-Ebene* oder unter der Vorstands-Ebene »zu fest im Sattel sitzen«. Noch wehren sie sich gegen die Jugendwerte und gegen das Zerbrechen des ehemals so effizienten Kader-Prinzips. Die Folge: Der *Innovations-Prozeß* kommt dadurch nur sehr gequält und schleppend und oft auch gar nicht in Gang.

Wenn Wirtschafts-Professoren immer drängender und häufiger empfehlen, die Firmen von einer starren Prinzipien-Präzision zu einer *fließenden Anpassungs-Präzision* umzuwandeln, dann ist das Kader-Prinzip ein hartes, destruktives Bollwerk dagegen.

Der Nachwuchs wird außerhalb des Kaders trainiert

Die neuen Manager, die das Werte- und Kader-Prinzip des Business in den nächsten Jahren so deutlich und effizient verändern werden, sind Kinder einer stillen Kultur-Revolution . . . und nicht Zöglinge des Business-Kaders.

Wieder ein Blick auf die USA: Es gibt dort bereits viele hundert Entwicklungs-Zentren (Growth Centers), die eine Vielzahl psychotherapeutischer und bewußtseins-steigernder Aktivitäten anbieten. Das ist das *Erbe der Hippie-Welle* in den 60er Jahren.

In Deutschland ist übrigens die Bewußtseins- und Therapie-Szene ebenfalls explosionsartig gewachsen, und sie nähert sich immer mehr dem Themenfeld »Business und Management«. Die Trend-Signale zeigen deutlich, daß immer mehr Firmen, insbesondere Großunternehmen, die eine oder andere Konditionierungs-Technik, Psycho-Technik oder Bewußtseins-Technik übernehmen, um sie in die Fortbildungs-Programme einzubauen.

Der generelle Trend ist deutlich: Es gesellt sich zu der kognitiven Fortbildung immer mehr das Bewußtseins-Training. Und die Kompetenz dazu liegt außerhalb des klassischen Kader-Systems.

Die Zahl der spirituellen und alternativen Kommunen in Nordamerika wird von Experten auf ungefähr 50 000 bis 60 000 geschätzt, die zeitweilig über eine Million feste Mitglieder haben. Und über eine Million Amerikaner haben inzwischen an Encounter-Gruppen teilgenommen.

Studien, so beschreibt es das Buch »Jenseits der Krise – Wider das politische Defizit der Ökologie« von Fontaine und anderen (Frankfurt 1976), belegen, daß liberale Sexualnormen, eine Neubewertung der Frauenrolle und ein allgemeines Bekenntnis zum Wert der Selbstverwirklichung an den Universitäten der 70er Jahre absolut dominierten. Inzwischen hat hier ein breiter Diffusions-Prozeß stattgefunden.

Diese Jugend-Werte sind nicht etwa im Laufe der Generations-Bewegungen abgestorben, ermüdet und verblaßt, im Gegenteil: Sie sind inzwischen sogar in die ältere Generation der Mittelschichten vorgedrungen.

Und auch in Deutschland ist unübersehbar, daß wachsende Teile der Bevölkerung »eine radikale *Reorganisation* ihres täglichen Lebens anstreben« und partiell verwirklichen. Trotz Schwarzwald-Klinik, Polit-Wende und täglicher Arbeits-Disziplin ist unübersehbar, daß eine zunehmende *Abkehr von materiellen Dogmen* und materiellen Glücksformeln in breitesten Kreisen der Bourgeoisie stattfindet.

Habermas hat zu Recht frühzeitig darauf hingewiesen, daß die breite Mittelschicht – und damit nicht nur die Jugend – immer stärker das anstrebt, was in den vorherigen Jahrhunderten oft oder überwiegend *nur in der Kunst ausgelebt* werden konnte: das Bedürfnis nach Spontaneität, nach Phantasie, nach Solidarität innerhalb der Gemeinschaft und nach kommunikativer Erfahrung und nicht zuletzt das Bedürfnis nach einer nicht-instrumentellen, ästhetischen (oder poetischen) Einstellung zur Natur.

Umfragen zeigen, daß die ehemaligen Jugendwerte (beginnend mit der Studentenrevolution) inzwischen zum *Sehnsuchts-Potential* der breiten Mehrheit – und damit des normalen Bürgertums – geworden sind.

Das wiederum hat zwei Strömungen geboren, die für die Wirtschaft von besonderer Bedeutung sind:

① *Die Trennung der Ökonomie von der Moral*
Damit wird die Moral zum Regisseur ökonomischer Prinzipien. Das wird das Thema für die 90er Jahre sein. Und das ist der Humus für die starke Implementierung der New-Age-Impulse in die offizielle Wirtschafts-Doktrin. Dieser Prozeß ist gerade jetzt seit einigen Monaten an Universitäten in der Schweiz, in Österreich und in Deutschland zu beobachten.

② *Freiheit steuert Disziplin*
Wir erleben hierzu gerade einen Mythenwandel. Europa und USA (zum Teil auch Japan) trennen sich vom *Mythos der Effizienz* zugunsten einer Aktualisierung des *Mythos der Freiheit.* Das läuft parallel mit der »Befreiung von Arbeit als Chance für sinnvolle Arbeit« (Peter Koslowski). Der Mythos Freiheit verheiratet sich mit der non-materiellen Strömung zur *verstärkten Sinnsuche.*

Ökonomische Arbeit (Leistung im betrieblichen Umfeld) wird damit immer mehr das Ergebnis organisierter Freiheit und vermittelten Sinns.

Peter Koslowski betont in einem Beitrag zum Strukturwandel der Arbeit, daß *Arbeitslosigkeit* für Menschen keine positive Utopie sei. Der Mensch will Arbeit.

Und alle Versuche, in der Arbeitslosigkeit ein Positivum zu sehen, gingen an dem Faktum vorbei, daß der Mensch »das Tier ist, das sich langweilt« (Werner Sombart). »Für den Menschen hat die *Welt ohne Arbeit* nicht genügend Bedeutung. Er kann nicht leben wie ein Tier, weil nur eine Welt mit Symbolen und sozialem Sinn für seine Vernunft überhaupt genügend Bedeutung haben kann« (Lévi Strauss).

Ohne diesen *sozialen Sinn* sind ihm die Welt und sein Leben zu bedeutungslos. Die Bedeutsamkeit der Welt ist aber nur durch Arbeit oder ernsthafte Bemühungen zu erschaffen. Selbst wenn die *Utopie der Befreiung von der Arbeit* wirtschaftlich möglich wäre, bliebe das Sinnproblem bestehen.

Fazit: Trend-Signale und historische Analysen belegen, daß die kommende Generation prinzipiell an Leistung, Arbeit und Disziplin interessiert ist. Es entsteht keine Nation der Drückeberger.
Das eigentlich Neue ist die *Erosion* aller Selbstzweck-Dimensionen. Disziplin wird kein Selbstzweck mehr sein, Arbeit wird kein Selbstzweck mehr sein, und Karriere wird kein Selbstzweck mehr sein.
Mehr und mehr Jugendliche (1985 rund 60 Prozent) sind bereits dermaßen stark non-materiell orientiert, daß für sie Arbeit, Leistung und Karriere mit Sinnproduktion identisch sein müssen.
Und dieser Sinn hat zwei Seiten: der privat-persönliche Sinn (Selbstentfaltung) und der gesellschaftliche Sinn (sozial-ökologischer Mehrwert der Industrie).

Auch die bereits zitierte USW-Studie kommt zu dem gleichen Ergebnis: Das vorhandene und zukünftige Manager-Potential zeige durchaus leistungsfähige und -bereite Menschen. Der neue Manager, der sich in den 90er Jahren verstärkt ganz oben placieren werde, wolle auch *Hochleistung* bringen. Aber es komme darauf an, den *veränderten Leistungs-Motiven* in einem Umfang wie nie zuvor »Raum zu sichern«.

Die Mehrheit der befragten Studenten wirtschaftlicher oder technischer Studiengänge möchte durchaus später beruflich zeigen, was sie kann. Aber sie möchte dieses Können für *die Produktion von Sinn* einsetzen. Und das ist das Motto für die Personalpolitik der nächsten fünfzehn Jahre: *Sinn-Produktion.*

Der Trend zum alternativen Engagement

Die USW-Studie hat für diese gewandelte Werthaltung in Sachen Leistung ein eigenes Etikett gefunden: *alternatives Engagement.* Prüfen wir, was hierunter zu verstehen ist.

Die alternativen Manager sind keineswegs den Müslis zuzurechnen, das heißt zu den Kommunen und zu den selbstorganisierten Wirtschafts-Betrieben. Sie sind also keine Aussteiger, obwohl viele ihrer Leitorientierungen genau aus dem Lager der alternativen Szene kommen. Aber sie sind nicht identisch mit dem, was das Bürgertum die »Alternativen« nennt. Sie sind Wirtschafts-Studenten und werden Manager werden ... allerdings mit einer grundsätzlich anderen Orientierung.

Für sie sind »menschenwürdigere Lebensformen« wichtig. Sie wollen »weg von den großen, unüberschaubaren Organisationen hin zu kleinen, überschaubaren Einheiten«. Sie haben eine Sehnsucht nach einer *Entrepreneur-Kultur*. Im Grunde wollen sie wie die Pioniere der ersten industriellen Revolution mit eigener Hand Neues aufbauen. Das Erstaunliche: Rund 60 Prozent der kommenden Business-Führer haben dieses alternative Muster.

Und nur noch ein Drittel folgt dem *klassischen Kader-Muster*. Sie werden in der USW-Studie »traditionell aufstiegs-orientiert« genannt. Für sie gibt es noch die *klassische Karriereleiter*. Für sie gibt es noch die Maxime: »Anpassen, bis das Rückgrat bricht«, nicht aufmucken, Solidarität mit den Prinzipien von Leistung, Disziplin und Aufstieg. Für sie gilt die Formel noch: Je besser die Anpassung an die Kader-Prinzipien, um so größer die Aufstiegs-Chance.

Wie groß nun aber die Kluft zwischen den kommenden neuen Managern und den heutigen (alten) Managern ist, zeigt die Studie ebenfalls. Von den Heute-Managern sind rund drei Viertel eindeutig dem Kader-Prinzip zugeneigt. Sie möchten in einer verantwortungsvollen Position arbeiten. Sie möchten Karriere machen. Für sie sind Anpassung und Aufstieg nach wie vor synonym.

Die unterschiedlichen Werte-Orientierungen zwischen den Manager-Gruppen kommen kraß und deutlich zutage. Aber das hat nichts mit dem tatsächlichen Engagement zu tun. Beide Gruppen sind gleichermaßen engagiert.

Kader-Führungskräfte arbeiten nach speziellen Recherchen (»Wirtschaftswoche« 46/85) im Schnitt 49,8 Stunden pro Woche. Alternativ-engagierte Manager kommen nach eigenen Berechnungen sogar auf eine Stunde mehr.

Ein Aussteigen aus der Leistung findet nicht statt. Im Gegenteil. Langfristig wird die Formel gelten: Je mehr Sinn-Orientierung, um so mehr Leistungs-Bereitschaft. Die ersten Signale hierfür sind in der deutschen Wirtschaft deutlich gesichtet worden.

Die USW-Studie hat aber auch die Kader-Gläubigen ein bißchen gründlicher untersucht. Und auch da gibt es erstaunliche Ergebnisse ...

Der alternative Bazillus nagt auch bei den Karrieristen

Auf den ersten Blick ist die Tatsache, daß rund 75 Prozent der Führenden zum Lager der traditionell Karrierewilligen gezählt werden können, ein stolzes Ergebnis. Das Kader-Prinzip mit seinen klassischen Rekrutierungsmustern (es wird nur der befördert, der sich den Prinzipien entsprechend verhält) scheint immer noch zu funktionieren.

Aber das ist, wie die »Wirtschaftswoche« 46/85 schreibt, nur die halbe Wahrheit: »Der Zug der Zeit läßt offensichtlich auch die Traditionalisten unter den erfolgsuchenden Arbeitnehmern nicht ganz unbeeinflußt: Die befragten 136 Führungskräfte wiesen zwar immer noch die aus der Langzeit-Studie erkannte Typologie auf. Von den Forschern gebeten, auf einer sogenannten *Wertelandkarte* ihre innere Nähe oder Ferne zu dem jeweils anderen Typen zu bestimmen, zeigte es sich, *daß die Karriere-Front bröckelt*: 29 Prozent der Karrierebetonten fühlten sich plötzlich den alternativen Kollegen nahe, 13 Prozent liebäugelten sogar – zur Verblüffung der Forscher – mit der freizeit-orientierten Schonhaltung« (Rosenstiel).

Das bedarf eines Kommentars: Kader-Prinzipien greifen schon heute nicht mehr voll und ganz. Sie werden oft nur geschauspielert, vorgetäuscht . . . dahinter ist viel innere Kündigung (freizeit-orientierte Schonhaltung) oder eben eine neuartige Bereitschaft, sich alternativ zu orientieren, das heißt, human-ökologische und gesellschafts-spirituelle Dimensionen zaghaft ernst zu nehmen . . . auch oder gerade im Business.

Als nun die Analytiker der USW-Studie ihre Explorations-Techniken verfeinerten, zeigte sich, daß sogar 80 Prozent der Kader-Anhänger (die ja bereits eine Top-Karriere gemacht haben) ihre zukünftige Karriere-Stellung als »alternativ« gefärbt sehen – etwa als Unternehmer im eigenen kleinen Betrieb. Die Sehnsucht hat bereits klare Augen.

Fazit: Es herrscht sehr viel – noch versteckte – Entrepreneur-Stimmung im Kader der deutschen Wirtschaft. Auch oder gerade in den oberen Etagen. Für viele Firmen wird das Intrapreneurship (aus Mitarbeitern Mitunternehmer machen) zu einer wichtigen Zielsetzung, um die besten Männer halten zu können.

Das Bild vom idealen Manager ist im Wandel

Aus mehreren Untersuchungen der Prognos AG, Basel, lassen sich ebenfalls qualitative Änderungen bei Anforderungs-Profil »idealer Manager« erkennen. Wie Udo Frank schreibt, ergreift auch der Wertewandel *immer mehr die Führer selbst.* Das mögen sie zwar leugnen, aber die Befragungen und Analysen zeigen es überdeutlich.

Wer in der jetzigen Turbulenz-Zeit auf noch mehr Disziplin, auf noch perfektere Kontrolle und auf noch formellere Organisations-Rituale pocht, verschärft im Grunde einen contra-produktiven Prozeß. Er zerstört die Leistungsfähigkeit der Human-Ressource. Der Zug der Zeit ist in eine andere Richtung gefahren.

Zwar wirken die Kader- und Anpassungs-Prinzipien in den oberen Etagen noch so kraftvoll, daß man nicht offen kündigt, sondern still, daß man nicht direkt illoyal wird, sondern nur subkutan ... aber eines ist deutlich: Die Top-Manager müssen in Zukunft immer mehr lernen, die *Werte-Dynamik* ihrer engsten Mitarbeiter zu verstehen. Nur so können sie *optimale Loyalität* und effizientes Gruppenverhalten managen. Loyalität durch Verständnis ... nicht durch Kader-Zwang.

Udo Frank schreibt deshalb zu Recht, daß es zu einem neuen *Chef-Trend* kommen wird: Schon in den nächsten Jahren wird es immer öfter opportun sein, daß auch höchste Führungs-Persönlichkeiten »Luft für eigene Phasen von Selbstverwirklichung benötigen und fordern«.

Was in den unteren Etagen die Fortbildung ist, wird in den Vorstands-Etagen die methodische Selbstentfaltung sein.

Damit würde auch bei denen da ganz oben die übertriebene Selbstdisziplinierung (preußisches Modell) erodieren, und es hieße, »Führungsmodelle zu entwickeln, die mehr Zeit für Rotation, für kreative und der Weiterbildung dienende Prozesse lassen« ... und das eben nicht nur für den Mittelbau, sondern gerade auch für die Elite des Managements, denn einer der neuen Qualifizierungs-Faktoren nach dem Zusammenbruch des Kader-Prinzips wird »Kraft der Persönlichkeit« heißen.

Und Selbstentfaltung ist die Eintrittskarte für dieses gesuchte »Mehr an Charisma« ... »Mehr an Follow-me-Aura«.

Motto: Statt Anpassung zugunsten einer Karriereleiter ... neue Freiräume für eine »innere Karriere« durch Selbstentfaltung.

Fassen wir an dieser Stelle noch einmal zusammen. Zu Beginn der industriellen Revolution waren die Manufakturen und Fabriken »Tempel der Arbeit«. Es entwickelte sich schnell die *protestantische Wirtschafts-Ethik* mit dem klassischen Effekt, daß sich Disziplin und Ziel-Solidarität verabsolutierten. Sie waren nicht mehr instrumentelles Mittel für gesellschaftliche Sinn-Effekte, sondern sie wurden eigenwertig.

Es entstanden somit Kader-Prinzipien wie beim Militär oder in Kirchen, die dafür sorgten, daß nur diejenigen führend werden konnten, die diese Muster reproduzierten und immer wieder mit neuem Leben versorgten. Der alte Glaube war der Glaube an die Kader-Prinzipien.

Es entsteht nun ein neuer Glaube im Lager des Manager-Nachwuchses. Dieser Glaube kann bezeichnet werden als *Glaube an die Transformation.* In der jetzigen Phase ist nur noch knapp ein Drittel des Manager-Nachwuchses bereit, dem alten Kader-System Tribut zu zollen. Es ist also an der Zeit, die besten Männer zu akquirieren und zu binden.

Ein Teil der kommenden Manager – und ein überraschend großer Teil der heutigen Spitzen-Manager – wird zu einem »verlogenen Schauspiel« verleitet. Man schauspielert Disziplin nach dem Motto: »... wenn's verlangt wird, bitte schön.« Hier ist der *Einfluß des Hippie-Bazillus* schon heute spürbar – Stichwort freizeit-orientierte Schonhaltung und stille Kündigung. Noch ist es eine passive Verweigerung. Aber diese »unredliche« Verweigerungshaltung wird sich abbauen. Schon jetzt zeigen die Zeichen der Zeit, daß die *alternativen Orientierungen* zunehmen. Bei den kommenden Managern wird der weitaus größte Teil alternatives Engagement aufweisen und eine human-ökologische Orientierung mit den ökonomischen Prinzipien verbinden wollen.

Fazit: Karriere soll dann nicht mehr stattfinden zu Lasten privater und gesellschaftlicher Sinn-Dimensionen. Motto: »Keine Selbstverstümmelung zugunsten der Karriere.«

Die Alternativ-Engagierten im Management-Lager sind nur Durchgangs-Positionen. Und sie werden mit Sicherheit das Klima der 90er Jahre massiv beeinflussen. Denn in den Startlöchern stehen bereits die Nachfolger dieses »alternativen Nachwuchses«: die New-Age-Manager.

New-Age-Manager werden kommen

Sie haben die gleiche Glaubenskraft wie die Pionier-Unternehmer zu Beginn der industriellen Revolution. Für sie ist der Glaube an Transformation (persönliche und ökonomische Transformation) besonders ausgeprägt. Sie wollen weder stille Kündigung noch stille Verweigerung. Sie wollen auch nicht alternative Orientierungen fallweise und partiell realisieren. Die kommenden neuen Karrieristen wollen ganz offensiv und bewußt *ein anderes Business-System*. Mit diesem Trend muß in den 90er Jahren – langsam ansteigend – gerechnet werden.

Insgesamt zeigt sich hier ein interessantes *Eskalations-Modell* in Sachen Transformation. In der Phase 1980 bis 1984 kam die *stille Kündigung* auf. Ein deutlich dosiertes Engagement mit einer geschauspielerten Motivation. Es war sozusagen die bequemste Form von Handlungsangst. Man wollte anderes, aber man hatte nicht den Mut, sich gegen die Kader-Prinzipien und Karriere-Dogmen zu stemmen.

Ab 1985 ist eine *dosierte Ziel-Illoyalität* zu beobachten. Das ist schon sehr viel mehr. Es bedeutet ein sanftes Gegensteuern auch in der Ziel- und Moral-Ebene der Ökonomie. Der Hintergrund ist der breit zu beobachtende Mythenwechsel von »Effizienz zu Freiheit«.

Zu Beginn der 90er Jahre könnte eine offen vorgetragene *Transformations-Sympathie* die nächste Eskalations-Etappe sein. Das transformative Wollen (persönliche und soziale Transformation) wird zur öffentlich erklärten Vision. Aber es bleibt vorerst ein Ideal im Sinne von einer »Man-müßte-eigentlich-Initiative«.

Aber Vorsicht bei den Zeit-Schätzungen! Da wir uns bei den Trend-Studien, was die Eintretens-Zeiten von Trends betrifft, häufiger getäuscht haben (siehe zum Beispiel die Tatsache, daß wir die Ökologisierung des Marketings und Managements erst rund fünf Jahre später erwartet haben), sollte man vorsichtshalber annehmen, daß die Transformations-Vision vielleicht schon recht bald in die business-internen Diskussionen hineinwächst. Dann wäre ein personalpolitischer Klima-Wechsel schon heute einzuleiten.

Die vierte Eskalations-Stufe bringt dann in den späten 90er Jahren das engagierte Transformations-Programm. Nun wird das Kader-Prinzip endgültig erodiert sein. Die Implementierung des neuen Wollens wird aktiv angegangen. Und zwar auch von Prestige-Autoritäten der Wirtschaft und konservativen Eliten. Man will dann offiziell eine »Ökonomie auf einem höheren Niveau«. Der neue Glaube an die Transformation hat sich durchgesetzt.

Für dieses Eskalations-Modell sprechen viele Indikatoren. Ein Faktum aus dem Ausland soll hier stellvertretend genannt werden: das aufgeblühte, neue Faszinosum amerikanischer Studenten am Unternehmertum.

Natürlich sehen konservativ gerichtete Beobachter (so etwa die »Welt am Sonntag«) darin prompt ein Zurück zum alten Kapitalismus: »Kapitalismus blüht auf dem Campus.« Aber das ist falsch. Wie die Recherchen von uns und Naisbitt gezeigt haben, wenden sich zwar heute immer mehr Leute aus dem Business-Nachwuchs dem »Unternehmerischen als Pionieraufgabe« zu. Aber sie tun das *auf einer anderen Werte-Basis*.

Die Neugeburt des Unternehmers ist gekoppelt an ein *neues Menschenbild*. Der neue Unternehmer wird zum Pionier einer engagierten Sozialpolitik. Der neue Unternehmer, der in Ansätzen bereits sichtbar ist, wird zum *Sozialreformer*.

Peter F. Drucker, der amerikanische Management-Experte, dazu: Am Anfang dieses Jahrhunderts gab es in den USA einige Pionier-Unternehmer, die Vorbild sein könnten für die neue, kommende Unternehmer-Epoche. Andrew Carnegie oder Julius Rosenwald. Beide Männer waren »radikale Innovatoren« und extrem erfolgreich. Und sie hatten ein Credo, das in abgewandelter Form zur Philosophie der kommenden Unternehmer werden könnte: *Unternehmer müssen Gemeinschaften aufbauen*, sozial intakte Gemeinschaften. Danach müssen sie diese Gemeinschaften fördern im Hinblick auf Leistung, Fähigkeits-Wachstum und Produktivität.

Das alles muß nicht zum Selbstzweck werden, sondern als »gute Tat mit Gewinn« organisiert werden. Typische Sequenzen dafür: »Der einzige Sinn des Reichtums ist, Geld herzugeben. Gott will, daß wir erfolgreich sind, um Gutes zu tun« (Carnegie). »Ihr müßt fähig sein, Gutes zu tun, um erfolgreich zu sein« (Rosenwald). Beide glaubten an die *soziale Verantwortung* von Reichtum und Unternehmen.

Weiterhin kann man von den alten Pionier-Unternehmern lernen, daß ein Unternehmen sich dann am besten entwickeln kann, wenn es dadurch Gewinn bringt, indem es ein soziales Problem löst. Gewinn wird erzielt durch *soziale Problemlösungen*. Aber die sozialen Problemlösungen – so Drucker –, die wir für die kommende Industrie-Epoche brauchen, sind keine philanthropischen, das heißt randständigen mäzenatenhaft-gönnerischen Problemlösungen (er nennt es das Prinzen-Modell: »Nachdem man sich an den Armen bereichert hat, spielt man den Wohltäter«), sondern genau das Gegenteil: Man macht die Gewinne, indem man »soziale Probleme in wirtschaftliche Chancen verwandelt«. In den Worten von Drucker: »Aber die eigentliche soziale Verantwortung der Unternehmer ist es . . . ein soziales Problem in eine wirtschaftliche Chance zu verwandeln, in Produktivität, menschliche Fähigkeit, gutbezahlte Arbeitsplätze und Reichtum.«

Und Drucker weist auch darauf hin, daß dieser neue Pioniertyp des Unternehmers in den Industrienationen dringend erforderlich wird, weil die Regierungen und die Sozial-Instanzen die vielfältigen und übermäßig erscheinenden Anpassungen an Turbulenz und Wandlungen nicht vollbringen können. Behörden und Regierungen – so Drucker – können die sozialen Probleme nicht lösen, die jetzt beim Wechsel von einer Industrie-Kultur zur Informations-Kultur entstehen.

Deshalb wird es »im kommenden Jahrzehnt zunehmend wichtiger herauszustellen, daß Unternehmen sich ihrer sozialen Verantwortung nur entledigen können, wenn sie diese *in Eigeninteresse umwandeln*«.

Hier schimmert ein *neues Unternehmerbild* durch, das kraftvoll und dynamisch »Gewinnemachen« verbindet mit sozialer Problemlösung. Es mag sein, daß eine derartige Neuformulierung von Unternehmertum in den USA besser zu Hause ist als in Deutschland, aber die Trend-Signale zeigen dennoch deutlich, daß auch bei uns die gleiche Marschrichtung angesagt ist: Mehr Sinn für Gemeinschaften, bessere Strategien für soziale Taten, Gewinn durch soziale Problemlösungen . . . und nicht Rendite durch Verursachung sozialer Probleme.

Die besagten amerikanischen Studenten wollen dementsprechend *aussteigen aus den starren Prinzipien* der oft als zu groß erlebten Firmen. Gerade sie wollen dem Kader-Disziplin-Zwang der Karriere entgehen. Sie wollen eine neue soziale und wirtschaftliche Wirklichkeit vom Ideal zur Realität überführen.

Sie haben die gleiche – zum Teil schwärmerische – Orientierung wie die Pionier-Unternehmen zu Beginn der industriellen Revolution. Sie wollen die Welt verändern . . . und nicht nur das Kapital vermehren.

Die ACE (Association of Collegiate Entrepreneurs), eine Vereinigung studentischer Unternehmer, beweist das drastisch. Wie gesagt – das sind alles Studenten, aber sie sind auch schon Unternehmer. Und sie wollen *keine klassische Big-Business-Karriere* machen. Sie verstehen sich auch persönlich als Unternehmer und nicht als Manager. Da gibt es Studenten, die haben bereits drei bis vier Firmen.

Ein Beispiel: Ein erst zwanzigjähriger Student war Gründer und Präsident der Firma Pyramide-Pizza aus Lawrence im US-Bundesstaat Kansas. Und Voerne Harnish, Ingenieur-Student aus Wichita, heute der Leiter der ACE, sagt: »Niemand weiß, wie diese Bewegung entstanden ist. Aber sie ist entstanden.« Und die Bewegung hat die gleiche Energie wie die Bürgerinitiativen, wie die Anti-Vietnam-Proteste etc. Es ist eine unternehmerische Initiative von Studenten, die eine eigenständige Unternehmer-Kultur für die nächste Epoche des Business entwickeln. Und diese Kultur wird *sozial-ethisch geprägt* sein.

Nun könnte man sagen, daß es nur sehr wenige Ausnahme-Studenten sind. Aber das ist nicht so! Im vergangenen Jahr veranstaltete die ACE ihren ersten Kongreß am berühmten Massachusetts Institute of Technology (MIT) in Boston. Da waren es bereits 225 Studenten, die echte Unternehmer waren. Im März 1985 traf man sich das zweite Mal, diesmal in Dallas. Da waren es schon 600 Studenten-Unternehmer.

Fazit: Eine neue unternehmerische Pionier-Mentalität entsteht. Aber sie entsteht auf Basis einer neuartigen Orientierung der Transformation. Man will veraltete Dogmen und Prinzipien des Business überwinden. Die neuen Unternehmer sind deshalb auch Pioniere der Sozialpolitik.

Die Neuformulierung von Erfolg und Karriere beginnt

Inzwischen ist in den USA auch ein erstes Buch zu diesem Thema erschienen: »The New Achievers: Creating a Modern Work Ethics«. Es ist von Perry Pascarelle geschrieben, leitender Herausgeber von »Industry Week«. Es ist das bisher erste Buch, das die neuen Unternehmer und Karrieristen näher beschreibt. Einige Aspekte daraus lohnen, erwähnt zu werden . . .

Zuerst einmal definieren die neuen Karrieristen *Karriere* und *Erfolg* anders. Für sie müssen ökonomische und nicht-ökonomische Prinzipien gleichermaßen optimiert werden. Non-materielle Dimensionen dominieren oft, und die finanziellen Faktoren dienen häufig nur der Realisierung postmaterieller Ziele. *Das Geistig-Soziale wird zum Ober-Ziel.*

Für das Top-Management ergibt sich daraus die Konsequenz, daß die Unternehmen und die Spitzen-Manager alles tun müssen, um »Leute zu kultivieren als Individuen und Mitglieder der menschlichen Gesellschaft«. Sie müssen ihre Angestellten ermutigen, *am Arbeitsplatz persönlich zu wachsen*, damit sie aus dem Zustand der Apathie gehoben werden.

Für Pascarella ist diese Apathie im Grunde jene »Willfährigkeit und Botmäßigkeit«, die im Kontext des klassischen Kader-Prinzips als ideale Arbeits-Ethik mißverstanden worden ist. Für ihn ist das eine »tote Arbeitsmoral« . . . genau das Gegenteil von Engagement und Selbst-Motivation. Etwas verkürzt: Das Kader-Prinzip erzeugt eine tote Arbeitsmoral. Ein neues Arbeits-Ethos würde die Auflösung des Kader-Systems benötigen.

Die Apathie (in etwa synonym mit dem, was in Deutschland stille Kündigung genannt wird) ist ein Resultat der extremen Diskrepanz zwischen dem, was Leute tun, und dem, was sie tun würden, wenn sie könnten. »Das Unvermögen, eine gute Arbeit zu leisten, zeigt nicht notwendigerweise *den Verlust einer Arbeits-Ethik*. Die Beweise zeigen vielmehr, daß es die Arbeit selbst ist, die für die ›Leistungs-Lähmung‹ sorgt. Hinter Desinteresse, Faulheit und Zorn könnte der Wunsch liegen zu arbeiten, um *einen besonderen Beitrag zu leisten* und am gesellschaftlichen Wachstum teilzuhaben.«

Pascarella meint, daß die »post-industrielle Gesellschaft«, in der tote Arbeit und pure Routine weitestgehend eliminiert worden sind und in der viele Menschen geistig fordernde oder sozial erfüllende Arbeit haben werden, noch immer weit entfernt ist. Die Wirtschaft wird zwar vielfältiger (und meistens nicht einfacher), aber noch hat die Wirtschaft nicht die Jobs, die *Selbstentfaltung* und gesellschaftliche Werte-Orientierung mit freiwilligem Arbeits-Engagement verbinden.

Je mehr sich aber die Wirtschaft wandelt von einer Schornstein- Industrie zu einer Informations-Industrie, um so vielfältiger, komplexer und wandelbarer wird die Arbeit werden. Peter F. Drucker sieht ebenfalls im Arbeitstransfer das eigentliche soziale Problem der kommenden Zeit.

Das alles wird schon in absehbarer Zukunft – so Pascarella – Eliten und Führungskräfte erfordern, die durch eine »unendliche Mischung von Stärke, Geschicklichkeit und Intelligenz« gekennzeichnet sind. Mit Kader-Managern wird das nicht zu realisieren sein. Kurz: Die Industrie kann es sich immer weniger erlauben, die Potentiale der Mitarbeiter brachliegen zu lassen und sie wie *unveränderbare Zahnrädchen* einer großen Maschine zu behandeln.

Der Niedergang von Persönlichkeit und Kreativität durch Kader-Prinzipien

Besonders kritisch wird in Zukunft – so die Prognose in Pascarellas Buch – die *typische Angestellten-Arbeit* sein. Man hat sie als eine »besonders kenntnisreiche Arbeit« präsentiert und besonders die höheren Angestellten-Jobs mit sehr viel gesellschaftlichem Prestige aufgeladen. Deshalb streben »riesige Zahlen von Menschen« nach einem Angestellten-Status im *Middle-Management* oder im *höheren Management.*

Das hat viele Mitarbeiter blind dafür gemacht, daß es sich hier oft um schlichte Angestellten-Arbeit handelt, bei der sich der Mensch übermäßig anpassen und sehr häufig Arbeiten gegen seine eigenen Werte und Ziele durchführen muß – bis hin zum bewußten *Brechen des Rückgrates* und zum unausgesprochenen, aber realen *Verbot von Kreativität.*

Gerade die Kreativitäts-Probleme sind durch das Kader-System verursacht worden. So hoch auch das Prestige eines höheren Angestellten sein mag, wirkliche Kreativität dürfen die wenigsten entfalten ... denn Kader-Normen bekämpfen Kreativität, Individualität und Spontaneität. Der *Kader hat unterschwellig Angst vor Kreativität.*

Es gibt in den meisten Firmen eine ausgesprochen dogmatische und engherzige Parzellierung der Kreativität. Und das trotz Dezentralisierung und einer deutlich beobachtbaren Tendenz zur Selbstorganisation in kleineren Einheiten.

Prognose: Der ganze Dezentralisierungs-Aufwand der Unternehmen wird nicht viel bringen, wenn nicht das Kader-System zerbrochen wird. Hier liegt der eigentliche Schlüssel zur Produktivität.

Pascarella prognostiziert deshalb einen wachsenden Wunsch nach Arbeit, die persönlich und sozial wirklich stolz macht, und ein Abrücken von modischen Berufen und vordergründigem Leader-Prestige in der Ebene des Middle- und Top-Managements.

Um dennoch gute Leute zu akquirieren und Spitzenkräfte zu halten, empfiehlt Pascarella einen sehr einfachen Trick: Man muß nicht die Leute an die Jobs anpassen, die man im Rahmen einer funktionalen Organisations-Auffassung für richtig hält, sondern man muß die Arbeit an das anpassen, »was die Leute eigentlich tun wollen«. Und das Konzept der Vollbeschäftigung – so Pascarella – wird vermutlich zu ersetzen sein durch das Konzept der »vollständigen Beschäftigung«: Menschliches Wachstum und ökonomisches Wachstum wird dann Hand in Hand gehen. Daß das keine Illusion ist, sondern Heute-Realität, werden wir später – am Beispiel einer Bank – beschreiben.

Es ist auch nicht nötig, auf irgendeine ferne Zukunft zu warten, in der wir durch Roboterisierung und ähnlichem eine Befreiung von Routine-Arbeit erreicht haben, um uns erst dann zu höheren intellektuellen Aktivitäten zu entwickeln. Genau dieses Warten wird nicht möglich sein, weil schon jetzt, in der ersten Phase der Turbulenz, genau diese »besseren Führer« gesucht werden. Schon heute gibt es besonders viele Engpässe bei ganzheitlichen Spitzen-Managern. Wirkliche Führungs-Persönlichkeiten gibt es nicht zu viele, sondern zu wenige.

Deshalb wäre es schon heute möglich, aber auch dringend nötig, *die Ideologie der Berufe zu verändern* und die Kader-Prinzipien aufzulösen, damit das individuelle Wachstum auch innerhalb des Berufes möglich wird. *Selbstentfaltung im Beruf durch die Arbeit.*

Der Trend zum ganzheitlichen Management

Für Pascarella sind die Quality Circles (die in Deutschland überwiegend ambivalent bis skeptisch betrachtet werden, von wenigen positiven Ausnahmen abgesehen) eine erste vorsichtige Öffnung zum Thema Selbstentfaltung und bewußte Erweckung der *Partizipations-Kompetenz*.

Die nächste Etappe – so Pascarella – wird sicherlich eine weitere Qualifizierung der sogenannten »weichen Faktoren der Produktion und des Business« mit sich bringen. Das ist der Trend zum ganzheitlichen Management, bei dem die operativ-harten Dimensionen ebenso qualifiziert werden wie die bisher vernachlässigten weichen Faktoren (Beta-Führungsstil, Energiefelder, Optimismus-Klima, Stimmungen, Rituale, Firmen-Mythen etc.)

Das hätte auch Konsequenzen für die langfristigen Veränderungen im Rahmen der Trainings- und *Fortbildungs-Konzepte*. Die weiche Seite des Managements und die weibliche Dimension der Führung müßten vollwertig in die Trainings- und Lehrprogramme aufgenommen werden.

Da die kommende Epoche den Faktor *Sinnvermittlung* immer wichtiger nehmen wird, wird es mehr und mehr Firmen geben, die ihren Mitarbeitern helfen, als Brücke zwischen dem Umfeld außerhalb des Unternehmens und dem Management zu fungieren.

Honeywell Inc. beispielsweise ermutigt Mitarbeiter in internen Quality Circles, sich viel stärker an Aktivitäten der Gemeinde zu beteiligen. Man will erreichen, daß die Mitarbeiter wie lebende Pipelines zum sozialen und *gesellschaftlichen Umfeld* funktionieren. Man bittet die Mitarbeiter, sich an diversen Bürgerinitiativen, Aktionen und Komitees zu beteiligen, damit sich das Außenklima in der Firmenkultur widerspiegeln kann. Die äußere Dynamik wird dann innerbetrieblich nachgelebt.

Darüber hinaus scheint es ein natürliches Ergebnis zu sein – so Pascarella –, daß Menschen, die sich durch soziale und psychologische Strategien menschlich entwickeln, fähig werden, mehr als nur enge, produkt-qualitative Aspekte wichtigzunehmen. Je größer die *Sozial-Kompetenz* von Mitarbeitern, um so wertvoller ihr Beitrag für eine Transformation des Qualitäts-Begriffs. Von der reinen produkt-technokratischen Qualität ... hin zur *Produktion von Lebensqualität.* Die Firmen werden dadurch fähig, sich als Diener der Gesellschaft zu verstehen (Stichwort: Produktion von sozialem Sinn).

Je weniger die Mitarbeiter als Rädchen in einem gutfunktionierenden Uhrwerk mißverstanden werden, um so reagibler und anpassungs-flexibler wird die Human-Ressource. Aber die Verabschiedung der »Rädchen-Ideologie« bedarf der Aufhebung des Kader-Systems.

Das menschliche Potential steht im Mittelpunkt

Pascarella kommt zum Schluß seiner Analyse zu einer 36-Punkte-Checkliste für ein neuartiges Management, das darauf ausgerichtet ist, Menschen zu helfen, ihr volles menschliches Potential zu entwickeln. Das generelle Credo: **Je mehr ein Unternehmen kompetent ist, das menschlich-private Wachstum der Mitarbeiter zu entwickeln, um so strategisch stärker das wirtschaftliche Potential des Unternehmens.**

Betrachten wir einige der Punkte aus seiner Checkliste:

① Setze sowohl nicht-ökonomische als auch ökonomische Ziele ein für die Organisation, und mache diese breitest bekannt.

② Setze Standards für Hochleistung, und mache sie intern und extern bekannt (je mehr Human-Potential-Kultur in einem Unternehmen, um so mehr Hochleistung kann offiziell gefordert und gepflegt werden).

③ Hilf Menschen, ein Gefühl für ihre Wichtigkeit zu erlangen.

④ Führe Mitarbeiter zum Teamwork, indem du ihnen hilfst, ihre gegenseitigen Abhängigkeiten zu erkennen (weg vom zynisch-aggressiven Individualismus hin zur Interdisziplinarität und Synergie-Erlebnissen).

⑤ Schaffe Trainings-Programme im Unternehmen, die den Angestellten helfen, ihr Potential für Wachstum zu erforschen und zu entwikkeln (ganzheitliche Personal- und Fortbildungs-Politik).

⑥ Ermutige alle Arbeiter und Angestellten, an Problemlösungen mitzuarbeiten, und schaffe eine Organisation, die auch kreative Kritik nicht als Unbotmäßigkeit und karriere-verhindernde »Frechheit« definiert.

⑦ Verbreite die Finanz-Informationen und die Rendite-Pläne des Unternehmens breit und ausführlich, damit Beschäftigte (und immer wichtiger: auch die Gewerkschaften) auf allen Ebenen wissen können, wie sie effektiver mitarbeiten können (siehe hierzu das Saturn-Projekt von General Motors).

⑧ Lehre Fähigkeiten zur Konsensbildung (lernen von Japan).

⑨ Man bewerte Manager nach ihren Beiträgen zu den Langzeit-Zielen und der Entwicklung des Menschen (hier schimmert bereits der New-Age-Aspekt durch: das Unternehmen als Sinn-Produzent für die Gesellschaft).

Es tut sich also was im Sektor »Erneuerung der Arbeits-Ethik«. Auch das inzwischen in den USA sehr wichtig gewordene und häufig diskutierte Buch »Transforming Work« (von John D. Adams, Alexandria 1984) stößt in die gleiche Richtung.

Der gemeinsame Nenner: All diese Initiativen (und es werden immer mehr Fachartikel hierzu veröffentlicht) basieren im Prinzip auf nur zwei Säulen, und zwar auf *»gesellschaftliche Sinnvermittlung«* und *»privates Wachstum«*.

Eine gute Leitlinie dafür fand der Nobelpreisträger Emilio Gino Segré: »Finde heraus, was dir Spaß macht, was du gern tust. Sonst bist du als Mensch verloren. Du mußt deine Funktion, deine Arbeit so ausfüllen, daß es dich glücklich macht. Nur dann kannst du auch andere Menschen glücklich machen – und du wirst es selber sein.«

Wir raten:

Die Internationalisierung des Wettbewerbs wird für immer mehr Branchen zur Realität. Dadurch erhöht sich der Turbulenzgrad. Statt Stabilität und Präzision ... wird nunmehr Chaos-Kompetenz und die systematische Erhöhung der »Anpassungs-Geschwindigkeit« (Prof. Meffert) gefordert. Dieses wiederum bedeutet eine beträchtliche Veränderung der Personalpolitik: mehr Selbstmotivation, mehr Selbst-Organisation, mehr Selbstkontrolle.

Diese neuen Zielsetzungen sind mit dem in fast allen deutschen Firmen üblichen Kadersystem nicht erfüllbar. Wir empfehlen deshalb dringend, frühzeitig mit dem Abbau und der Auflösung von Kader-Prinzipien zu beginnen. Die wirklichen »neuen Eliten« im Top-Management werden in Zukunft diejenigen sein, die von sich aus in ihren Unternehmen das Kadersystem überwinden können.

Es kann problematisch und wirtschaftlich schädlich sein, darauf zu hoffen oder zu warten, daß die Auflösung der Kader-Prinzipien durch den natürlichen Generationswechsel im Management vollzogen wird. Die Kader-Überwindung sollte nicht langsam und zufällig geschehen, sondern als eine bewußt gewollte und sensibel geplante Human-Ressourcen-Strategie: Statt Kader-Prinzip ... das Transformations-Prinzip. Statt Führen durch sanften Zwang ... Führen durch Glauben und Identifikation.

Von besonderer Bedeutung ist dabei der Faktor »Selbst-Transzendenz«, wie er von Psychologen (zum Beispiel Dörner) als wichtige Erfolgs-Voraussetzung für Top-Manager gesehen wird. Nur diejenigen Manager, die in der Lage sind, ihr Menschenbild und ihre Sozial-Strategie zu durchschauen, werden in der Lage sein, das Transformations-Prinzip in den Firmen einzuführen. Damit wird persönliche Selbstentfaltung (als Weg zu Selbst-Transzendenz) auch für das Top-Management zu einer neuartigen Aufgabe. Die Qualifizierung der Firmenkultur geht nicht ohne eine Qualifizierung der Eliten.

Die Zeit geht zu Ende, in der lediglich der Mittelbau permanent fortgebildet und trainiert wurde. Für die Eliten in den oberen Etagen heißt die neue Zielsetzung: methodische Persönlichkeits-Entwicklung.

Die qualifizierten Mitarbeiter und insbesondere der Nachwuchs im Middle-Management wollen immer konkreter und engagierter die Verbindung von Job und Selbstentfaltung. Das erzwingt eine Ausweitung und Neuorientierung der Personalpolitik. Neben die klassischen Möglichkeiten des Job-Enrichments (Partizipations-Kultur, Verantwortungs-Wachstum, Team-Arbeit und Dezentralisierung) sollten verstärkt non-materielle Privathilfen für die Mitarbeiter treten (Mithilfe beim persönlichen Wachstum). Gerade hier bestehen viele Vorbehalte. Die meisten Firmen klammern die Privat-Sphäre ihrer Mitarbeiter aus und verhindern somit eine moderne, ganzheitliche Personalpolitik.

Nachdem wir bereits analysiert haben, warum das Kader-System der Manager stirbt, wollen wir nun zwei weitere Ziele verfolgen:

① Es soll analysiert werden, welche *Verhaltens-Konsequenzen* die Erosion des klassischen Kader-Prinzips für Führung, Organisation, Arbeitsmoral, Personalpolitk, Firmenkultur und Gewerkschafts-Politik verlangt.

② Wir wollen die wichtigsten *Persönlichkeits-Kriterien* diagnostizieren, um eine Marschrichtung zu erhalten für die persönliche Qualifizierung des »Managers der Transformation«.

Abkehr vom Kader-Modell ...
hin zu neuen Organisationsformen

Im »Manager Magazin« 2/86 erschien von Peter F. Drucker ein interessanter Aufsatz mit der Überschrift »Spiel nach neuer Partitur«. Der amerikanische Management-Professor weist in diesem Beitrag darauf hin, daß wir eine *neue Organisations-Philosophie* brauchen und daß sie auf dem besten Wege ist, sich zu gestalten. Und er beobachtet auch, daß diese neue Konzeption von Organisation mit den klassischen Kader-Prinzipien und Organisations-Strukturen nicht in Einklang zu bringen ist.

Für Drucker muß die zukünftige Unternehmens-Organisation eine *extrem flache Hierarchie* aufweisen, dazu »viele Solisten« und Mitarbeiter, die sehr eigeninitiativ und gleichzeitig sehr kommunikativ sind. Das alles ist wichtig, um die Organisation auf einen *zentralen Informationsfluß* auszurichten.

Dementsprechend nennt er auch die kommende Organisation eine »informations-orientierte Organisation«. Drucker weist darauf hin, daß schon eine Reihe von Unternehmen (wie Citibank, Massey-Ferguson und mehrere große japanische Handelshäuser) ihre Führungs-Organisation grundsätzlich geändert hätten: von einer Führung, die auf Berechenbarkeit, Wiederholbarkeit und lineare Funktionalität ausgerichtet ist, hin zu einer *Führung, die in Richtung Fließen geht.*

Die Führungs-Organisation wird um den lebendigen Informationsfluß herum aufgebaut. Die Organisation dient dem Informationsfluß. Die Organisation selbst wird damit fließend (siehe hierzu die Perspektiven der Organization Transformation).

Um nun die Organisation zum Werkzeug der Informationsflüsse zu machen, muß die Organisations-Struktur zuerst einmal flach sein. Es geht also darum, möglichst viele Hierarchiestufen abzubauen. Es müssen mehr Mitarbeiter *in zellulären Organisationsformen* (etwa autonomen Teams) arbeiten, und es müssen sich deshalb fast alle Mitarbeiter wandeln: vom Zielempfänger – um nicht Befehlsempfänger zu sagen – zum »Chef ihrer eigenen Arbeit«.

Die Tendenz ist eindeutig: Man will möglichst viel Eigeninitiative, Selbstmotivation und Selbstkontrolle erwecken. Das alles sind Qualitäts-Kriterien, die typisch sind für einen Chef. Man könnte die Formel wagen: Je mehr Selbstorganisation (meist mit mehr Dezentralisierung kombiniert), um so mehr müssen aus klassischen Mitarbeitern eigeninitiative Chefs werden (wenn man so will: Mini-Chefs mit *Selbstbeauftragung*).

Drucker weist darauf hin, daß die ersten Firmen, die ihre Organisation fließend und informations-optimal gestaltet haben, tatsächlich viele Hierarchiestufen abbauen konnten. Ein großer multinationaler Hersteller, so Drucker, hat sieben von zwölf Führungs-Ebenen ersatzlos streichen können. Das gleiche passierte in den automatisierten Fabriken von Nissan, bei Yokohama und auch bei der Lokomotiven-Fabrik von General Electric. Die meisten Positionen zwischen Manager und Werksleiter sind dort gestrichen worden. Endgültig . . . ein für allemal.

Fazit: Je flacher die Hierarchie wird, um so weniger taugt das klassische Kader-Prinzip, das sein Funktionieren abhängig macht von exakten und gut gestaffelten Hierarchien. Die moderne Organisationsform benötigt Selbstbeauftragung und Selbstkontrolle, also die Wandlung vom Befehls-Empfänger zum Chef. Das Kader-Prinzip wird deshalb contra-produktiv und störend.

Die neue Sicht der Kontrolle

Auch das Kriterium der Kontrolle und der Selbstkontrolle wird neu gesehen. Kontrolle im Sinne von Drucker ist die Fähigkeit, Informationen zu erhalten. Und die oberste Führungsschicht (Top-Management) muß sich als *Informations-Lieferant* verstehen. Die Elite in den Firmen muß sich permanent fragen: Wer braucht welche Informationen wann und wo?

Und damit ist die klassische Kontroll-Auffassung, wie sie im Kader-Prinzip verankert ist, obsolet geworden. In der Kader-Theorie ist Kontrolle der Vergleich zwischen Soll-Vorgaben und Kontroll-Daten. In der neuen Organisations-Auffassung kontrollieren sich die Mitarbeiter weitestgehend selbst anhand fließender Informationen. Mit der Kontrolle ist auch nicht mehr der Befehl und die Anordnung verbunden.

Mit den Worten von Drucker: »Die traditionelle Organisation basiert auf *Befehlsgewalt*«, und »die konventionelle Organisation war ursprünglich nach *militärischen Vorbildern* geformt«. Aber die neue Organisations-Lehre stellt die Selbstkontrolle in den Mittelpunkt. Und diese Selbstkontrolle setzt sich die Ziele weitestgehend selbst. Wo Zielvorgabe und Fremd-Vorgabe entfallen, dort ist das Kader-Prinzip schädlich geworden.

Nun könnte man meinen, daß eine solche Organisations-Auffassung zu Chaos und zu einer laschen Führung führt. Wird der Führer überflüssig? Drucker meint, daß genau das Gegenteil richtig ist. Je weniger Hierarchie und je mehr Selbst-Motivation, Selbst-Organisation und auch Selbstkontrolle, um so wichtiger wird die Elite, um so bedeutsamer wird eine »entscheidungsstarke Führerschaft«. Ein Widerspruch?

Nein, denn es ist eine andere Form von Führung nötig. Es ist nicht mehr die Kader Führung, die auf Kader-Gehorsam ausgerichtet ist (was in den meisten Firmen heute immer noch verlangt wird, wenngleich auch die Umgangsformen moderater und die tägliche Umgangs-Stilistik humaner zu sein scheinen). Die neue Organisations-Lehre, wie sie Drukker und andere sehen, akzeptiert, daß eine flache Hierarchie nur möglich ist, wenn man aus Befehlsempfängern *kraftvolle Solisten* macht. Diese Solisten kann man nicht mehr gängeln und durch Soll- und Kontrollwerte kontinuierlich führen. Sie müssen sich selbst führen. Je besser der Mann, um so mehr Selbstführung.

Um aber trotzdem den Synergie-Effekt des Ganzen zu »orchestrieren«, muß das Top-Management seine hauptsächliche Leistung auf *Visionen* (Leitsterne der Konzentrierung und der Orchestrierung) und *Firmenkultur* legen. Die Firmenkultur – so die neuere Auffassung – ist ein *Set ungeschriebener Regeln*. Je stärker, lebendiger und identifikationsträchtiger eine Firmenkultur ist, um so mehr sagt sie, was zu tun ist, ohne daß man sagt, was getan werden muß.

Fazit: Wir sehen also, daß die neuen Organisationsformen, die für mehr Effizienz bei mehr Flexibilität sorgen sollen, in erster Linie informations-orientiert sind. Dies wiederum benötigt flache Hierarchien und die Umwandlung von kader-geführten Mitarbeitern zu Solisten mit Selbstführung. Für eine derartige Organisation ist das Kader-Prinzip zu starr, menschlich oft »verbiegend« und – was die Firmenkultur betrifft – klimatisch schädlich.

Damit stehen besonders die großen Firmen vor sehr paradoxen Problemen:

- Wir brauchen mehr Dezentralisierung bei gleichzeitiger Zentralisierung in den neuen Elite-Bereichen (Vision, Firmenkultur etc.).
- Wir brauchen mehr Selbstmotivation und mehr Selbstkontrolle.
- Gleichzeitig steigt aber von Jahr zu Jahr das Volumen derjenigen Mitarbeiter an, die »innerlich gekündigt« haben.

Im Grunde brauchen wir mehr *Chefs mit Selbstbeauftragung* auf allen Ebenen, obwohl wir im Moment eher den Trend zur *stillen Kündigung* haben. Der Ausweg kann nur der sein, das Kader-Prinzip in den Firmen tatsächlich aufzugeben und linientreue Botmäßigkeit, falsche Loyalität und maskierte Anpassungs-Dressur bewußt aus den Unternehmen zu entfernen. Nur durch ein neues Führungs-Paradigma, das auf Sinn ausgerichtet ist, kann die innere Selbstmotivation wieder entfacht werden.

Vom Kader-Prinzip zum Koalitions-Modell

Je höher die innere Selbstmotivation, um so höher auch die Selbstkontrolle. Je besser diese beiden Funktionen funktionieren, um so konsequenter können Flexibilisierungs-Strategien und Dezentralisierungs-Strategien durchgesetzt werden.

In der Organisations-Theorie ist deshalb unter anderem von Cyert und March das *Koalitions-Modell* entwickelt worden. Es war der erste Versuch, von den »formalen Strukturen in betriebswirtschaftlichen Organisationen« wegzukommen.

Es war die erste Kampfansage gegen *Formalismus und Rollen-Konformismus*. Es war die Entdeckung individueller Bedürfnisse und persönlicher Ziele. Es war der Versuch, das Regelsystem betriebswirtschaftlicher Organisationen zu verbinden mit den privaten Bedürfnissen der Mitarbeiter.

Man hatte erkannt, daß die Bedürfnis-Struktur des Individuums durch die *klassischen Anreiz-Belohnungs-Mechanismen* nicht befriedigt werden konnte. Je gebildeter, sensibler und »post-materieller« Menschen sind, um so weniger kann man sie mit relativ primitiven Anreiz-Systemen wie Geld und Status zu einem zielgerechten Verhalten bringen.

Deshalb das Koalitions-Modell: Das Individuum wird in diesem Denkmodell mit anderen Individuen zu Koalitionen zusammengefügt, um die individuellen Ziele zusammen mit den anderen erreichen zu können. Die gesamte Organisation wird als ein *System von Koalitionen* betrachtet. Die Gruppen stellen lediglich Sub-Koalitionen dar. Dadurch entstand in der Organisations-Lehre ein Unternehmen als *»offenes sozio-technisches System«* (Prof. Dr. Edmund Heinen). Konsequenz: Die Betriebswirtschaft sah damit die Organisation nicht mehr als ein System mit vorgegebenen Zielen. Im Gegenteil: Ziele wurden als Ergebnis von Zielbildungs-Prozessen . . . und die verlaufen offen und nicht determiniert.

Der Kultur-Aspekt der neuen Führung

Dieser Ansatz von Cyert und March ist in der letzten Zeit noch wesentlich weiterentwickelt worden. Man hat erkannt, daß die Firma nicht nur aus Koalitionen besteht, sondern daß die unterschiedlichen Sub-Koalitionen eine *eigenständige Kultur* prägen.

Das Unternehmen wurde als eine Art »Miniatur-Gesellschaft« aufgefaßt. Durch die Kultur werden Werte, Normen, Mythen, Sehnsüchte und mentale Orientierungsmuster verlebendigt. Das Unternehmen wird also nicht nur geführt durch Informationen in Form von Anordnungen, Zielvorgaben und Kontrolldaten, sondern es führt sich weitestgehend selbst durch die *Dynamik seiner Kultur*.

Immer wieder sind in den letzten Jahren Berichte publiziert worden, die gezeigt haben, daß Spitzen-Manager oft dann versagen, wenn sie in einer neuen Firma ihre bewährten Erfolgsstrategien einsetzen wollen, ohne die spezifische Firmenkultur zu berücksichtigen. Ziele, Anordnungen, Befehle und Kontroll-Prozesse sind also nicht absolut, sondern auch nur Kinder der Firmenkultur.

Firmen werden also nicht nur direkt kommunikativ geführt (Anordnungen, Zielvorgaben etc.), sondern sie werden in hohem Maße auch *indirekt kommunikativ geführt* durch Ideologien, Riten, Zeremonien und kulturelle Essenzen.

Die neue Elite der Manager hat also zwei Steuerräder vor sich:

- Das klassische Steuerrad sind *Anordnungen*, Zielvorgaben und Kontrolldaten. Mit diesem Steuerrad wird immer weniger gesteuert werden (so Drucker und andere).
- Das andere, neue Steuerrad ist der *Grund-Konsens* bezüglich der Firmenwerte und der Unternehmens-Normen. Es ist die Produktion, Pflege und Veränderung der sogenannten »normativen Grundlage« (so Heinen).

Das indirekte Führen . . . Kader-Kult ist Negativ-Kultur

Diese »normative Grundlage« steuert die Ziel-Formulierungen und die Entscheidungs-Prozesse auf indirekte Art und Weise. Es gibt also nicht nur rationale Kalkül-Entscheidungen (sogenannte Oberziele), sondern es gibt in den meisten Firmen *kulturelle Oberziele*, die in der Regel nicht formuliert sind, die sich schlecht quantifizieren lassen und die sich einer rationalen Diagnose weitestgehend entziehen.

Diese normative Basis ist die Firmenkultur. Und diese definiert auch, ob ein Ziel als dissonant oder harmonisch erlebt wird. Sie definiert, ob ein unternehmerisches Wollen sinnvoll erscheint.

Und nun zu den Konsequenzen, was die Kader-Organisation betrifft: Je stärker ein Manager heute noch auf Kader-Prinzipien Wert legt, um so mehr – wenn auch unbeabsichtigt – gestaltet er die Firmenkultur. Und er gestaltet sie *rückwärts und repressiv*, das heißt in Richtung Disziplinierung, preußische Anpassung und Pflicht statt Spaß.

Durch die Entdeckung der Firmenkultur wissen wir heute, daß die Kader-Prinzipien mehr zerstören, als sie an Effizienz aufbauen können. Denn sie zerstören in der kulturellen Ebene das Klima der *Sinn-Partizipation* und damit den Fundus für Selbstmotivation, Selbstorganisation und Selbstkontrolle.

Fazit: Je mehr Kader-Kultur, um so schlechter die Firmenkultur. Das Phänomen der stillen Kündigung hat seine Ursache in der Kader-Kultur.

Wenn also ein Top-Manager besonders viel Wert auf Kader-Disziplin und Kader-Loyalität legt, dann definiert er – oft ungewollt, aber dennoch hochwirksam – eine *Firmenkultur der Unfreiheit*, der Sinn-Reduzierung und des Verbots der Selbstentfaltung.

Jedes Festhalten an Kader-Prinzipien definiert ungewollt diese Negativ-Kultur. Deshalb funktionieren die vielen Management-by-Moden nicht. Sie funktionieren nicht, weil sich das Top-Management in fast allen Unternehmen weigert, das Kader-System aufzulösen. Und man weigert sich, weil gerade das Top-Management *der Sieger des Kader-Spiels* ist.

Um es mit einigen Stichworten zu begründen: Kader-Prinzipien setzen Pflicht an die Stelle von Spaß, das Kader-System verlangt Disziplin und Befolgung auch dort, wo der Sinn nicht sichtbar ist. Gerade dort, an dieser Grenze bewährt sich ja das Kader-Prinzip besonders, weil es auch aus individuellen, kreativen, spontanen Menschen einen *berechenbaren Human-Apparat* zu machen versucht. Deshalb die Vorliebe des Militärs für Kader-Prinzipien.

Es ersetzt Selbstmotivation durch Kader-Loyalität. Das Kader-Prinzip ersetzt auch Selbstorganisation durch Hierarchie und ein klares Reglement. Das Kader-Prinzip bevorzugt *feste Regularien* und verhindert damit die neuen Organisationsformen, die in Richtung einer fließenden Information gehen. Das Kader-System favorisiert immer Kader-Ziele (also fixe System-Ziele) statt Selbstentfaltungs-Ziele.

Und dieser Kader-Geist herrscht heute noch in fast allen Unternehmen. Dazu einige Beispiele aus der Praxis, alle beobachtet in der Bundesrepublik Deutschland.

Drei Beispiele für den Kader-Geist

① In einer Institution, die sich nach außen als eher liberal und moderat darstellt, werden die wesentlichen Firmenziele und auch ein Teil der Repräsentanten von immer mehr Mitarbeitern nicht mehr akzeptiert.

Eine neue Anordnung, die auf besonders viel Unverständnis stößt und die von vielen leitenden Mitarbeitern als zielgefährdend und schädlich angesehen wird, darf nie offen reflektiert und diskutiert werden. Niemand wagt das. Die feste Kader-Kultur *verbietet, ohne offiziell zu verbieten.* Aber gerade wegen der Brisanz der Entscheidungen wird dennoch viel diskutiert, wird Informelles weitergegeben (»so unter uns«).

Dem Top-Management wird ein Teil davon zugetragen, und es geschieht etwas Typisches, aber ausgesprochen Schädliches: Der Mitarbeiter, der einen bestimmten kritischen Satz gesagt hat, wird öffentlich und offiziell ermahnt. Das Kader-Prinzip hat wieder einmal gesiegt. Aber man hat auf der höheren Ebene der Firmenkultur ein Ritual zelebriert mit dem Inhalt: »Bei uns ist eine freie, kritische Meinungs-Äußerung nicht erlaubt.«

② Ein anderer Fall, ebenso real, ebenso belegt: Ein Großkonzern, weltweit bekannt, hat einen besonders fähigen Mitarbeiter, der knapp unter dem Vorstand positioniert ist, für spezifische strategische und personelle Fragen. Dieser Mann hat seit Jahren außerordentlich erfolgreiche Arbeit geleistet. Er ist das, was man einen Pioniertyp und einen kreativen Inspirator nennt. Er ist mit dem Vorstands-Vorsitzenden, der seine Qualitäten erkannt und gefördert hat, immer gut klargekommen (Führung an der langen Leine). Und es hat einige spektakuläre und auch in Manager-Zeitschriften publizierte Innovations-Erfolge gegeben.

Der Vorstandsvorsitzende geht eines Tages aus Altersgründen wie geplant. Ein neuer Vorstandsvorsitzender kommt. Aber statt diesen Mann ebenfalls konstruktiv zu fördern, um seine Kreativität und seine überragende Kompetenz zu nutzen, wird er quasi von der ersten Woche an systematisch ins Abseits gestellt. Kurz danach entläßt man ihn in einer ausgesprochen rigiden Form, die als solche schon eine Mischung aus geheuchelter Höflichkeit und Brutalität ist. Der Spitzenmann möchte wissen, warum. Nach langem Bohren erhält er die Antwort: Man möchte ein neues Kader-Team aufbauen. Er passe nicht dazu, da er zu erfolgreich mit dem ehemaligen Vorstandsvorsitzenden zusammengearbeitet habe. Auch hier wieder falsche Loyalitäts-Modelle aus einem überholten Kader-Denken.

Der Effekt: Eine massive Signal-Wirkung nach innen. Der Opportunismus der anderen Manager steigt schlagartig an. Es entsteht – vordergründig – ein festeres Kader-Team. Aber eigentlich regiert die Angst vor Wiederholungen ... wer ist das nächste Opfer? Der Kader-Kreis glaubt nicht mehr an sich und eine konstruktive Aufgabe, sondern er glaubt an die Gefährlichkeit der Kader-Regeln. Ein ideales Fundament für kreative Spitzenleistungen?

③ Der dritte Fall: Ein ausgesprochen intelligenter und kreativer Vorstandsvorsitzender führt sein Team mit einer Mischung von Spontaneität und systematischer Delegation. Sein Führungsstil wirkt deshalb improvisiert, aber permanent stimulierend und für die Mitarbeiter anregend.

Er gibt seinen Mitarbeitern relativ viel Freiraum, was Denken, Anregung und Kritik betrifft (ganz im Gegensatz zum ersten Beispiel, wo das Denkverbot in der Firmenkultur verankert war). Aber er legt viel Wert auf einen ganz bestimmten Arbeitsstil.

Eines Tages bekommt er einen neuen Mitarbeiter, für den er sich höchstpersönlich entschieden hat. Und nach einer langen Phase der Einarbeitung kann er den Mann »nicht mehr riechen«, weil der in seiner Art zu arbeiten und insbesondere in seiner Art zu reden nicht ganz »den Schliff des Hauses« bekommen hat. Er kleidet sich nicht genauso wie alle anderen, er hat nicht die gleiche Körpersprache bei den Round-Table-Sitzungen – und das trotz einer Einarbeitungszeit von rund einem halben Jahr. Unser Top-Manager ist enttäuscht. Es entwickelt sich eine *wachsende Animosität* gegen den Mann, obwohl der qualitativ und fachlich überdurchschnittlich ist. Er kann nicht ertragen, daß er sich nicht zu einer *stilistischen Marionette* hat formen lassen. Der neue Mann hat seinen eigenen Charakter und Stil behalten. Der Mann ist zu individualistisch. Und obwohl er gerade deshalb ein echter Spitzenmann ist, trennt man sich von ihm. Lapidare Begründung: Er paßte irgendwie nicht zu uns – was im Prinzip stimmt, denn er paßte nicht zu einer extrem dogmatischen und destruktiven Kader-Kultur.

Soweit die drei Fälle aus der Praxis. Sie zeigen, daß auch der moderate Umgangston, der in den meisten Firmen inzwischen herrscht, keineswegs dafür gesorgt hat, daß die Kader-Prinzipien überwunden sind. Im Gegenteil: von Nord bis Süd, von Mittelbetrieb bis Multi – überall das gleiche: durch Nettigkeit getarnte Kader-Prinzipien.

Fazit: Man hat den klassischen preußischen Kader-Gehorsam in unserer Zeit umgewandelt zu einem Kader-Gehorsam mit freundlicher Maske, denn das Kader-System ist in den meisten Firmen nach wie vor und wie selbstverständlich die »natürliche« Basis für Effizienz und Führung.
Kader bedeutet für die meisten Top-Manager der Garant für Führungsfähigkeit. Sie erkennen nicht die schädliche Seite des Kader-Prinzips, die in der Mit-Definition einer Firmenkultur liegt, die gegen alle neuen Trends (Partizipation, Selbstmotivation etc.) verstößt.
Aus der Sicht der Firmenkultur ist das Kader-System nicht der Garant für Führungsfähigkeit, sondern ein schädliches »Anpassungs-System für Menschen an ein geschlossenes Stil- und Ziel-Konzept«. Zu einem Kader-System paßt nur der angepaßte Mann. Und der wird seltener.

Heutzutage gibt es keine Vorbild-Rolle mehr

Es kommt noch etwas hinzu: Das klassische preußische Kader-Prinzip verlangte gerade oder erst recht von den Oberen sehr viel Selbstdisziplin. Man forderte von den Untergebenen in der Regel nur das, was man selbst als bewußtes Vorbild zu geben bereit war.

Man verlangte beispielsweise Prinziptreue nicht nur von der unteren und der mittleren Hierarchie-Ebene, sondern vorrangig von auch ganz oben. Der *Disziplin-Kodex* war bei den Eliten sogar besonders ausgeprägt. Man denke nur an die Prinzipien der Ehre und des Mutes. Es gab zwar auch Privilegien, aber es gab auch einen wesentlich härteren Ehrenkodex und eine wesentlich konsequentere Kultur der Selbstdisziplinierung.

Und wie ist es heute? Die meisten Top-Manager, die allzu konsequent auf Kader-Treue und Kader-Loyalität pochen, leben dieses Prinzip selbst nicht vor. Sie sind also keine Vorbilder für die Prinzipien, die sie von anderen verlangen. Und das können sie auch nicht, weil die Kader-Prinzipien mit ihrer *einseitigen Orientierung* nicht effizient sind, weil sie Kreativität ersticken.

Gerade die Untersuchungen von Prof. Mintzberg haben gezeigt, daß die Manager-Elite Spontaneität, Freiraum und eine kluge Undiszipliniertheit benötigt, um gut zu führen und gut zu entscheiden.

Dazu kommt die Angst vieler Top-Manager, die Führung aus den Händen zu geben, die sie veranlaßt, das Kader-Prinzip, das sie für sich selbst nicht mehr anerkennen (siehe falsche Selbstdisziplinierung), von ihren Mitarbeitern zu verlangen. Sie tun auch gut daran, es von sich selbst nicht mehr zu verlangen. Aber es ist auch schädlich, wenn sie es von ihren Mitarbeitern verlangen. Denn es fehlt die *positive Vorbild-Funktion* durch das persönliche Vorleben der Eliten.

Können sich Manager verändern?

Michael Maccoby, der berühmte Autor von »The Leader«, hat viel über diese Probleme geschrieben. Und er hat immer wieder darauf hingewiesen, daß es in den 80er Jahren wichtig sein wird, daß sich die Manager und insbesondere die Top-Manager verändern. Ferner hat er darauf hingewiesen, daß sich die Welt verändert hat und daß die Kernfrage deshalb lautet: »Können sich auch die Spitzen-Manager verändern?«

Je turbulenter und problematischer die Zeiten und Märkte, um so häufiger flüchten sich Manager in die klassischen Kader-Prinzipien. Sie wollen die *Turbulenz beherrschen* und in den Griff bekommen durch Disziplinierungs- und Loyalitäts-Prinzipien. Und genau das ist ein Rückgriff auf ein Instrumentarium, das inzwischen disfunktional geworden ist.

Nach Michael Maccoby »brauchen wir heute ein neues Modell von Führerschaft. Dieses Modell muß *Selbstverwirklichung* nicht nur auf den oberen Unternehmens-Ebenen, sondern auf allen Ebenen von großen Unternehmen, Regierungsstellen und Non-Profit-Organisationen berücksichtigen.«

Hier wird es klar ausgesprochen. Warum ist ein Spitzen-Manager in der Regel so brillant und so gut? Weil er Selbstverwirklichung und tägliche Arbeit verbinden kann. Deshalb seine hohe Leistungsbereitschaft. Deshalb sein überdurchschnittliches Engagement. Deshalb seine Kreativität. Und wenn er von seinen Mitarbeitern genausoviel Engagement, Selbstmotivation und Kreativität verlangt, dann muß er sein eigenes »Führungs-Modell im Kopf« so verändern, daß er in der Lage ist, auch für seine »Untergebenen« *Selbst-Entfaltung in der Arbeit* zu organisieren.

Fazit: Das Kader-Prinzip verhindert die Integration der Selbstverwirklichung in die betriebliche Zieleffizienz. Das Kader-Prinzip muß überwunden werden, weil nur dadurch Selbstverwirklichung auf allen Ebenen des Unternehmens möglich wird. Es gibt keinen Unterschied zwischen der Selbstverwirklichung oben und der Selbstverwirklichung unten. Es gibt qualitative Unterschiede, aber keinen generellen Unterschied. Der neue Top-Manager wird deshalb neue Wege finden müssen, um Selbstverwirklichung mit der täglichen Arbeit auf allen Ebenen zu verbinden.

Perspektiven für einen neuen Führungsstil . . . Zurück zum Vorbild

Der neue Führungsstil, der hier durchschimmert, lebt nicht nur von der bewußten Distanzierung vom Kader-Prinzip, sondern von einem Trend, der in der »Wirtschaftswoche« (1/2 86) mit »Zurück zum Vorbild« tituliert worden ist.

Managern werden zunehmend häufiger menschliche Qualitäten abverlangt. Sie sollen Mitarbeiter überzeugen, motivieren und zur Kreativität und Höchstleistung anspornen, und das geht nicht ohne Vorbildlichkeit. Und genau das ist das, was im alten Kader-System ohnehin verankert war: *Die Eliten mußten Vorbild sein.* Dafür sorgte ein strenger Ehrenkodex und eine ausgesprochen weitreichende Kultur der Selbstdisziplinierung.

Kreativität vorleben statt Härte

Aber wenn nun das Kader-System erodiert, weil es als schädlich erkannt wird, und gleichzeitig das neue Führungsmodell die *vorgelebte Vorbildlichkeit* der Eliten benötigt, dann müssen die Eliten nicht mehr Selbstdisziplinierung vorleben, sondern Kreativität. Dann müssen sie menschliche Qualitäten, das heißt *humane* und *soziale Weisheit*, vorleben.

Dann müssen sie durch ihr eigenes Tun symbolisch erlebbar machen, was Kreativität und Sinngestaltung in der Arbeit bedeutet. Das Zurück zum Vorbild verlangt Führungseliten mit dem Mut, *durch Menschlichkeit zu führen.* Menschlichkeit wird zur kommenden Effizienz-Quelle.

Wie Helmut Schartner in dem Beitrag der »Wirtschaftswoche« schreibt: »Schlechter Führungsstil grenzt oft an Körperverletzung.« Schartner ist Personalleiter bei BMW, und er hat erkannt, daß ein Unternehmen heutzutage *keine Insellage* mehr aufweist, in »der alles, was um uns herum passiert, unbeobachtet bleiben kann«. Die Firmen sind keine geschlossenen Systeme mehr (wie etwa beim Militär, weshalb dort das Kader-System sehr wohl funktionierte), sondern sie sind *offene, dynamische Sozialsysteme*, die von Widerspruch und Evolution leben. Schartner dazu: »Wir müssen die Mitarbeiter wieder dazu bringen, daß sie Sinn finden in ihrer Arbeit, um dadurch auch entsprechend motiviert zu sein.«

Die neue Strategie heißt: Produziere mehr Sinn!

Und dieser Sinn definiert sich durch drei kritische Fragestellungen bzw. Forderungen:

① *Privater Sinn*: Kann ich in meiner täglichen Arbeit einen Großteil meiner Kompetenzen, Talente und Potentiale verwirklichen, entwickeln und pflegen?

② *Gesellschaftlicher Sinn*: Kann ich mich mit den globalen Firmenzielen (etwa dem sozialen Mehrwert) identifizieren? Ist es sinnvoll, daß ich in meinem Job gut funktioniere?

③ *Inter-personaler Sinn*: Macht mir die Zusammenarbeit im Team, insbesondere die Zusammenarbeit mit meinem Chef, Spaß, und fördert die Ebene über mir meine Kompetenzen?

Persönlichkeit statt Anpassung aus Angst

Und damit sind wir bei der immer wichtiger werdenden *Vorbildrolle des Chefs* für den inter-personalen Sinn. Es gibt dazu eine Untersuchung des Soziologischen Forschungsinstituts Göttingen, durchgeführt bei 20- bis 25jährigen Berufstätigen.

Das Ergebnis hat ganz eindeutig gezeigt, daß die kommende Generation der Angestellten und der Führungskräfte ihre Persönlichkeit »nicht beim Pförtner abgeben will«, sondern daß sie sich selbst mit ihren eigenen Fähigkeiten, aber auch mit ihren eigenen Profilen und Kanten einbringen wollen.

Man möchte sich nicht anpassen, sondern man möchte gute Arbeit leisten. Und gute Arbeit und hohe Kreativität wird eher gleichgesetzt mit einer »präsenten Persönlichkeit« und mit einem *hohen Grad an Indivi-*

dualismus. Wenn der Chef in der inter-personellen Ebene versucht, diese Individualität zu reduzieren oder »wegzubügeln«, dann ist der interpersonale Sinn zerstört. Das Ergebnis: innere Kündigung.

Prof. Raidt hat die wichtigsten Signale der inneren Kündigung in einer Checkliste festgehalten. Dazu gehört beispielsweise das, was man »Management by Torero« nennt. Besonders schwierige Probleme oder unvorhersehbare Ereignisse, wie etwa Kunden-Reklamationen oder plötzlich anfallende Überstunden, läßt man mit einem eleganten Hüftschwung passieren und schanzt sie einem weniger geschickten Kollegen zu. Man geht den *Weg des geringsten Widerstandes*, und man schließt sich stets der Mehrheits-Meinung an. Man erleichtert dem Chef »sichtbar die Zusammenarbeit« (das ist nichts anderes als *»Botmäßigkeit«*), um dadurch seine eigene Effizienz und sein eigenes Engagement reduzieren zu können. *Anpassung ist Leistungsentzug.*

Und Prof. Reinhard Höhn hat einmal die wichtigsten Führungsfehler aufgelistet, die zu dieser inneren Kündigung führen können:

- Pingelige Richtlinien, die keinen Gestaltungs-Spielraum mehr lassen,
- Zuwenig Informationen von oben nach unten,
- Vorgabe von Zielen, ohne den Mitarbeiter vorher um seine Meinung zu fragen,
- Keine Anerkennung für vollbrachte Leistungen und einseitige Schuldzuweisungen bei Mißerfolgen,
- Desinteresse des Vorgesetzten an Vorschlägen des Mitarbeiters,
- Übernahme der Ideen des Mitarbeiters durch seinen Vorgesetzten, der sie anderen gegenüber als seine eigenen ausgibt,
- Über- und Eingriffe in den Kompetenzbereich des Mitarbeiters (usw., usw.).

Top-Manager, die auf Kader-Effizienz Wert legen, entdecken die stille Kündigung oft überhaupt nicht, weil für sie die Mitarbeiter von da an besonders gut funktionieren. Sie sind nicht mehr so kritisch, nicht mehr so widerborstig, sie sind planbarer, gestaltbarer, kalkulierbarer. Sie laufen nicht mehr gegen den Strich. Sie scheinen loyaler . . . aber sie verraten die wichtigere Loyalität zur Leistung.

Das Kader-Prinzip möchte Konflikte durch Anpassung ersetzen. Und so sieht es auch Prof. Raidt. Er verweist darauf, daß viele Vorgesetzte unfähig sind »*zur offenen Konflikt-Austragung* mit Mitarbeitern« und daß sie auch nicht motiviert sind zu einer »anhaltenden Befriedigung von geistig-seelischen Bedürfnissen der Mitarbeiter«.

Die Konsequenz daraus: Infratest hat 1500 Arbeitnehmer befragt, wie sie ihre Vorgesetzten sehen. Das Ergebnis: Mitarbeiter, die eine negative Einstellung zu ihren Vorgesetzten hatten, waren auch zu 44 Prozent mit ihrer Arbeit unzufrieden. Und die Konsequenz daraus: Unzufriedene Mitarbeit (inter-personale Sinnlosigkeit) führt zu *Leistungsverzicht* und Kreativitäts-Ermüdung.

Fazit: Das Kader-Prinzip muß aufgehoben werden, um die drei Ebenen der Sinngestaltung (privater Sinn, inter-personaler Sinn, gesellschaftlicher Sinn) optimal gestalten zu können. Das Kader-Prinzip macht zwar Mitarbeiter kalkulierbarer, berechenbarer und bequemer, verursacht auf der anderen Seite jedoch die innere Kündigung und wird damit zur Quelle permanenter Dismotivation und erschlaffender Kreativität und Leistung.
Je mehr erzwungene Anpassung, um so weniger Loyalität zur Leistung.

Wann zerbricht das überholte Kader-Prinzip?

Michael Maccoby hat deshalb darauf hingewiesen, daß wir nicht mehr die Zeit haben zu warten, bis sich das Kader-Prinzip von selbst auflöst. Wir haben auch nicht die Zeit, darauf zu warten, bis die *nächste Generation* kommt, für die Selbstverwirklichung und Arbeit keine Widersprüche mehr darstellen. Er schreibt, daß wir die Vorteile des neuen Modells von Führerschaft (Arbeits-Transformation in Richtung Selbstverwirklichung) nicht erst in der nächsten Generation brauchen, sondern wir benötigen diese Vorteile schon jetzt, schon heute. Und zwar möglichst auf breiter Front.

Wie Hickman und Silva (»Der Weg zu Spitzenleistungen«, München 1986) schreiben, bedeutet das, daß die Chance nicht in der nächsten Manager-Generation liegt, sondern daß Manager »sofort neue Fähigkeiten entwickeln müssen«. Die Spitzen-Manager von heute müssen theoretisch in diesen Jahren in eine längere Fortbildungsphase für Chefs einsteigen, sie müßten die neue *Führungslehre des New Age* trainieren: Wie organisiere ich Selbstverwirklichung im Rahmen effizienter Zielerfüllung?

Aber genau das wird den Top-Managern, die jetzt ganz oben sind, sehr schwerfallen, denn sie sind Kinder einer Arbeitsethik, die sie nach oben gebracht hat. Und sie sind Geschöpfe einer Führungslehre, die immer disfunktionaler wird ... weshalb die Versuchung groß ist, sich wieder der Kader-Härte zuzuwenden.

Maccoby hat in seinen ausführlichen Untersuchungen *vier verschiedene Arbeitsethiken* analysiert und hat erkannt, daß zu diesen unterschiedlichen Arbeitsethiken jeweils unterschiedliche Wertvorstellungen gehören.

Die vier Arbeits-Ethiken:

- Die erste Arbeitsethik war die streng *puritanische Ethik* mit der positiven Wertschöpfung durch harte Arbeit, Geduld und Dienst an Gott. Negative Seiten waren Intoleranz, Starrheit und ein Gefühl der Selbstgerechtigkeit.

- Im 18. Jahrhundert kam es zu einer neuen, zweiten Arbeitsethik. Sie war sehr viel toleranter und sehr viel weltlicher. Aber sie basierte immer noch auf der harten Arbeit besonders der Führenden. *Weniger Gott ... aber viel Arbeit. Als Selbstzweck.*

- Die Arbeitsethik des 19. Jahrhunderts war die Philosophie des *wagenden Unternehmers*. Harte Arbeit und Disziplin kombinierten sich mit Pionier-Visionen und persönlichem Wagemut. Der Führungsstil veränderte sich deshalb. Er wurde *paternalistisch*. Und da die Firmen immer größer wurden (die Entdeckung der großen Organisation), entwickelten sich Loyalitäts-Modelle und Modelle der kalkulierbaren Zielsolidarität. Man griff auf *militärische Prinzipien* zurück, weil diese im Rahmen von großen Organisationen bekannt waren. Das Führungs-System wurde para-militärisch.

- Mit dem 20. Jahrhundert veränderte sich die Arbeits-Ethik hauptsächlich durch die Trennung von Inhaber-Unternehmer und bezahltem Manager. Es kam – so Maccoby – zur Wertschätzung des Verwalters und des Management-Experten.
  Der Manager nahm die Attitüde des paternalistischen Führers an, aber er hatte im Grunde nicht die persönliche Kraft des Pioniers. Er verlangte den gleichen Gehorsam, wie ihn die großen Unternehmer-Persönlichkeiten zu Beginn der industriellen Revolution verlangten (die wahren Patriarchen), aber er hatte nicht ihre *Personality*.
  Durch die schnell anwachsenden Größenverhältnisse in den Firmen wurde die Dimension der Verwaltungs-Effizienz immer wichtiger.

Deshalb konnten die para-militärischen Systeme, die im 19. Jahrhundert entwickelt wurden, weiterbestehen. Para-militärische Kader-Systeme und paternalistische Prinzipien wurden fortgesetzt, obwohl sich die Szene bis heute grundsätzlich gewandelt hat.

Der neue Typ: Der Entwickler

Und wo stehen wir heute, am Ende des 20. Jahrhunderts? Maccoby meint, wir müßten lernen, daß ein neuer Typ von Führungs-Persönlichkeit entstehen muß, der wesentlich besser an die tatsächliche Welt und an die Zukunft angepaßt ist. Er nennt diesen Typ den »Entwickler«. Denn die Menschen möchten keine Vaterfiguren mehr (paternalistische Prinzipien der Pioniere), weil die ihnen zwar häufig imponieren, aber *kaum Gelegenheit zur Selbstentfaltung* geben. Aber sie möchten auch keinen verwaltungs-effizienten Manager mehr mit seiner bürokratischen Kälte, weil diese den inter-personalen Sinn zerstören. Gerade die Manager von heute sind ja Kinder des harten Karriere-Prinzips. Wer ganz nach oben kommt, hat viele Karriere-Kämpfe hinter sich. Meistens ist damit eine ganz bestimmte Persönlichkeit geformt worden, die sich dann überrepräsentiert und schädlich darstellt.

Der Weg zum gemeinsamen Glaubens-Kanon

Diese neuen Führungs-Persönlichkeiten sind strategische Denker, die den Gesamtmarkt im Lichte der sich wandelnden Technologie und des gesellschaftlichen Charakters im Auge haben. Sie sind *Pioniere der Turbulenz und des Wandels*.

Und die Mitarbeiter und Menschen – so Maccoby – wollen Führungs-Persönlichkeiten, die Anteil nehmen an ihren Interessen und Anstrengungen. Es sind also auch Pioniere für eine *partizipative Kultur*. Aber die Mitarbeiter wollen auch Führungs-Persönlichkeiten, die wirkliche Persönlichkeiten sind. Und das mißt sich im Rahmen der Ökologisierung und Re-Ethisierung unserer Gesellschaft (siehe Öko-Sozialismus) insbesondere daran, ob die »dort oben« *eine ethische Handlungs-Linie* haben.

Maccoby dazu: »Weil Wertvorstellungen und Prinzipien etabliert sind, können Führungskräfte Entscheidungen treffen, ohne als willkürlich verurteilt zu werden. Die Führungs-Persönlichkeit hat damit eine Position, von der aus sie mutig sein und Entscheidungen treffen kann, auch harte Entscheidungen. Aber Voraussetzung dafür ist eine ethische Orientierung, das heißt die Basis für einen gemeinsamen Glaubens-Kanon.«

Die Liebe zur Kritik ... das Gegenteil von Kader-Gehorsam

Der neue Führungstyp – so Maccoby – ist flexibel, und trotzdem hat er Prinzipien. Er ist selbstkritisch und trotzdem selbstbewußt. Er läßt sich beraten, aber er ist auch mutig, wenn es darum geht, Dinge zu verwirklichen, an die viele andere nicht glauben. Und in erster Linie lädt er zu Kritik ein. *Er liebt Kritik.* Er liebt den Widerspruch. Er braucht ihn, um sich zu schärfen. Er lebt vom inter-personalen Dialog. Er ist ein Pionier der Dialog-Konzeption.

Macht durch Teilung von Macht

Darüber hinaus – so die Recherchen von Maccoby – sind die neuen Führungs-Persönlichkeiten kooperativ und *teilen Macht.* Indem sie das tun, schaffen sie Macht. Niemand kann partizipatorisch sein und zugleich eine Führungs-Persönlichkeit, ohne sehr überzeugend zu sein. Nur die wirklichen Führungskräfte können ihre Macht teilen und sich dennoch durchsetzen. Einen Standpunkt zu vertreten, ohne sich rechtfertigen zu müssen, ist ein wesentliches Merkmal dieser »kraftvolleren Persönlichkeit«. Soweit Maccoby mit seiner Merkmalsliste für den neuen Top-Manager.

Fassen wir zusammen: Der neue Führungstyp muß sich verabschieden vom Kader-Prinzip. Er muß *führen durch Persönlichkeit* und nicht durch subtil erzwungene Kader-Loyalität. Er muß überzeugen durch Vorbild und visionäre Follow-me-Kraft und nicht durch Anordnung und Befehl. Er muß das persönliche Wachstum der Mitarbeiter fördern und pflegen und seine Mitarbeiter nicht zu para-militärischen Figuren degradieren. Er muß Widerspruch, Kreativität und Individualismus fördern, weil er als Elite »am meisten Honig aus diesen Qualitäten saugen kann«.

Der neue Spaß am Arbeiten

Der Züricher Sozialpsychologe Gerhard Schmidtchen hat eine Untersuchung mit dem Titel *»Neue Technik – Neue Arbeitsmoral«* vorgelegt. Darin wird belegt, daß sich unsere Arbeitswelt grundlegend durch moderne Fertigungs-Systeme und durch die elektronische Revolution gewandelt hat.

Eine neue Technik braucht aber auch eine neue Arbeitsmoral. Aber während das Top-Management in der Regel sehr schnell bereit ist, Elektronik und Roboterisierung einzuführen, weil es Kosten senkt und Mitarbeiter wegrationalisiert, beharrt es im Prinzip auf den alten Tugenden der Disziplin und der Arbeitsethik. Wie Gerhard Schmidtchen schreibt, sind aber gerade in unserer Zeit immer mehr »neue Tugenden der Arbeit« gefragt. Und diese könne man mit »Kommunikationsfähigkeit und Teamgeist« umschreiben.

Damit ist die Richtung angesagt. Die Arbeit in den deutschen Unternehmen wird immer mehr elektronisch unterstützt (vom Bildschirm in der Verwaltung bis zum Roboter in der Fabrikations-Halle). Der Roboter wird damit zum Soldaten. Er ist gleichbleibend fleißig, er ist frei von Emotionen und zwischenmenschlichen Aufs und Abs. Roboter und Computer werden zu »berechenbaren Menschen«.

Der Mensch aber wird immer mehr zum Engpaß, besonders wenn es darum geht, die Zukunft zu gestalten. Seine spezifische *Kreativität* wird immer mehr verlangt. Gerade die innovativen und flexiblen Leistungen, die morgen immer wichtiger werden, entspringen aus einer hochentwikkelten Individualität.

Aber gerade das Kader-Prinzip, wie es heute bevorzugt und als »selbstverständlich oder gottgegeben« hingestellt wird, zerstört diese Individualität. Man muß es immer wieder sagen: Kader-Prinzipien sind in fast allen deutschen Unternehmen wie »natürlich« vertreten. Und diese Kader-Prinzipien sind para-militärisch, wenngleich sie auch ihre äußere Fassade oft sehr moderat und human gestylt haben. Aber hinter dieser *Fassade der netten Zwischenmenschlichkeit* regieren in den deutschen Unternehmen nach wie vor die harten Prinzipien des Kader-Konzepts.

Das Ziel des Transformations-Prinzips: Die Individualität erhöhen

Wenn man aber die spezifischen Kompetenzen menschlicher Mitarbeiter (im Gegensatz zu den elektronischen Mitarbeitern, auch Chip-Collars genannt) nutzen, fördern und steigern möchte, dann muß die personale Strategie auf die *Steigerung der Individualität* ausgerichtet sein. Gerade die Förderung des Individualistischen im Mitarbeiter ist das Credo für die nächsten zehn bis fünfzehn Jahre im Sektor der Personalpolitik.

Fazit: Je mehr elektronisch gestützte Arbeit, um so wichtiger der Individualismus der menschlichen Mitarbeiter. Die Personalpolitik der Zukunft muß den Individualismus kontinuierlich und massiv fördern. Das Kader-Prinzip dagegen war darauf ausgerichtet, den Individualismus einzuebnen.
Das neue Transformations-Prinzip muß den Individualismus kultivieren.

Schauen wir einmal in die Arbeitswelt, wie wir sie heute vorfinden. Fragen wir uns, ob am Arbeitsplatz *Individualismus erlaubt ist*, ob Arbeit Spaß machen darf und wo die spezifischen Frustrationen sitzen.

Arbeits-Spaß wird wichtiger als Einkommen

Zuerst einmal zeigen viele Untersuchungen, daß heute der *Spaß am Beruf* wichtiger ist als ein hohes Einkommen. Das gilt besonders für Jugendliche. Das Bundesinstitut für Berufsbildung hatte vor einiger Zeit 3000 Jugendliche befragt, was für sie das wichtigste sei.

Nur 16 Prozent wollten einen guten Verdienst (übrigens nur 14 Prozent ein hohes gesellschaftliches Ansehen, was früher ja einmal sehr wichtig war). Die meisten wollten eindeutig Spaß am Beruf (90 Prozent). Schon mit 75 Prozent folgt der zweite Spitzenreiter: Sie wollten einen Beruf, der ihren Talenten, Eignungen und Potentialen weitestgehend entspricht. Man möchte nicht nur Spaß im Beruf, sondern – soweit es geht – *sein individuelles Potential* verwirklichen . . . in der Arbeit und durch die Arbeit.

Soweit die Jugend und der Nachwuchs. Und damit ist die Richtung für die 90er Jahre aufgezeigt. Prüfen wir zusammen mit Prof. Noelle-Neumann anhand ihrer Untersuchungen, wie das Bild aussieht bei den Älteren, das heißt den etablierten Arbeitnehmern. Einige Thesen aus ihren Untersuchungen:

① »Den Menschen fällt alle Aktivität, die ihnen nicht unmittelbar Spaß macht, immer schwerer.«

② »Es entsteht eine immer größere Kluft zwischen den aktiven und den passiven Menschen aller Schichten.«

③ »Die Menschen aus den verschiedenen Rängen der betrieblichen Hierarchie waren sich in den 50er Jahren ähnlicher in ihren Vorstellungen vom Arbeitsethos und in ihrer Fähigkeit zur Arbeitsfreude als heute.«

Diese drei Statements, zitiert in »IO-Management-Zeitschrift« (1/85), zeigen eindeutig, daß es zwei *Sensibilisierungs-Strömungen* gibt:

- Die Mitarbeiter fühlen immer früher und schmerzhafter, ob Arbeit Spaß macht, ab wann sie keinen Spaß mehr macht und warum sie keinen Spaß mehr macht. Sie sind nicht mehr so dumm. Und sie verlangen immer mehr *psychischen Nutzen* (privater Sinn) von der Arbeit.

- Zugleich werden sie aber auch immer unterschiedlicher. Immer weniger Menschen sind wirklich aktiv und selbstmotiviert. Das ist aber die kommende Elite. Und gerade diese kommende Elite wird immer individualistischer, immer kantiger, immer knorriger und immer weniger 08/15.

Fazit: Die heutige und die kommende Elite (hochmotivierte Mitarbeiter) wird immer individualistischer und immer sensibler gegenüber sinnloser Arbeit.
Neue Führungskonzepte und neue Arbeits-Konzeptionen sind dringend erforderlich, um von den wirklich guten Mitarbeitern kontinuierlich gute Leistungen zu bekommen.

Das Kader-System: Quelle für Leistungs-Zerfall, Neurose und Streß

Die Marschroute für ein neues Management ist also klar: Die Organisations-Trends laufen darauf hin, aus möglichst vielen Mitarbeitern möglichst viele Chefs zu machen (Stichwort: Dezentralisierung und Selbst-Beauftragung).

Es kann aber nur derjenige sich selbst wie ein Chef führen, der den privaten, inter-personalen und gesellschaftlichen Sinn in der Tätigkeit sieht. Die Arbeit muß also Spaß machen, weil sie Sinn bringt. Sie muß deshalb Mittelpunkt der persönlichen Selbstentfaltung werden.

Geschieht das nicht, so wird der subjektiv erlebte Streßgrad der Arbeit immer größer. Seit längerer Zeit ist deshalb auch der Trend zur »neuen Empfindlichkeit« zu beobachten. Soziologen wie Daniel Bell haben frühzeitig darauf hingewiesen, daß sich unser gesellschaftliches Klima derart radikal verwandelt hat, daß Menschen heute bereits unter *sozialen Unstimmigkeiten* leiden, die sie früher unter der Dunstglocke einer protestantischen Leistungs-Ideologie viel besser ertragen haben.

Wenn man erst einmal durch Bildung sensibilisiert ist für freieres und sinnvolles Arbeiten, dann werden Arbeitsprozesse, die früher als normal gegolten haben, heute schon als extrem frustrierend erlebt.

Der Gießener Psychologie-Professor Werner Correll hatte vor einiger

Zeit bei einem Vortrag darauf hingewiesen, daß nach seinen Analysen rund jeder dritte Berufstätige bereits »auf dem Weg zur Neurose« sei. Die Ursache liege in den Stressen des Berufs. Und es seien nicht nur Zeit-Stresse, sondern in hohem Maße *Konflikt-Stresse* mit den Vorgesetzten, das heißt mit den Führungs-Gremien.

Correll weist darauf hin, daß sich bereits bei einem Menschen, der drei bis vier Monate widerwillig und entgegen der eigenen Neigung eine Tätigkeit ausübe, »neurotische und körperliche Krankheits-Symptome zeigen«.

Das Kader-Prinzip, das von Menschen Leistungs-Gehorsam auch dann verlangt, wenn der Sinn nicht gesehen wird, ist mit hoher Wahrscheinlichkeit eine Dauerquelle für Streß, Krankheit und Neurosen.

Wie Peter Pawlowsky in »Gewandelte Werte – Erstarrte Strukturen« (Klipstein und Strümpel, Bonn 1985) schreibt, wird der *Konflikt zwischen neuen Ansprüchen und alten Strukturen* immer größer. Die neuen Ansprüche kommen hauptsächlich durch die neuen Informations-Technologien und durch die neuen Sensibilitäten und Kompetenzen der Mitarbeiter. Und die alten Arbeits- und Disziplinmuster kommen hauptsächlich vom klassischen Kader-Prinzip. Es kämpft – etwas überspitzt – die neue Informations-Gesellschaft gegen das alte Kader-Prinzip.

Wandel der Ansprüche an Arbeit und Aufgaben-Identifizierung

Durch die neue Informations-Ökonomie, die entsteht, hat sich tatsächlich in den letzten Jahren der Sinngehalt von Arbeit stark gewandelt. Da gibt es unterschiedliche wissenschaftliche Beobachtungen und Deutungsmuster:

① *Die Arbeit verliert an Zentralität*
Diese Perspektive hat Dubin 1956 als erster untersucht. Durch den *zunehmenden Wohlstand* wird die industrielle Arbeitswelt immer negativer erlebt. Und die Arbeit ist »herausgerutscht« aus der bisherigen Zentralität des Lebens. Sie ist nicht mehr Mittelpunkt der Selbstverwirklichung, sondern Freizeit und Konsum.

② *Berufs- und Leistungs-Ethik haben einen Bedeutungsverfall erlebt*
Die protestantische Ethik, wie sie von Max Weber als erster beschrieben worden ist, soll in den letzten Jahren einer irreversiblen

»Säkularisierung« anheimgefallen sein. Das bedeutet, daß die *protestantische Leistungs-Ethik zerfällt* und daß die klassischen bürgerlichen Werte, wie sie mit Arbeit und Karriere verbunden worden sind, als immer unsinniger erlebt werden (zum Beispiel Erfolg durch Anpassung). Noelle-Neumann, Held und Kmieciak haben dieses Phänomen untersucht.

③ *Die Arbeits-Orientierung ist immer instrumenteller geworden*
Hier war es zuerst Goldthorpe, der 1968 die ersten Studien, die in diese Richtung zielten, veröffentlichte. Hier wird diagnostiziert, daß das steigende Einkommen der Arbeiter und der Angestellten dazu geführt hat, daß Karriere-Orientierung und auch die typische Loyalität nach oben im Rückgang begriffen sind und daß sie ersetzt werden durch eine *instrumentelle Arbeits-Orientierung*, die Arbeit überwiegend als Mittel betrachtet, um ein möglichst hohes Einkommen zu erzielen.

④ *Abnahme materieller Werte, Zunahme post-materieller Werte*
Das ist die berühmt gewordene These von Inglehart (1977). Er hat darauf hingewiesen, daß ältere Menschen, die in kargen Zeiten aufgewachsen sind, besonders viel Wert auf materielle Güter und Sicherheit gelegt haben.

Je jünger die Menschen in den Führungs-Ebenen, um so mehr sind sie auch Repräsentanten einer post-materiellen Auffassung. Für sie ist Gehalt und Arbeitsplatz-Sicherheit nicht mehr so wichtig wie für die Generationen zuvor. *Die Arbeits-Inhalte werden immer wichtiger*, nicht die Belohnungen. Die Folgen sollen steigende Arbeits-Unzufriedenheit, Entfremdung und ein hoher Krankenstand sein.

⑤ *Die Arbeits-Ethik wird verändert durch den mehrdimensionalen Wertewandel*
Hier ist es hauptsächlich Klages (1984), der darauf hingewiesen hat, daß alle *Pflicht- und Akzeptanzwerte* unserer Gesellschaft stark auf dem Rückzug sind und daß alle Wertmuster, die in Richtung Autonomie und *Selbstentfaltung* gehen, stark angewachsen sind. Immer mehr Menschen würden Kreativität, Spontaneität, Ungebundenheit, Eigenständigkeit und Durchsetzungsfähigkeit so hoch wertschätzen, daß sie auch in ihrer täglichen Arbeit einen Teil davon zu verwirklichen suchen. Die klassische Bürokratie und die überall vertretenen Muster des Kaders lassen diese Aspekte der Selbstverwirklichung weitestgehend nicht zu.

⑥ *Lohnarbeit und Produzentenbezug werden neu konturiert*
Auf diesen Aspekt haben Kern und Schumann 1983 als erste hingewiesen. Vor dem Hintergrund einer verkürzten Arbeitszeit und verbesserter materieller Sicherung hat sich ein Wandel des Produzentenbezugs zur Erwerbsarbeit vollzogen. Selbst Arbeiter werden immer interessierter daran, wie der Inhalt der Arbeit aussieht.

Zwar ist für die meisten Arbeitnehmer nach wie vor wichtig, wieviel sie verdienen und wie sicher ihr Arbeitsplatz ist, aber *die bisherigen Neben-Forderungen sind zu neuen Haupt-Forderungen geworden.* Man möchte autonomer handeln und entscheiden können. Man möchte sich *mehr identifizieren* können. Damit ist die Frage des Sinns und der »stillen Kündigung« bereits vordefiniert.

Fazit: Die Arbeit hat sich in den letzten Jahren stark gewandelt, und mit ihr die Arbeits-Ethik und das Werte-Kostüm der Arbeit. Allen Tendenzen gemeinsam ist, daß die Arbeit im Prinzip immer unwichtiger wird, während sie gleichzeitig subjektiv immer wichtiger wird. Man ist nicht mehr bereit, sich für die Arbeit »verbiegen oder reduzieren« zu lassen, gleichzeitig erwartet man von der Arbeit immer intensiver Sinnerfüllung und Selbstentfaltung.

Die Unzufriedenheit mit der Arbeit und den Chefs wächst

Pawlowsky zitiert in diesem Zusammenhang eine Langreihen-Untersuchung vom Institut Allensbach und kombiniert sie mit Emnid-Daten. Daraus ergibt sich eine drastische Veränderung der Arbeits-Einstellung.

Generell ist seit Anfang der 60er Jahre der Aspekt »Die Freizeit ist mir lieber als die Arbeitszeit« immer mehr angewachsen. Er lag früher bei rund 30 Prozent. 1986 lag er zwischen 40 und 50 Prozent. Parallel dazu ist die *Unzufriedenheit mit der Arbeit* bei der arbeitenden Bevölkerung immer mehr angestiegen. In der ersten Hälfte der 80er Jahre waren bereits rund 45 bis 50 Prozent der Arbeiter und Angestellten mit ihrer Arbeit unzufrieden. Jeder zweite ein Frustrierter.

Parallel dazu der »überraschend synchrone Verlauf« der *Entwicklung der Krankmeldungen.* Wenn man die Unzufriedenheits-Entwicklung mit der Krankmeldungs-Entwicklung verbindet, sieht man, daß unzufriedene Arbeitnehmer auch immer häufiger krank sind. Je größer die Unzufriedenheit, um so höher die Krankenrate.

Leistungsfähigkeit und Leistungswille sind direkt abhängig von der *Arbeitsfreude.* Der volkswirtschaftliche Wert von Arbeit ist abhängig davon, mit welchen arbeits-ethischen Konzepten die Wirtschaft operiert. Je mehr Kader-Gehorsam – und sei es auch in der neuen, freundlich getarnten Form –, um so mehr macht Arbeit krank und um so weniger Qualität liegt in der täglichen Arbeit.

Seit Mitte der 60er Jahre haben sich auch die Ansprüche an die Berufsarbeit stark gewandelt. An Bedeutung abgenommen haben die Dimensionen schneller Aufstieg und hohes Einkommen. Zugenommen haben die Dimensionen Kommunikation, interessante Arbeit und kürzere Arbeitszeit.

Auf einen einfachen Nenner gebracht, so Pawlowsky: Statt ausschließlich mehr Geld werden bessere Arbeitsbedingungen, mehr Mitbestimmungs-Möglichkeiten, mehr Anerkennung und mehr individuell gestaltbare Arbeitszeit gefordert.

Der Konflikt zwischen Kader und neuem Arbeiten

Hedonismus und Selbstentfaltung verlangen immer mehr von der Arbeitswelt. Und das klassische Kader-Prinzip ist dafür völlig untauglich, weil es auf Selbstdisziplinierung, Selbstbescheidung und Sinn-Verzicht ausgerichtet ist.

Der langfristige Konflikt zwischen Kader-Prinzipien, wie sie heute üblich sind, und den sich immer mehr wandelnden Anforderungen und Ansprüchen an die Arbeit ist vorprogrammiert.

Wagen wir einen Blick in das Ausland. Da gab es vor einiger Zeit einen Vergleich zwischen Schweden und der Bundesrepublik Deutschland hinsichtlich des *subjektiven Freiheitsgefühls* bei der Arbeit: In Schweden waren 54 Prozent der Berufstätigen der Meinung, daß sie überwiegend frei entscheiden könnten und nicht so sehr abhängig seien von Regularien und Vorgesetzten. In der Bundesrepublik war dieser Satz 1973 auch noch recht hoch placiert, nämlich bei 49 Prozent. 1978 war er schon bei 42 Prozent und 1982 nur noch bei 36 Prozent. Zum gleichen Zeitpunkt artikulierten 32 Prozent der deutschen Berufstätigen, daß sie sich bei der Arbeit im Prinzip unfrei fühlten. Schlechte Noten für die Führungs-Eliten.

Fazit: In Deutschland hat der Freiheits-Grad der Arbeit trotz aller formalen Modernisierung in der Personalpolitik immer mehr abgenommen. Die Arbeit ist nicht freier, autonomer und selbstbestimmter geworden, sondern sie wird von den meisten Berufstätigen als unfreier erlebt.

Sicher hatten wir in Deutschland im Personalbereich in den letzten Jahren viele Verbesserungen. Und formal klingt heute auch vieles verbindlicher, liebevoller, humaner, interaktiver und kooperativer.

Aber offensichtlich reichen diese partiellen Verbesserungen im Rahmen der Personalstrategien nicht aus (»Kader-Tarnung«), denn das Bild ist eindeutig: Der *Wertewandel der Mitarbeiter* ist radikaler und schneller gewesen als der Wandel der Arbeitsbedingungen und der Führungsprinzipien.

Die Mitarbeiter verlangen immer mehr Autonomie und Selbstentfaltung in der Arbeit und durch die Arbeit. Das Management in Deutschland scheint zu starr festhalten zu wollen an dem typisch klassischen und preußischen Kader-Prinzip, sonst wären die *hohen Unzufriedenheits-Quoten* in Sachen Freiheitsgefühl bei der Arbeit nicht zu erklären.

Steigende Lebens-Zufriedenheit ... sinkende Arbeits-Zufriedenheit

Das wird auch gestützt durch Untersuchungen von Infratest und Allensbach im Hinblick auf Einkommens-Zufriedenheit, Lebens-Zufriedenheit und Arbeits-Zufriedenheit. Unterteilt man diese drei Bereiche der Zufriedenheit, so ergibt sich seit 1958 ein außerordentlich plastisches, und zwar negatives Bild: Kontinuierlich angestiegen ist die Lebens-Zufriedenheit der Arbeitnehmer. Auch die Einkommens-Zufriedenheit ist seit den 60er Jahren angestiegen. Aber die *Arbeits-Zufriedenheit* ist seit 1967 kontinuierlich abgefallen, seit 1979 sogar rapide.

Fazit: Die Arbeits-Zufriedenheit ist trotz der Modernisierung unseres Lebens und der Berufswelt nicht besser geworden, sondern deutlich schlechter. Auch hier wieder das gleiche: Die Arbeitswelt ist nur formal, instrumentell modernisiert worden, aber was das Menschenbild und das Führungssystem betrifft, so ist der Wandel noch nicht vollzogen worden.

Die Qualität des Chefs: Deutschland als Schlußlicht

Kommen wir wieder zu einem internationalen Vergleich. Wir haben erkannt, daß immer mehr Menschen sensibilisiert worden sind im Hinblick auf den »inter-personalen Sinn«.

Hier lautet das Haupt-Kriterium: *Wie geht der Chef mit mir um?* Und da gibt es eine internationale Umfrage mit dem Titel: »Jobs in the 80th«.

Eine Frage war die Qualität der Behandlung durch Vorgesetzte. Und hier ist Deutschland im Vergleich zu Schweden und den USA absolut das Schlußlicht auf der Skala. Die deutschen Werte sind schlechter in fast allen Dimensionen.

Es sind beispielsweise mehr deutsche Mitarbeiter der Meinung, daß sich ihre Arbeitsaufgaben verschlechtert haben. Es sind mehr der Meinung, daß sie schon mal gegen ihren Willen versetzt worden sind. Es sind mehr der Meinung, daß man ihre Arbeit schon einmal schlechtgemacht hat. Besonders kraß vertreten ist in Deutschland die Auffassung, daß man schon einmal in Gegenwart anderer kritisiert worden ist und daß einem manchmal zuviel Arbeit zugemutet worden ist.

Eine besonders hohe Arbeitszufriedenheit ist entsprechend diesem internationalen Quervergleich in *Schweden* zu beobachten. Und gerade Schweden – so zeigen die soziologischen Analysen – hat eine jahrelange Trainingsphase durchlebt im Hinblick auf Sozial-Kanonisierung in Sachen Arbeit, Zielfindung und Entscheidung.

Es kriselt also überall, und das *ätzende Gift der Unzufriedenheit* verbreitet sich immer mehr. Noch sind die leitenden Angestellten und die höheren Beamten davon nicht so richtig betroffen.

Die letzten Untersuchungen hierzu datieren aus 1983. Und es zeigte sich, daß zumindest in Deutschland die Leitenden sich noch überwiegend positiv über ihre Arbeit auslassen. Zwar gibt es den Trend zur stillen Kündigung, aber die offizielle Akzeptanz ist bei den Leitenden noch stabil. Offene Erosion und Unzufriedenheit, wie sie sich in den mittleren und unteren Rängen bereits eingenistet haben, werden in den oberen Kadern vermutlich erst mit dem Einzug der nächsten Manager-Generation um sich greifen. Das Kader-System zerbricht in Deutschland durch die »andere Jugend«. Warum?

Deutschland: Die Abkehr von der strengen Erziehung

Weil wir eine völlig andere *Jugendkultur* haben als andere Länder. Gerade die Erziehungs- und Bildungspolitik hat dafür gesorgt, daß schon die nächste Generation sehr viel mehr Wert auf Selbstentfaltung, Kreativität, Spontaneität und Autonomie legen wird.

Ein Beispiel dafür: Es gab vor einiger Zeit eine vergleichende Untersuchung zwischen Japan, den USA und der Bundesrepublik Deutschland im Hinblick aûf die *Einstellung zur Kindererziehung*. Man hat gefragt, wie der repräsentative Durchschnitt zu dem Statement steht: »Was junge Leute vor allem brauchen, ist eine strenge Erziehung durch die Eltern.«

Das Ergebnis: Nur 46 Prozent Zustimmung in Deutschland, aber 77 Prozent Zustimmung in den USA und 69 Prozent Zustimmung in Japan. Dagegen lehnen rund 47 Prozent in Deutschland eine strenge Kindererziehung dezidiert ab. Das ist der absolute Gipfelwert. In den USA sind es nur 22 Prozent und in Japan nur 28 Prozent.

In Deutschland ist *die Kluft* zwischen den Jugend- und Erwachsenenwerten größer als in jedem anderen westlichen Industrieland. Hinzu kommt, daß die seit Jahren laufende Neukonzeptionierung von Schule und Erziehung dazu führen wird, daß immer mehr hochqualifizierte Kinder immer »toleranter und eigengesetzlicher« erzogen werden.

Fazit: Das progressiv-liberale Bildungs- und Erziehungssystem in Deutschland zerstört das Kader-Prinzip. Es werden immer mehr Kinder freiheitlich erzogen. Die kommende Generation der Manager wird die Disziplinierungs-Regeln, wie sie für das Kader-Prinzip heute noch typisch sind, nicht mehr akzeptieren können.

Deutschland: Abkehr vom Materialismus

Das alles ist – wie gesagt – erst kurz vor dem Ausbruch. Es ist eine Frage des kommenden Generationswechsels. Betrachten wir hierzu wieder einmal ein Untersuchungs-Ergebnis aus der internationalen Umfrage »Jobs in the 80th«, und zwar ein Ergebnis für die Bundesrepublik Deutschland im Hinblick auf *Materialismus versus Post-Materialismus.*

Die Materialisten sterben in der Bundesrepublik Deutschland langsam aus. Die Gruppe der 45- bis 69jährigen stellt heutzutage den Schwerpunkt der materialistischen Orientierung dar. 48 Prozent sind in dieser Altersgruppe klassische Materialisten. Die Mittelgruppe (halb Post-Materialisten, halb Materialisten) sind offensichtlich in der mittleren Alterszone positioniert: 43 Prozent sind zwischen 25 und 44 Jahre alt.

Und die Post-Materialisten, die am freiheitlichsten erzogen sind und die am stärksten geistige, kreative und ideelle Werte in den Vordergrund stellen, sind eindeutig in der jüngsten Gruppe placiert: In der Altersgruppe 16 bis 33 sind sie mit 55 Prozent vertreten.

> **Fazit:** Die kommenden Generationen werden sich immer mehr vom materialistischen Ideal zur post-materialistischen Orientierung entwickeln. Damit wird der Sinn von Arbeit und Leistung immer mehr vergeistigt.
> Das klassische Kader-Prinzip wird für diese Generation keine taugliche Basis mehr darstellen: Sinn wird verlangt statt Disziplin.

Der Beweis läßt sich schon heute aus der Tatsache ableiten, daß die Post-Materialisten zu 30 Prozent sagen, sie würden hauptsächlich arbeiten, um sich *als Person selbstverwirklichen zu können.* In der Mischgruppe sagen das 20 Prozent, bei den Materialisten nur 10 Prozent.

Konsequenz: Wenn die Post-Materialisten das Middle-Management und später das Top-Management erobern, spätestens dann wird Selbstverwirklichung mit Arbeit verbunden werden müssen ... spätestens dann werden Selbstverwirklichung und Führungsstil eine neue pragmatische Koalition eingehen müssen.

Die systematische Zerstörung der Arbeits-Lust durch falsche Ziele

Und spätestens dann wird Selbstverwirklichung auch verbunden werden müssen mit den *ethischen* und *moralischen Handlungsprinzipien* von Unternehmen, weil der soziale und damit öffentliche Sinn sich automatisch verbindet mit dem privaten Sinn.

Bezeichnend hierfür ist die akademische Auseinandersetzung zwischen Noelle-Neumann und Burkhard Strümpel (»Macht Arbeit krank? Macht Arbeit glücklich?«, München 1984). Strümpel diagnostiziert, die empirischen Untersuchungen hätten gezeigt, daß sich immer mehr Menschen für ihren Beruf nicht mehr voll einsetzten.

Während beispielsweise 1982 80 Prozent der Menschen aus selbständigen und freien Berufen sagten, daß sie sich in ihrem Beruf ganz einsetzen würden und oft mehr tun würden, als von ihnen verlangt wird, sagten das bei den Berufstätigen insgesamt nur 42 Prozent. Und – problematischer! – genauso viele, also ebenfalls 42 Prozent der Berufstätigen, sagten schon damals, daß sie in ihrer Arbeit *nur das täten, was von ihnen verlängt würde,* so daß ihnen niemand etwas vorwerfen könne. Sie seien nicht bereit, sich etwas mehr anzustrengen. Für sie sei der Beruf kein Anreiz mehr.

Sowohl Noelle-Neumann als auch Strümpel erkennen klar eine »nachlassende Zielspannung« im Hinblick auf Arbeitsrollen, Arbeitsethik, Arbeitsdisziplin und Arbeitsfreude.

Und Strümpel schreibt dann dazu, daß »die konstruktive Spannung in der Verfolgung der Rollen und Belange der spätindustriellen Arbeitsgemeinschaft nachläßt«. Und er sagt, daß dies »nicht auf die reduzierte Spannweite oder Spannbarkeit menschlicher Interessen, sondern auf den *Verlust an Autorität und moralischer Substanz der Ziele* zurückzuführen« sei.

Fazit: Wenn immer mehr Menschen nur noch Arbeit nach Vorschrift leisten und ihr wertvollstes Potential nicht mit Arbeit verbinden, so ist das nicht nur eine Frage der konkreten Arbeitsplatz-Gestaltung, sondern es wird immer mehr eine Frage des Job-Enrichments außerhalb des Arbeitsplatzes, nämlich die Frage, inwieweit Firmen gesellschaftliche Moral und gesellschaftliche Ethik mit ihren betrieblichen Zielsetzungen verbinden können.
Je ethischer, sozial engagierter und damit identifikationswürdiger die globalen Zielsetzungen der Unternehmen (sozialer Mehrwert), um so höher das Leistungs-Engagement der Mitarbeiter.

Das deckt sich mit dem, was Naisbitt für Amerika konstatierte: Daß viele Menschen nur darauf warten, sich wieder leidenschaftlich zu engagieren, wenn es nur mehr globale Zielsetzungen gäbe, für die man sich wirklich engagieren könne.

Das Defizit liegt weniger beim »faulen Mitarbeiter«, sondern viel eher bei den »schlappen Zielen« der Firmen. *Schlappe Ziele verursachen schlappe Mitarbeiter.*

Deshalb hilft kein Zurück zur Kader-Pflicht, sondern nur ein mutiges Vorwärts zur Transformation: Aus Firmen werden Glaubens-Gemeinschaften. Und der Mittelpunkt des motivierenden Glaubens wird die *sozial-ethische Selbstbeauftragung* des Unternehmens.

Strümpel dazu: »Vielleicht würden die Menschen die Arbeit eher als Lebensaufgabe sehen, eher ihr Bestes geben, wenn die raison d'être der abnehmenden Organisationen entsprechend hohen moralischen Ansprüchen genügen würde. Die Geschäftsgrundlage des damaligen sozialen Vertrages ist weggefallen. Aber die arbeitsteilige Wirtschaft pocht dennoch auf Erfüllung.«

Fazit: Der neue Manager wird viel lernen können von den Gedanken und Postulaten des New-Age-Managements. Diese neue Philosophie des Managements sieht gerade in den ethischen Dimensionen den eigentlichen »neuen Produktivfaktor«.

Das Kader-Modell ändert sich, weil sich die Paradigmen ändern

Da gibt es den Professor Richard E. Walton von der Harvard Business School. Er ist eine sehr bekannte Autorität auf dem Gebiet des Personal-Managements. Und im »Harvard-Manager« 1/86 hat er einige Perspektiven im Hinblick auf die Veränderung der Beziehungen zwischen Arbeitgebern und Arbeitnehmern veröffentlicht. Sein Aufsatz hat den Titel: »Von der Kontrolle zur Mitverantwortung«.

Und hier finden sich wieder eindeutige Hinweise dafür, daß auch die Pioniere im wissenschaftlich-akademischen Lager sehr deutlich erkennen, daß die klassischen Kontroll- und Kader-Prinzipien immer untauglicher werden.

Für Walton war klar: Die *80er Jahre würden eine Art Interims-Etappe* sein. Firmen würden versuchen, Zentralisierung einerseits und Dezentralisierung andererseits miteinander zu verbinden, was durch elektronische Netzwerke zunehmend auch besser möglich würde. Sie müßten es tun, um flexibler operieren zu können. Deshalb würden die 80er Jahre sicherlich die Wiederentdeckung der Sozio-Organisation mit sich bringen und damit auch die Wiederentdeckung der Team-Prinzipien. Aber das nicht im Sinne der Team-Euphorien (neue Team-Techniken) in den 60er Jahren, sondern in Form »teil-autonomer Gruppen«.

Quality Circles packen das Selbstentfaltungs-Problem nicht

Walton weist aber darauf hin, daß dieser Schritt noch nicht ausreichen werde. Selbst wenn die Firmen immer stärker auf teil-autonome Gruppen setzten – und damit auch auf *Quality Circles* etc. –, reiche das nicht aus, weil das nur günstig sei für ökonomische und qualitative Zielsetzungen – die inzwischen stark angewachsenen *Zielsetzungen für private Selbstentfaltung* berücksichtigten das nicht. Mit Circles und autonomen Teams befriedige man nicht die Sehnsüchte nach mehr Sinn und nicht die Bedürfnisse nach persönlichem Wachstum.

Fazit: Selbstentfaltung ist nicht automatisch das Ergebnis von moderner Team-Organisation.

Deshalb – so Walton – werde es in den 90er Jahren zu einem *gesellschaftlichen Dialog-Prinzip* kommen müssen. Selbstentfaltung und gesellschaftliche Sinnvermittlung dürfen nicht länger »außen vor der Tür« stehen, sondern müßten akzeptierte Leitlinien für Organisation, für Management und für Führung werden. Die Analysen von Prof. Walton machen deutlich, daß es aus dieser Sicht drei Epochen gibt, die man klar voneinander trennen kann.

Erste Epoche: Das Maschinen-Modell

Diese Epoche kann die klassisch-kartesianische Epoche genannt werden. Es ist eine historische Epoche, aber sie wirkt heute noch bei vielen Managern und Organisations-Experten nach. Der Mensch ist ein *Teil des Räderwerks*. Und die Job-Descriptions sind die Fixpunkte. Die Menschen müssen sich ihnen anpassen. Es wird relativ wenig Information gegeben, da jeder mit der für ihn bestimmten Information gut funktionieren müßte – so wenigstens das Modell.

Dieses Modell funktioniert auch, solange das Kader-Prinzip die selbstverständliche Basis für alle Organisations- und Führungsprozesse war. Man gab präzise Ziel- und Grenzvorgaben und installierte ein starres Controlling. Mit diesen Zügeln versuchte man, das menschliche Räderwerk zu steuern.

Es handelt sich im Grunde um einen »geistigen Taylorismus« (Walton). Lineare und rationale Modelle beherrschen das Bild vom Menschen und die Strukturierung der Organisation. Und von den Mitarbeitern wird entsprechend der Kader-Philosophie Anpassung und stumme Ziel-Solidarität erwartet. Kreativität, Spontaneität und Selbstentfaltung sind weitestgehend ausgegrenzt und werden überwiegend als störend definiert. *Der strategische Faktor dieser Epoche: Kontrolle.*

Zweite Epoche: Das Familien-Modell

Diese Epoche ist Anfang der 80er Jahre erst so richtig entwickelt worden aufgrund anderer Zielvorstellungen, und zwar hauptsächlich aufgrund der wachsenden Turbulenz draußen im Markt und im internationalen Kontext. Firmen wollen mehr Flexibilität, eine bessere Anpassung an fließende und überraschende Prozesse. Die Organisation soll *fähig werden zur Fluktuation*.

Und deshalb hat man das Maschinen-Modell als schädlich entlarvt. *Organisation-Entwicklung* (OE) und andere Methoden setzen sich immer stärker durch. Das Team wird wichtig, insbesondere jedoch die autonom handelnde Einheit. Die Organisation dialogisiert mit den Teams.

Das Top-Management beginnt deshalb, mehr Entscheidungs-Information zu delegieren. *Partizipations-Kompetenz* wird zu einem wesentlichen Schlüsselfaktor progressiver Überlegungen. Die Mitarbeiter sollen sich soweit wie möglich selbst organisieren und selbst motivieren.

Somit ist es vorrangig eine *Epoche der Gruppe*. Das Individuum ist im Prinzip nicht wichtig. Es wird zwar nicht mehr mißbraucht als ein funktionierendes Rädchen im Uhrwerk – das ist überholt –, aber die Gruppe beherrscht nun die Szene. Deshalb sind Interdisziplinarität und Team-Kompetenz wesentliche Bausteine dieses Familien-Modells. Eine *zelluläre Organisation* wird angestrebt. Und die Strategie wandert immer stärker von der Zentrale zur operativen Einheit. Das hauptsächliche Muster ist Team-Intelligenz und Selbstachtung.

Das alte Kader-Prinzip ist in dieser Epoche nur formal aufgeweicht worden, denn es herrscht maskiert immer noch vor. Man darf in begrenztem Rahmen autonom handeln, aber es gelten noch immer die gleichen Regeln der Anpassung und der Selbst-Disziplinierung.

Es ist auch eine Epoche, in der die Selbstentfaltungs-Sehnsüchte des Individuums nach wie vor ausgeklammert sind. Noch herrscht die Meinung vor, daß vermehrte Selbstentfaltung in der Organisation zu Chaos führen würde, bei den Mitarbeitern zu einer Demotivierung und für die Unternehmung als Ganzes zu einer deutlichen Reduzierung der Rendite. Hier wird *Selbstentfaltung als Luxus definiert*, den man sich aus Kosten- und Renditegründen nicht erlauben kann.

Trend-Recherchen legen nahe, diese Epoche, die derzeit vorherrscht, womöglich noch bis 1995 als dominant zu betrachten. *Der strategische Faktor: Verantwortung.*

Dritte Epoche: Das Transformations-Modell

Ab 1990 wird sich ein Management-Trend in den Vordergrund schieben, der heute erst bei wenigen Pionier-Unternehmen (zum Beispiel die BCCI-Bank) beobachtbar ist: Das *Unternehmen als sinnstiftender Diener für die Gesellschaft.* Aus Firmen werden Glaubensgemeinschaften.

Das neue Credo lautet: Sinnproduktion für die Gesellschaft, Transformation des Unternehmens in Richtung *sozialer Mehrwert* aber auch persönlich-private Transformation, denn das private Wachstum (Selbstentfaltung genannt) wird ein vollwertig integrierter Bestandteil der Prinzipien und Prioritäten der Unternehmen.

Selbstentfaltung ist hier kein Luxus mehr, kein Zierat und wird dementsprechend nicht zähneknirschend geduldet. Selbstentfaltung ist der eigentliche Motor für wirtschaftlich erfolgreiches Handeln. Je mehr Selbstentfaltung beim Individuum, um so größer *das Energie-Potential* des Unternehmens. Eine völlig andere Sichtweise.

In dieser Epoche ist nun das Kader-Prinzip, das in der zweiten Epoche nur stilistisch aufgeweicht wurde, gänzlich verschwunden. Statt Controlling und Disziplinierung wird Wert gelegt auf Moral, Ethik und Firmenkultur. Selbstmotivation, Selbst-Organisation und Selbstkontrolle werden initiiert und optimiert durch Vision und Firmenkultur. Man führt nicht mehr per Anweisung, sondern über geistig-kulturelle Instrumentarien: Die *Metaphysik des Managements* wird dann großgeschrieben.

In dieser Epoche werden die *Jugendwerte und die Werte des New Age* so weit wie möglich in die Instrumentarien der Firmen integriert. Dazu ist auch eine Umwandlung vom Hierarchie-Denken zum Heterarchie-Denken erforderlich. Netzwerke bestimmen die Organisations-Modelle. Mitbesitz und Mitgestaltung werden immer wichtiger, ebenso auch Arbeitsplatz-Garantien. Der persönliche Sinn verbindet sich mit dem inter-personellen Sinn und dem gesellschaftlichen Sinn. *Der strategische Faktor: Sinn.*

Die Transformations-Jugend wächst heran

Soweit Prof. Walton von Harvard. Betrachten wir nun im Hinblick auf diese Epochen-Prognosen, wie sich der Nachwuchs entwickeln wird.

Eine gründliche Recherche von R. Eden Deutsch im Dezember 1985 in »The Futurist« soll die angesprochene Problematik verdeutlichen. Diese Studie gilt zwar für die USA, aber große Teile sind auf Deutschland übertragbar – und sie geben ein Gefühl dafür, warum in der jetzigen Organisations-Epoche das Kader-Prinzip immer noch nicht »weg vom Tisch« ist, sondern lediglich in verniedlichter Form weiterpraktiziert wird.

Deutsch hat analysiert, daß in den Firmen derzeit zwei Nachkriegs-Generationen bestimmend sind. Die erste Gruppe sind diejenigen, die in die *Wachstums-Euphorie* hineingeboren wurden. Und die zweite Gruppe sind diejenigen, die bereits einen *Wachstums-Stop* erlebt und emotional akzeptiert haben.

Und diese beiden Gruppen machen heute in den USA die Hälfte der Arbeitskräfte aus. Beide Gruppen fordern nun *mehr Demokratisierung am Arbeitsplatz* und *mehr Selbsterfüllung im Beruf* und durch die Tätigkeit.

Aber diese beiden Gruppen haben es derzeit schwer, mit diesen Werten durchzukommen, weil sie eigentlich noch nicht echte Repräsentanten dieser Werte sind.

Die Trendwende kommt durch die Computer-Babys

Nach den Prognosen von Prof. Deutsch werden zwischen 1985 und 1990 die Computer-Babys in den Business-Markt eintreten. Und diese Gruppe wird es schaffen, die etablierte Kader-Ordnung zu verändern, denn sie fordert nicht nur mehr Demokratisierung und mehr Selbstentfaltung, sondern sie hat diese Perspektiven in ihrer Jugend konkret kennengelernt. Für sie sind *diese Werte keine Ideale mehr*, sondern praktikable Werte, die sie insbesondere in ihren Peer-Groups und in der Schule trainiert und oft persönlich erlebt haben.

Deutsch schreibt dazu, daß die Top-Manager von morgen also lernen müßten, Sozialleistungen, Arbeitsbedingungen und Job-Aufgaben so umzugestalten, daß sie mit den individuellen Bedürfnissen nach Selbstentfaltung und Partizipation harmonieren. Der Top-Manager muß lernen, den »Computer-Babys« das zu geben, was sie fordern: Mehr Mitsprache, mehr Selbstentfaltung.

Er muß also von dem klassischen Delegations-Prinzip umschalten können auf *Steuerung auf der Beta-Ebene*. Das ist Vision, Kultur und Handlungs-Ethik (siehe hierzu Gerd Gerken, »Der neue Manager«, Freiburg 1986).

Für Deutsch bedeutet das einen Schritt zur Evolution der Arbeit, der grundsätzlicher nicht sein kann. Was die beiden Nachkriegs-Generationen nur idealistisch gefordert haben, wird durch die Computer-Babys konkret machbar – sinngebende Arbeit und gelebte Partizipation.

Für das Top-Management, so Deutsch, bedeutet das eine wesentliche Verlagerung der Führungs-Prinzipien. Sie werden verlagert von der Sollwert-Führung hin in Richtung Verfügungsfreiheit und *Autonomie*. Das Top-Management definiert verstärkt die Kultur und das Endprodukt der Arbeit, nicht jedoch die Arbeitsprozesse und die Zwischenentscheidungen.

Auch die heutigen Manager werden sich wandeln

Mit den neuen Forderungen der Computer-Babys, auch »Transition Generation« genannt, werden diejenigen Top-Manager am wenigsten zurechtkommen, die sich dem Kader- und Anpassungs-Druck voll gebeugt haben, die heute die klassischen Kader-Werte persönlich repräsentieren. Sie folgen dem *Maschinen-Modell*, wenn auch nicht offen, so doch zumeist unbewußt. Starrheit, Frustration und Immobilität – auch aufgrund der Unfähigkeit, sich dem Informations-Zeitalter anzupassen (siehe hierzu Kotler mit seiner Theorie der informations-orientierten Organisation) – sind die Folgen.

Also: Gerade das Top-Management muß schon heute lernen, sich vom Kader-Prinzip zu entfernen. Die Transitions-Generation wird zwar nicht von heute auf morgen das Klima bestimmen, aber die »Management-Babys« werden viele Forderungen der zwei etablierten Nachkriegs-Gruppen verstärken.

Die Jüngsten werden sich dementsprechend in den 90er Jahren durchsetzen, werden als Mentoren und *Verstärker* für die bisher zu idealistischen Ziele der Nachkriegsgruppen wirken. So wird der Einfluß der Nachwuchs-Generation – entsprechend den Analysen von Deutsch – bis ins 21. Jahrhundert hineinwirken. Sie, die heute noch kader-angepaßt sind, werden ihren Einfluß behalten, aber sie werden dabei ihre *bisher unterdrückten Forderungen* nach mehr Selbsterfüllung und nach mehr Partizipation durch die immer heftiger werdenden Forderungen und Wertkonzepte der Computer-Babys verstärken. Die jetzigen Middle-Manager werden sich wandeln . . . weil die Computer-Babys den *Evolutions-Druck* ins Spiel bringen. Der Wandel kommt, und zwar noch vor dem nächsten Generations-Wechsel.

New Age und Jugendwerte: Die neue Quelle für ein besseres Führungsprinzip in den 90er Jahren

Ernst zu nehmende Diagnosen haben bisher gezeigt, daß die Organisations-Trends dahin laufen, aus immer mehr Mitarbeitern und Befehls-Empfängern »kleine Chefs« zu machen – definiert durch drei Faktoren: Selbst-Beauftragung, Selbst-Motivation und Selbst-Kontrolle. Alle Flexibilisierungs-Strategien, alle Dezentralisierungs-Strategien und erst recht alle Strategien der Effizienzsteigerung sind ohne diese drei Faktoren unvorstellbar.

Wenn aber alle aus organisatorischen Gründen zum »Chef der eigenen Person« werden sollen, dann dürfen sie sich innerlich nicht verweigern, dann muß ihnen die Arbeit mehr Spaß machen. Und wenn die Arbeit mehr Spaß machen soll – was sie entsprechend den Unterlagen von Noelle-Neumann, Strümpel und anderen zur Zeit nun wirklich überwiegend nicht mehr macht –, dann muß die Arbeit sich wesentlich stärker mit Selbstentfaltung verbinden.

Das neue Leitziel für die 90er Jahre: Selbstentfaltung muß in der Arbeit möglich werden, und Selbstentfaltung muß durch Arbeit möglich werden. Es wird ca. vier bis sechs Jahre dauern, bis eine derartige Führungs-Praxis und eine entsprechende Firmenkultur verankert ist. Das ist für jedes Unternehmen ein großer Evolutions-Schritt. Wer also im nächsten Jahrzehnt *den besseren Human-Faktor* haben will, muß in diesen Monaten beginnen, das offene und maskierte Kader-System im eigenen Unternehmen aufzulösen und eine *Glaubens-Kultur* zu installieren.

Nun sind gerade die Jugendlichen mit ihrer spezifischen Jugendkultur die Pioniere, Repräsentanten und Weiterentwickler der *Selbstentfaltungs-Programmatik*. In der Jugendkultur ist die Selbstentfaltung seit Mitte der 60er Jahre an prominenter Stelle verankert. Es lohnt sich deshalb, die Jugendkultur genauer zu betrachten, weil hieraus die kommenden Prinzipien für eine verbesserte Führung abgeleitet werden können.

Betrachten wir zuerst einmal die *Arbeits-Orientierungen* der Jugendlichen (Sinus-Studie). Danach gibt es drei charakteristische Formen von Arbeits-Orientierung beim Arbeitnehmer-Nachwuchs:

① *Die interessengeleitete engagierte Arbeitsorientierung: 67 Prozent*

Hier ist das traditionelle Karriere-Denken und das typische Erfolgsstreben, das für Kader-Anpassung typisch ist, völlig überwunden. Diese Jugendlichen wollen *Selbstverwirklichung in der Arbeit*. Für sie erscheint Arbeit erst dann ideal, wenn sie einen gesellschaftlichen Bezug hat (sozialer Sinn) und wenn sie ihre eigenen sozialen und politischen Motive erfüllen kann (privater Sinn).

Es ist daran zu erkennen, daß bereits zwei Drittel der Jugendlichen für das Kader-Prinzip verloren sind. Sie sind für die heutigen Führungs-Konzepte das unpassende »Menschen-Material«.

Nun könnte man argumentieren, daß aber der Management-Nachwuchs völlig anders fühlt als der repräsentative Durchschnitt der Jugend. Aber dem ist nicht so.

Die Untersuchungen vom USW zeigen gerade, daß sich auch im Management-Nachwuchs *die alternative Orientierung* und die Selbstverwirklichung durchgesetzt haben. Der Selbstverwirklichungs-Bazillus ist nicht etwa nur bei den einfachen Bürgerkindern verbreitet, sondern gerade bei den intelligenteren. Die *alternative Arbeitsorientierung* mit mehr Sinnstreben ist nicht etwa in den unteren Rängen, sondern gerade in den oberen Rängen unseres Nachwuchses massiv verbreitet. Je gebildeter, informierter und sensibler, um so mehr Distanz zum Kader-Karriere-Muster der Väter.

② *Die konventionell-materielle Arbeitsorientierung: 20 Prozent*

Für sie sind *berufliches Fortkommen*, gutes Einkommen und ein sicherer Arbeitsplatz absolut im Mittelpunkt. Das wäre die Gruppe, die mit den klassischen Kader-Prinzipien in Zukunft am besten klarkommen könnte. Nur . . . das sind lediglich 20 Prozent. Und es sind bei weitem nicht nur die Intelligentesten, die Sensibelsten und die Fähigsten.

③ *Die freizeitbezogene, hedonistische Arbeitsorientierung: 13 Prozent*

Das sind diejenigen, die im Prinzip Arbeit zu umgehen versuchen und die ihren Lebensschwerpunkt in der Freizeit placiert haben. Sie sind für Führungspositionen per se untauglich. Für sie sind flexibles Arbeiten und *Job-Arbeiten* ideal. Sie entfallen für unsere Betrachtung für den kommenden Manager-Nachwuchs.

Die Alters-Pyramide und die Wichtigkeit der Turnschuh-Generation

Und noch etwas kommt hinzu. Wir brauchen die Jugendlichen immer mehr, denn wenn das mit unserer *Kinderlosigkeit* (von einigen Autoren, wie Horst Stein, die »lautlose Katastrophe« genannt) so weitergeht, dann werden wir im Jahre 2030 sehr viel weniger Jugendliche haben und sehr viele Bürger, die über sechzig Jahre alt sind.

Und auf dem Wege zu dieser *Überalterung* werden die Jugendlichen als Pioniere und als Innovatoren immer wichtiger. Wir werden von Jahrzehnt zu Jahrzehnt weniger Jugendliche haben, und gleichzeitig werden sie immer wichtiger. Und außerdem werden sie immer schwieriger, immer unkalkulierbarer, immer souveräner und immer deutlicher auf Selbstverwirklichung pochen. Der Konflikt für Führung, Organisation und Kader-Ethos ist vorprogrammiert.

1986 hatten wir rund 12,7 Millionen Jugendliche. Im Jahre 2030 werden es nur noch 4,1 Millionen sein. Die strategische Bedeutung der Jugendlichen nimmt also zu, und zwar

- weil sie immer weniger werden
- weil die Zeiten immer turbulenter und schwieriger werden und
- weil wir mit immer größerer Rigidität eine andere gesellschaftliche Realität erarbeiten (2. Moderne).

Es sind geistige, kulturelle und erst recht sozial-wirtschaftliche Pioniertaten erforderlich, um den Übergang von einer Schornsteingesellschaft zur Informations-Gesellschaft packen zu können. In dieser Phase sind engagierte Jugendliche und *neue Eliten der Jugendkultur* auch für die Wirtschaft von zunehmender Wichtigkeit.

Fazit: Die Jugendlichen werden immer weniger. Zugleich werden sie immer wichtiger. Ihre Bedeutung nimmt zu. Damit wird die von ihnen repräsentierte Jugend-Kultur (ca. 60 Prozent folgen diesem Muster) zur normalen Basis für eine andere Auffassung von Führung und Management.

Die Essentials der Jugendkultur

Betrachten wir in Thesenform die Jugendkultur im einzelnen, weil sie das Fundament darstellen wird für eine Neukonzeptionierung von Führung und Management. Folgen wir hier den Analysen von Klaus-Jürgen Scherer vom Fachbereich Politische Wissenschaften an der FU Berlin:

① *Die Jugendkultur ist gekennzeichnet durch einen permanenten Protest*
Zwar wandeln sich die Protestformen und die Protest-Anlässe, aber die *Protesthaltung ist zur Dauerinstanz geworden*. Denn die Jugend steht immer vor der Bewältigung von Problemen, die die Erwachsenen verursacht haben.

Da wir nicht annehmen können, daß in den nächsten fünfzehn Jahren die ökologischen, politischen und sozialen Probleme gelöst werden oder sich sogar in Nichts auflösen, wird der Protest die logische und permanente Konsequenz aus den Erwachsenen-Strategien bleiben. Die Jugend lernt den Protest, *verinnerlicht den Protest* und perfektioniert den Protest. Ihre innere Haltung ist Protest, egal ob er offen oder still ist.

Mit dieser Haltung wird sie auch in die Arbeitswelt eintreten. Die meisten von ihnen werden diesen Protest zwar transformieren, aber sie werden ihn, auch wenn sie Manager und Top-Manager werden, als psychologischen Privatbesitz beibehalten.

② *Rund 50 Prozent der Jugendlichen sind kritische Aktivisten*
Wenn man beispielsweise die Shell-Jugendstudien von 1981 und 1985 daraufhin betrachtet, wird sichtbar, daß rund 50 Prozent der Jugendlichen ihre Zukunft überwiegend pessimistisch sehen. Sie sind skeptisch, aber sie sind nicht passiv. Sie sehen wenig Chancen für eine allumfassende Problemlösung, aber *sie resignieren nicht*.

Im Gegenteil. Die besonders Skeptischen sind auch besonders politisch interessiert. Die besonders Kritischen sind auch die besonders Aktiven. Die Träger der Jugendkultur (es gibt natürlich auch Träger der Erwachsenenkultur, die wesentlich angepaßter und konservativer sind) wachsen in einem Klima erhöhten kritischen Engagements auf. Wenn sie in Wirtschaft und Management integriert werden, haben sie das kritische Engagement so sehr verinnerlicht, daß es zu ihrer zweiten Persönlichkeit geworden ist.

③ *Die Jugendkultur hat zu einem eigenen Lebensstil geführt*
Dieser hat sich weit entfernt von dem bürgerlichen Lebensstil. Jugendkultur ist heute ein klassen- und nationale Grenzen verbindendes *Massenphänomen*.

Jugendliche nutzen beispielsweise das »kulturelle Zeichensystem Mode«, um den symbolischen Austritt aus der Familiengemeinde zusammen mit der Zugehörigkeit zur Gesellschaft der Gleichaltrigen zu markieren. Die Jugendkultur entwickelt sich also öffentlich, entwickelt sich über solidarische Netzwerke, entwickelt sich in *Sub- und Gegenkulturen*.

Das Besondere aber: Die Jugendkultur wird immer schneller und immer häufiger von den Massenmedien aufgenommen, wird veredelt, wird popularisiert und wird zum massenkulturellen Konsum überführt.

④ *Die neue Volkskultur wird immer mehr von der Jugendkultur gestaltet*
Die hauptsächliche Essenz dieser neuen jugendlichen Volkskultur ist »identisch werden, identisch bleiben«. Die *seelische Autonomie* wird angestrebt. Dadurch, daß diese Ziel- und Leitwerte massenhaft popularisiert werden, wird in den nächsten Jahren das Bestreben nach persönlicher Integrität und Identität immer populärer werden.

Die Konsequenz daraus: Wenn die Jugendlichen in die Wirtschaft und in das Management eintreten, wird sich das Klima in Richtung »Förderung der Individualität und Bewahrung der Identität« so sehr durchgesetzt haben, daß es geradezu opportun ist, sich nicht übermäßig anzupassen, wie es etwa das Kader- und Karriere-Prinzip verlangt. Anpassung gilt dann nicht mehr als »clever«, sondern als »krank«.

⑤ *Die Jugendkultur zielt auf neue Normen, neue Lebensstile und neue emotionale Leitwerte*
Zärtlichkeit und Kommunikationsfähigkeit werden hier im breiten Rahmen trainiert. Das bürgerlich maskierte Verhalten wird als falsch und »verdinglicht« entlarvt. Man möchte eine *»ungepanzerte« Beziehungskultur* entwickeln. Und das ist derzeit schon voll im Gang.

Die Konsequenz: Die Jugendlichen, die morgen in die Welt der Wirtschaft und in die höheren Etagen des Managements eintreten werden, werden konventionelles, *maskiertes Verhalten* als verlogen und sozial schädlich erleben. Offene Kommunikation und ungetarnte Beziehungen werden die neue klimatische Basis für das Team-Management werden. Das Kader-Prinzip mit seinen bewußt geförderten *Rivalisierungs-Mustern* hat dann ausgedient.

⑥ *In der Jugendbewegung gibt es wechselnde Moden und variierende Ideologien*

Aber eines bleibt seit Anfang der 60er Jahre immer kontinuierlich beobachtbar: Das wachsende Bedürfnis nach Selbstverwirklichung und Selbstbestimmung. Die Jugendkultur ist eine gelebte Suchbewegung in Richtung *mehr Emanzipation*. Die wichtigsten Kriterien:

- *Das Prinzip Leben*. Das heißt vor allem die Sicherung der ökologischen Existenzgrundlagen. Das ist eine der obersten Zielwerte der Jugendkultur. Die Jugendlichen mögen die Grünen ablehnen und zum Teil noch nicht einmal wählen, aber sie sind grüner und ökologischer als jede andere Generation zuvor. Sie sind auf selbstverständliche Art grün.
- *Selbstveränderung*. Man möchte seine eigene Persönlichkeit wandeln (siehe zum Beispiel Bewußtseinswandel). Es soll sich nicht nur die Welt ändern, sondern auch das Individuum soll verbessert werden.
- *Befreiung der Gesellschaft von patriarchalen Herrschafts-Strukturen*. Hier geht die Forderung nach Gleichberechtigung weit über die Thematik der Frauen-Emanzipation hinaus. Integration statt Ausgrenzung Benachteiligter, Behinderter, Ausländer etc.
- *Radikalisierung des demokratischen Prinzips*. Die meisten Jugendlichen möchten die repräsentative Demokratie um die partizipative Demokratie ergänzt sehen. Wenn sie das auch nicht immer in guten Worten und wissenschaftlich fundiert ausdrücken können, so spüren sie doch, daß es ein Plebiszit in entscheidenden Fragen geben muß und daß auch in der Politik eine weitergehende Dezentralisierung von Entscheidungen möglich sein müßte.
- *Ökologische Wirtschafts-Demokratie*. Sie liebäugeln mit einer ressourcen-schonenden Kreislaufwirtschaft.
- *Umbau des Sozialstaates*. Sie haben ein offenes Herz für Selbsthilfe und Selbstorganisation und sehen soziale und kulturelle Vergesellschaftung als eine negative Entwicklung an.
- *Entwicklung gewaltfreier Politik*. Das sehen sie in doppelter Hinsicht.

Sowohl im Inneren durch eine Humanisierung des staatlichen Gewaltmonopols als auch im internationalen Hinblick auf eine andere Militär- und Friedenssicherungs-Politik.

Alles in allem zeigen diese Aspekte, daß Jugendliche Individualität, Emanzipation und Selbstentfaltung nicht nur – wie die Aufbau-Generation nach dem letzten Weltkrieg – als überholte Idealwerte erleben, sondern als absolut *pragmatische Alltagswerte*. Fazit: Sie werden und wollen das Wirtschaftssystem zwingen, diese Werte soweit wie möglich praktikabel zu machen.

⑦ *Die Jugendbewegung hat eine festgeschriebene Distanz zu oben*
Sie haben gelernt, wie schnell die Gesellschaft *kriminalisiert*. Je mehr Protest, um so schneller die Ausgrenzungs-Prinzipien der Herrschenden. Sie haben es nicht nur im Fernsehen gesehen, sondern zum großen Teil auch persönlich emotional erlebt, daß auch friedliche Proteste schnell kriminalisiert werden und auf der Straße zu Schlägereien führen. Viele von ihnen sind persönlich wegen Widerstandes gegen die Staatsgewalt identifiziert, festgenommen und zum Teil verurteilt worden. Ihr Engagement, retten, verändern und schützen zu wollen, wurde jahrelang offen oder versteckt kriminalisiert, obwohl sie – heute rückblickend – immer intensiver erkennen, wie sehr und wie oft sie recht gehabt haben.

Ganz tief im Innersten – so die Diagnose von Scherer und anderen – wird deshalb auch das *Prinzip der Eliten* und des politischen Patriarchats abgelehnt. Die meisten Jugendlichen haben das Gefühl, daß sie besser als die »Macher da oben« die Sinnlosigkeit und die Krisenanfälligkeit der normalen Politik verstehen.

Sie haben zu häufig erlebt, daß sie mit ihren Protesten recht gehabt haben (siehe beispielsweise die diversen Ökologie-Debatten). Und sie haben zugleich erlebt, daß sie für ihr Anderssein, für ihre reifere Sensibilitat und für ihre demokratischeren Warnungen bestraft wurden.

Wenn diese Jugendlichen in die Wirtschafts-Etagen einziehen, werden sie von den Vorgesetzten und Führenden eine völlig andere Autorität verlangen: *Abkehr von positioneller Macht*, hin zu einer Autorität, die durch das Kultivieren menschlicher Ressourcen entsteht (Autorität nicht durch Karriere-Positionen, sondern durch den spezifischen Beitrag an der Entfaltung des einzelnen).

⑧ *Die Jugendkultur hat inzwischen einen anderen Politik-Ansatz entwickelt*
Während die Erwachsenen auf Umfragen, warum sie sich für Politik interessieren, überwiegend betonen, daß sie mitreden wollen, heben die Jugendlichen überwiegend als Ziel hervor, daß sie *mitbestimmen* und konkret mitgestalten wollen. Die Alten und die Jugend haben also ein völlig anderes Verhältnis zur Politik.

Ihr höherer Grad an Betroffenheit hat dazu geführt, daß Partizipation bei der Ziel- und Entscheidungsfindung eine völlig normale Dimension angenommen hat. Mitbestimmung und Mitgestaltung sind für sie keine Almosen, sondern absolute Notwendigkeit, um überhaupt Demokratie gestalten zu können. Das wird in den Firmen dazu führen, daß die Kader-Prinzipien als extrem contra-produktiv und menschenverachtend erlebt werden. Der Partizipationswunsch der Jugendlichen ist so groß, daß ein Großteil ihrer Leistungsabgabe nur durch Partizipation im Hinblick auf Zielfindung und Entscheidung möglich wird.

⑨ *Die Jugendkultur hat unterschiedliche Fragmente*
Insgesamt sind es drei Fragmente, die hier für die nächsten fünfzehn Jahre wichtig werden:

- *Die New-Age-Strömung*. Das ist eine psycho-religiöse Bewegung. Hier ist *persönliche Transformation* entscheidend. Man will ein neues Paradigma der ganzheitlichen Übereinstimmung mit sich, der Natur und dem Kosmos. Es handelt sich um eine zum Teil schwer verständliche Mischung zwischen Spiritualität einerseits (was mehr ist als der übliche konfessionelle Gottesdienst) und neuartigen oder klassischen Therapieformen. Man will das rationale (kartesianische) Denken überwinden.

  Die New-Age-Strömung wird sich vermutlich in den nächsten Jahren immer mehr aus der Jugendszene herausentwickeln und zu einer eigenständigen sozialen Bewegung werden, zu der auch immer mehr Ältere und Erwachsene hinzustoßen.

  Gerade in den Kreisen der Politik und der Wissenschaft sind in den letzten Jahren verstärkt Trend-Impulse gesichtet worden, die darauf hinweisen, daß dieser Bereich sich aus der spezifischen Ecke einer Jugendkultur herausentwickelt und zu einer populären Breitenbewegung wird, die zumindest für Teile aller Generationen faszinierend wird.

- *Der neue Zynismus*. Diese Strömung glaubt nicht an neue Werte und ein neues Zeitalter, sondern sie kultiviert ein »ironisches Zitieren des Vergangenen«. Für sie ist das permanente Revival eine Mischung aus lustbetontem Ausleben bei gleichzeitiger kultureller Kreativität und einem geschärften *Mißtrauen gegenüber allzuviel Idealismus* und zu großen Entwürfen à la New Age. Diese Strömung wird sicherlich ganz spezifisch in der Jugendbewegung verbleiben, aber sie wird dafür sorgen, daß allzu heroische Ideale und allzu dogmatische Ideologien permanent karikiert, veralbert und hinterfragt werden.

- *Der neue Realismus.* Eine völlig andere Strömung ist der neue Realismus. Das ist beispielsweise bei vielen jugendlichen Grünen zu beobachten. Hier wird nicht zuviel Idealismus betrieben, aber auch nicht zuviel Zynismus praktiziert.

Man möchte konkrete, programmatische Arbeit leisten. Man möchte das *alternative Leben* nicht nur ersehnen, sondern mit eigenen Händen konkretisieren. Hier ist zum Beispiel die Alternativ-Szene mit ihren alternativen Firmen und mit den selbstverwalteten Betrieben zu Hause. Hier werden konkrete Lebensstil-Experimente mit zunehmender Professionalität durchgeführt. Hier ist auch die Heimat der vielen Selbsthilfe-Bewegungen (zur Zeit rund 40 000 Gruppen mit rund 400 000 bis 600 000 Aktiven). Hier ist das Zentrum der Para-Politik. Hier wird nicht nur debattiert, sondern hier wird eine Mini-Gesellschaft parallel zur kritisch gesehenen Haupt-Gesellschaft entwickelt.

Ein anderer Aspekt des neuen Realismus ist die zunehmend engagierter werdende Beschäftigung mit *Elektronik und Computerei* (Chip-Generation). Das hat dazu geführt, daß eine kritisch-optimistische Perspektive entwickelt worden ist. Aber nicht im Hinblick auf »Die-da-oben-werden-das-schon-alles-richtigmachen«, sondern im Hinblick auf einen neuartigen Eigen-Stolz (»In unserer eigenen Welt sind wir durchaus in der Lage, vieles besser zu machen als die Etablierten und Erwachsenen«).

Hier wächst eine Realisierungs-Kompetenz heran, die heute (besonders im Software-Bereich und in vielen Bereichen der Selbsthilfe und der selbstverwalteten Betriebe) schon von dem Offizial-System und von staatlichen Institutionen genutzt wird. Hier hat die Jugend zum Teil Leitbild- und *experimentelle Laborfunktion*. Man braucht sie als professionelles Entwicklungs-Zentrum für alternative Konzepte.

⑩ *Der letzte Aspekt der neuen Jugendkultur ist das Bescheidenheits-Training*
Viele Jugendliche haben am eigenen Körper gelernt, daß man auch mit wenig Geld auskommen kann, daß die Welt nicht untergeht, wenn man nicht sofort die *bürgerlichen Karriere-Muster* adaptieren und verwirklichen kann. Viele Jugendliche haben auch während des Studiums und der Ausbildung gelernt, mit sehr wenig Geld selbstorientiert zu leben.

Ein Teil von ihnen (genannt die B-Jugend: die Verlierer) ist in Apathie, Resignation und destruktives Verhalten abgerutscht. Ein anderer Teil hat sich mit einer schmalen materiellen Basis arrangieren können. So auch viele der 1,5 Millionen Arbeitslosen unter 25 Jahre, die 1985 registriert wurden. Man hat gelernt, sich durchzuwurschteln. Man macht Jobs unter Umgehung des Finanzamts. Man trainiert viele Aspekte, die ohnehin später für viele opportun werden könnten: Wenn erst einmal das Grundgeld (Einkommen ohne Arbeit) da ist, werden viele Jugendliche in der Schatten- und Schwarzwirtschaft ein bißchen hinzuverdienen, um dann auf relativ karger materieller Ausstattung ein Maximum an zeitlicher und inhaltlicher Autonomie und Lebensgestaltung praktizieren zu können.

Diese Jugend hat gelernt, die bürgerliche Karriere-Dressur kritisch zu sehen. Viele haben sie völlig überwunden. Für sie sind *flexible Lebensformen* möglich, mal mit viel Geld, mal ohne Geld. Auf jeden Fall sind sie dadurch soweit post-materiell geworden, daß sie sich nicht mehr einem Karriere-Rhythmus unterwerfen und sich auch nicht mehr allein für Geld »verkaufen« wollen.

Soweit die wesentlichen geistigen Grundpfeiler der Jugendkultur. Um sie noch einmal in geraffter Form zu beschreiben, hier die wesentlichen acht Kriterien:

① *Protest*
Die Jugendkultur hat den Protest als ein normales Kommunikations- und Mitgestaltungs-Instrument entdeckt und verinnerlicht. Statt Unterwerfung und Anpassung Mitgestaltung durch Protest.

② *Engagement*
Die Jugendkultur hat gelernt, Aktivität und Engagement mit Kritik zu kombinieren. Das klassische Bürgerlager der Erwachsenen hat Karriere und Engagement weitestgehend gleichgesetzt mit Anpas-

sung, Mundhalten und Opportunismus. Die Jugendkultur hat gelernt, daß Selbstmotivation und leidenschaftliches Engagement durchaus verträglich sind mit Kritik. Kritische Aktivität verhindert nicht Erfolg, sondern führt zu Erfolg.

③ *Identität*
Die Jugendkultur hat einen neuen psychologischen Leitwert gefunden: Identität. Für Jugendliche ist der Verrat der eigenen Persönlichkeit ein »Ding der Unmöglichkeit«. Das eigene Leben wird nicht zugunsten einer Karriere vermarktungsfähig. Es ist ein Bemühen um persönliche Integrität. Man möchte sich selbst fühlen, man möchte sich seiner selbst gewiß sein. Die bürgerlichen Akzeptanzwerte (Klages) werden als Verrat an der Seele erlebt.

④ *Selbstentfaltung*
Die Jugendkultur hat als oberstes Ideal die Selbstentfaltung gesetzt. Emanzipation und Individualisierung sind wichtige Eckpfeiler dieses Bestrebens. Man sieht die eigene Persönlichkeit nicht als gegeben an, sondern man möchte sie verändern und verbessern. Persönlichkeitswandel, Bewußtseinswandel und Entfaltung der inneren Potentiale – das sind die neuen Ziele. Die Jugendkultur verlangt von der Wirtschaft und von ihren Führungs-Eliten, daß sie die Arbeit so organisieren können, daß ein Großteil der Selbstentfaltung darin eingebracht werden kann. Selbstmotivation und Selbstentfaltung bedingen sich.

⑤ *Neue Autorität*
Die Jugendkultur hat eine andere Einstellung zu Autorität und Macht. Sie akzeptiert positionelle Macht immer weniger. Dennoch akzeptiert sie Führer und insbesondere natürliche Autoritäten. Die Kraft einer Autorität wird unter anderem daran gemessen, wieviel ein Mensch dazu beiträgt, daß andere Menschen sich positiv entwickeln und entfalten können. Die Jugendkultur wird also von den Top-Managern verlangen, daß sie die Unternehmensziele und die Führungs-Konzeption so gestalten, daß möglichst viel natürliche Autorität zu Lasten der positionellen Autorität entsteht (Hierarchie- und Status-Autorität). Das fordert von den Top-Managern ein Führen durch Persönlichkeit, durch Weisheit und durch Selbstentfaltungs-Hilfen.

⑥ *Partizipation*
Die Jugendkultur hat den Wert der Partizipation völlig neu definiert. Sie will nicht nur mitreden, sie will mitgestalten. Für sie ist

Demokratie erst dann praktiziert, wenn konkret mitgestaltet werden kann. Die Jugendkultur verlangt also neuartige Prinzipien der Ziel- und Entscheidungsfindung und damit ein völlig anderes Konzept der Information und der Delegation.

⑦ *Pragmatischer Idealismus*
Die Jugendkultur bringt eine neue Mixtur aus Idealismus, Zynismus und Realismus. Sie baut damit ein Klima auf, das vom spirituellen Aspekt (New Age) über eine ausgesprochen zynische Kritik bis zu einem neüen Realisierungs-Stolz ausgebreitet ist. Die Jugendkultur bewegt sich in einem Feld hoher Ideale, die aber gleichzeitig immer wieder in puncto Dogmenbildung und Ideologien kritisch hinterfragt werden, während sich gleichzeitig ein neuer, optimistischer Realismus entwickelt. Die Jugendkultur weiß um ihre zunehmende Wertigkeit und Wichtigkeit in einer turbulenten Gesellschaft beim Übergang vom 20. ins 21. Jahrhundert. Die New-Age-Bewegung wird sich von einer reinen Jugendbewegung sehr schnell zu einer eigenständigen sozialen Bewegung entwickeln. Spiritualisierung des Alltags wird die Wirtschaft sehr stark beeinflussen. Der soziale und gesellschaftliche Sinn wird immer stärker von dieser spirituellen Bewegung beeinflußt. Ethik und Moral werden durch die New-Age-Bewegung langsam zu normalen betriebswirtschaftlichen Größen.

⑧ *Unabhängigkeit durch Bescheidung*
Die Jugendbewegung hat eine Kultur der Selbstbescheidung und der Unabhängigkeit von materiellen Dimensionen gebracht. Die Jugendlichen sind nicht mehr bereit, ihr Leben kommerziell zu organisieren. Sie wollen sich nicht verkaufen lassen. Die bürgerlichen Karrieremuster sind für sie in keiner Weise verbindliche Etappen-Regeln. Sie haben als erste Generation ein flexibles Lebensmodell trainiert, in dem sich ärmere Phasen mit finanziell besseren Phasen durchaus verbinden lassen. Sie verlangen von Wirtschaft und Management mehr als nur finanzielle Motivation. Sie verbinden mit der Arbeit den privaten Sinn: Selbstentfaltung ist wichtiger als mehr Gehalt.

Fazit: Wenn es stimmt, daß die Jugendkultur keine vorübergehende Welle ist, sondern sich zu einer stabilen neuen Volkskultur von unten entwickelt, und wenn es stimmt, daß insbesondere die sensibleren und intelligenteren Jugendlichen Repräsentanten dieser neuen Jugendkultur sind, dann wird der Nachwuchs im Middle-Management und – später – im Top-Management Jugendkultur-Werte in die Firmen hineintragen.
Die Werte der Jugendkultur sind eine Mischung aus Protest, kritischer Aktivität, Identitäts-Bewahrung, Selbstentfaltung, neuer Autoritätssuche, Partizipation, New Age, kritischem Zynismus, neuem Realismus und non-materieller Lebens-Orientierung.

Oh, mein Gott . . . zuviel Idealismus?

Nun könnte man natürlich sagen, daß das alles völlig überzogene idealistische Werte sind. Und wenn man diesen Katalog liest, denkt man sofort: Das paßt nicht zur harten Realität des Business. Das ist alles viel zu paradiesisch. Das hat mit den knochenharten Prinzipien einer Wirtschaft, die sich permanent im weltweiten Konkurrenzfeld behaupten muß, nichts zu tun. Das wirkt alles wie *schönes Gerede* ohne jeden Bezug zu den Machbarkeits-Gesetzen wirtschaftlichen Handelns.

Vielleicht könnte man der Meinung sein, daß derartig idealistische Prinzipien vielleicht in der *alternativen Gegenwirtschaft* ein Stück weit verwirklicht werden könnten – so nach dem Motto: »Wenn die Jugendlichen eine derartige Wirtschaft wollen, dann sollen sie sich ihre eigene Wirtschaft organisieren, so wie sie es in Ansätzen ja auch schon tun« (autonome Wirtschaftsbetriebe).

Darüber hinaus haben wir in den Workshops der letzten Jahre sehr häufig gehört, daß Selbstentfaltung, Partizipation und New Age im Prinzip *Privatsache bleiben müssen.*

Die meisten Top-Manager sind heute auch der Meinung, daß die Integration dieser neuen Leitwerte in die Konzeption des Business zu ausgesprochen schädlichen Effekten führen würde.

Man glaubt, daß dies zu einer *ineffizienten Organisation,* einer *chaotischen Personalpolitik* und Führungs-Qualität führen wird. Und – der wichtigste Vorwurf! – es wird zu einer schnellen und *drastischen Reduzierung der Gewinne* führen. Wörtliche Zitate eines Spitzen-Managers:

Praktiziertes perfektes New-Age-Business

Wie oft denkt man, wenn man diese und ähnliche Trendprognosen liest: »Zu schön, um wahr zu sein.« Aber die BCCI-Bank (Bank of Credit and Commerce International) bestätigt, daß es geht. Also ist es nicht zu schön, um wahr zu sein – es ist bereits wahr. Seit vielen Jahren schon. Die BCCI-Bank entstand 1972 im Mittleren Osten.* Und sie ist kein kleiner, experimenteller »Finanzladen«, sondern eine bedeutende, anerkannte Bank mit bemerkenswertem Wachstum. 1983 hat »Euromoney« die BCCI-Bank als die zweitschnellste Wachstums-Bank in der Welt während der letzten drei Jahre bezeichnet. Wie gesagt – es ist eine Bank, und in der Regel gilt der Satz: »Wo das Geld anfängt, hört der Spaß auf.« Aber hier ist es anders herum. Diese Bank beweist, daß die Jugendkultur und die New-Age-Philosophie gerade da anfangen, wo es um das Geld geht.

Die konsequente Vertreibung des Kader-Systems

Agha Hasan Abedi, der Gründer der Bank, hat eine Management-Philosophie entwickelt, die radikal Schluß gemacht hat mit den alten Kader-Prinzipien. Bei BCCI gibt es nicht mehr den subtil getarnten Kader-Gehorsam, wie er heute gang und gäbe ist. Da gilt nicht mehr die These, daß persönliche Selbstverwirklichung in gar keiner Weise mit Rendite-Denken zu verbinden sei. Im Gegenteil. Abedi hat erkannt, daß auch in konservativen Branchen (das Nadelstreifen-Milieu der Banker) eines immer richtig ist: Die kommende Epoche stellt den *Menschen in den Mittelpunkt*, und zwar den ganzen Menschen mit all seinen Potentialen, Motiven und Sehnsüchten. Und Abedi nennt das »Real-Management«. Er geht davon aus, daß sich diese Management-Philosophie strikt nach den Gesetzen der Natur gestaltet.

* Inzwischen gibt es die BCCI-Bank nicht mehr. Ihr Gründer Abedi mußte sich aus gesundheitlichen Gründen aus der Bank zurückziehen. Neue Besitzer und Manager steuerten die Bank in dubiose Finanzgeschäfte, die 1991 zur Auflösung führten. Die Leittragenden sind wieder einmal die weltweit engagierten Mitarbeiter, die lt. NEWSWEEK vom 12. August 1991 ihre BCCI-Bank trotzdem als »greatest place to work« bezeichneten »because everybody felt like an owner, a family member«.

Tom Thiss aus Minnesota, USA, hat die BCCI-Bank analysiert. Und er nennt das Real-Management ein »Ökosystem des Managements«. Auch hier eine Ökologisierung des Geistes.

Prüfen wir nun die wichtigsten Axiome und Konzepte der BCCI-Bank ... und wir werden feststellen, daß sie den Überzeugungen der Jugendkultur und des New Age verblüffend entsprechen.

Abschied von der Kontrolle aus Mißtrauen

Wenn man den vierten Stock der BCCI-Büros in der City of London betritt, fällt zuerst einmal die ungeheure geistige und auch *architektonische Offenheit* auf. Es gibt keine privaten Büros, nur private Besprechungsräume. Alle Schreibtische stehen frei im Raum, auch der Schreibtisch des Präsidenten. Die gesamte Verwaltungs-Etage hat eine *Atmosphäre dynamischer Heiterkeit.*

Es gibt auch kein zentrales Headquarter, sondern nur eine zentrale Unterstützungs-Organisation. Die Bank glaubt nicht an zentrale Kontrollen. Die einzelnen autonomen Banken müssen sich selbst kontrollieren. Die Central Support Organization ist wirklich nur zur Unterstützung da und nicht zur Kontrolle. Statt Fremdkontrolle also *Selbstkontrolle.* Auch das eine deutliche Abkehr vom klassischen Kader-Prinzip. Die BCCI glaubt fest daran, eine lokale Bank zu sein. So fühlt sie sich, und so organisiert sie sich.

Sie wird gemanagt von einer Gruppe, die CMC genannt wird (Central Management Committee). Und die Regionen werden gemanagt von Regional Management Committees. Und die Abteilungen von Branch Management Committees. Es gibt also viele Chefs für unterschiedliche Zielklassen, aber es gibt eigentlich nicht den Chef schlechthin. Und die Komitees sind im Prinzip ständig aktiv. Sie sind nicht immer in einer förmlichen Sitzung, aber man folgt dem Prinzip der *fließenden prozessualen Planung* anstelle formaler Planung. Planung und Entscheidungsfindung sind so organisiert, daß man einen kontinuierlichen Dialog stabilisiert hat. Und darin sieht BCCI seine spezifische Ausrichtung an der Struktur der Natur.

Ein anderes Planen ... dynamisches Planen

Für sie ist Natur immer fließend. Und die Manager von BCCI wollen das Fließen managen und Starrheit verhindern. Sie sind Pioniere der OT-Philosophie (Organization Transformation). Auch dort ist die vornehmste Aufgabe des Managements, die Energie- und Informationsflüsse zu managen ...

Und aus diesen Gründen ist die Bank auch *gegen allzuviel Struktur*. Denn man hat die Werte der Jugendkultur ganz ernst genommen. Man setzt auf *Spontaneität*, auf Vertrauen, auf private Initiative, auf *Intuition* und auf eine reichhaltige Gefühlskultur. Und dabei muß man bedenken, daß es sich um eine Bank handelt!

Um diese neuen Jugendwerte verwirklichen zu können, hat man von Anfang an versucht, alle Struktur-Merkmale zu minimieren. Es gibt deshalb sehr wenig formale Planung, keine festen Programme und auch nur wenige Finanzplanungen im konventionellen Sinne. Die Pläne selbst sind nur *versuchsweise Sollwerte* – sie verändern sich, kommen und gehen ebenso wie die Zeitpläne.

Sie nennen das »dynamisches Planen«. Meetings sind häufig improvisiert – und wenn geplant, dann oft verspätet. Und dennoch gibt es kein Chaos. Man hat gelernt, von den klassischen Disziplin- und Kader-Prinzipien Abstand zu nehmen. Man hat ein Gespür dafür, wann der richtige Augenblick für Sitzungen, Dialoge und Interaktionen gekommen ist. Das ist alles überraschend fließend, vielleicht auch – zu Beginn – für Außenstehende verwirrend. Aber es klappt gut und ist wirksam.

Führen durch Kultur, statt durch Kader

Aber um dieses Fließen zum Funktionieren zu bringen, mußte die Hierarchie eingeebnet werden und das klassische Dreigestirn von *Karriere, Status und Macht* überwunden werden. Auch hier ein deutlicher Abschied von den Kader-Prinzipien.

Macht und Hierarchie sind in ihrem Charakter rigide Festlegungen von Politik. Damit stehen sie den fließenden Veränderungen im Wege. Man sagt bei BCCI, daß die Natur ein offenes System sei, ökologisch ausbalanciert. Und so müsse auch eine Bank ein eigenes Ökosystem aufbauen. Man hat begriffen, daß das *kulturelle Umfeld* (die Binnenkultur des Unternehmen) der eigentliche, der zentrale Faktor ist für die Organisation.

Es geht nicht darum, eine para-militärische Perfekt-Organisation aufzubauen (über Soll- und Kontroll-Werte), sondern es geht darum, eine dynamische Kultur des Fließens, der *Spontaneität und des Vertrauens* aufzubauen, weil gerade dadurch diejenigen Prozesse funktionieren, die in einer Kader- und Hierarchie-Organisation nicht funktionieren können.

Die BCCI hat begriffen, daß gerade Kader-Prinzipien immer eine Kultur schaffen, in der die eigentlichen Dinge nicht mehr stattfinden können. Durch die Kader-Prinzipien werden zwar Pünktlichkeit, Disziplin, Kalkulierbarkeit und Berechenbarkeit der Manpower-Ressource perfektioniert. Aber gerade dadurch reduzieren sie alle Aspekte der Spontaneität, der individuellen Kreativität, des Fließens und der informellen Dialoge. *Kader sind die Ursache für negative Firmenkulturen.*

Die neue Rolle der Gefühle für die Energie

Man hat auch einen Begriff von Energie- und Personal-Qualität. Das Real-Management der BCCI sieht in jeder Person ein *menschliches Energie-System*, qualitativ und quantitativ.

Und wenn die Personalchefs neue Leute einstellen, betrachten sie zuerst und vorrangig die Qualität der Energie dieser Kandidaten. Sie sehen weniger auf die Zensuren, auf die vergangenen Leistungen und auf die bisher gesammelten Erfahrungen, sondern sie setzen mehr auf die Qualitäten der Persönlichkeit, wie etwa Überzeugungsfähigkeit, Freude-Ausstrahlung, Mut, Demut und ein ausgeprägtes Gespür für Gefühle.

Nur wenn diese Qualitäten vorhanden sind, wird ein guter Mann zu einem BCCI-Mann. Abedi und seine Mitstreiter glauben, daß die vorrangige Funktion des Menschen darin liegt, *die primäre Qualität der menschlichen Energie zu fördern.* Die Top-Manager sehen sich dementsprechend als Kultivierer menschlicher Potentiale. Das ist die klassische Entfaltungs- und Selbstentfaltungs-These der Jugendkultur und des New Age, hier eingebracht in das knallharte Business der internationalen Banken-Konkurrenz.

Diese Bank ist spirituell

Die BCCI-Bank ist im modernsten Sinne spirituell, also nicht altmodisch-esoterisch. Sie setzt nicht nur auf menschliche Energien, sondern sie möchte auch bewußt die geistigen Dimensionen der Mitarbeiter pflegen und fördern. Für sie ist *Aura und Persönlichkeit* nicht nur ein schöner Begriff, sondern für sie stellen sich diese Dimensionen, die geistig-spirituell sind, wie »Kraftlinien in einem magnetischen Feld« dar.

Je stärker die Kraftlinien der Mitarbeiter – so die These –, desto stärker die Anziehungskraft und Faszination der Bank im Markt, das heißt im offiziellen Feld ihrer Tätigkeit. BCCI geht es nicht um die finanzielle Kraft und um die Anzahl der Filialen etc., ihr geht es um *die Kraft, die nicht sichtbar ist*, die aber hinter den Wirkungen steckt und die intern die »spirituellen Kraftlinien« genannt werden. Genau hier sind New-Age-Prinzipien in der Praxis eingesetzt worden.

Neu: Interfusion ... die vereinte Persönlichkeit

Und deshalb setzt man auf Gefühle. Das ist wieder ganz typisch für die Jugendkultur. Man möchte zu seinen Gefühlen stehen können (Identität). Man möchte sich nicht zu einer Maske entwickeln, die für Karriere-Wünsche ausgesprochen dienlich ist, um dann nachher seine Gefühle ganz eng zu privatisieren. *Gefühle und Business sollen zusammengehören*.

Bei der BCCI-Bank sagt man: »Gefühle vereinen, nur Ideen trennen. Ideen sind statisch, wohingegen Gefühle dynamisch sind.« Deshalb arbeiten die Manager von BCCI ständig an der *Förderung dieser emotionalen Prozesse*. Man nennt das *»Interfusion«*. Darunter verstehen die Banker den permanenten Austausch von Energien. Und das Vehikel für diesen Austausch sind nicht etwa rationale Planungsfakten usw., sondern es sind Gefühle. Das erinnert außerordentlich stark an die Überzeugungen und Orientierungen der Jugendkultur (»Verrate deine Gefühle nicht«). Die BCCI sieht in der Interfusion eine kontinuierliche Synthese von Energie. Man möchte aus einzelnen Persönlichkeiten eine »vereinte Persönlichkeit« formen. Diese kreative Union ist das »Komitee in seiner höchsten Form«.

In der Philosophie des Real-Managements erfüllt es die Kontrollfunktion. Es gibt also keine institutionalisierte Kontrolle, sondern es gibt nur *eine indirekte Art von Kontrolle* durch diese vereinte Persönlichkeit, denn – so BCCI – wenn die vereinte Persönlichkeit funktioniert, sind traditionelle Formen der Kontrolle, der Macht und der Autorität schädlich. Wie gesagt – schädlich! Das, was im Kader-Prinzip als unabdingbar gilt, wird als contra-produktiv und schädlich erkannt. Wenn das geistige Ökosystem dieser Bank erst einmal arbeitet, so beschreibt es Tom Thiss, dann steuert und kontrolliert es sich selbst.

Führen durch Visionen

Wie zu erwarten, ist die BCCI-Bank ausgesprochen stark auf Visionen ausgelegt. Man möchte nicht führen über Kader, Fremdkontrolle und Disziplinierung. Wenn man dennoch kraftvoll führen möchte, dann muß das Top-Management zwei wesentliche Faktoren permanent optimieren: *Firmenkultur und Vision*.

Es handelt sich also um eine eher indirekte Form der Führung, nicht um direkte Anweisungs-Führung. Visionen werden bei BCCI als »Wahrnehmung des evolutionären Prozesses« gedeutet. Die Visionen sollen den Mitarbeitern, auch den einfachen Mitarbeitern, Einblick in die Dynamik des Wandels geben. Visionen sind also dementsprechend nicht Rendite-Vorgaben, sondern innere *optische Abbildungen des permanenten Wandels* um uns herum.

Und der Präsident spricht auch permanent davon, ein Bild vor sich zu sehen oder »ein Gemälde« vor Augen zu haben. Es wird auf allen Ebenen ausgesprochen stark *imaginativ gearbeitet*. Und das hat etwas zu tun mit Intuition und mit rechter Gehirn-Hemisphäre. Gerade der Präsident von BCCI, Agha Hasan Abedi, ist ein Meister in der Fähigkeit, aus dürren, verbalen Perspektiven kraftvolle, lebendige Visionen zu schaffen.

New-Age-Management ... auch für große Organisationen

Nun könnte man glauben, daß dieses »indirekte Management«, das gekennzeichnet ist durch Verzicht auf Anweisung und Fremdkontrolle, nur möglich ist bei ganz kleinen Organisationen, bei Familienbetrieben, die sich »wie blind verstehen«, vielleicht auch noch bei alternativen Betrieben unter dem Rubrum »Small is beautiful«. Aber das stimmt nicht.

Die BCCI ist nicht nur – wie gesagt – erfolgreich, sondern sie ist auch längst eine große Organisation. Sie beschäftigt *mehr als 11 000 Menschen*. Und ihr Banken-Netz umfaßt mehr als *siebzig Länder*. Sie ist also keineswegs ein überschaubarer kleiner Laden, sondern sie hat all die Probleme, all die sprachlichen, räumlichen und inter-kommunikativen Probleme wie jeder andere Multi auch. Denn wenn man eine Philosophie – und besonders eine so spirituelle Philosophie – in über siebzig Ländern konstant »auf Feuer halten« will, dann muß man schon sehr viel visionäre und kulturelle Kraft haben.

Und sie ist auch keine Bank, die sich auf Lorbeeren ausruhen kann. Sie ist sehr schnell gewachsen. Das hat viele Organisations-Probleme mit sich gebracht. Und nicht umsonst hat »Business India«, eine führende Finanzzeitschrift, sie in ihrer März-Ausgabe 1984 *die schnellstwachsende Bank* genannt. Trotz dieses schnellen Wachstums (in der Regel immer eine Quelle für Intrigen, Egoismen und Krisen) sind die kollektive Kultur und die Prägnanz der Vision immer besser geworden. Und die Ursache? *Eine andere Auffassung von Evolution und Wandel.*

Ein asiatisches Verhältnis zum Wandel

Und diese Auffassung ist eher japanisch. Ganz im Gegensatz zu europäischen und deutschen Managern sehen die Top-Manager der BCCI-Bank *die Veränderung der Welt* als ihre eigentliche Aufgabe an. Sie erinnern damit stark an das japanische Management-Credo: Der Erfolg kommt für den, der die Welt massiv verändert.

Die vielen Turbulenzen, Probleme und Krisen um uns herum werden als »positive Brücken« erkannt und nicht als Störungen, die man ausradieren oder bekämpfen muß. Das zentraleuropäische Denken (nicht auf das Fließen ausgerichtet wie beim asiatischen Geist) will die Welt eher bewahren, will sie kalkulierbar machen. Die BCCI-Philosophie will genau diese Bewahrung und Fixierung verhindern. Sie will mitfließen und sieht in den Veränderungen auch die positiven Chancen zum eigenen Wandel.

Und es ist genau diese *Vorliebe für Evolution* (typisch für New Age), die es der Bank ermöglichte, trotz permanenten stürmischen Wachstums die eigene Philosophie immer lebendiger und immer fester zu gestalten. Die Turbulenz hat die BCCI stärker und nicht schwächer gemacht. Dementsprechend gibt es auch kein Krisen-Management, sondern nur *Chancen-Management*.

Der soziale ethische Auftrag ist das Sinn-Fundament

Kommen wir zur zentralen Philosophie, weil sie Ausgangspunkt ist sowohl für die Vision als auch für die Firmenkultur.

Tom Thiss, der die Bank lange beraten hat, schreibt, daß er nie einem Management-Treffen beigewohnt hat, in dem nicht der zentrale Zweck der Bank zutiefst angesprochen worden ist. Man hat also so etwas wie eine griffige *Handlungs-Ethik*. Und die läßt sich in genau vier Punkten zusammenfassen, die immer wiederholt werden:

- Ergebenheit gegenüber Gott,
- Dienst an der Menschheit,
- Erfolg,
- Geben.

Und hier ist der eigentliche geheime Punkt des Erfolges angesprochen. Diese Bank versteht sich nicht als ein Organ zur Vermehrung von Geld, obwohl sie im harten Geld-Business arbeitet. Sie versteht sich als »evolutionär beauftragt«. Und BCCI betont, daß man zufällig eine Bank sei, man hätte auch etwas anderes sein können, wichtig sei eben der Zweck, und die Bank sei nur ein Vehikel zur Erfüllung dieses Zwecks. Und der zentrale Zweck sei in erster Linie die Produktion eines positiven sozialen Mehrwerts. Man möchte evolutionär mithelfen bei einer positiven Transformation.

Das alles ist so eindeutig New Age, daß man sich darüber wundern muß, daß dies heute schon möglich ist – und das seit Jahren. Hier ist tatsächlich die *Spiritualisierung der Firmenziele* ermöglicht worden. Und das funktioniert, ohne daß nun alle Mitarbeiter frömmelnd, in wallende Gewänder gehüllt, durch die Räume schweben. Man macht modernes Business, erfolgreiches Business und hat trotzdem eine eindeutige Spiritualisierung der Firmenziele.

Das Ritual des Gebens

Und man kennt auch die Rituale, die Firmenkultur immer wieder auf »Geben« und »Dienen« auszurichten. So hat 1982 der Präsident allen Mitarbeitern einen Brief geschrieben, in dem stand, daß die Bank allen Mitarbeitern ein Bargeldgeschenk in Höhe von 2,5 Prozent ihres Jahresgehalt machen will. Es sollte von den Mitarbeitern irgendeiner beliebigen Person, je nach Wunsch, gegeben werden – ohne jede Rechenschaftslegung.

Die Idee: »Jeden die Freude des Gebens fühlen zu lassen«. Und dieses Konzept des Gebens durchdringt tatsächlich alle Aspekte des Real-Managements. Und hier ist auch die ethische und moralische Ausrichtung konkretisiert. Moral und Handlungs-Ethik sind also keine abstrakten Ideale, sondern das Rückgrat des alltäglichen Business von BCCI.

Die Verwirklichung von Gleichheit

Und die Bank setzt auf Gleichheit aller Mitglieder. So ist jeder Mitarbeiter Teil einer Familie. Das ist ein tatsächlich häufig gebrauchter Ausdruck in der internen Kommunikation. Man sagt auch häufig: Jeder ist ein Manager. Das geht in die Richtung: Jeder ist auch sein Chef. Der Präsident erwartet von allen, daß sie sich auch als Manager fühlen.

Deshalb gibt es keine klassischen Vorgesetzten- und Untergebenen-Beziehungen, nicht einmal die üblichen Berichtsketten. Der Prozeß der Interfusion ist *titelblind.* Von jedem wird erwartet, daß er beeinflußt und von anderen beeinflußt wird. Man sieht sich als vereinte Personalität, und deshalb kann man auch auf die klassischen Organisations-Schemata und erst recht auf Titel und Prestige-Accessoires verzichten.

Auch hier wieder die krasse und eindeutige Absage an Kader-Politik. Keine Hierarchien, die mit Karriere-Stufen und Status-Privilegien kombiniert werden. Weil genau dieses – heute überall übliche – Kader-Konzept die Vereinheitlichung zu einer vereinten Personalität zerstören würde. Kurz gesagt: Das klassische *Kader-Prinzip fördert die Egoismen* und zerstört die Kultur der Gemeinsamkeit.

Und noch etwas ist anders bei BCCI: Man möchte helfen, daß sich Menschen durch Arbeit entfalten. Das ist ein ganz wichtiges Credo von Abedi und seinen Mitarbeitern. Deshalb ist die Bank so zu managen, daß Selbstverwirklichung nicht das Gegenteil von Rendite wird.

Selbstentfaltung als Schlüsselfaktor des Managements

Die traditionelle Management-Definition (»Arbeit ausführen lassen durch Leute«) wird hier verworfen. Management bedeutet für die BCCI die Gestaltung eines Prozesses, »durch den Leute sich bei der Arbeit entfalten«. Es geht immer um die Entwicklung der Potentiale, die in den Mitarbeitern ruhen.

Selbstentfaltung und effizientes Arbeiten bedingen sich bei BCCI und schließen sich nicht aus. Da gibt es nicht den Satz: Das wäre ja zu schön, um wahr zu sein. Selbstentfaltung ist geradezu Voraussetzung, um Erfolge wahr machen zu können.

Natürlich haben Kritiker am Anfang oft gefragt: Was machen Sie da eigentlich? Leiten Sie ein Rehabilitations-Zentrum oder eine Bank? Und die Antwort, so Tom Thiss, könnte nach so vielen erfolgreichen Jahren lauten: Beides oder keines von beiden.

Denn das BCCI-Management verlangt, daß Menschen interfusionieren. Und diese Interfusion ist der kreative Prozeß des Wachsens und der Entwicklung von Personen. Der Arbeitsplatz soll den Menschen helfen, zu wachsen und ihre Potentiale zu entfalten. Wenn sich diese Entfaltung organisieren läßt – so Abedis Philosophie –, dann entwickelt sich auch die Bank. *Das persönliche Wachstum* und das Bank-Wachstum sind untrennbar miteinander verbunden. Das vitale Prinzip des Wachstums ist das vitale Prinzip des gesamten Managements. Und Management – so wird bei BCCI formuliert – ist die Kunst, *Menschen durch Arbeit zu entwickeln*.

Auch hier wieder eine deutliche Überwindung des Kader-Prinzips. Im Kader-Prinzip (siehe Kader-Gehorsam etc.) werden die individuellen Perspektiven, die privaten Bedürfnisse und die schlummernden Potentiale der Mitarbeiter zumeist negiert. Sie werden als störend entlarvt.

Der Mensch muß kalkulierbar und berechenbar werden, damit die Organisation als Ganzes möglichst reibungslos funktioniert. Das ist ein sehr kartesianisches Denken in Richtung *Maschinen-Optimalität*. Natürlich kann so etwas funktionieren. Und es funktioniert ja auch überwiegend, wenn auch auf schlechtem energetischen Niveau. Aber: Es schafft in zunehmendem Maße stille Kündigung, dosierte Ziel-Illoyalität und *gut organisierte Mittelmäßigkeit.* Das Kader-Prinzip – wenn es zur Basis der Firmenkultur wird – löscht das Feuer des Engagements und zerstört den Sinn kreativen Handelns.

Der Faktor Demut: Für die Kunst der Offenheit

Und noch ein New-Age-Aspekt ist in der Alltags-Arbeit des BCCI realisiert worden: Für das Real-Management von Abedi *ist Demut die Voraussetzung*, um die Organisation immer wieder mit Kraft zu versorgen. Ohne Demut funktioniert das Modell der Interfusion nicht, das heißt der Vereinigung in der Gefühlswelt. Denn die Interfusion schließt auch die *Anerkennung unserer Grenzen* ein und ist die Voraussetzung für die »Kunst der Offenheit«.

Die Realität zu akzeptieren, daß wir nicht alles wissen und nicht immer alles können, erleichtert es den Mitarbeitern, mehr wissen zu wollen und schneller lernen zu können. Und genau dieser Aspekt der Demut macht auch diese Bank so fit für einen kontinuierlichen Wandel.

Offensichtlich ist der an sich sehr altmodische Wert der Demut plötzlich wieder ein aktueller und moderner Wert. Wenn eine Organisation umschalten will auf permanente Turbulenz-Kompetenz, dann muß sie ein *Management des Wandels* (Change-Management) betreiben können. Und ohne die geistige Haltung der Demut wird die emotionale Befähigung für diesen dauernden Wandel nicht möglich sein.

Demut ist auch die Basis für eine andere Personalpolitik. Demut enthüllt einen *tiefen Respekt vor dem Individuum.* Und der Präsident selbst gibt dafür den Ton an – mit seinem unverrückbaren Willen, in den Personen immer einzigartige Qualitäten zu sehen und zu entwickeln.

Einmal hat er eine Sitzung einberufen, um ausschließlich über die *Inadäquatheit des Menschen* zu sprechen. Damit hat er gemeint, daß nicht jeder immer sein Optimum sein kann, aber daß jeder die Chance hat, zur vollen Höhe seines Potentials zu kommen. Nicht jeder kann absolut top sein. Aber jeder Mitarbeiter kann einen Fortschritt in der Adäquatheit bekommen, das heißt, er kann den Anteil seiner Möglichkeiten, den er verwirklichen kann, vergrößern. Alle sind also im Prinzip – so die Botschaft von Abedi – immer inadäquat. Auch die ganz guten Leute sind nicht wirklich adäquat, sondern nur relativ. Und wenn alle Mitarbeiter nur relativ adäquat sind, wenn sie also alle nicht optimal sind, dann sollten sie ihre Inadäquatheiten und die der anderen akzeptieren »mit Demut und Liebe« (Tom Thiss).

Die funktionale und instrumentelle Überlegenheit des einen Mitarbeiters gegenüber dem anderen darf also aus dieser Sicht nicht dazu führen, daß man sich verbal und non-verbal wie ein besserer Mensch verhält.

Und genau das ist typisch für Kader-Organisationen. Gerade die Kader-Prinzipien provozieren ja diese *egostrotzende Suche nach Differenzierung* zwischen Guten und Schlechteren. Das ganze Kader-Prinzip ist im Grunde der Kampf um eine Güteklassen-Hierarchie. Es wird nicht bewertet, wer wieviel Menschlichkeit (definiert als Potential-Entwicklung) verwirklicht hat, sondern es wird das Schwergewicht gelegt auf die fachlich-funktionalen Unterschiede. Die geben den Ton an und bilden die *soziale Hackordnung*.

In einem solchen Klima, verursacht durch überholte Kader-Prinzipien, können selbst die besten Team-Prinzipien nicht funktionieren, ganz zu schweigen von der Unmöglichkeit der meisten großen Firmen in Deutschland und Europa, aus ihren Mitarbeitern so etwas wie eine *vereinte Persönlichkeit* zu machen. Da helfen auch die vielen gutgemeinten Techniken nicht viel (siehe Metaplan-Techniken im hierarchiefreien Raum, Quality Circles, Hobbynetzwerke etc.). Das ist überwiegend ein Herumdoktern an Symptomen. Der eigentliche Zugang zur vereinten Persönlichkeit liegt darin begründet, ob es einem Top-Management gelingt, diese Demut zur wirklichen Basis der Firmenkultur zu machen. Das aber wiederum kann nicht geschehen, wenn das Kader-Prinzip herrscht.

Der soziale und der moralische Mehrwert

Die BCCI spricht in vielen internen Dialogen über das Unsichtbare, das Unbewußte und das Unwägbare. Und das sind für die Mitarbeiter immer *moralische oder spirituelle Themen*. Denn bei BCCI ist das Moralische und das Materielle untrennbar. Es ist eine Einheit. Und so sehr es wichtig ist, Profit zu erwirtschaften, so sehr weiß man auch, daß man das nie abtrennen kann von den moralischen Dimensionen, das heißt von der *Qualität der Energie*, die diesen Profit produziert. Und man weiß um den Einfluß der Moral auf das Feuer der Leidenschaft.

In den internen Philosophien wird immer wieder formuliert, daß man das gesamte Business so ausrichten muß, daß man mehr gibt, als man erhält, um einen »moralischen Profit« – wie es der Präsident nennt – zu erhalten.

Und das deckt sich sehr wohl mit dem, was Prof. Engels einmal in der »Wirtschaftswoche« schrieb: Firmen müssen lernen, Kirchen zu werden, Kirchen des Glaubens, Kirchen der Moral.

Und ein sehr erfolgreicher Manager von BCCI: »So wie ich es sehe, sind wir alle entweder Söldner oder Missionare. Ich bin ein Söldner gewesen, aber jetzt bin ich ein Missionar.«

Hier wird die *Spiritualisierung des Alltags* praktiziert. Und dennoch ist es eine Bank und keine Sekte. Hier wird Moral und Handlungs-Ethik ernst genommen. Und dennoch macht man Rendite. Es muß also möglich sein, die Prinzipien der Jugendkultur und die Philosophien der New-Age-Bewegung mit den Instrumentarien des modernen Rendite-Managements zu verbinden.

Ein revolutionäres Gehalts-Konzept

Wie sieht es mit den Gehältern aus? Vor rund drei Jahren begann die vielleicht größte Herausforderung bei BCCI. Es ging um die Entkoppelung. Darunter versteht man die *Entkoppelung der jährlichen Gehaltserhöhung von der Leistung*.

Die Bank versucht auch hier, einige neue Aspekte der Jugendkultur zu praktizieren. In der alternativen Bewegung (Selbstverwaltungs-Betriebe) kennt man diese Philosophie seit längerem. Man möchte weg vom Prinzip der *Bezahlung nach Performance*. Und mit diesem Entkoppelungs-Konzept – so berichtet Tom Thiss – begann auch die letzte Bastion des traditionellen Managements zu zerbröckeln. Die vielleicht letzte Säule des Kader- und Karriere-Prinzips soll überwunden werden. Warum?

Pay for Performance konzentriert sich auf Ergebnisse. Real-Management konzentriert sich auf den Prozeß, so die Philosophie von BCCI. Die Bank will die Bezahlung verbinden mit dem evolutionären Prozeß der Entwicklung. Wenn man schon alles auf Evolution, Wandel und persönliches Wachstum setzt, dann sollte man auch dieses *Wachstum belohnen* und nicht nur die direkten, merkantilen Ergebnisse. Der Schlüssel liegt dementsprechend auch in der Verbindung von Bezahlung mit Progression ... das ist bei BCCI das »qualitative Wachstum des Individuums«.

Die völlig unübliche These des BCCI-Managements ist die, daß Mitarbeiter, die sich höher entwickelt haben, die Qualität der gesamten Energie erhöhen. Und dieses wiederum macht die Bank erfolgreicher, macht sie wendiger, macht sie attraktiver. Einfach ausgedrückt: Die Idee war, *Leute dafür zu bezahlen, daß sie sich selbst entwickeln*.

Aber diese »Bezahlung für Persönlichkeits-Entwicklung« soll nicht auf

Basis zufälliger Bemühungen ruhen, sondern es sollte geplant sein. Die Mitarbeiter sollten tatsächlich kontinuierlich und methodisch versuchen, das Beste aus sich herauszuholen. Sie haben nicht nur die Verantwortung für ihren Job, sondern auch die Verantwortung für ihre Potentiale und für ihre Menschlichkeit.

Im Endeffekt, so die langfristige Zielsetzung von BCCI, soll diese Abkopplung dem Mitarbeiter die Möglichkeit geben, sich selbst zu bezahlen. Wenn sie nicht glücklich sind mit ihrem Gehalt, können sie sich weiter entwickeln und größere Verantwortung übernehmen.

Das ist ein kühner Gedanke und ein kühner Plan. Unabhängig davon, ob es BCCI gelingen wird, diese neuartigen Prinzipien der Bezahlung voll zu verankern und breit durchzuführen – eines ist klar: Es handelt sich um den vermutlich ersten Versuch einer klassischen und eher konservativen Bank, die Dimensionen des New Age und die Sehnsüchte der Jugendbewegung im harten Wind der Weltwirtschaft zu verwirklichen. Selbstentfaltung, neue Identität und Wachstum sollen Basis sein für die Bezahlung der Arbeit.

Prüfen wir zusammenfassend das BCCI-Konzept im Hinblick auf die Transformations-Kultur, die immer stärker die Kader-Kultur ablöst, und zwar anhand der acht Essentials der Jugendkultur:

① *Die Dimension des Protestes*
Die Mitarbeiter von BCCI sind keine offenen Protestler, aber sie haben den Protest-Habitus insofern verankert, als sie Unterwerfung (Rückgratbrechen etc.) aus ihrem Business-Alltag eliminiert haben. Insofern ist dieser aggressive Wert der Jugendkultur (Selbst-Bewahrung statt Opportunismus) voll verwirklicht.

② *Autonom-kritische Aktivität*
Dieser Jugendwert ist ebenfalls verwirklicht worden. Jeder ist Chef und Manager. Kritik und Bessermachen werden zum Fundament permanenter Selbstmotivation. Man bekommt nicht mehr gesagt, was zu tun ist, sondern man motiviert, organisiert und kontrolliert sich selbst.

③ *Identität*
Man gibt sich nicht auf, wenn man die BCCI-Büros betritt. Man bleibt identisch. Man pflegt kein maskiertes Sozialverhalten. Im Gegenteil: Das Interfusions-Konzept von BCCI verlangt geradezu die Pflege von Gefühlen als Austausch-Vehikel zur erhöhten Ener-

gie. Identisch-Bleiben wird hier nicht nur geduldet, sondern ist Voraussetzung für Energie.

④ *Selbstentfaltung*
Dieser Jugendwert, der auch typisch ist für die New-Age-Bewegung, ist der Schlüsselwert. Das geht bei BCCI so weit, daß man auch die Bezahlung abkoppeln will von der direkten Leistung und Position zur Leistung in Sachen Selbstentfaltung. Individuation und Emanzipation sind keine Störgrößen mehr, sondern Voraussetzung für den internen Erfolg und für den Erfolg der Bank als vereinte Persönlichkeit. Je entfalteter die Persönlichkeit, um so kraftvoller die vereinte Persönlichkeit der Bank als Ganzes.

⑤ *Neue Autorität*
Die Chefs sind keine Chefs mehr. Wo sind sie geblieben? Das Top-Management gibt es noch, aber es versteht sich eher als Pfleger von Firmenkultur und als Kraftfeld für Visionen. Das Top-Management pflegt die Selbstentfaltungs-Prozesse der Mitarbeiter, wie Gärtner ihre Blumen und Pflanzen pflegen. Die Autorität liegt eher im Moralischen und Visionären. Moral und Ethik sind integrierte Bestandteile einer neuen Autorität. Und es gibt wieder so etwas wie einen sozialen Handlungssinn durch praktizierte Wirtschafts-Ethik.

⑥ *Partizipation*
Dieser Jugendwert ist ebenfalls voll verwirklicht. Es handelt sich hier nicht um partikuläre Mitsprache, sondern der gesamte Entscheidungsprozeß ist über das Komitee-Prinzip partizipativ aufgebaut. Ohne Partizipation wäre diese Bank überhaupt nicht lebensfähig. Partizipation ist kein Luxus, den man sich leistet (weil er von den Gewerkschaften abgetrotzt worden ist), sondern er ist der eigentliche Qualifizierungs-Apparat für die Entscheidungsfindung und für die Selbstkontrolle.

⑦ *New-Age-Ideale*
Die Ideale zielen hauptsächlich auf die Spiritualisierung des Alltags. Es sind die Pflege und die Förderung der nicht sichtbaren Kräfte hinter den Erfolgs-Strategien. Das hat viel mit gewolltem Bewußtseins-Wandel zu tun, was typisch für die BCCI ist – und erst recht mit einem moralischen, evolutionären Selbstauftrag. Genau das ist bei dieser Bank der Fall. Der zentrale Unternehmens-Zweck ist eindeutig spirituell, ohne daraus eine Kirche oder eine Sekte zu machen.

⑧ *Neue Bescheidenheit: Die non-materielle Haltung*
Dieser Wert ist nicht in der direkten Form vorhanden. Die Bank ist erfolgreich, und sie zahlt auch gut. Aber das Materielle steht nicht im Vordergrund. Man arbeitet nicht, weil man seine Zeit hier an einen »Kapitalisten verkauft« hat, sondern man arbeitet, weil man die Chance hat, sich selbst in der Arbeit und durch die Arbeit zu entfalten. Arbeit ist entkommerzialisiert worden. Und die klassischen Kader- und Karriere-Prinzipien (Rivalitätsmuster mit Prestige-Mustern kombiniert) gelten nicht mehr. In der BCCI-Philosophie ist das der Faktor Demut, der überall auftaucht. Insbesondere im Bereich der Personalpolitik.

Die BCCI-Bank ... das Ideal ist machbar!

Soweit die acht Dimensionen der Jugendkultur und der New-Age-Philosophie. Unsere Analyse zeigt, daß sich alle acht Essentials im BCCI-Programm wiederfinden. Das Ideal ist machbar. Mit Erfolg und Gewinn. Auch in harten Märkten. Auch im internationalen Wettbewerb. Auch in einer großen Organisation, die in vielen Ländern mit sehr unterschiedlichen Strategien operieren muß.

Die Jugendwerte haben eine neue Führungs-Ethik vorformuliert. Das Kader-System beginnt deshalb zu sterben. Das Transformations-Prinzip tritt an seine Stelle.

Es formuliert eine neue Lehre für Organisation und Führung, weil das Transformations-Prinzip *die Produktion von Sinn* im Kontext wirtschaftlichen Handelns zum Mittelpunkt gemacht hat. Und dieser Sinn wird definiert als der »Fortschritt der Evolution« (Ulrich Hausmann).

Je größer der Beitrag eines Unternehmens zu diesem Evolutions-Fortschritt ist, um so sinnvoller wird ein Unternehmen ... und genau dieser ist es, der die kommenden neuen Manager so fasziniert, daß sie bereit sind, mehr zu geben im Rahmen einer Glaubens-Gemeinschaft, die sich Firma nennt.

Was ist zu empfehlen?

Es ist ratsam, dem Kader-Problem in den nächsten Jahren eine erhöhte Aufmerksamkeit zukommen zu lassen. Die Abkehr von den Kader-Prinzipien ist keine Nebensächlichkeit, sondern stellt eine zentrale Schlüssel-Chance für die gesamte Revitalisierung von Firmen und Organisationen dar.

Das Beispiel der BCCI-Bank demonstriert, wohin die Reise gehen könnte. Wir empfehlen, die Energie- und Sinn-Prinzipien des New-Age-Managements zu überprüfen und gegebenenfalls zu übernehmen. Diese neuartigen Prinzipien sind branchenunabhängig und benötigen lediglich die Fähigkeit der Vorstände und Direktoren, eine grundsätzlich neue Epoche der wirtschaftlichen Sinn-Organisation einzuläuten.

Wir empfehlen nicht unbedingt, die spirituellen und zum Teil religiösen Ziele und Fundamente, die für das New-Age-Business typisch sind, zu übernehmen. Das sollte Glaubenssache bleiben. Aber wir raten, die Kader-Prinzipien ganz grundsätzlich aufzulösen.

Die Trends laufen immer stärker auf eine Neukonzeptionierung im Umgang mit der Human-Ressource hinaus. Die klassischen Kader-Systeme sind hier in zunehmendem Maße disfunktional und contra-produktiv geworden. Sie sind heute schädlich. Es hat deshalb keinen Sinn, sie durch Nettigkeiten im Umgangston versüßen und maskieren zu wollen.

Wir raten besonders denjenigen Firmen, die verstärkt auf Flexibilisierung setzen, die Kader-Systeme abzulösen, weil nur ohne Kader-Kultur eine Kreativitäts-Entfaltung auf Basis einer fließenden Organisation, gestützt durch eine aktive Partizipations-Kultur, möglich ist. Wir raten auch denjenigen Firmen, die auf interne lokale Netzwerke setzen, nicht nur die Hierarchie abzuflachen, sondern gleich den nächsten Schritt mit zu organisieren: die Einführung des Transformations-Systems anstelle des Kader-Systems.

Durch das Transformations-System wird das Unternehmen zu einer »vereinten Persönlichkeit«. Es wird mit Energie versorgt durch eine Sinn-Kultur, wobei der Sinn sowohl privat-persönlich als auch interpersonal und erst recht gesellschaftlich erlebbar sein muß (soziale Handlungs-Ethik). Insofern ist jede Entscheidung für ein Transformations-System zugleich auch eine Entscheidung für eine grundsätzlich andere Auffassung von »Unternehmung«. Als Warnung: Transformations-Aspekte können nicht ohne soziale Konflikt-Gefahren eingeführt werden, wenn die klassischen Karriere- und Rivalisierungs-Muster des Kader-Systems beibehalten werden. Hier gilt das Motto: »Alles oder nichts.«

Es wird besonders für die derzeitige Elite des Top-Managements schwierig sein, sich vom Kader-System zu trennen, denn es gehört sehr viel menschliche Reife und Selbsttranszendenz dazu. Wenn ein Elite-Mann wie Hans L. Merkle, Vorsitzender des Bosch-Aufsichtsrates, vor einiger Zeit gestanden hat, erst in zunehmendem Alter an menschlicher Wärme gewonnen zu haben (Merkle: »Das Lob kommt in den Unternehmen zu kurz, eine Erkenntnis, die ich vor 25 Jahren noch nicht hatte«), so sind das deutliche Signale dafür, daß die Sensibleren den neuen Trend zum Transformations-System zwar begreifen, aber in der Regel zu spät und selten auf dem Zenit ihrer Macht . . . oft auch nur schmerzlich theoretisch.

Für die Top-Manager bedeutet das Austauschen des Kader-Prinzips zugunsten des Transformations-Prinzips die Verinnerlichung einer völlig neuen Leadership-Formel. Die klassische Karriere-Formel lautete: 1. Fachwissen, 2. Erfahrung, 3. Wille zur Macht. Die neue Formel der Transformation lautet: 1. Fachwissen, 2. Erfahrung und 3. Wille zur natürlichen Autorität.

Wie das Beispiel BCCI zeigt, liegt das eigentlich prinzipiell Neue in der Transformation der Macht zugunsten einer konstruktiven Autorität, die von Weisheit, Energie und Kultivierung menschlicher Potentiale getragen wird. Autorität kommt durch Mithilfe zur Selbstentfaltung.

Gerade das Top-Management ist hier besonders gefordert, weil das Transformations-System nicht eingeführt werden kann ohne persönliche Vorbild-Funktion. Das Kader-Prinzip war in sich geschlossen. Das Transformations-Prinzip ist fließend offen. Es benötigt also kontinuierliche Vorbildlichkeit, vorgelebt durch die Führungspersonen. Eine neue Elite-Problematik steht bevor.

Einhergeht eine Wandlung des Management-Bildes. Das BCCI-Beispiel beweist eindrucksvoll, daß sich ökonomisches Verhalten und ethische Sinn-Orientierung nicht ausschließen müssen. Wie Dr. Roland Henssler (»Blick durch die Wirtschaft«, 11. 2. 1986) schreibt, muß das Paradigma geändert werden, das dazu geführt hat, daß eine Führungskraft, die auch ein guter Mensch ist, in der Wirtschaft als schwach beurteilt wird . . . »er erreicht seine Ziele nicht«.

Wir empfehlen, moralische Sensibilität nicht als Luxus, sondern als Energie-Faktor höchsten Grades aufzufassen. In den USA gibt es bereits die ersten Entwicklungs-Programme, die gerade mit der »moralischen Sensibilität« operieren. Das Institute for Future Forecasting beispielsweise hat analysiert, daß es eine Beziehung gibt zwischen der moralischen Sensibilität der Manager und ihren Fähigkeiten, bessere Voraussagen für die Zukunft zu treffen. Gerade für das zukunfts-bezogene Turbulenz-Management ist die Steigerung der moralischen Sensibilität eine Qualifizierung der Arbeits-Methodik . . . eine Steigerung der Erfolgs-Faktoren.

Für die Organisations-Planung empfehlen wir, den Aspekt »Durch Transformations-System zu einer vereinheitlichten Persönlichkeit« innerbetrieblich einzubauen. Grundsätzlich kann gesagt werden, daß das neue Credo der Organisation darauf ausgerichtet ist, die Selbstentfaltung der Arbeitenden zu unterstützen und das persönliche Wachstum zu fördern.

Je größer das Persönlichkeits-Wachstum, um so mehr ist für (fast) alle Mitarbeiter Selbstbeauftragung, Selbstmotivation, Selbstorganisation und Selbstkontrolle möglich. Wir empfehlen daher, firmeninterne Konzepte für eine Humanisierung der geistigen Arbeit mit neuen Organisations-Strategien zu verbinden.

Der Trend zur vereinheitlichten Persönlichkeit kann in Etappen und Stufen durchgeführt werden. Wir empfehlen in diesem Zusammenhang, die Gruppen-Konzepte der Walzwerker bei der Hoesch Stahl AG in Dortmund zu analysieren. Was die Pioniergruppen um Karl-Ludwig Trültzsch, Chef der Kaltwalzwerke, unter der Zielsetzung »Jeder muß alles können« entwickelt haben, deckt sich weitestgehend mit den neuen Autonomisierungs-Zielen von Peter F. Drucker. Es ist also auch für einfache Arbeiter möglich, Selbstentfaltung und kontinuierliches Lernen im Rahmen der Tagesarbeit zu organisieren.

Beim Hoesch-Experiment, das positiv ausgegangen ist (Stichwort: Lernende Rotation), waren die Arbeiter wesentlich lernfähiger als angenommen. Ihre Fähigkeiten waren in der Hierarchie offensichtlich nur verschüttet, weil in einem System von Befehl und Gehorsam »keine Verwendung für diese Fähigkeiten bestand« (Heinz-Günter Kemmer, »Die Zeit«, 14. 2. 1986).

Die eigentlichen Probleme, die bei derartigen Transformations-Versuchen entstehen, sind zumeist im Top-Management angesiedelt. Durch autonome Gruppen und zelluläre Entscheidungs-Organisation glaubt das Top-Management in der Regel, durch eine gesteigerte Partizipation der Mitarbeiter zuviel lineare Direktionsmacht zu verlieren.

Wir empfehlen, vor einem Umschalten auf das Transformations-System die gesamte Firmenkultur grundsätzlich neu auszurichten (was etwa vier Jahre dauert). Die Bedeutung der Macht muß dabei relativiert werden. Sie wird ergänzt durch Kontakt- und Partizipations-Zielsetzungen. Erst durch die Installation einer Sinnkultur kann es gewagt werden, sich vom Kader-Prinzip zu trennen.

Für das Top-Management ist die Auflösung des Kader-Systems insofern ein schwieriges Thema, als die Top-Manager die eigentlichen Gewinner des Kader-Spiels sind. Wie Prof. Presthus und andere analysierten, verlangt das Kader-System von den Spielteilnehmern, die nach oben wollen, System-Gehorsam als Beweis für Loyalität. Wer dann endlich oben ist, erntet nur die Vorteile des Kader-Systems und wird in seiner Individuation, Kreativität und Partizipations-Bestrebungen überwiegend gefördert und nicht zerbrochen. Je höher man ist – so Presthus –, um so besser die Anpassungsleistung, aber um so größer auch die Befreiung von den negativen Seiten des Kader-Rituals. Top-Manager bemerken also oft nicht mehr das destruktive Element im Kader-System. Deshalb ist es für sie sehr schwer, es als contra-produktiv zu erleben.

Wir empfehlen deshalb Top-Managern, die zu den neuen Transformations-Prinzipien einen Zugang suchen, zuerst einmal eine Pilot-Phase zur Aufarbeitung und Verinnerlichung der Selbstentfaltungs-Kultur durchzuführen. Wie Prof. Maccoby (»The Leader«) beschreibt, muß der oberste Chef das Wesen der Selbstentfaltung neu entdecken, weil er selbst zu eindeutig und ausschließlich Gewinner des Kader-Prinzips geworden ist.

Wir empfehlen, den Aspekt Persönlichkeits-Entfaltung in diesem Zusammenhang ernst zu nehmen. Alle Kader-Modelle können auch weitestgehend gut funktionieren mit zynischen, destruktiven oder neurotischen Menschen. Das Transformations-System jedoch verlangt eine gesündere Persönlichkeit. In den USA – aber auch in Deutschland – werden deshalb Personality-Power-Programme (PPP) initiiert und durchgeführt. Die energetische Kraft der Persönlichkeit der Chefs wird zu einem neuartigen Produktiv-Faktor.

Darüber hinaus empfehlen wir, die Aspekte »Handlungs-Moral und Firmenkultur« ebenfalls neu zu ordnen, bevor man vom Kader- zum Transformations-Prinzip überwechselt. Erst wenn in der gelebten Firmenkultur die Grundüberzeugung »Jedes Unternehmen ist kontinuierlicher Dienst an der Gesellschaft« verankert worden ist, können die starren und strengen Kader-Systeme aufgelöst werden. Erst dann kann auf Führung durch Vision und Sinn umgeschaltet werden. Kurz gesagt: Ohne gesellschaftlichen Sinn kann nicht auf internes Sinn-Management gesetzt werden.

Eine Nebenlinie, die es zu bedenken gilt, ist der Umgang mit Gewerkschaften. Ein Teil des Kader-Systems formalisiert die Disziplinierungs- und Kontroll-Funktionen im Unternehmen. Die Mitarbeiter werden oft als »sozial unmündig« oder – ganz im Gegenteil – als »Maschine« angesehen. Will man diesen Status überwinden, muß eine umfangreiche Förderung der Partizipations-Kompetenz der Mitarbeiter organisiert werden. Die Personalpolitik muß ehrlich wollen, daß die Mitarbeiter engagierter und qualifizierter mitentscheiden können. Dafür sind Partizipations-Vereinbarungen erforderlich, die wiederum oft auf gewerkschaftliche Probleme stoßen. Hier sind neuartige Kooperations-Strategien zwischen Vorstand und Gewerkschaft nötig. Ein Beispiel dafür könnten die neuen Leitlinien von General Motors sein, wie sie für Fremont ausgehandelt worden sind.

Das Werk Fremont ist eine Gemeinschafts-Fabrik von General Motors und Toyota. Es ist ein neuerbautes Werk mit neuem Management. Deshalb war es leichter möglich, mit den Gewerkschaften ein neues Partizipations-Modell auszuarbeiten. Es ist die Verschmelzung neuer humaner Ziele mit bewährten japanischen Wir-Organisations-Formen. Das Werk Fremont hat die Gewerkschaften nicht als Gegner, sondern sie als Partner in die Partizipations-Modelle integrieren können. Das hat zu bahnbrechenden sozialen Neuerungen geführt. Einige davon: Arbeiter haben das Recht, die Montage-Straßen anzuhalten. Bevor Arbeiter entlassen werden, müssen die Management-Gehälter gekürzt werden. Es gibt keine Job-Klassifikation mehr. Jeder Mitarbeiter darf zu jeder Tätigkeit, zu der er fähig ist, eingesetzt werden. Die Arbeiter dürfen am Entscheidungs-Prozeß teilnehmen usw.

Wir empfehlen, dieses Beispiel zu studieren und dafür zu sorgen, daß vor dem Umschalten auf Transformations-Prinzipien mit den Gewerkschaften und Betriebsräten zusammen die »neue Kultur der Kooperation und Partizipation« entwickelt wird.

Das Kader-Prinzip kann nicht in allen Firmen sofort und auf breitester Front abgelöst und durch das Transformations-Prinzip ersetzt werden.

Es empfiehlt sich deshalb für viele Firmen, Spin-off-Modelle und Franchise-Systeme zu fördern und einzusetzen, um wenigstens einen Teil der betrieblichen Funktionen (beispielsweise Entwicklung, Vertrieb) grundsätzlich transformativ und sozial-dynamisch gestalten zu können. Der nach wie vor große Drang zur Selbständigkeit kann hier ebenso positiv genutzt werden wie die langsam ins Rollen kommende Franchise-Welle, die weltweit als Trend zu beobachten ist. In den USA waren 1985 fast 500 000 Franchise-Organisationen im Markt tätig (wobei 26 000 in diesem Jahre dazukam). 1985 wurde ein Franchise-Volumen von 530 Milliarden Dollar erzielt – ein Anstieg um 9,4 Prozent gegenüber 1984. Das ergab die sensationell hohe Quote von 33 Prozent aller Verkäufe und war die Basis für 5,6 Millionen Jobs.

Wir empfehlen zu überprüfen, ob nicht durch Neugründungen, Tochterfirmen, Spin-off-Beteiligungen und Franchising der »Geist der Transformation« in kleineren Einheiten bereits eingeführt werden kann, während das Kern-Unternehmen vorübergehend noch mit dem klassischen Kader-Prinzip weiterarbeitet. Stichwort: Sukzessives Umschalten.

Von besonderer Bedeutung ist der Aspekt »Aus Firmen Glaubens-Gemeinschaften machen«. Er ist aber für die meisten klassischen Manager auch am schwersten nachvollziehbar. Wir empfehlen deshalb, falls Interesse am Transformations-Prinzip besteht, Pionier-Firmen der Transformation und des New Age zu kontakten und zu analysieren.

Eine typische New-Age-Firma ist die beschriebene BCCI-Bank. Eine typische Transformations-Firma ist der Mode-Produzent Esprit. Beide Firmen sind Glaubens-Gemeinschaften, das heißt, sie werden getragen von Überzeugungen und Engagement-Programmen anstelle der Disziplin-Prozesse des Kader-Systems.

Die Modemacher von Esprit haben eine ausgesprochen intensive und verdichtete Überzeugungs-Basis, die als »Glauben ohne Spiritualität« beschrieben werden kann. Die Glaubens-Gemeinschaft kann also auch ohne religiöse oder spirituelle Orientierungen verwirklicht werden.

Beim Beispiel Esprit ist das der Glaube an »Sportivität und Gesundheit aus eigener Hand«. Esprit hat diese Glaubens-Basis bis ins kleinste in seine Personalpolitik verankern können. Man garantiert den Mitarbeitern einen erhöhten Arbeitsspaß, weil man diejenigen Mitarbeiter sucht und einstellt, die der Esprit-Formel »Fitness and Fun« mit leidenschaftlicher Identifikation folgen können und wollen.

Das Beispiel Esprit zeigt, daß man im Grunde aus jedem Unternehmen eine Glaubens-Gemeinschaft machen kann. Voraussetzung dafür sind jedoch der bewußte Verzicht auf Kader-Prinzipien und eine völlige Neukonzeptionierung aller Aspekte der Personalpolitik.

Wie sieht das bei Esprit aus? Alle sind verpflichtet, Sport und Freizeit zu lieben. Die Gründer und Manager selbst sind Heroen der Fitness-Bewegung. Man macht gemeinsame Fitness- und Abenteuer-Urlaube. Das klassische Chef-Ethos ist nicht zu finden. Von den Mitarbeitern ist kaum jemand über dreißig Jahre alt.

Alle Anzeichen von Hierarchiebildung werden systematisch bekämpft, und die Fit-and-Fun-Philosophie wird permanent ritualisiert, so etwa durch einen eigenen Gemüseanbau, durch eigene Tennisplätze, Turnhallen, Ruhegärten. Auch die helle Fun-Architektur der Verwaltungs-Gebäude ist konsequent anders, symbolisiert durch »fit and aware« . . . das Firmen-Motto.

Die Teams werden wie große Familien geführt. Freizeit und Arbeitszeit vermischen sich. Die Synchronisierung der Arbeit, typisch für Kader-Denken, ist fast gänzlich abgeschafft. Die Büros sind bis spät in die Nacht geöffnet, auch am Wochenende. Wer tagsüber Sport betreiben möchte, kann abends länger arbeiten.

Es gibt keine Stechuhr, keine Überstunden-Regelung, es gibt keine besonders hohen Gehälter. Man bezahlt vorrangig durch Zugehörigkeit und einen einzigartigen Arbeits-Spaß. »Wer einmal dazugehört, kündigt nicht.« Für den Spaß sorgen die morgendliche Jogging-Stunde, der abendliche Aerobic-Club, eine Wochenendhütte fürs Bergsteigen und Ähnliches. Wem diese Fitness-Essenz keinen Spaß mehr macht, wird kaum bleiben wollen. Das Glaubens-Bekenntnis der Mitarbeiter wird auch nach außen sichtbar. Die Mitarbeiter werben in Anzeigen und Katalogen als Mannequins für ihre eigene Philosophie. Frauen dominieren.

Auch Esprit ist sehr erfolgreich. Und es ist absolut falsch zu glauben, daß derartige Transformations-Firmen, die hohe Effizienz mit einer hohen Rate an Selbstentfaltung verbinden können, nur als kleine lokale Firmen erfolgreich sein können. Das Gegenteil ist wahr: Esprit ist in fast allen Industrienationen der Welt vertreten. Esprit ist einer der größten und erfolgreichsten Mode-Produzenten Amerikas, erfolgreich im knallharten Wettbewerb der internationalen Top-Firmen (Jahresumsatz: 1986 ca. 800 Millionen Dollar). In Deutschland erarbeiteten über dreihundert Mitarbeiter einen Umsatz von über 250 Millionen Mark.

Fazit: Transformations-Firmen können trotz weltweiter Organisation und trotz großer Umsatz-Volumina ihre Glaubens- und Energie-Dynamik bewahren, ohne in Chaos oder Bürokratie abzugleiten.

Unternehmen, die das Transformations-Prinzip einsetzen möchten, brauchen eine andere Personalpolitik. Sie müßte vorab sorgfältig und sensibel geplant werden. Sie müßte – ähnlich wie die neue Personalpolitik bei BMW – den Wertewandel der Mitarbeiter berücksichtigen, neue Zugänge eröffnen zu dem Faktor »Gefühl« (Brücke für soziale Energien). Wichtig ist dabei die Bereitschaft, den ganzen Menschen im Mitarbeiter zu sehen und zu fördern. Die ganzheitliche Personalpolitik muß also auch die außerbetrieblichen Probleme, Intentionen und Sehnsüchte soweit wie möglich befriedigen und akzeptieren.

Hickman und Silva haben in ihrem Buch über New-Age-Management (»Der Weg zu Spitzenleistungen«) darauf hingewiesen, daß die meisten Firmen der Transformation kontinuierlich bemüht sind, ihren Mitarbeitern zu helfen, persönliche Probleme zu lösen. Ein neuer Trend dabei ist die zunehmende Umsorgung der Ehefrauen von Angestellten und Arbeitern. Eine Untersuchung von Merrill Lynch zeigt, daß US-Firmen bei 60 Prozent aller Versetzungen und bei Neueinstellungen auch Sorge tragen für die berufliche Sicherung der Ehefrauen. 1990 wird der Prozentsatz sogar bei 75 Prozent erwartet. Es gibt bereits spezielle Agenturen und Dienstleistungs-Firmen für derartige Services. In Deutschland ist dieser Bereich noch relativ unterentwickelt. Ein neues Feld für Kooperationen und Verbandsarbeit.

Ebenfalls wichtig für Transformations-Unternehmen ist die Workaholic-Frage. Ein Großteil der deutschen Manager arbeitet, entsprechend einer Untersuchung vom USW, rund 55 Stunden pro Woche. Wirkliche Freizeit pro Woche . . . noch nicht einmal 10 Stunden, da auch zu Hause überwiegend gearbeitet wird. Hier ist die Gefahr der Neurotik akut, ebenso drastische Eheprobleme. Ehen von Top-Managern gehen fast doppelt so oft wie andere Ehen in die Brüche. Eine Umfrage der Universität Boston bei höheren Angestellten eines Großunternehmens ergab, daß ein Drittel der Befragten unter Depressionen leidet, weil sie den Erwartungen in Haushalt und Familie nicht entsprechen können.

Es empfiehlt sich deshalb, beim Umschalten auf Transformation (höheres Dauer-Engagement) diese Familien-Probleme frühzeitig durch neue Arbeitszeit-Konzepte und durch großzügige Personal-Services zu überwinden.

Ein Teil der Kader-Probleme entsteht aus der Bezahlungs-Konzeption für Top-Manager. Auch in Deutschland wird der Trend immer stärker, die Führungs-Manager finanziell abhängig zu machen von der jeweiligen Ertragslage durch Prämien und Tantiemen. Die Kienbaum-Analysen zeigen, daß gerade die Top-Manager durch diese Finanz-Sachzwänge permanent gefordert werden, Rendite und »interne Humanität« als konträr zu erleben.

Analog zu den BCCI-Bemühungen sollte das gesamte Gehalts- und Belohnungs-System neu organisiert werden, um humane, soziale und transformative Aspekte entwickeln zu können.

Dazu gehören auch neuartige Arbeitsplatz-Garantien. In der Zeitschrift »Fortune« vom 28. 10. 1985 erschien ein wichtiger Beitrag mit neuen

Daten über Loyalitäts-Probleme bei Managern. Die »emotionalen Kosten« der Manager sind entdeckt worden, überwiegend verursacht durch das »ungesicherte Polster«, auf dem besonders das Middle-Management arbeitet.

Transformations-Prinzipien benötigen also auch neuartige Sicherheits-Garantien, die dem Management ein Plus an Handlungs-Autonomie und Selbstentfaltungs-Förderung bringen.

In größeren Unternehmen, die umschalten wollen auf Transformations-Prinzipien, ist es sicher ratsam, einen »Coach für Selbstentfaltung« zu beauftragen. Es kann nicht davon ausgegangen werden, daß die Selbstentfaltungs-Prozesse automatisch für jeden Chef, für jeden Personal-Experten und für jeden Leitenden verständlich sind.

Selbstentfaltungs-Prozesse müssen aber ernsthaft trainiert werden. Wir empfehlen deshalb spezielle Trainings-Programme zur persönlichen Konditionierung derjenigen Personen, die den schwierigen Weg vom Kader-System zum Transformations-System organisieren sollen.

Anmerkung 1:

In einer Studie von 1984 schrieben wir über die »Wiederverzauberung der Welt«: Der protestantische Kultur-Zuschnitt, der typisch für das preußische Kader-Konzept ist, entfaltete in seiner Entwicklung die Tendenz, die »Philosophie des Sieges« zur höchsten Norm zu erklären. Rivalität und Konkurrenz wurden wichtiger als Toleranz und Kooperation. Psychologisch bedeutet das, daß im Kader-System die »Unterdrückung des eigenen Selbst« als Forderung implizit enthalten ist.

Anmerkung 2:

In dem Buch »Befreiung von falscher Arbeit« (Herausgeber: Thomas Schmid, Berlin 1984) wird auf Seite 50 auf die Beziehung zwischen der protestantischen Arbeitsmoral (»Religion der Arbeit«) und den neuen Lohn-Experimenten in den USA hingewiesen. Vier große Experimente mit über 100 Millionen Dollar Aufwand sind durchgeführt worden mit der Zielrichtung Grundgeld (garantiertes Mindesteinkommen ohne Arbeit).

Das Ergebnis: Die Arbeitsmoral ist auch dann stabil gewesen, wenn die bisher Gutverdienenden auf das Niveau der unteren Lohngruppen gedrückt worden sind. Die sorgfältigen Experimente haben gezeigt, daß die Unzufriedenheit mit der Arbeit weitestgehend nicht abhängig vom Verdienst ist, sondern in erster Linie abhängig ist von dem Bedürfnis nach sinnvoller Tätigkeit.

Je weniger Sinn-Bezahlung, um so mehr materielles Kalkül der Arbeiter und Angestellten. Die Produktion von Arbeitssinn durch das Top-Management wird damit in den nächsten Jahren zur vielleicht wichtigsten Strategie für erhöhte Produktivität, reduzierte Sozial-Konflikte und die Dämpfung überhöhter Personalkosten. Sinn und Transformation statt Kader.

Teil 3

Helles Management: Die Spiritualität zieht ins Business ein

»Wir wollen wissen und haben doch Angst davor,
Angst am meisten vor dem Göttlichen in uns selbst.«
Abraham Maslow

Die Praxis des spirituellen Managements ist da

Zehn Uhr. Fast auf die Minute pünktlich klingelt das Telefon. »Hier ist RIAS Berlin. Guten Tag, Herr Gerken, wie vereinbart, unser Interview mit Ihnen.«

Auf der anderen Seite der Leitung ein junger, forscher Mann. Ich frage ihn, ob wir das Interview live machen wollen oder ob er es später im Studio schneiden möchte. Aber der Mann antwortet kaum, er wirkt irgendwie gehetzt. Seine Stimme ist gepreßt. Und als er die erste Frage stellt – für mich viel zu schnell –, spüre ich seine ganze Anti-Haltung und seine kaum maskierte Aggression.

Er will wissen, was das Business mit der New-Age-Bewegung zu tun habe. Und er will wissen, wieso ein Unternehmensberater über New Age schreibt. Das passe seiner Meinung nach überhaupt nicht zusammen. Auch könne er mein Selbstverstandnis im Hinblick auf Spiritualisierung und Wirtschaft nicht verstehen.

Ich erkläre ihm, daß der New-Age-Trend nur ein Trend von rund 160 Trends sei . . . wenn auch ein sehr wichtiger, über den wir deshalb öfter schreiben als über andere Trends. Ich erkläre ihm und seinen Zuhörern ausführlich, daß es Trends und Meta-Trends gibt, also Trends erster und zweiter Ordnung, und daß der *Trend zur Spiritualisierung des Alltags*, den man international mit der Worthülse New Age umreißt, ein besonders *wichtiger Meta-Trend* ist, weil er viele andere Trends beeinflussen und umformen wird.

»Wenn sich die New-Age-Bewegung mit ihrem neuen Weltbild durchsetzen kann, dann ändern sich Politik, Kultur und Wirtschaft in einem Umfang, wie es sich die meisten heute kaum vorstellen können. Deshalb wird ›New Age‹ für die Wirtschaft immer wichtiger.«

Mein RIAS-Mann ist damit nicht zufrieden. Wie soll er auch? Denn seine weiteren Fragen zeigen deutlich, daß er eher links steht und viel mehr ein Ökologie-Fan als ein Industrie-Freund ist. Und dann holt er richtig aus und formuliert mit einem delikaten Zynismus seine letzte Frage: »Aber all dieses spirituelle Zeug wird ja letztendlich nur für den Profit eingesetzt . . . ist Ihnen das klar, Herr Gerken?«

Das ist sie nun, die alles entlarvende Frage. Die Frage, die das ganze New-Age-Business auf einen Streich zusammenbrechen lassen soll. Und es war eigentlich auch keine Frage, sondern im Grunde ein Vorwurf mit maßregelndem Unterton.

Was tun? Mir blieb nun nichts anderes übrig, als meinem Interview-Partner das gleiche zu erzählen, was dieses Buch auch erzählt, wenn auch viel ausführlicher und profunder: *Die Geburt des hellen Managements ist erfolgt!*

Die schwarze Magie um das Wort Profit

Ich erzählte meinem Gegenüber, daß er das Wort »Profit« wie eine Waffe benutze. Er – und mit ihm fast alle Menschen – glaubt, daß Profit per se immer eine schlechte, d. h. destruktive oder »schwarze«, Absicht beinhalte. 99,9 Prozent aller Profit-Strategien mögen destruktiv und inhuman sein, aber wenn nur eine einzige Profit-Strategie human, sozial, ökologisch und spirituell ist . . . dann ist diese eine Strategie der lebendige Gegenbeweis dafür, *daß Profit nicht gleichzusetzen ist mit Destruktivität.* Profit muß nicht fies sein.

Und so beendete ich das Interview mit den Sätzen: »Wir alle werden uns daran gewöhnen müssen, daß Profit und Rendite nicht nur durch Fiesheit, sondern auch durch *praktizierte Spiritualität* erzielt werden können . . . Voraussetzung dafür ist, *daß ein neuer Kontext für Profit entsteht.* Profit ist dann nicht mehr Selbstzweck, sondern ist die natürliche Ernte eines ganz anderen Zieles: die Arbeit so zu organisieren, daß sie den arbeitenden Menschen bei ihrer seelischen Entwicklung, soweit das menschenmöglich ist, hilft. *Rendite als höherer Dank für Ethik im Business.*«

Und nun passiert etwas Interessantes: Mein eben noch so zynisch-forscher Mann an der Telefonleitung war plötzlich verstummt. Eine Pause deutlicher Verlegenheit. Aber dann kam er mit einer Stimme, die leise, belegt und zugleich aufgewühlt zu sein schien. Umständlich versuchte er, für seine Hörer eine Art Fazit zu ziehen. Aber das gelang ihm schon nicht mehr. Es war mehr eine Mischung aus Betroffenheit und Nachdenklichkeit. Wir beendeten das Interview in einer eigenartig schwebenden Atmosphäre.

Fazit: Das Thema »Spiritualisierung und helles Management« scheint ein Tabu zu sein. Ein Intim-Thema, das man nicht diskutieren kann, worüber man nicht öffentlich spricht, schon gar nicht im Rundfunk vor hunderttausend Ohren. Spiritualität ist peinlich. Die Angst vor dem Göttlichen, wie Maslow es ausdrückte.

Lassen Sie uns trotzdem in diesem Buch diesen Trend, der sich seit einigen Jahren entwickelt und der in den letzten Monaten so richtig zum Durchbruch gekommen ist, ausführlich beschreiben. Mag es auch so aussehen, als sei das alles zu früh. Mag es auch so aussehen, als sei das alles viel zu subjektiv. Mag es auch so aussehen, als wäre das alles nur ein Traum. Es ist die Wahrheit. Dieser Trend existiert. Dieser Trend läßt sich beweisen. Dieser Trend setzt sich weiter durch, d.h., er hat aufsteigende Dynamik. Und dieser Trend wird das *Paradigma des Business* (das Grundmodell des Wirtschaftens also) in fast historischer Form bedeutsam verändern. Haben wir deshalb den Mut, trotz der eigenartigen Peinlichkeit, die über diesem Thema zu schweben scheint, ausführlich über dieses Thema zu diskutieren.

Wie wollen wir vorgehen? Vielleicht ist es am besten, wenn wir zuerst einige Fakten präsentieren, weil wir ja alle Skeptiker sind und weil wir uns kaum vorstellen können, daß Spiritualität und Management zusammenpassen. Also greifen wir zu zwei Fallbeispielen.

Der erste Fall ist die BCCI-Bank. Und der zweite Fall ist das Unternehmen Schläpfer. Über beide Unternehmen werden wir noch einiges berichten. Wir haben diese beide Unternehmen ausgewählt, weil über sie einigermaßen viel Material existiert bzw. weil wir tiefgehend recherchieren konnten.

Aber das heißt nicht, daß es vielleicht nicht noch andere große oder kleine Unternehmen gibt, die *ein anderes Ethos* und ein *höheres Niveau der Humanität* und Spiritualität in die tägliche Arbeit einbringen. Die beiden Unternehmen sind sicher nicht die einzigen. Wir wissen aus zuverlässigen Quellen, daß es viele, zumeist kleine und neugegründete Unternehmen gibt, die täglich Spiritualität und Management miteinander verbinden. Aber sie sind sehr publikumsscheu.

Das spirituelle Ethos der BCCI-Bank

Beginnen wir also mit der BCCI-Bank. Sie ist gegründet worden von Agha Hasan Abedi. Dieser hatte vor einiger Zeit eine wichtige Rede gehalten. Nun werden viele wichtige Reden auf dieser Welt gehalten, aber diese Rede ist ganz anders. Und obwohl sie beim Konvent der Menschenvereinigung in Pakistan gehalten worden ist, also weit, weit entfernt und bestimmt nicht im Zentrum der internationalen Management-Diskussionen, wird sie heute *unter der Hand gehandelt* und weitergereicht, hauptsächlich zwischen Unternehmensberatern. Und so haben wir sie auch bekommen.

Es muß also etwas dran sein an dieser Rede, die den Titel trägt: »Echtes Management«. An sich ein Titel, der nicht sonderlich aufregend ist. Aber der Inhalt macht's. Wie kann so ein Mensch wie Abedi den Mut haben, so euphorisch über Menschlichkeit, Liebe und Spiritualität in bezug auf Business, Rendite und Effizienz zu sprechen? Das ist irgendwie so innovativ, aber zugleich auch so peinlich, daß diese Rede – inzwischen in die deutsche Sprache übersetzt – so weitergereicht wird *wie verbotenes Geheimwissen*.

Vom kalten Ziel zum innigen Ziel-Glaube

Hier nun die wichtigsten Passagen in Form von Auszügen. Abedi sagte: »Gutes Management sollte ein klar umrissenes Ziel haben – *ein Ziel, das seines Namens würdig ist*. Ein Ziel, welches das gesamte Management durchdrungen hat. Und ein Ziel, welches zum gemeinsamen Willen des Managers und der Mitarbeiter geworden ist.«

Interessant ist, daß Abedi das oberste Ziel (oft auch Vision genannt) in seinem Vortrag stets als »einen gemeinsamen Willen« des Managements und der Mitarbeiter definiert hat. Hier ist schon der erste große Unterschied sichtbar: Die Ziele werden nicht von oben nach unten strukturiert. Die Ziele wandern also nicht von der Elite zu den Mitarbeitern, sondern *die Ziele verpflichten alle*.

Damit werden die beiden Begriffe bereits im Ansatz deutlich: Das New-

Age-Management arbeitet mit *Alignment* (die Gesamt-Organisation ist auf eine Vision ausgerichtet, also auch die Chefs) und mit *Attuned* (dabei sind alle auf unsichtbare Art »im Herzen vereint«). Der Effekt: *Aus der kalten Ziel-Orientierung wird der innige Ziel-Glaube.*

Nun wieder zu Abedi: »Es gibt viele Management-Systeme und Schein-Systeme. Was ihnen allen gemeinsam ist – und häufig als das einzig Gemeinsame –, ist der Anspruch, von einer bestimmten philosophischen Grundauffassung oder einem Komplex von Auffassungen von der Welt, von Volkswirtschaft, von der menschlichen Natur oder von Produktions-Systemen untermauert zu sein.

Aber was wir sehen, wenn wir einen weltumspannenden Blick auf die Wissenschaft vom Management und ihre heutige Form werfen, ist ein ziemlich ungeordnetes Bündel mehr oder weniger artikulierter Techniken, Bräuche, Tendenzen, Überzeugungen und Angewohnheiten. Einige sind selbstzerstörerisch. Einige schließen einander aus. Einige – so fürchte ich – sind nichts anderes als Aberglaube. *Einige können in menschlicher Hinsicht großen Schaden anrichten.*

Einige wenige sind vernünftig. Und von diesen wenigen sind einige sogar menschenfreundlich in ihrer Anlage.

Aber zu meiner großen Bestürzung werden keine dieser Konzepte oder Philosophien wirklich in die Tat umgesetzt. Konzepte der Unternehmensführung laufen oft auf wenig mehr hinaus als lediglich auf die Menschen, welche führen, und die Menschen, welche sie führen, *wie sie sind* – ohne daß eine der beiden Gruppen jemals vollständig weiß, *wer sie sind.*«

Abedi geht dann in seiner Rede auf die Unfähigkeit der Management-Systeme ein, wirklich konstruktiv-positiv oder – um es in New-Age-Sprache zu sagen – »hell« zu wirken. Offensichtlich sind diese Management-Systeme und diese Führungs-Strategien nicht so wertneutral und auch nicht so objektiv, wie man sie darstellt. Es sind eben *keine neutralen geistigen Instrumente*, sondern es sind Werkzeuge einer geistigen Haltung. Und wenn diese geistige Haltung grau oder dunkel oder gar destruktiv ist, dann wirken diese Management-Techniken auch schädlich, menschenverachtend und kreativitäts-zerstörend ... also ineffizient. Abedi dazu: »Wir bemerken, daß Management-Systeme die an sie gestellten Anforderungen oft nicht erfüllen.«

Abedi glaubt, daß die meisten Unternehmen viele Entschuldigungen und Rechtfertigungs-Ideologien parat haben. Im Grunde wissen sie aber, daß ihre Philosophien und Techniken nie richtig funktionieren werden. Auf jeden Fall *nicht funktionieren im Sinne eines höheren Ethos*. Sie bringen zwar oft eine ganz gute Rendite, aber eben auch nicht mehr. Meistens betonen die Verantwortlichen, wie schwer der Markt und wie hart die Konkurrenz sei oder daß »ganze Volkswirtschaften vom Kurs abgedrängt« würden. Man schiebt die Schuld für das moral-ethische und sozial-humane Versagen, das immer deutlicher wird, auf externe Faktoren. Das Management macht sich gegenüber sich selbst blind.

Ohne Ethik gibt es keine ethischen Ziele ... ohne ethische Ziele gibt es kein ethisches Handeln

Für Abedi liegt eine Ursache darin, daß das Management *mit den Zielen falsch umgeht*. Man kennt trotz aller Strategie-Betonung nur kurzfristige Ziele, weil diese immer wirtschaftliche Ziele sind. Aber man hat keine evolutionären und ethischen Ziele.

Und deshalb werden die Konzepte und Strategien auch immer nur purökonomisch und nicht ethisch oder spirituell sein. Erst ein spirituelles Wollen gibt dem Management den Freiraum für neue humane und soziale Konzepte. Alles andere ist Schein-Fortschritt. In Abedis Worten: »Das *kurzfristige Ziel* wird unmittelbar angestrebt. Und der *Zweck* ist die letztendliche Absicht, die wir mit unserem Ziel verfolgen. Den ihrem Wesen nach kurzfristig angestrebten Zielen stehen die *langfristigen Ziele* gegenüber, die nach meiner eigenen Auffassung ewig sind.«

Abedi hat also den Mut, von *ewigen Zielen* zu reden. Und so faßt er auch den Unterschied zwischen normalem Management und echtem Management auf. Normales Management hat kurz-, mittel- oder langfristige Ziele, *die unabhängig von ewigen Zielen formuliert* und angestrebt werden. Das echte Management plaziert über die kurz-, mittel- und langfristigen Ziele die ewigen Ziele, das heißt spirituelle und evolutionäre Ziele.

Die sogenannte Unternehmens-Strategie bekommt also nicht mehr das letzte Wort und die höchste Priorität, sondern sie ist ein Diener höherer Ziele, die durch Humanität, Ethos und Spiritualität definiert werden.

Abedi dazu: »Es ist ein organisiertes, systematisches, einfallsreiches und vor allem unermüdliches *praktisches Wohlwollen*. Und es funktioniert nur – und kann nur funktionieren – innerhalb des Bereiches von *Liebe und Demut*. Was das Wasser den Fischen und die Luft den Vögeln ist, das sollte uns die Demut sein: das Medium, in welchem wir leben und uns bewegen und unser Sein haben.«

Die ewigen Ziele der Spiritualität steuern die merkantilen Ziele

Nun wird es ganz deutlich, was Abedi mit ewigen Zielen meint: *Praktizierte Liebe auf Basis von Dynamik und Demut.* Und genau das ist die Kern-Essenz des New-Age-Managements, das überall in der Welt mehr und mehr Anhänger bekommt: Wenn man die spirituellen oder ewigen Ziele über die ökonomischen Ziele stellt, dann werden die ökonomischen Strategien sowohl ökonomisch als auch spirituell wirksam. Es wird dann möglich, *Rendite mit Menschlichkeit zu verbinden.* Das, was sich bisher immer ausschloß, bedingt sich plötzlich wechselseitig. So einfach ist das also!

Aber es klingt nur sehr einfach, die Verwirklichung ist schwierig. Deshalb sagt auch Abedi: »Das ist nicht nur ein theoretischer Vorschlag. Das ist ein praktischer Vorschlag. Demut kann nicht nur, sondern *muß* die vorrangige und hauptsächliche Antriebskraft des Managements sein, denn Demut ist eine Quelle des Lebens und der Liebe, von der wir ständig Kraft zum Durchhalten und Hoffen empfangen.«

Das Prinzip ist – wie gesagt – einfach: die Integration ewiger Ziele in das kalte Geschäft des modernen Business. Die Verwirklichung aber scheint grenzenlos schwer zu sein. Man ist in Gefahr, sich zu blamieren, wenn man die Beziehung zwischen Liebe und Management betont. Man scheint ein hoffnungsloser Idealist zu sein, wenn man Demut und Strategie miteinander verbinden möchte. Es müssen also massive geistige Kräfte in Form von Ängsten dagegenstehen. Das graue und dunkle Management fürchtet sich vor dem hellen Management.

Wie kriegt nun Abedi die Kurve? Denn schließlich ist er kein Phantast und kein Träumer, sondern ein außerordentlich erfolgreicher, kluger und in den internationalen Medien vielbewunderter Banken-Chef. Ja, er kriegt die Kurve, indem er darauf hinweist, wie hoffnungslos begrenzt unser Wissen ist und daß die Demut sich aus diesem Wissen ableitet. Er zitiert in diesem Zusammenhang C.G. Jung, den Tiefenpsychologen: »Die Natur erhebt den ersten Anspruch auf die Menschheit, und erst viel später kommt der Luxus des Verstandes.« Abedi interpretiert das wie folgt: »Nach meiner Auffassung stellt die Bedeutung dieser Behauptung das Herzstück des Unternehmens-Managements dar, *denn schließlich ist Unternehmens-Management nur ein Mikro-Kosmos im Makro-Kosmos*. Die Gesetze der Natur sind universal.

Da diese Gesetze *außerhalb unseres Bewußtseins* eingreifen, sind sie ein Teil der unermeßlichen Welt des Unterbewußten, welche die eher beschränkte Welt des Bewußten, unserer Wahrnehmung und unseres Verstandes regiert. Sollten wir den Wirkungs-Bereich des Managements nur auf unser hoffnungslos begrenztes Wissen beschränken, welches sich aus dem Greifbaren, Sichtbaren und Bekannten herleitet? Oder sollten wir versuchen, einen Weg zu finden, *den unbegrenzten Fluß der Weisheit* von allem Greifbaren, Sichtbaren und Bekannten und ebenso von allem Nichtgreifbaren, Unsichtbaren und Unbekannten anzuzapfen und zu mobilisieren?«

Mehr Energie durch Liebe und Demut ... genannt Interfusion

Hier wird sichtbar, was auch andere Theoretiker und Praktiker des New-Age-Managements bereits formuliert haben: Die Energie, die ein Unternehmen erhält, wird gespeist aus den Quellen der Weisheit und der Demut. Wenn man seinen eigenen Empirismus überwinden kann (also seine eigene begrenzte Programmierung im Gehirn), wenn man also das *Feld der Metaphysik* mit dem Geschäft des Managements verbinden kann, dann bekommt jedes Unternehmen eine ungeheure *Vitalitäts-Spritze*.

»Sollten wir uns als Unternehmens-Manager auf empirisches Wissen und dessen Anwendung beschränken, oder sollten wir versuchen, durch den Prozeß der Demut und des Zusammenflusses der Strömungen der Energie-Psyche individueller menschlicher Wesen mit dem Haupt-Strom der *kosmischen Energie-Psyche* darüber hinauszugreifen?« Was Abedi hier – etwas verschwommen – formuliert, praktizieren er und seine Mitstreiter in den vielen Banken seit Jahren mit Erfolg ... und täglich. Sie nennen es *Interfusion*.

Das ist das Zusammenfließen der psychischen und der mentalen Energie aller Mitarbeiter, um daraus einen einzigen kohärenten, das heißt ausgerichteten und vereinten, Haupt-Strom zu machen, der dann *mit der kosmischen Energie verbunden wird*.

Das Modell, das dahintersteht, ist im Grunde ganz einfach: Je mehr *innerer Friede*, um so mehr werden alle Mitarbeiter eines Unternehmens zu einem großen Gefäß, das man mit »kosmischen Energien« auffüllen kann. Die Sozial-Energie in den Unternehmen wird aufgeladen und potenziert durch kosmische Energie.

Fazit: Das helle Management geht konkret davon aus, daß Unternehmen die kosmische Energie gezielt und pragmatisch anzapfen können. Aber sie können es nur, wenn sie ihre innere Abwehr dagegen überwunden haben und wenn sie ihre Mitarbeiter darauf vorbereitet haben. Diese Energetisierung funktioniert also nur, wenn man daran glaubt bzw. ehrlich daran glauben kann.

Folgen wir weiter Abedis Worten: »Wir können uns auch fragen, ob Weisheit lediglich menschlicher Verstand und Wahrnehmung ist, eingeschlossen im Gefängnis des menschlichen Ego und der menschlichen Subjektivität. Oder ist Weisheit Natur, deren Instinkte, Gesetze und Prinzipien? Wir von der BCCI-Bank haben zumindest versucht, der *Natur den Vorrang* vor unserem eigenen begrenzten Wissen und Weisheit zu geben, und haben versucht, uns durch Demut, Liebe und die totale Unterwerfung unter Gott der Natur anzupassen.«

Abedi zögert also nicht, Gott und Bank-Business miteinander zu verbinden. Im Gegenteil! »Dabei stellen wir fest, daß wir auf bescheidene Art ein Bildnis dessen wiederschufen, was wir als Totalität in ihrem dynamischen Stadium verstehen.«

Es gibt vier grundlegende Gesetze der Natur und Schöpfung, die als *das eigentliche Wesen der unsichtbaren Energie* und des Geistes der Schöpfung erscheinen könnten und die die Ordnung und die Lenkung der Schöpfungs-Existenz schützen, genannt die vier Prinzipien. Folgen wir den Worten von Abedi . . .

1. Prinzip:
Das Konzept von Totalität und Teilen oder das Totalitäts-Prinzip

Die Natur wirkt als integriertes System in ihrem dynamischen Stadium. Alle Teile des Systems stehen miteinander in Bezug und sind voneinander abhängig. Sie durchdringen einander in und durch das Phänomen der Veränderung, nehmen ihre dynamische Gestalt an in Form der Evolution und leben in Ewigkeit. Die Erkenntnis und das Erfühlen dieses Verhältnisses und der im Prozeß des Zusammenflusses und der Teilung von Teilen und die Totalität durch die Natur erzeugten Energie ist der kosmische Geist.

Wie die Natur, so hat jedes Unternehmen seinen eigenen Geist und seine eigene Psyche, geschaffen durch das Verhältnis

und die Durchdringung seiner Teile untereinander wie seiner Teile mit der Gesamtheit.

2. Prinzip: Das Phänomen der Veränderung oder das Fluß-Prinzip

Die Teile und das gesamte kosmische System (die Dynamik der Existenz) befinden sich in einem Stadium ewigen Flusses. Der Veränderungs-Prozeß fließt unaufhörlich. Wir leben in der Veränderung und durch sie. Wir leben eingebettet in der Veränderung. Natur ist Fortschritt. Natur ist Veränderung.

Ebenso das Unternehmen oder – mit anderen Worten – sein Management sollte sich nicht nur als solches begreifen, sondern auch fühlen.

3. Prinzip: Das Verhältnis des Zustandes der Existenz zu dem Zustand der Nicht-Existenz

Im Verhältnis zwischen Existenz und Nicht-Existenz ist die Nicht-Existenz (die unendlich ist) der Bewahrer der Existenz. Und aus diesem Verhältnis fließt der Prozeß der Veränderung.

Der Natur nach ist es möglich, gleichzeitig im Zustand der Existenz und im Zustand der Nicht-Existenz zu sein. Hier ist es möglich, in sich selbst die Einheit des Zustandes der Existenz und des Zustandes der Nicht-Existenz zu fühlen. Hier ist es möglich, sich selbst in einem dynamischen Zustand und als einen solchen zu fühlen.

Sowohl ein Unternehmen als auch jedes einzelne Mitglied desselben sollte in der Lage sein, dieses Gefühl nachzuempfinden.

4. Prinzip: Die Wahrheit über die Einheit von Moral und Materie

Die Moral, welche gleichbedeutend ist mit den Gesetzen und Prinzipien der Natur, beherrscht alles Materielle. Folglich müssen beide als untrennbar anerkannt, behandelt und gefühlt werden. Moral ist wie Qualität, welche die Substanz zu dem macht, was sie ist. Diese Qualität bleibt nicht greifbar, unsichtbar und als ein Zustand der Nicht-Existenz, bis sie mit der Substanz eins wird. Kein Unternehmen kann seine Identität und seine Qualität behaupten, ohne mit seiner moralischen Substanz eins zu werden.

Folglich ist das Konzept von der Einheit der Moral und der Materie das Imperativ des Managements.

Das ist eine ganz andere Sprache, als wir sie in den Fachbüchern für Management finden. Und offensichtlich haben wir alle Schwierigkeiten, diese Vokabeln und die dahinterliegenden Bilder auf Anhieb zu verstehen. Die Sprache erinnert sehr stark an psychedelische und spirituelle Texte. Offensichtlich benötigt man ein anderes Bewußtsein, um diese Worte so selbstverständlich sprechen, hören und nachvollziehen zu können, wie es Abedi tut.

Aber betrachtet man die Pioniere und Apostel des New-Age-Managements in Österreich, in der Schweiz, in Deutschland und in den USA, so fällt doch auf, daß die Worte immer die gleichen sind. Vielleicht liegt es gar nicht an den Worten, denn Moral, Existenz, Gott, Ethik, Sein, Natur und Totalität . . . das alles sind Worte, die an sich verständlich und sogar üblich sind. Was das Ganze so schwierig und spröde macht, ist der neue Kontext, der hier durchschimmert, das heißt die neuartige Verbindung zwischen Business und Spiritualität. Es ist, als ob ein neues Fenster in unserem Geist aufgemacht worden wäre und unsere Augen nicht in der Lage seien, das neue, plötzlich helle Licht zu ertragen. Lassen Sie uns also ruhig etwas blinzeln, haben wir Geduld mit uns, und bleiben wir Abedi auf der Spur!

Was hatte er gesagt? »Kein Unternehmen kann seine Identität und seine Qualität behaupten, ohne mit seiner moralischen Substanz eins zu werden.«

Was bedeutet das? Die *Corporate Identity* ist immer nur so gut wie die Moral, die man im Business-Alltag zu leben vermag. Wer als Unternehmer eine hohe idealistische Moral hat, sie aber nur zu Hause lebt, der reduziert die Qualität seines Unternehmens.

Oder: Die *Firmenkultur* kann nur verbessert werden durch die Verbesserung der Moral. Alles andere, was heutzutage üblich ist, ist scheinheiliges Getue. Man bastelt an den Phänomenen der Firmenkultur herum, statt die negative Energie zu korrigieren, und zwar zum Ethos hin. Der größte Teile der Kultur-Konzepte, die heute praktiziert werden, ist aus dieser Sicht bestenfalls Flickschusterei.

Oder: Eine fiese Moral der Inhaber oder Chefs wird langfristig immer eine negative und destruktive Geist-Energie erzeugen. Die an sich intelligent geplanten Strategien werden dann energetisch schwach. Die großen Erfolge benötigen also Intelligenz plus Moral.

Oder: Je mehr gelebte Ethik in der Firmenkultur, um so mehr Energie im Unternehmen. Ethik ist ein wirtschaftliches Energie-Element (wie auch Geld). Aber Geld kann Ethik kaum ersetzen, während Ethik jedoch so viel Energie erzeugen kann, daß man viel Geld sparen kann. Ehtik ist wirtschaftlich.

Alles in allem: Wer sich traut, im Business eine spirituelle Moral zu leben, potenziert die Kräfte des Unternehmens. Spiritualität wird in Zukunft zum Wettbewerbs-Faktor erster Güte werden.

In seinem Vortrag hat Abedi auf Basis dieser vier Prinzipien einige Bausteine »einer spirituellen Management-Praxis« prototypisch formuliert. Und die wollen wir uns anschauen:

① **Unternehmensziele**

»Jeder mit dem Management befaßte Wissenschaftler beginnt mit dem Gegenstand des Unternehmens als dem ersten Bestandteil desselben. Ich möchte dies das Unternehmens-Ziel nennen, denn der Gegenstand ist statisch, und das Ziel dynamisch. *Das Ziel ist eine ständige Reise, deren Zweck ewig ist.*

Ein Großteil der Identität, Schaffenskraft, Qualität und des Wachstums eines Unternehmens hängt von den angeführten vier Prinzipien ab. Und insbesondere vom moralischen und vom materiellen Inhalt des Zieles.

Wenn das Ziel universal ist und im Zusammenhang steht mit der Totalität, mit Gott, mit seiner Humanität und sowohl mit moralischem als auch materiellem Erfolg, dann müssen der Schaffensbereich, die Dimension und das Leben des Unternehmens sicherlich im Zusammenhang mit einem solchen Ziel stehen.«

Hier schimmert zum erstenmal das durch, was bei den ersten New-Age-Unternehmern immer so kühn und unverhohlen formuliert wird: Wenn die ewigen, also spirituellen, Ziele eines Unternehmens in Ordnung sind, dann darf das Unternehmen auch materielle Ziele haben. Der Gewinn, wenn er eingebettet wird in spirituelle Ziel-Zweck-Relation, darf nicht nur sein, sondern muß sein.

Gewinn ist also nichts Verbotenes und erst recht nicht ein Effekt, dessen man sich schämen müßte. Gewinn, eingebettet in spirituelle und moralische Überziele, ist eine Notwendigkeit, um häufiger und stärker für Natur, Gesellschaft und Mitarbeiter Gutes tun zu können. Die »materiellen Ergebnisse«, also Rendite und Profit, werden zu Erfüllungsgehilfen für höhere Ziele.

② **Kapital und Hilfsmittel**

»Wenn die Anleger und das Management willens und bereit sind, sowohl ihre moralischen als auch ihre materiellen Geld- und Hilfsmittel zu investieren, so handeln sie nur in Übereinstimmung mit dem Prinzip der Einheit von Moral und Materie [hier schimmert es schon wieder durch: Es ist möglich, Moral und Materie zu vereinigen]. Und die Manifestation des Materiellen – in Form des Erfolges – wird unweigerlich nur im Verhältnis zum moralischen Engagement erfolgen, welches dem Unternehmen die Identität, Qualität und Lebensdauer gibt.«

Mit anderen Worten: Finanzieller Erfolg ist das Kind gesteigerter Ethik. Je mehr Ethik, um so mehr Erfolg. Für Manager und Unternehmer, die dem dunklen und dem schwarzen Management zugeneigt sind, wirkt das wie ein Hohn, wie eine Verballhornung oder wie eine knabenhafte Illusion von Menschen, die nicht wissen, »wie knallhart und lebensgefährlich« das Management wirklich ist.

③ **Konzept und Philosophie des Managements**

Hier kommt Abedi zu einer der wichtigsten Führungstechniken der BCCI-Bank, die man dort *Interfusion* nennt. Hier geht es um die *Produktion positiver Firmen-Energie* durch neuartige Techniken der mentalen Verschmelzung. Das wollen wir uns etwas genauer anschauen:

»Nach dem Konzept des echten Managements muß der Manager die psychischen Energie-Strömungen eines jeden Mitglieds der Organisation sowie den Zusammenfluß dieser Strömungen leiten. Dieses Konzept erfordert die *Evolution einheitlicher Personifizierung* des Managements, vielschichtiger Führung und der Übernahme der unterstützenden Funktion des Haupt-Büros im Gegensatz zur Kontroll-Funktion.«

Interfusion verlangt, daß sich das Management *einheitlich personifiziert.* Das New-Age-Management ist also eine moderne Form des *Glaubens-Managements*. Besonders beim Militär und in der Kirche kennt man diese Verschmelzungs-Techniken, durch die alle das gleiche wollen, wodurch eine *potenzierte Kraft* entsteht.

Im Prinzip ist auch der *Kader-Gedanke*, der die Wirtschaft heute noch beherrscht, darauf ausgerichtet, denn die Basis-Ideologie der modernen Führung und des effizienten Managements stammt ja vom Militär und zum Teil auch von den Kirchen. Aber das Ganze funktioniert inzwischen nicht mehr (siehe den Anteil der inneren Kündigung, der derzeit fast bei 50 Prozent im Middle-Management liegt), weil inzwischen nicht nur der Werte-Wandel stattgefunden hat, sondern weil es einen starken neuen Meta-Trend gibt: *Hin zum Individuum und zur Eigenverantwortlichkeit.*

Die Kohärenz-Techniken des klassischen Kader-Managements sind also nicht grundlegend falsch (Kohärenz ist nach wie vor sinnvoll und erstrebenswert), aber die Formen sind falsch. Man kann mit mündigen Mitarbeitern nicht mehr die alten Kohärenz-Spielchen spielen, weil diese auf *Unmündigkeit* ausgerichtet sind. Denn die alten Kader-Prinzipien beinhalten immer Zwang, wenig Freiheit, Befehlsketten und Hierarchien.

Das Kernproblem für das kommende neue Management formuliert sich also durch folgende Fragen: Wie kann man Menschen *ohne Zwang und Abhängigkeit veranlassen*, sich freiwillig und intensiv auf ein gemeinsames Ziel (Vision) auszurichten, so daß sie zu einer *vereinheitlichten Kraft* zusammenwachsen? Und wie kann man die Emanzipation und Mündigkeit der Mitarbeiter aktiv fördern, ohne daß sie dadurch »aus dem Ruder« laufen? Genau das geht nur durch die Verschmelzung von Ethos und Vision. Aus Hierarchien werden dann Glaubens-Gemeinschaften.

Im Prinzip arbeitet das Kader-Management ganz subtil mit der *Defizit-Seite* der Menschen (Angst, Bequemlichkeit, Sicherheits-Bestreben etc.) statt mit ihrer *Transformations-Seite* (Selbstentfaltung, Autonomie, Mut etc.). Das Kader-Management verführt die Mitarbeiter dazu, daß sie sich selbst (oder besser: ihr Selbst) *psychisch verraten*. Die Effekte sind innere Kündigung und geringe Produktivität, wie sie heute in der Wirtschaft überall grassieren. Was also muß geändert werden?

Die Antwort, die Abedi gibt, deckt sich mit vielen aktuellen Trends: Man braucht *mehr Dezentralisierung* als je zuvor. Man braucht den konsequenten Willen, die *Hierarchien so flach wie möglich* zu machen. Und man braucht eine völlig neue Organisation, durch die *relative Autonomie* gefördert wird. Das alles zusammen bringt die Überwindung des Kader-Systems (Zwang) zugunsten des Transformations-Prinzips (Entfaltung zu Glaubens-Gemeinschaften).

Aus hierarchisch gestaffelten Unternehmen werden also Glaubens-Gemeinschaften.

Das Interessante ist nun, daß Abedi die von ihm entwickelte Technik der Interfusion erst dann als machbar sieht, wenn diese Glaubens-Gemeinschaften da sind. Die soziale Energie-Produktion geht nicht ohne diesen Glauben.

Nun könnte man einwenden: Na ja, der Trend zu weniger Hierarchie findet ja inzwischen in der Wirtschaft statt, auch der Trend zur Dezentralisierung. Das muß man schon deshalb tun, weil die Märkte turbulenter werden. Ohne Dezentralisierung gibt es die vielgepriesene neue Flexibilität nicht. Auch das Arbeiten in relativer Autonomie ist zumindest im Ansatz begriffen und realisiert worden. Auch die Demokratisierung der Unternehmen ist ein Stück weitergekommen. Wozu also die schrille Aufgeregtheit der New-Ager? Man ist offensichtlich längst auf dem richtigen Weg. Aber hier muß eine wichtige Unterscheidung eingeführt werden:

Die meisten Unternehmen (um nicht zu sagen, bis auf ganz wenige Ausnahmen eigentlich alle) verbinden mit den richtigen Trends und den neuen Maßnahmen die falsche geistige und moralische Einstellung. Man ist für Dezentralisierung und Autonomisierung, aber man will aus Unternehmen keine Glaubens-Gemeinschaften machen. Wie sagte kürzlich ein Top-Manager in einem Interview dazu: »Um Gottes willen, kein New Age im Unternehmen!« Am liebsten hätte er noch hinzugefügt: weil es dann Chaos, Ineffizienz und rote Zahlen gibt. Die meisten Unternehmen gehen nur mit einem Bein in die richtige Zukunft: Sie gehen *nur technokratisch* (Dezentralisierung, Flexibilisierung, autonome Teams etc.), aber *nicht geistig* (Ethos, Vision, Glaubens-Gemeinschaften und Interfusion). Es herrscht also Halbherzigkeit vor.

Abedi sieht den Weg zum »echten Management« ganz anders: »Dezentralisierung und Autonomie sind die Voraussetzungen für die Interfusion. Und Interfusion, also die Erreichung einer einheitlichen Personifizierung im Unternehmen, übernimmt das, was sonst im konventionellen, alten Management Verantwortung, Kontrolle und Haftbarkeit übernommen hat.«

Offensichtlich sind die überall gepriesenen neuen Zielwerte der Selbstorganisation, der Selbstmotivation und der Selbstkontrolle nur dann wirklich praktikabel, wenn man das Kader-System endgültig überwunden hat, wenn man also bereit ist, aus Unternehmen wirklich Glaubens-Gemeinschaften zu machen.

Aber woran sollte man glauben? Es gibt bei den meisten Unternehmen kein Ethos, an das man glauben könnte. Eher hat man eine deutliche *Abwehrhaltung gegen Spiritualität und Moralität.* Mit anderen Worten: Man berücksichtigt die neuen Trends (Dezentralisierung, Autonomie und Selbstorganisation), aber man macht das eher zähneknirschend und gezwungenermaßen, das heißt ängstlich-technokratisch. Man geht den

Weg, aber man geht ihn *nicht mit Begeisterung*. Man ist weder Fisch noch Fleisch. Man will nicht zum »Glaubens-Management«, sondern man will nur die »störenden« Trends berücksichtigen, weil man sich offensichtlich dazu gezwungen sieht.

Ganz anders das New-Age-Management. Hier gibt es die gleichen Vokabeln, also Dezentralisierung, Autonomie und Selbstorganisation. Aber die *Geistigkeit*, mit der das betrieben wird, ist völlig anders. Man will Ethik, man läßt sie nicht zähneknirschend zu. Man will Demokratisierung und Autonomie ... man will dieses freiwillig und bejahend. Und eben das wird das *helle Management* genannt. Hell, weil es ein eindeutiges, intensives »Ja« dafür gibt und kein zähneknirschendes »Wenn es denn sein muß«.

Das helle Management hat im wesentlichen die gleichen Techniken und neuen Instrumente, die das graue Management dominieren. Aber es ist eine andere Kraft dahinter: *die helle Kraft, sich für die »ewigen Ziele« (Abedi) einzusetzen.*

Versuchen wir an dieser Stelle, die Nomenklatur etwas griffiger zu machen:

Das schwarze Management

Es folgt der Formel: »Wirtschaft ist bitterer Konkurrenz-Kampf.« Deshalb haben höhere Werte wie Moral, Ethik, Fairness etc. keinen Platz. Zuviel Gutes reduziert die Schlagkraft. Wenn es ums Boxen geht, muß man boxen und nicht beten. Erfolg kommt also durch Destruktivität. Typisch dafür ist das Statement von Hughes: »Man kann nicht erfolgreich sein und gleichzeitig ethisch.«

Manager des dunklen Weges haben folgende Überzeugung: *»Erfolg zwingt zur Fiesheit«*. Die meisten Unternehmer und Manager erkennen zwar die Regeln des Staates an, das heißt die Gesetze und Gebote, aber eben auch nur die. Ansonsten ist alles erlaubt, was nicht auffällt oder was in diesem Rahmen legal praktizierbar ist (man denke nur an das Gift im Rhein oder an die illegalen Leiharbeiter).

Dahinter steckt ein *klassisches Mißverständnis*. Natürlich ist Wirtschaft immer Wettbewerb, aber Konkurrenz-Kampf und Markt-Wettbewerb sind kein Freibrief für Destruktivität. Der Kampf der Produkte untereinander um Marktanteile bedingt nicht zwangsläufig das Unterschreiten der Gürtellinie. Ganz im Gegenteil: Der innere Friede ist wichtig, um im Konkurrenz-Kampf überhaupt bestehen zu können.

Je mehr innerer Friede, um so mehr Sozial-Energie. Je mehr Sozial-Energie im Unternehmen, um so mehr Kreativität, Innovation und Wettbewerbs-Vorsprung. Anders ausgedrückt: *Es kann gar nicht »zuviel Gutes« geben*, sondern nur zuviel Schlechtes. Und im Kern des Schlechten befindet sich das Kader-Prinzip, weil es hierarchisch, autoritär, paternalistisch und anti-emanzipiert ist.

Und ein anderes Problem ist das fehlende Ethos in den globalen Zielen und Visionen im Unternehmen. Würde man das Kader-Prinzip überwinden können, gäbe es mehr inneren Frieden und mehr Energie im Unternehmen, also *mehr Vitalität für einen besseren Wettbewerb im Markt.* Könnte man die betriebswirtschaftlichen Global-Ziele in den Dienst spiritueller und ewiger Ziele setzen (ethische und emanzipatorische Ziele), dann könnte man auch Interfusion betreiben, wie es die BCCI-Bank seit Jahren praktiziert hat: Die Verbindung von kosmischer Energie mit der im Unternehmen entwickelten Sozial-Energie.

Das helle Management

Es folgt der Formel: »Wirtschaft ist praktizierte Spiritualität.« Der helle Weg ist also gekennzeichnet durch zwei wichtige Konzepte:

① **Maximale Sozial-Energie** (das Prinzip des inneren Friedens).

② **Aufladung dieser Sozial-Energie durch kosmische Energie** (das Prinzip der spirituellen Ziele).

Der helle Weg ist also *Erfolg durch Konstruktivität*, ganz im Gegensatz zum dunklen Weg, wo der Erfolg durch Destruktivität erzeugt wird. Erfolg wird definiert durch Rendite und Profit, wird gestaltet durch den kosmischen Bezug (Demut) bei gleichzeitig praktiziertem *mentalen Management.*

Es gibt keinen Zwang zur Unmenschlichkeit oder Fiesheit. Man steht voll und ohne Drückebergertum im harten Wettbewerb des Marktes. Man ist also *kein Softie Unternehmen*, das sich drückt und keine Leistung bringt. Ganz im Gegenteil. Man ist erfolgreicher als die schwarzen und grauen Unternehmer und Manager, weil man mehr Kräfte, mehr Kreativität und mehr Vitalität anzapfen und entfachen kann.

Beim dunklen Management heißt es: Das Unternehmen ist erfolgreich, aber die Inhaber, Manager und Mitarbeiter gehen dabei kaputt . . . menschlich kaputt. Diese Formel ist das stille Glaubens-Bekenntnis vieler Menschen, die Karriere machen, obwohl immer mehr junge Menschen, die von den Unis kommen, diese Formel als überholt und zynisch empfinden. Sie verlangen Karriere und einen wirtschaftlichen Erfolg, der die Persönlichkeit fördert statt zerstört. Im Grunde ist es die *Absage an die persönliche Opferbereitschaft*, die sich bisher über Kader, Karriere und Profit verbunden hatte.

Ganz im Gegensatz dazu die Überzeugung des hellen Managements. Hier glauben die New-Age-Manager, die in der internationalen Szene so ganz langsam ihre Köpfe und Parolen zu offenbaren wagen, daß man deshalb erfolgreich ist, weil man heiler ist als die anderen.

Der Grad des Erfolges wird abhängig von der Steigerung der kollektiven und individuellen *psychischen Heilheit*. Das betrifft sowohl das, was Abedi die Unternehmens-Psyche nennt (und das ist mehr als das sogenannte Betriebsklima und die überall zitierte Firmenkultur), als auch die persönliche Seele.

Es muß Spaß machen, Erfolg zu haben. Es muß der Seele guttun, im Business erfolgreich zu sein. Es muß dem Menschen helfen, seelisch gesund und reif zu werden, wenn sich der Gewinn auf dem Konto vermehrt. Die Unternehmens-Erfolge helfen den Menschen im Unternehmen, *dem Positiven entgegenzuwachsen* (Transformation).

So unmöglich diese Formulierungen derzeit auch klingen . . . sie sind die eigentliche Essenz des hellen Managements. Und dieses wird bereits praktiziert.

Das graue Management

Es folgt der Formel: »Das Positive ist *eine Schwächung*, also muß es dem Unternehmen abgerungen werden.« Das graue Management wird vermutlich von weit mehr als 90 Prozent der Unternehmen betrieben. Und es ist zugleich die Entscheidung für einen *ambivalenten Weg*.

Die meisten Unternehmer (besonders im Mittelstand) und Top-Manager sind inzwischen auf diesem ambivalenten grauen Weg. Das ist der Weg, der in der Grauzone zwischen den Formeln »Erfolg durch Destruktivität« und »Erfolg durch Spiritualität« liegt.

Diese Unternehmen erkennen die neuen Trends und die Zeitströmungen voll an. Sie wollen nicht destruktiv sein (was verboten ist, muß akzeptiert werden). Aber sie wollen auch nicht spirituell sein.

Diese Manager bejahen die neuen Management-Akzente wie Dezentralisierung, Autonomie und Selbstorganisation. Aber sie gehen auch keinen Schritt darüber hinaus. Sie sind immer nur auf dem Höhepunkt des

Zeitgeistes. Aber sie sind nicht bereit, jetzt schon den nächsten Schritt zu vollziehen, obwohl viele von ihnen dumpf ahnen, daß die Reise dahin geht.

Dieser graue Weg ist ein Weg der Kompromisse, der Unstimmigkeiten. Vieles hebt sich auf. Man beläßt beispielsweise das Kader-Prinzip (die Glorie der Hierarchie), aber man will gleichzeitig Quality Circles einführen. Man ist für die CIM-Flexibilisierung, aber man wehrt sich gegen das neue Konzept der »Führung von unten«. Man möchte aufgeklärte, engagierte und sich selbst steuernde Mitarbeiter, aber man ist nicht bereit, auf das übliche Controlling zu verzichten. Und genau dieser graue Weg bringt gegenüber dem schwarzen Weg soviel Unterlegenheit bei zugleich wenig Überlegenheit.

Es ist so, als ob ein Boxer zwar bereit ist zu boxen, aber nur mit einem Handschuh. Wenn man gegen das dunkle Management erfolgreich sein will, dann muß man nicht mit weniger Waffen, sondern mit völlig anderen Waffen kämpfen. Sonst ist man nur mäßig produktiv.

Und genau diesen Schritt haben Firmen wie die BCCI-Bank, Schläpfer, Esprit, PSI-Software und viele andere in einigen Dimensionen oder ganzheitlich vollzogen. Sie haben damit *das Grundmodell des Business transformiert.* Sie sind die eigentlichen Pioniere der 80er Jahre. Und nicht die vielen Professoren, die immer neue Management-Systeme entwickeln und sich, genauso wie die Universitäten und die betriebswirtschaftlichen Institute, erfolgreich davor drücken, die Spiritualität in das Konzept der betriebswirtschaftlichen Lehre zu integrieren.

Die Praxis des hellen Managements funktioniert

Alles in allem: Das helle Management ist da. Seit einigen Jahren. Und zwar in der Praxis, nicht in der Theorie. Es existiert und funktioniert bei einigen *Pionier-Unternehmen* und wird (noch) totgeschwiegen in den Universitäten.

Das helle Management bringt eine grundsätzliche Transformation dessen, was wir Business und Wirtschaft nennen: *Nichts ist so erfolgreich wie das Gute.*

Dadurch wird der Erfolg im Business und im Management möglich ohne Raubbau, ohne Zwang zur Fiesheit. Erfolg ist machbar, auf helle Art. Der materielle und finanzielle Erfolg kommt durch das erfolgreiche Arbeiten im spirituellen Raum. Ein aufregender Paradigmen-Wechsel steht vor der Tür, genannt New-Age-Business.

Es gibt sie, die New-Age-Unternehmer. Interessanterweise sind es überwiegend Unternehmer, echte *Entrepreneurs*, echte Eliten. Kaum Manager. Es kann vorhergesagt werden, daß die Top-Manager erst in der zweiten Linie folgen werden (vielleicht ab 1995?). Vorher wird diese Welle mit einer Eintretens-Wahrscheinlichkeit von über 75 Prozent die *Unternehmensberater* erreichen.

Das helle Management wird sich dann in den 90er Jahren durchsetzen. Und im Prinzip in allen Branchen, denn es ist lediglich ein anderer Geist, das dafür benötigt wird.

Und deshalb ist das New-Age-Business *unabhängig von Branchen* und Sachzwängen. Es ist national einführbar (siehe Schläpfer), aber auch international (die BCCI-Bank operiert in über 70 Ländern). Es ist für große, mittlere und kleine Unternehmen einsetzbar.

Die BCCI-Bank ist eher ein großes Unternehmen mit mehreren tausend Mitarbeitern. Schläpfer ist eher ein mittleres Unternehmen. Aber es gibt auch diverse Freiberufler und Kleinfirmen (unter zwanzig Mitarbeiter), die seit Jahren ein außerordentlich erfolgreiches New-Age-Management betreiben. Das helle Management kann praktiziert werden von Männern, aber auch von Frauen (so gibt es beispielsweise eine Unternehmerin, die ohne Theorie-Überbau, das heißt weitestgehend aus dem Bauch, ein helles Management betreibt, mit weltweitem Erfolg, beträchtlichem Prestige und beachtlicher Rendite).

Das helle, spirituelle Management ist nur eine Frage des Bewußtseins und eine Frage der Intuition für eine starke Vision. Bewußtseins-Entwicklung und Intuitions-Qualität fließen ohnehin im hellen Management zusammen. Deshalb werden wir später in diesem Buch über Intuition und Bewußtseins-Entwicklung ausführlich berichten, denn gerade hier sind inzwischen völlig neuartige Trends aufgetaucht, die man für die Tages-Praxis nutzen kann.

Gehen wir jetzt noch einmal zurück zu Abedis Grundsatz-Rede. Abedi beurteilt die derzeitigen Dezentralisierungs-Trends, die im Business Feuer gefangen haben, sehr skeptisch. Er glaubt nicht daran, daß die Abflachung der Hierarchien, die Einführung von Netzwerken, das heißt von Heterarchien, und die zunehmende Autonomisierung der Handlungs-Einheiten automatisch zu mehr Erfolg führen, wenn es nicht zugleich eine Interfusion gibt.

Die Gefahren der Dezentralisierung und Autonomie

Er sieht den Zwang zur Autonomisierung immer verbunden mit dem Zwang zur Totalität, weil Geist und Natur immer gekennzeichnet sind durch Totalität. Je mehr Demokratisierung und Autonomisierung, um so mehr *Verpflichtung zur Vereinheitlichung* und zur Verschmelzung der Energien durch Interfusions-Techniken. »Es ist kein Raum für die Schaffung von Pfründen oder vollkommen abgetrennten Einheiten. Es sei denn, daß diese untereinander und mit der Gesamtheit in Verbindung und im Zusammenhang stehen.«

Und gerade vor dieser *Verschmelzung* haben so viele Unternehmer und Manager in Deutschland Angst. Alles erinnert viel zu stark an Kirche und an Massen-Manipulation. Die *personale Vereinheitlichung* werde nicht möglich sein, weil inzwischen zuviel Skepsis, zuviel Emanzipation und zuviel Autonomie-Bestrebungen entwickelt worden sind.

Abedi sieht das ganz anders: Je entwickelter die Mitarbeiter (je emanzipierter und autonomer also), um so mehr Chancen für die Verschmelzung der Mitarbeiter zu einer »einheitlichen Personifizierung«, um so mehr Kohärenz, um so mehr Handlungen aus einem vereinheitlichten Geist heraus. Und diese Vereinheitlichung gelingt nur, wenn es gelingt, die Unternehmen zu Glaubens-Gemeinschaften zu formen.

Aber irgend etwas steht dazwischen. Es gibt keine Brücke dahin, nur eine Mauer, die alles versperrt, eine innere Scheu, diesen Schritt vom derzeit üblichen grauen Management ins helle Management zu gehen. Abedi dazu: »Das größte Erfordernis des echten Managements ist das Zusammenspiel von Demut, Liebe und Loyalität zwischen den Mitgliedern der Organisation. Interfusion ersetzt in diesem Konzept *die überbetonte Notwendigkeit der Kommunikation*.«

Das deckt sich weitestgehend mit unseren Recherchen. Es wird also viel zu einseitig auf die neuen Möglichkeiten der Information und Kommunikation gesetzt. Man glaubt, daß hauptsächlich durch Local Networks, das heißt durch vernetzte Computer, die meisten Probleme zu lösen sind. Das ist eine Illusion: *Die Optimierung der Information löst das Problem des Ethos nicht.*

Und Mitarbeiter sind auch dann nicht bereit, sich zu einer Glaubens-Gemeinschaft zu verschmelzen, wenn sie die globalen Ziele des Unternehmens entweder matt oder gar gesellschaftsschädigend finden. Der bekannte Wirtschafts-Journalist Leo Brawand prophezeite in einem Interview im *»Management Wissen«*, daß schon bald die Zeit kommen werde, in der sich Werbeagenturen weigern werden, destruktive Werbe-Aussagen für die Wirtschaft zu gestalten.

Allzuviel offenkundige Lüge oder Destruktion bekommt bald selbst gegen klingende Münze keine Unterstützung mehr. Je mehr Unternehmen das helle Management betreiben, um so schwieriger wird es, destruktive Einzel-Akte zu organisieren. Die Grenze der Business-Prostitution und der Bezahlbarkeit kommt.

Pures Social Engineering bringt keine Interfusion

Wir sehen also, daß Interfusion gar nicht möglich ist durch *technokratische Ansätze (*Vereinfachung der Organisation, Abschleifen der Hierarchien und Verbesserung der elektronischen Dialog-Kommunikation). Derartige technokratische Maßnahmen greifen viel zu kurz und lösen nur Scheinprobleme. Die eigentlichen Probleme in den Unternehmen sind soziale Energie-Probleme, also metaphysische Probleme. Deshalb können sie auch nur metaphysisch, das heißt spirituell, gelöst werden, zum Beispiel durch Interfusion.

Wenn man zur wirklichen Vitalität, Produktivität und Kreativität durchstoßen will, dann muß man zu 100 Prozent in das einsteigen, was wir hier das helle Management nennen.

Und das bedeutet, daß eine *Kultur und Fürsorge* und ein spirituelles Ethos im Unternehmen lebendig verankert sein müssen, weil nur dadurch Mission, Passion (also dynamische Handlungs-Leidenschaft) und Interfusion (also das Zusammenschmelzen der Einzel-Energien zugunsten einer potenzierten Gesamt-Energie) möglich werden. Interfusion, das Haupt-Instrumentarium der BCCI-Bank, ist nicht durchführbar ohne spirituelles Ethos.

> **Fazit:** Die Hauptquelle für Überlegenheit ist abhängig vom Grad der praktizierten Spiritualität. Hieran erkennt man, weshalb Abedi und andere Pionier-Unternehmer offensichtlich keine Probleme mehr haben, Rendite mit Spiritualität zu verbinden. Was für die meisten eine peinliche Sache ist, ist für die New-Age-Unternehmer eine betriebswirtschaftliche Notwendigkeit.

④ Planung und Strategie

Natürlich bringt eine derartige Auffassung von Management auch neuartige Konsequenzen für den Umgang mit Planung und Strategie. Abedi dazu: »*Planung ist ein dynamischer Prozeß* und keine statische Auffassung. Planung ist nur möglich, wenn die Planenden den Auffassungen und Strategien *durch ihre Gefühle Energie verleihen*. Planung ist ein Phänomen und kein vom logischen Verstand in einer Reihenfolge aufgestelltes Bündel von Tatsachen, Zahlen und Ideen.«

Hier wird *die neue Rolle der Gefühle* sichtbar. Gerade die strategische Planung klassischen Zuschnitts versucht ja immer, die Gefühle auszuschalten. Die New-Age-Pioniere sehen das genau anders herum: Energie kommt ausschließlich durch die Gefühle. Und die Transportbrücke ist ein Gefühl, das dort heißt: »Daran kann ich glauben.«

Im Grunde entscheidet sich an dieser Stelle die gesamte Frage der Vitalität und der Energie. Wenn die meisten Mitarbeiter eines Unternehmens sagen: »Das müssen wir machen«, dann ist das ein niedriger Energie-Pegel! Wenn die meisten Mitarbeiter eines Unternehmens sagen: »Das kann man machen«, dann ist das ein mittlerer Energie-Pegel. Wenn die meisten Mitarbeiter eines Unternehmens sagen: »Das wollen wir unbedingt machen«, dann ist das der höchste Energie-Pegel, den eine unternehmerische Organisation erreichen kann.

Das Fazit daraus: Die rationalen (kalten) Strategien funktionieren im hellen Management nicht mehr. Denn sie sind nicht in der Lage, Energien zu entfachen, weil sie nicht in der Lage sind, *Gefühle an Inhalte zu binden*. Sie sind zu logisch.

Man kann nicht leidenschaftlich an sie glauben, weil sie nur betriebswirtschaftliche Dimensionen aufweisen und weil sie nicht spirituell-emanzipativ sind, das heißt, sie mißachten die *Selbstentfaltungs-Motive der Mitarbeiter* (jede Arbeit ist im Grunde auch eine Arbeit für das Individuum), und durch ihre *strategische Starrheit* verstoßen sie gegen das zweite Prinzip von Abedi, das Fluß-Prinzip. Sie sind zu starr und zu unverbindlich.

Folgen wir weiter Abedis Ausführungen über das neue Wesen der Planung: »Unternehmensplanung ist weder die Funktion des Haupt-Geschäftsführenden allein noch die einiger weniger der Funktion zugeteilten Personen. Planung in ihrem *dynamischen Zustand* fließt durch den energie-psychischen Zusammenfluß des gesamten Managements. Planung ist die Widerspiegelung der Freigabe, des Flusses und des Zusammenflusses der energie-psychischen und Gefühls-Strömungen des gesamten Managements, wenn sie eine Synthese mit dem Unternehmens-Gegenstand und -Ziel eingegangen ist.

Planung und Strategie kommen von und aus dem Fluß der kollektiven *Energie-Psyche des Managements in Blitzen*, die im Prozeß des Menschen ständig aufleuchten. Und diese Blitze beinhalten die Vergangenheit, Gegenwart und Zukunft mit all ihren greifbaren, sichtbaren und bekannten Bestandteilen, welche zugleich in ihren nichtgreifbaren und unsichtbaren Bestandteilen enthalten sind.

Planung und Strategie ist mit der Gesamtheit im Einklang fließenden Lebens. Planung ist die ewig fließende Seele und Psyche des Managements und fließt auf den Spuren des Managements durch das, was wir den Geist der Klassik nennen.«

Obwohl es eine ungewohnte Sprache ist, wird doch deutlich, daß ohne inneren Frieden keine Sozial-Energie möglich wird. Und ohne Sozial-Energie kann es die von Abedi »Blitze« genannten *Bewußtseinssprünge* nicht geben. Ohne diese Blitze jedoch wird die Planung schematisch, sukzessiv und linear. Die angestrebte Flexibilität kann nicht erreicht werden.

Und hier schimmert wiederum die grundsätzliche Aufteilung in *Old-Age-Management* und New-Age-Management durch: Das Old-Age-Management will natürlich auch die prozessuale Planung, will auch hin zum Fließen, will auch weg von den starren Strategien, weil die Märkte viel zu sprunghaft, turbulent und unberechenbar geworden sind.

Aber man möchte das durch eine prozessuale Planung erreichen, die *elektronisch-kybernetisch* ausgerichtet ist. Man denkt an besseres Umfeld-Monitoring. Man denkt an häufigere Konferenzen und Planungs-Workshops. Man denkt an eine neue Informations-Kultur (Dauer-Pipeline zum Markt und zum Handel per Elektronik). Und man denkt an den massiven Einsatz elektronischer und kybernetischer Prozeß-Steuerung (Stichwort: CIM-Marketing). Das alles ist richtig und auch wirksam!

Aber es ist eben Old Age. Es ist im Grunde ein mechanistischer Ansatz, hinter dem das kartesianische Weltbild steht. Es ist – etwas überpointiert ausgedrückt – Human-Engineering ohne Liebe.

Ganz anders der *New-Age-Ansatz*. Hier hat man den Begriff OT geboren. Und OT steht für *Organization Transformation*. Hier steht die *menschliche Fürsorge* (ein anderes Wort für Liebe) im Mittelpunkt.

Natürlich nutzt man auch hier alle Möglichkeiten des High-Tech. Unternehmer wie Schläpfer oder Abedi sind keine humanen Rückwärts-Trottel, sondern sie arbeiten mit den modernsten elektronischen und technologischen Möglichkeiten, die es überhaupt gibt.

Die Maschine soll das tun, was die Maschine kann. Aber der Mensch soll das tun, was er besser kann: die Basis für Fürsorge und Energie-Verschmelzung organisieren. Die Chip-Maschinen können viel. Aber die mentale Energie-Arbeit können sie nicht leisten. *Glauben und wollen können nur die Menschen*.

Das New-Age-Business präsentiert das, was wir die Mega-Formel für das nächste Jahrtausend nennen:

High-Tech und High-Spirit für mehr Erfolg bei weniger Schaden.

⑤ Kultur und Ethos

Abedi weist darauf hin, daß jede Institution »ihre eigene Kultur hat, die geschaffen wird durch Evolution und durch den Zusammenfluß der Qualität und Vitalität des gesamten Personals eines Unternehmens, zusammen mit den Einflüssen, die ihm vom Markt auferlegt werden, ebenso wie durch Gegenstand und Ziel des Unternehmens. Ethos ist gleichbedeutend mit der *Unternehmens-Demut*, die nichts weiter ist als die Erkenntnis des Zustandes der Nicht-Existenz und die so unermeßlich und mächtig ist, daß nur die Unendlichkeit und Ewigkeit ihr gleichkommen, die alles, was ist, und alles, was geschieht, enthalten.

Kultur und Ethos sind für eine Organisation die Endsumme aller sowohl moralischen als auch materiellen Elemente und Einflüsse, in welchem die Organisation und die Mitglieder der Organisation leben und existieren.

Die Evolution einer hervorragenden Kultur und eines Ethos höchster moralischer Qualität ist die *hauptsächliche Pflicht des Managements*.«

Hier wird deutlich, wie grundsätzlich anders Abedis Auffassung im Hinblick auf Firmenkultur ist. Die meisten Unternehmen verwechseln *Unternehmens-Kultur* mit dem üblichen *Betriebsklima*.

Praktisch scheint jedes Unternehmen eine ausgezeichnete Firmenkultur zu haben. Natürlich entsteht immer so etwas wie ein Klima, wenn Menschen sich jeden Tag treffen, um zusammen zu arbeiten. Und selbst die Tatsache, daß es in einem Unternehmen wenig Konflikte gibt, spricht noch nicht dafür, daß ein hohes Ethos die Firmenkultur prägt.

Ganz im Gegenteil: In einem Gefängnis kann auch sehr viel Ruhe herrschen. Die eigentliche *energetische Qualität der Firmenkultur* ist nicht instrumentell machbar, wie es jetzt die meisten Unternehmensberater als neue Masche anbieten. Nach dem Motto: Hier ein bißchen verändern, dort ein Rädchen drehen, dort ein wenig Zuckerbrot usw., usw.

Die bisher bekannt gewordenen Publikationen über Firmenkulturen sind alle *eindeutig im grauen Management plaziert*, das heißt, es sind Halbheiten. Man will mehr Menschlichkeit, aber nur soweit, wie es derzeit erforderlich ist (kann es zuviel Menschlichkeit geben?). Und man will diese Menschlichkeit mechanistisch organisieren, so als würde man eine Werbe-Kampagne organisieren ... Menschlichkeit als Ergebnis einer intellektuellen Kultur-Strategie.

Der manipulative Aspekt der meisten Firmenkulturen ist unübersehbar. Inzwischen ist die Diskussion und die Methodik der Firmenkultur auf das Niveau von *»Marketing für das Ersatz-Gute«* abgerutscht. Wie anders klingen da die Überzeugungen und Selbstverpflichtungen von Abedi.

Gehen wir nun mehr auf den *Unternehmensgeist* ein. Abedi nennt das die Energie-Psyche.

⑥ Energie-Psyche

»Gleich Einzelpersonen hat jedes Unternehmen eine Energie-Psyche, geschaffen und entwickelt durch einen dynamischen Zusammenschluß der Energie-Psyche aller Mitglieder des Unternehmens.«

Hier wird sichtbar, wie wichtig für das New-Age-Management die völlig *anders ausgerichtete Personal-Suche* ist. Inzwischen gibt es auch die ersten Unternehmensberater und Experten, die mit paragnostischen oder mentalen Methoden nicht nur die funktionelle Eignung der Mitarbeiter prüfen, sondern ihre Fähigkeit, *positiv mental zur Interfusion beizutragen*. Man will also die Mitarbeiter finden, die »hell« sind.

Gerade in diesem Bereich erwarten wir in den nächsten Jahren ausgesprochen interessante Neuerungen. Immer mehr Unternehmen (auch die mit grauem Management) erkennen, wie wichtig die *mentale Qualität der Mitarbeiter* ist. Je intensiver man die einzelne Psycho-Energie der Mitarbeiter verschmelzen möchte, um so wichtiger wird es sicherzustellen, daß nicht zu viele »schwarze Mental-Schafe« dabei sind. Ein neues Feld für progressive Personal-Berater entsteht.

Abedi weiter: »So wie menschliche Einzelwesen sich selten ihrer eigenen Natur oder Psyche bewußt sind oder auch nur ihres Bedürfnisses, darum zu wissen, so ist auch die Energie-Psyche eines Unternehmens weder dessen Mitgliedern und dessen Management gewöhnlich bekannt, noch verspüren sie das Bedürfnis, dieselbe zu kennen.

Ich frage mich: Wenn es nicht ihre vornehmliche Funktion und Pflicht ist, die Energie-Psyche des Unternehmens und die Energie-Psyche der einzelnen Mitglieder der Organisation zu handhaben und zu leiten, um Gegenstand und Ziel des Unternehmens zu erreichen – was sonst könnte dann ihre Pflicht und Funktion sein?«

Hier beginnt die Suche, um ihre eigene Eigen-Natur sowie die Instinkte und die Eigen-Natur des von ihnen geführten Personals und ihrer Klienten und Kunden zu entdecken und dann zu kennen. Mit dieser Suche beginnt der Prozeß des Erlernens des echten Managements.

Das bedeutet: Es ist die Aufgabe der Chefs, das Bewußtsein über Identität und mentales Wachstum zu schaffen. Die Top-Manager werden zu *Bewußtseins-Coachs*.

⑦ Vorstellung

Eine Vorstellung ist in der Sprache von Abedi mehr als nur eine Idee. Und es ist auch mehr als nur die Wahrnehmung und das Verständnis für die Umwelt, in der ein Unternehmen operiert. Vorstellung ist die Fähigkeit, alles wahrzunehmen und festzuhalten.

Vorstellung ist also *ein aktives Bewußtsein*, das Leben und Existenz im Fluß ihrer Totalität erfährt. Damit ist Vorstellung *in gar keiner Weise objektiv* und genau das Gegenteil von Sachlichkeit und Faktizität. Vorstellungen sind immer subjektiv, höchst energetisch aufgeladen, weil sie emotional sind.

Sie sind *das Gegenteil des kalten Fakten-Managements*, weil sie die Synthese der individuellen Psyche mit der Psyche der Umwelt und dem Ziel darstellen (*Mimesis*, das heißt Verschmelzung).

Abedi dazu: »Die Vorstellung ist keine Vorstellung, sondern lediglich eine Anschauung oder eine Idee, solange sie nicht eingegebene Fähigkeiten besitzt, sich selbst auszudrücken und zu übersetzen. Jedes einzelne Mitglied des Managements sollte eine Vorstellung von der Identität, der Dynamik des Unternehmens sowie der Umwelt und dem Ziel des Unternehmens haben, in welchem er lebt. Jede Organisation sollte die Vergünstigung einer einheitlichen Vorstellung des Managements haben.«

Hier sind wir nun genau beim Thema des *persönlichen Sinns*. Soll man »für die Fakten oder für den Glauben arbeiten«?

Abedi geht davon aus, daß die Vitalität und Produktivität eines Unternehmens in Zukunft davon abhängig sein wird, *wie groß die Glaubenskraft ist*, mit der die Vision und die globalen Ziele angegangen werden.

Gelingt es dem Top-Management nicht, in der eigenen Elite-Gruppe und später beim Middle-Management und bei allen Mitarbeitern diese Glaubens-Arbeit zu leisten, so kann es nur eine mittlere bis reduzierte Energie freisetzen. *Glaube schafft Energie*. Je größer der Glaube, um so mehr Energie. Das Top-Management wird also gefordert, die Ziele im geistigen Raum so zu verankern, daß sie zu Glaubens-Zielen werden können.

Das Interessante ist nun die Tatsache, daß un-ethische, destruktive oder langweilig-graue Ziele für derartige Glaubens-Rituale nicht taugen. Schon faktisch neutrale Ziele (»dieses Jahr wollen wir 8 Prozent Mengen-Wachstum«) entfachen keine Glaubens-Kraft. Das hat jeder Manager im Prinzip in den letzten Jahren schon x-mal erlebt. Und die egoistischen Ziele des Kapitals (mindestens 5 Prozent Rendite) taugen seit längerer Zeit praktisch überhaupt nicht mehr für die Mobilisierung der Produktivkräfte. Viele Top-Manager verzichten darauf, diese rein betriebswirtschaftlichen Zielgrößen in Visionen umzuformen, denn derartig rationale Ziele bergen in sich nicht die Kraft für Visionen, an die man glauben kann.

Dieses Spiel mit den Wachstums-Zielen funktioniert lediglich beim Top-Management: Dieses läßt sich noch durch Rendite-Vorgaben steuern, weil seine Bezahlung in hohem Umfang von materiellen Erfolgen abhängig ist.

Es ist wie ein Witz: Im Middle-Management grassiert die innere Kündigung (rund 50 Prozent). Aber im Top-Management funktioniert das alte Spiel mit Zuckerbrot und Peitsche noch, wobei das Zuckerbrot die relativ hohe Selbstverwirklichung ist, die das Top-Management mit seiner Arbeit verbinden kann.

Dort oben kann man »sich selbst besser einbringen«. Die sogenannte *intrinsische Motivation* (die private Selbstmotivation also) erlebt das Top-Management durch den Handlungs-Freiraum, den beispielsweise Vorstände haben. Und die Peitsche ist die Renditen-Vorgabe, die das Kapital festlegt. Im Grunde sind viele Top-Manager wesentlich stärker als die »da unten« im Feld der permanenten Disziplinierung, gut getarnt und kompensiert durch hohe Gehälter und durch einen großen persönlichen Gestaltungs-Freiraum.

Aber wenn es um die eigentliche Aufgabe des Top-Managements geht (laut Abedi beispielsweise die Produktion von Ethos und Unternehmens-Energie), dann sind selbst prominente und hochkarätige Top-Manager nichts anderes als ausführende Organe *an der Grenze der Gängelung*. Und das erklärt vielleicht auch, warum das New-Age-Management sich besonders bei Inhaber-Firmen so schnell durchsetzen konnte. So ist die BCCI-Bank eine Neugründung einer Gruppe um einen einzigen Mann. Die Schläpfer AG ist ein Familien-Unternehmen. Das Unternehmen Esprit ist auch ein Familien-Unternehmen. Und viele der Kleinfirmen, die seit Jahren das helle Management betreiben, sind eindeutig bestimmt durch persönliche Inhaberschaft.

Das läßt folgende Prognose zu: Bei den *Großunternehmen* wird das New-Age-Management erst dann praktiziert werden dürfen, wenn es das Kapital legitimiert. Und das wird erst dann der Fall sein, wenn das Kapital begreift, wieviel unausgeschöpfte Produktivitäts-Ressourcen hier brachliegen. Im Moment zwingt man auch jüngere und bewußtere Top-Manager (Vorstände zwischen 35 und 50) zum grauen Management.

Bis auf ganz wenige Ausnahmen dürfen die Eliten dort oben die eigentliche Elite-Aufgabe weder artikulieren noch lösen. In den 90er Jahren könnte aber das Kapital ein gesteigertes Interesse daran haben, das helle Management einzusetzen, damit die Netto-Verzinsung trotz der Markt-Turbulenzen und trotz der komplexen Wettbewerbs-Probleme gesichert und gesteigert werden kann. Das, was Inhaber-Unternehmer jetzt beginnen . . . das wird dann auch für Top-Manager erlaubt sein: das Management der Menschlichkeit.

⑧ Aufbau der Management-Fähigkeit entsprechend den Gelegenheiten und Möglichkeiten

»Keineswegs die unwichtigste Funktion und Verantwortung des Managements ist es schließlich, dem *Aufbau der Management-Fähigkeit* im endlosen Fluß den höchsten Vorrang zu geben. Wir bauen die Management-Fähigkeit nicht auf, um die bekannten Möglichkeiten zu erreichen. Wir bauen das Management auf, damit es den Möglichkeiten gleich wird, welche von der Management-Fähigkeit selbst in der endlosen und grenzenlosen Existenz solcher Möglichkeiten entdeckt werden.

»*Ein Manager ist kein Manager, sofern er keine Nachfolger schafft, die besser sind als er selbst.* Wir sagen auch, daß ein Manager kein wirklicher Manager ist, sofern er es nicht zuläßt, selbst in gleicher Weise von den Personen geleitet zu werden, welche er leitet.«

Das ist der *krasseste Bruch mit dem Kader-Prinzip*, in dem ja gerade Positions-Rivalität den eigentlichen Antrieb zur Leistung erzeugen sollte: Man muß den anderen besiegen, um weiter nach vorn zu kommen.

Unsere Untersuchungen zeigen, wie negativ und energiereduzierend dieses alte Spiel ist, besonders dann, wenn diese Rivalität sich ganz oben breitmacht: beim Vorstand. Die angestrebte Interfusion wird nie und nimmer klappen, wenn der Vorstand offen oder heimlich miteinander kämpft. Der geistige Wettbewerb sollte stattfinden im Sinne *moderner Kooperations-Regeln.* Aber die männliche Rivalität sollte so konsequent wie möglich umgeformt werden zugunsten des inneren Friedens, damit gerade in der Spitze das Fundament für die Interfusion gelegt werden kann. Die Trend-Signale zeigen, daß dieses Bewußtsein wächst. Immer mehr Unternehmer und Vorstände spüren, wieviel brachliegende Energie im inneren Frieden liegt. Nur der Weg dahin ist schwer. Man muß das Kader- und Rivalitäts-Prinzip überwinden und zu echter Sympathie und seriösem Vertrauen finden.

Die zentrale Aufgabe des Managements: Leute zur Entfaltung führen

Soweit die acht Bausteine des echten Managements, von uns das helle Management genannt. Man könnte es auch das mentale Management nennen. Aber das sind alles nur Worthülsen. Viel entscheidender ist die

Praxis. Und auch hierzu hat Abedi in seiner vielbeachteten Rede allerhand Interessantes gesagt:

»Die konventionelle Definition von Management ist, Arbeit durch Leute verrichten zu lassen. Wir glauben, daß diese Definition veraltet ist. *Echtes Management bedeutet, Leute durch Arbeit zu entwickeln.*

Es ist eine Frage, was zuerst kommt – Arbeit oder Leute. Wenn wir unsere Energien in Leute investieren, dann wird die Arbeit folgen. Jahrelang war unser Augenmerk falsch ausgerichtet. Wir stellten die Arbeit über die Leute. Aber sobald wir die Leute über die Arbeit stellen, entwickeln sich die Leute, während die Arbeit verrichtet wird. Studien haben längst erwiesen, daß leute-orientierte Manager produktions-orientierte Manager übertreffen. Es ist Zeit, daß wir die Definition ändern . . . und die Praxis.

Das konventionelle Management erwartet, daß der Manager mehr Waren und Dienstleistungen produziert. *Echtes Management erwartet, daß ein Manager bessere Manager produziert* . . . bessere als er selbst. Und zwar auf solche Weise, daß diese ihrerseits eine weitere Generation von Managern produzieren, die besser ist als sie selbst. Und ewig so weiter. Dieser Evolutions-Prozeß steigert die Qualität des Managements mit jeder neuen Generation.

Das konventionelle Management betont die Kontrolle über andere in einer Macht-Pyramide. Echtes Management betont Selbstkontrolle und Interfusion als gleichwertige Faktoren. Tatsächlich ist es so, daß jede Person fortwährend *leitet und geleitet wird.* Der echte Manager findet Freude an *beiden* Prozessen.

Konventionelles Management richtet sich an den Geschäftsmann. Echtes Management richtet sich an die ganze Person in der Auffassung, daß bessere Manager erzeugt werden, *wenn die Qualität der ganzen Person gesteigert werden kann.*«

Das ist die praktische Basis für das spirituelle Management. Vergleichen wir das einmal mit dem, was wir das graue Management nennen.

Da gibt es ein weltweit bekanntes Automobil-Unternehmen. Und das hatte einmal einen ausgesprochen engagierten, sensibilisierten und fähigen Vorstand für alle Personalfragen. Und der hat mit seinem Team etwas Wunderbares geschaffen: *die werte-orientierte Personalpolitik.* Der Wertewandel, der draußen stattfand, wurde in die interne Firmenpolitik integriert.

Das ist sicher ein echter Fortschritt und wurde auch in der Literatur dementsprechend gewürdigt. Aber . . . was nutzt das, wenn das gleiche Unternehmen einen heftigen Kampf mit einigen Betriebsräten hat und dabei so weit geht, daß es monatelange Streitereien vor dem Arbeits-Gericht gibt, die vielfach in der Presse und im Fernsehen publiziert werden, und bei denen das Unternehmen dann schließlich eindeutig zu weit geht und Fairneß, Toleranz, ganz zu schweigen von Interfusion und innerem Frieden, zerstört?

Es kommt schließlich nach vielen juristischen und publizistischen Streitereien zu einem Urteil, das in der Presse ausführlichst dargestellt worden ist: Das Unternehmen hat gegen die Gesetzgebung verstoßen. Es hat die Rechte der Mitarbeiter ignoriert, indem es manipulative Techniken bei der Betriebsratswahl eingesetzt hat. Man könnte das Ganze auch als »einige Zentimeter hinter der Grenze der Legalität« bezeichnen.

Fazit: Was nutzt eine werte-orientierte Personalpolitik, wenn andere Vorstände und andere Direktoren eindeutig destruktive und fiese Maßnahmen einsetzen? Das Gute braucht Kohärenz, sonst siegt das Mißtrauen. Genauso entsteht die beschriebene *Ambivalenz*, die Praxis des grauen Managements. Einiges ist gut und fortschrittlich. Anderes ist destruktiv und autoritär. Das zusammen ergibt eine Mesalliance, die dem hellen Management in Zukunft immer mehr unterlegen sein wird.

Die Rolle der Markt-Macht

Der einzige Vorteil, den Großunternehmen oft haben, die das graue Management überwiegend praktizieren, ist die Tatsache, daß sie inzwischen die Märkte so bereinigt und gesäubert haben, daß oft zwei bis drei Firmen den Markt beherrschen. Aus dem Markt-System ist *ein Macht-System* geworden. Wie Galbraith richtig formulierte, kann das Markt-System auch dann noch erfolgreich seine an sich schlechte und ineffiziente Politik zum Erfolg vorantreiben, wenn es wenig Gegner gibt, die ähnlich managen, oder wenn die alternativ orientierten Konkurrenten zu schwach sind oder wenn die wirtschaftliche Übermacht so groß ist, daß man nicht mehr gefährdet ist (Hyper-Konkurrenzfähigkeit).

Um es ganz klar zu sagen: Die Tatsache, daß so viele große Unternehmen trotz ihres grauen und zum Teil schwarzen Managements noch immer schwarze Zahlen schreiben, ist nichts anderes als das Ergebnis von falscher Fusions-Kontrolle und von allzu nachsichtigen Kartell-Behörden und vielfältigen Wettbewerbs-Verzerrungen aus vergangenen Jahren.

Wagen wir deshalb eine Prognose: In Branchen und Märkten, in denen nur wenige Großunternehmen eindeutig den Markt beherrschen, wird sich das graue Management sehr lange halten können. Man ist erfolgreich, obwohl man eigentlich nicht erfolgreich managt. In anderen Märkten (etwa High-Tech, Dienstleistungen etc.), in denen die Wettbewerbs-Verzerrungen und Kartellbildungen zum Teil noch nicht so drastisch zu beobachten sind, in denen der vielgepriesene offene freie Wettbewerb tatsächlich stattfindet, wird helles Management in zunehmendem Maße überlegen werden, besonders wenn es sich um *Dienstleistungs-Unternehmen* handelt, bei denen der Mensch der allein entscheidende Produktiv-Faktor ist.

Bei Inhaber-Unternehmen, im Mittelstand und bei Neugründungen (Entrepreneur-Trend) und zum Teil auch bei von Frauen gegründeten und geführten Unternehmen wird sich das helle Management früher und schneller durchsetzen.

Trotzdem muß gesehen werden, daß auch dort, wo der Markt das helle Management eigentlich blockieren kann, immer mehr *Personal-Probleme* auftauchen, weil die besonders guten Nachwuchs-Kräfte und Spitzen-Manager in zunehmendem Maße kein Interesse mehr daran haben, *für graue Ziele maximale Leistung zu bringen*.

Die eigentliche Prä-Disposition, die in Richtung helles Management geht und die auch marktbeherrschende Unternehmen zum hellen Management führen könnte, kommt dann nicht vom Markt, sondern von der wachsenden *inneren Kündigung* und versteckten *geistigen Sabotage des Middle-Managements*. Es sind also weniger die Markt-Faktoren und die Kunden, die Unternehmen zum hellen Management zwingen, sondern die eigenen Mitarbeiter, deren Produktivität erst dann wieder voll aufleuchten kann, wenn autoritäre und bürokratische Großunternehmen begriffen haben, daß *eine neue Evolutions-Stufe des Managements* erreicht ist: Das helle Management berücksichtigt den Menschen als geistiges Wesen. Derjenige Konzern bekommt morgen die besten Mitarbeiter, der die Menschen wie geistige Wesen behandelt, das heißt ihnen hilft, sich durch die Arbeit zu entwickeln.

Eine neue Stufe der Evolution des Managements

Blicken wir in diesem Zusammenhang auf die drei Stufen der Management-Evolution:

1. Stufe: Taylorismus . . . funktional

Der Mensch wird als *Arbeitskraft* aufgefaßt. Er ist ein *lebendiges Werkzeug*, ein Instrument. Organisation und Führung werden darauf ausgerichtet, den Menschen so gut wie möglich an seine instrumentellen Vorgaben anzupassen.

2. Stufe: Human Relation . . . psycho-sozial

Das ist die Epoche der vielen *Führungslehren*. Und die meisten Unternehmen sind geistig noch voll auf diesem Dampfer. Das Credo lautet: Der Mitarbeiter ist ein psycho-soziales Wesen. Er ist nicht nur instrumentell da, sondern auch als Einzel-Seele und als soziale Gruppe. Die Arbeitsbedingungen werden optimiert, aber nicht das Ethos der Ziele.

3. Stufe: Helles Management . . . geistig/mental

Hier hat man erkannt, daß der Mensch nicht nur instrumentell da ist und auch nicht nur psychologisch und sozial, sondern daß er jeden Tag in das Unternehmen kommt als geistiges Wesen, das heißt mit geistigen Bedürfnissen und auch mit spirituellem Hunger.

Deshalb verbindet sich hier der New-Age-Trend (Spiritualisierung des Alltags) mit den alternativen Führungs-Prinzipien. Und das wird das Ende des Kader-Systems sein, das bei der 1. und 2. Evolutions-Stufe nach wie vor vorherrschend war. Das Management der Menschlichkeit stellt die Menschen vor die Arbeit, statt sie an die Arbeit anzupassen.

Man kann auch geistig in den roten Zahlen sein . . .

Das wesentliche Anliegen des hellen Managements ist es, die *geistige Selbstentfaltung* des Menschen nicht aus dem Unternehmen auszublenden, sondern es genau andersherum zu machen: Die Organisation so zu organisieren, daß sie mithilft, diese geistige Selbstentwicklung voranzutreiben. Die BCCI-Bank versucht seit einiger Zeit, die Bezahlung der Mitarbeiter von ihren geistigen Fortschritten und von ihrer Individuation bestimmen zu lassen und nicht mehr von der Sachleistung allein.

Hören wir Abedi dazu: »Der Mensch ist mehr als ein wirtschaftliches Wesen. Er ist ebenso ein psychologisches, ein soziales und ein geistiges Wesen. Wenn wir ihn nur als eine Sammlung von Teilen sehen und es versäumen, die Gesamtheit zu sehen, verlieren wir das unermeßliche und reichhaltige Potential eines vollständigen Wesens. Echtes Management erkennt die Notwendigkeit, mit dem ganzen Menschen umzugehen – durch die *Verbindung von Materie und Moral*.

Die große Mehrheit der Leute, die in der Wirtschaft und Industrie arbeiten, finden kein großes Interesse am ›Grund-Konsens‹ [das heißt für die Mithilfe am Gewinn]. Aber wenn wir ihnen bessere Voraussetzungen dafür schaffen, mit sich selbst, mit anderen und mit den ihr Leben beherrschenden Naturgesetzen in Einklang zu kommen, werden sie ihre Bestrebungen weit über das hinausrichten, was sie jemals für möglich hielten. Sie werden eine Art *Mission* verspüren. Und sie werden nicht länger ihren Lebensunterhalt verdienen . . . sie werden ihr Leben gestalten.«

Die Sehnsucht nach dem geistigen Gewinn

Abedi fährt fort: »Der Gewinn ist oft als Belohnung für die Übernahme von Geschäfts-Risiken bezeichnet worden. Er ist ein Prüfstein für die wirtschaftliche Leistung. Aber er ist mehr als das. Es genügt nicht, lediglich einen finanziellen Gewinn zu erzielen.

Wir müssen auch einen *geistigen Gewinn* erzielen. Wenn wir sagen können, daß wir mehr von uns selbst gegeben haben, als wir von anderen genommen haben [Anmerkung: eine klassische Definition von Liebe], dann haben wir einen geistigen Gewinn erzielt. Wenn wir das nicht sagen können, dann haben wir ein Defizit. Auf lange Sicht kann kein Unternehmen wachsen, das *geistig in den roten Zahlen* operiert.«

An dieser Stelle wird sehr klar, warum Großunternehmen es mit dem hellen Management nicht so leicht haben werden: Da sie eine starke Marktmacht aufweisen, bestimmen sie die Wirkungs-Faktoren, die zur Rendite führen, im wesentlichen selbst. Deshalb können sie es sich sehr viel länger und auch rigider erlauben, »geistig in den roten Zahlen« zu operieren. Dann zeigen die Bilanzen gute, schwarze Zahlen, obwohl sie im geistigen, das heißt metaphysischen, Raum längst in den roten Zahlen sind. Im Grunde herrscht hier eine Art *Trotzdem-Erpressung* vor. Und es reicht, wenn die Unternehmen nicht zu spät umschalten auf die nächste Stufe der Management-Evolution.

Es ist sogar so, daß Top-Manager, die in ihrem Ethos und in ihrer Persönlichkeit eher schwarz, destruktiv und unterentwickelt sind, ausgesprochen effiziente Manager sein können, ja sogar »Manager des Jahres«. Sie sind es dann aufgrund dieser unsichtbaren Erpressèr-Situation.

Ganz ähnlich ist es mit Unternehmen, die ihr Werk in Regionen plaziert haben, die durch *hohe Arbeitslosigkeit* und *wenig Job-Alternativen* gekennzeichnet sind.

Ein Beispiel: Vor einiger Zeit wurde ein Unternehmen analysiert, daß in einer äußerst abgeschiedenen Region plaziert ist. Für die meisten Mitarbeiter gibt es keine ernsthafte Arbeits-Alternative. Es sei denn, sie wären bereit, jeden Morgen eine sehr lange Autostrecke zu fahren und zum Teil auch weniger zu verdienen. Das Unternehmen zahlt mittelmäßig.

Auf dieser Basis kann sich das Top-Management eine Firmenkultur und ein Führungs-Ethos leisten, die geradezu aberwitzig sind, weil »sie tief in den roten Zahlen« stecken. Inzwischen ist auch die letzte geistige Vitalität (Energie-Fusion) weitestgehend erloschen. Aber man behilft sich mit Beratern und externen Kreativen, die dann für viel Geld das einbringen, was die eigenen Mitarbeiter längst schon nicht mehr bringen wollen und zum Teil auch gar nicht bringen dürfen.

Das Unternehmen selbst glaubt, ein friedliches Unternehmen zu sein. Man ist stolz auf seine Firmenkultur. Fast keiner muckt auf. Es herrscht ein *repressiver innerer Friede*. Und die Inhaber und Kapitalgeber können es sich leisten, einen gepflegten Konservativismus vorzuzeigen, getreu dem Motto: »Wir verzichten auf all die neumodischen Dinge wie zum Beispiel Firmenkultur und partizipatives Management. Wer wirklich gut managen kann, braucht diesen ganzen Firlefanz nicht.«

Vordergründig stimmt das auch. Aber die Analyse ergab auch, daß dieses Modell ausgerechnet in der Chef-Etage nicht mehr funktioniert, dort, wo man qualifizierte und hervorragende Mitarbeiter braucht, die den klugen Kopf des Ganzen bilden sollten. Als eine Umorganisation und Expansion anstand, zeigte es sich plötzlich, daß die regionale Erpreßbarkeit gar nicht mehr funktioniert. Denn die benötigten *neuen Führungskräfte* mußte man aus ganz Deutschland rekrutieren, den einen aus dem Norden, den anderen aus dem Süden: Nur die Besten wollte man haben.

Und genau die hat man nicht bekommen, sondern eher ängstliche Menschen mit einem viel zu hohen Grad von Opportunismus. Das Ergebnis: Die neue Führungs-Elite dieses Unternehmens ist eine schlechte Elite.

Da das Unternehmen in den Wachstumsjahren seine Position enorm ausgebaut hat, wird es sich dieses Minus-Management aufgrund geringer Alternativen im Markt (reduzierter Wettbewerb) relativ lange leisten können. Das ganze System wird erst dann ins Trudeln kommen, wenn es darum geht, junge Mitarbeiter zu gewinnen, und zwar auch aus der Region, in der das Unternehmen seinen Sitz hat. Von dort sind plötzlich neue Signale zu hören: Viele junge Menschen wollen gar nicht mehr in dieses Unternehmen. Der Ruf ist allzu schlecht. Die Firmenkultur ist als mies bekannt. Viele Jugendliche verlassen die Region (schon beklagt sich der Oberbürgermeister darüber). Sie verlassen lieber das Elternhaus und damit ihre Heimat, als daß sie bei diesem Unternehmen arbeiten wollen.

Eine Befragung ergab, daß der Nachwuchs gerade um die Erpressungs-Situation weiß und sich ihr entziehen möchte.

Und es sind gerade die Besten und Sensibelsten, die nicht »wie meine Eltern« von diesem Unternehmen jahrelang und jahrzehntelang manipuliert werden wollen. Wenn dann in den 90er Jahren oder im ersten Jahrzehnt des nächsten Jahrtausends das sogenannte *Grundgeld* (Geld für jeden, ohne Arbeitsnachweis) kommt, dann wird die Erpreßbarkeit immer geringer. Wenn jeder Bürger zwischen 1000 und 1500 Mark bekommt, ohne daß er arbeiten muß, dann wird gerade bei den Jugendlichen ein extremes Kritik-Niveau aufblühen, wenn sie mit der Arbeitsplatz-Suche beginnen.

Viele werden lieber mit wenig Geld und ganz ohne Arbeit leben, als daß sie sich an ein derart schlecht geführtes Unternehmen verkaufen.

Fazit: Eine wichtige Bruchstelle wird das sogenannte Grundgeld sein. Wenn es kommt, werden auch Unternehmen mit starker Erpressungs-Qualität nicht umhin können, vom dunklen Management ins graue überzuwecheln oder vom grauen Management ins helle umzusteigen.

Dann werden die Manager und Inhaber ihr persönliches Handlungs-Ethos radikal verändern müssen, weil man das helle Management nicht in objektiver Form betreiben kann, ohne sich selbst einzubringen. Man muß hell sein, um ein helles Management betreiben zu können.

Das bedeutet für den Vorstand, daß andere Manager mit einem anderen, spirituellen oder zumindest mentalen Bewußtsein gesucht werden müssen. Denn – so Abedi – »die Kultur bestimmt, wie die Dinge in einem Unternehmen verrichtet werden. Das Management dieser Kultur ist die Hauptaufgabe des Vorstandes. Die Kultur übernimmt dann ihrerseits das Management der Mitarbeiter. Diese Kultur nennen wir das Ethos, die Energie-Psyche oder den Geist.«

Arbeit und Leben werden eins ... das totale Aufgehen

Voraussetzung dafür ist in der täglichen Praxis der BCCI-Bank die »Vorstellungskraft« des Managements. Das bedeutet, daß diejenigen, die ein helles Management wollen, das nicht nur theoretisch verstehen müssen (Lehrbuch-Weisheit), sondern daß sie das *mit ihrem ganzen Leben und ihrer vollen Persönlichkeit* verschmelzen müssen.

Ohne diese Vorstellungskraft bekommt das Management keine Energie zur Umgestaltung des Unternehmens. Ohne diesen neuen, spirituellen Kontext und ohne neuartige Intuition, die in Richtung New Age geht, ist der Vorstand trotz bester fachlicher Kompetenz nicht in der Lage, die Energie zur Umgestaltung eines Unternehmens aufzubringen. Und es reicht auch nicht, wenn im Vorstand einer mitmacht, während der andere »neutral« bleiben will. Der gesamte Vorstand muß »attuned« sein, um es amerikanisch zu sagen, also herzvereint.

»Gerade das Management auf oberster Ebene einer Organisation ist nicht nur eine *Manifestation seiner kollektiven Kultur*, seines kollektiven Ethos, seiner kollektiven Energie-Psyche und seines kollektiven Geistes ... gerade das Management auf oberster Ebene muß diese Einsicht gewinnen, die ihm eine wahre Vorstellung von der Zukunft der Organisation vermittelt. Diese Vorstellung muß deutlich und unwiderlegbar werden.

Diese Vorstellung entsteht durch das *totale Aufgehen* der Totalität der Organisation, welche sich aus der Identifizierung der Unternehmens-Gesamtheit mit der *kosmischen Totalität* ergibt.«

Im Prinzip sagt Abedi, daß ohne kosmisches Bewußtsein (New-Age-Bewußtsein) die gesuchte Vision und die dazu notwendige Kultur weder gefunden noch entwickelt werden kann. Ein eminent wichtiger Satz. Nun stellt sich natürlich die Frage, wie es Abedi geschafft hat, in über siebzig Ländern bei mehreren tausend Mitarbeitern und bei einem so imponierenden, rekordverdächtigen Wachstum immer genau diejenigen Menschen zu finden, die dazu in der Lage sind.

Demut und Liebe statt Fortbildung

Welche fast magische Anziehungskraft muß in der BCCI-Bank verankert sein, damit sich dort so viele Menschen zusammenfinden, die das helle Management tragen und organisieren können? Abedi weiß, daß die Antwort nur heißen kann: *Demut und Liebe anstelle von Fortbildungs-Training, Wissen und Strategie-Rationalität.*

Das, worum es ihm geht und was ganz offensichtlich international erfolgreich ist, das kann nicht geschult werden, so wie Großunternehmen ihre Mitarbeiter kontinuierlich in Sachen Software und Computer trainieren. Liegt sein »Trick« darin, Liebe und Demut und kosmische Orientierung so stark zur verbindlichen Firmenkultur zu formen, daß auch diejenigen, die das Ganze nicht verstehen und für die die Vokabeln fremd sind und für die die eigentlichen Prozesse wohl niemals richtig nachvollziehbar werden, trotzdem von dieser Kultur gesteuert werden?

Abedi betont in diesem Zusammenhang, daß das die echte Aufgabe der obersten Eliten ist, genau diese Kultur zu schaffen, die den Menschen zu einer hellen Management-Praxis verhilft, obwohl sie oft nicht das volle Bewußtsein dafür haben. Das ist das Gesetz der kommunizierenden Röhren. Wenn die eine Röhre (Top-Management) ganz hoch ist, dann wird die andere höher sein, als sie es eigentlich sein kann. Also ist das Ganze zuerst einmal die Frage, wie spirituell die Eliten sind.

In diesem Zusammenhang ist interessant, was vor einiger Zeit in einem Fachartikel un den USA publiziert worden ist, in dem ein Experte beschreibt, daß selbst sehr große Organisationen, die in Form von multinationalen Konzernen geführt werden, in der Regel *von nur ganz wenigen Menschen mental »ernährt« oder geformt werden*. Das erinnert an das Konzept von Hermann Haken mit den »Ordnern«: Im metaphysischen Raum eines Unternehmens gibt es viele energetisch-geistige Kräfte. Und die sind nicht alle von gleicher Güte und Qualität.

Aber in diesem geistigen Raum, der ja nicht sichtbar ist, sondern nur eine Energie-Form darstellt, steuern wenige Super-Bewußtseins-Kräfte (High-Spirit) alle anderen Kräfte. Getreu dem Motto »Wie der Herr, so das Gescherr« reichen fünf bis fünfzig Top-Spirituelle aus, um ein ganzes Unternehmen in eine spirituelle Qualitäts-Ebene zu transformieren . . . vorausgesetzt, sie sind sich einig und schaffen eine echte Interfusion.

Wenn schon beim konventionellen Management im Grunde nur wenige Manager die Gesamt-Qualität und die Gesamt Energie von Unternehmen beeinflussen, dann wird in einem Management, das nicht konventionell und grau geführt wird, sondern eindeutig auf helles Management gesetzt hat, eine noch kleinere Gruppe von Spitzen-Managern durchaus in der Lage sein, den ganzen Rest massiv zu beeinflussen. Voraussetzung ist das, was in bestimmten Kreisen die New-Age-Personalpolitik genannt wird: Man muß dann dafür sorgen, daß auch möglichst viele vom Middle-Management zum hellen Kern gehören. Das ergibt folgende Konzeption:

Top-Management/Elite:	spirituelle Praxis und hohe spirituelle Kompetenz.
Middle-Management:	Fähigkeit zum hellen Management durch konstruktiv-hellen Charakter.
Mitarbeiter:	so hell wie möglich, das heißt eine Mixtur zwischen konventionellen Mitarbeitern und einigen transformierten Mitarbeitern.

Neue Personalpolitik ... die spirituelle Diagnostik

An dieser Stelle wird deutlich, wie wichtig eine spirituell orientierte *Personalpolitik* ist, um Interfusion und Transformation in einem Unternehmen organisieren zu können.

Neben Zeugnissen und Psycho-Tests wird man eine *spirituelle Diagnostik* brauchen, damit zumindest beim Middle-Management sowenig falsche, das heißt schwarze oder graue, Persönlichkeiten wie möglich rekrutiert werden.

Es wird an dieser Stelle auch sichtbar, wie stark Abedi auf die *Kultur des Indirekten* setzt. Man will nicht alle Menschen trainieren und alle Menschen auf das gleiche Bewußtseins-Niveau zwingen, sondern man geht davon aus, »daß wir nur einen Bruchteil dessen sehen, was tatsächlich ist«. Was der eine fühlt, sieht oder erkennt, fühlt der andere nicht. Wenn jedoch die Basis-Energie in einem Unternehmen spirituell ist und ein starkes kosmisches Ethos aufweist, dann handelt die Gesamtheit der Mitarbeiter trotz begrenzten Wissens und trotz begrenzten Bewußtseins spiritueller, produktiver und vitaler als in anderen Unternehmen.

Der Mut des Chefs ist entscheidend

Die alles entscheidende Sollbruchstelle liegt nur in diesem einzigen Punkt: Hat der Unternehmer oder hat das Top-Management den Mut, sich offen für eine spirituelle Konzeption des Unternehmens zu bekennen? Ausschließlich das entscheidet das ganze Kraftfeld. Man kann eine spirituelle, helle Orientierung nicht heimlich machen wollen. Man muß sich zu ihr bekennen, weil nur dadurch die indirekten Prozesse funktionieren. Und – wichtig! – das Top-Management muß sich sichtbar und nachvollziehbar damit identifizieren und die von ihm aufgestellte Moral tatsächlich leben. Die im grauen Management übliche Scharlatanerie (nach außen die tollen Sprüche, innen der brutale Machtkampf) ist hier mehr als nur ärgerlich. Sie kann schädlich sein.

Also verlangt das helle Management von den Eliten eine beweisbare Identifizierung und ein nachvollziehbares Handeln auf Basis folgender *Postulate*, wie sie Abedi für die BCCI-Bank formuliert hat:

- Wir müssen das Streben des Menschen nach der Einnahme seines Standpunktes im Zusammenhang mit der Totalität anerkennen (spirituelle Sinn-Suche).
- Wir müssen erkennen, daß in dieser größeren Welt unsere Differenzen in dem Maße zu verschwimmen beginnen, in dem sich unsere Interrelation mit anderen zu zeigen beginnt.
- Wir müssen uns allen Leuten mit bedingungsloser Liebe und Achtung nähern und uns mit Gefühl um sie kümmern. Ideologien trennen, aber Gefühle verbinden.
- Wir müssen Menschen und Management in ihrer Gesamtheit sehen und erkennen, daß sie ihr Wesen verlieren, wenn wir sie trennen.
- Wir müssen den Managern helfen, bessere Personen zu werden.
- Wir müssen erkennen, daß Leute nicht nur geschickte Hände, starke Rücken, hübsche Gesichter oder helle Köpfe sind. Einfach dadurch, daß jemand die Person ist, die er ist, stellt er ein komplexes und reichhaltiges Universum dar ... einen Mikro-Kosmos des größeren Universums.
- Wir müssen für unsere menschlichen und geistigen Gewinne genauso Rechenschaft ablegen wie für unsere finanziellen. Wir müssen unser Verständnis des Gewinns dahingehend erweitern, daß mit der materiellen auch eine moralische Dimension umfaßt wird. Ein neuer »Grund-Konsens«, der für beide zutrifft.
- Wir brauchen Demut, um unser Bestreben zu mäßigen, das zu kontrollieren, was wir nicht kontrollieren können. Demut, um unsere Energie mit der der anderen und mit den Naturgesetzen zu vereinen.
- Wir brauchen eine umfassende Vorstellung dessen, was wir sind, und dessen, was wir werden können. Eine Vorstellung, die den kollektiven Unternehmensgeist verkörpert und ihn auf eine neue Bewußtseins-Ebene hebt. Und wir müssen dazu in der Lage sein, sie klar und unwiderlegbar zu artikulieren für alle, die diese Vorstellung mit uns teilen möchten (Glaubens-Gemeinschaft).
- Unternehmens-Management, seine Probleme und Zukunfts-Aussichten sind ein Thema, das fast so grenzenlos ist wie die Schöpfung selbst und das Phänomen des *kosmischen Menschen*.

Soweit die Worte von Abedi, der darauf verweist, daß man das helle Management kaum beschreiben kann. Aber man muß es auch nicht in erster Linie im Kopf (kognitiv) verstehen. Und es fördert auch diejenigen, die es intellektuell kaum in allen Dimensionen und Vielschichtigkeiten erkennen und artikulieren können. Das Eigentliche geschieht durch einen *mutigen Schritt im Herzen*. So beispielsweise die Interfusion mit der kosmischen Weisheit und den vielen Psychen der unterschiedlichen Mitarbeiter. Das zu vollziehen, ist kein intellektueller Prozeß, sondern lediglich ein Prozeß der Emotionen, zum Beispiel »der Liebe und der Demut«.

Und genau daran scheitert es bei den meisten Unternehmen. Vom Kopf her würde man ja gern wollen, aber im Herzen regiert eine eigenartige Scheu.

Abedi meint, daß nur diejenigen Unternehmen in den nächsten hundert Jahren überleben werden, die dieses echte oder helle Management einigermaßen gut praktizieren können. Er ist sich dieser Aussage sehr sicher, weil er das helle Management in der eigenen »kleinen Welt« der BCCI-Bank praktiziert hat und dabei erfahren konnte, daß »es uns ein gewisses Glück und einigen Erfolg gebracht hat«. Er sieht in Zukunft viele kleine Welten und Inseln entstehen, analog der BCCI-Bank, in der trotz der Tatsache, daß es die anderen ganz anders machen, immer mehr Spiritualität praktiziert wird zugunsten von mehr Rendite.

Das humane Management der Schläpfer AG

Betrachten wir nunmehr eine ganz andere Insel: das Unternehmen Schläpfer. Hier handelt es sich um ein Schweizer Unternehmen. Es heißt Schläpfer AG und operiert in der Textil-Branche, und zwar in St. Gallen.

Wie die Schweizer Fachzeitschrift »Bilanz« (6/86) schreibt, gehört es weltweit zu den besten. Interessant ist dabei, daß Umsatz und Gewinn in einer völlig anderen Atmosphäre, einer *freundlichen Familien-Friedlichkeit*, erarbeitet werden. Robert Schläpfer, der mit seiner Ehefrau das Unternehmen besitzt und leitet, sagt dazu: »Gemäß Management-Lehre machen wir eigentlich alles verkehrt.«

Das klingt nach Aussteigertum, ist es aber nicht. Im Gegenteil. Die Schläpfer AG *setzt konsequent auf High-Tech*. Man hat ein CAM- und

CIM-System mit dem Namen Caesar entwickelt (im eigenen Team und mit eigenen Mitarbeitern), das vorbildlich zu werden scheint. Es verbindet die eigenen Ateliers mit allen Außenstellen und die eigenen Vorproduktions-Einheiten mit den dafür in Frage kommenden Lieferanten. Also ein modernes, flexibles Netzwerk-Management, ganz im Stil der neuen Organisations-Trends.

Dadurch spart man umständliche, zeitraubende Arbeits-Prozesse, zum Beispiel das »Punchen«, das Umsetzen von Entwürfen in Befehle für die Arbeits-Maschinen. Man ist also progressiv und trendig und hat trotzdem *nicht den Stallduft des grauen Managements*. Modernität und High-Tech passen offensichtlich zu einem extrem humanen und partizipativen Management.

Apropos Partizipation. Die beiden Inhaber – so »Bilanz« – haben ein *Partizipations-Modell* entwickelt, »das in dieser Form wohl nicht nur in der Schweiz neuartig ist«. Die beiden Inhaber übertragen ihre Aktien kontinuierlich auf eine Holding, die ihrerseits an die Mitarbeiter Partizipations-Scheine ausgibt und zurücknimmt. 50 Prozent der Dividenden sollen zugunsten der Partizipations-Scheine ausgeschüttet werden. Alle Mitarbeiter können Partizipations-Scheine erwerben, müssen aber nicht. Das Reglement verhindert, daß einzelne überproportionale Anteile kaufen können.

Man ging schrittweise vor. Zuerst erhielten alle Mitarbeiter Philosophie-Bausteine im Werte von 2500 Franken. Ein anderes Mal bestimmte die Firmentreue die Höhe des Beitrags. Für die weiteren Auszahlungen gelten wiederum andere Kriterien, etwa »das materielle und immaterielle Wirken in der Gemeinschaft«. Der Wert der insgesamt 10 000 Partizipations-Scheine ist so hoch wie das Aktien-Kapital von 500 000 Franken, das sich die beiden Inhaber je zur Hälfte teilen. Alle Mitarbeiter können Partizipations-Scheine erwerben und Dividenden beziehen. Der Ertrag hängt letztlich von der eigenen Leistung ab.

Schläpfer dazu: »Wir haben *kein leistungsloses Alternativ-Paradies*. Wir arbeiten mit Hingabe und Nachdruck. Ich muß jene enttäuschen, die glauben, Worte wie Philosophie, fröhliches Miteinander, gemeinsames Suchen führten gradlinig in den Ruin. Wir sind keine verkorksten Sektierer. Uns geht es seit Jahren gut. Und wir halten seit Jahren die Spitze in unserer Markt-Nische in achtzig Ländern der Welt.«

Das wir auch bestätigt von den Kunden. Berühmte Mode-Designer wie Gaultier, Versace, Armani und Ferré sagen, daß die Schläpfer AG eines der fähigsten Unternehmen überhaupt sei. Und Gaultier meint, Schläpfer sei vielleicht der einzige, der eine wirklich interessante Kollektion habe. Man habe nicht nur eine hervorragende Qualität, sondern auch »viel Phantasie«. Versace betonte, daß keiner in Italien Stoffe wie er produzieren könne. Giorgio Armani schätzt den Geist der Zusammenarbeit mit den Schläpfers. Es macht einfach ausgesprochen viel Freude, mit diesem Unternehmen zusammenzuarbeiten: »Diese Firma ist etwas ganz Besonderes.«

In dem hart umkämpften, äußerst turbulenten und schwierigen Markt der Textilien sind die Schläpfers also ganz vorn. Und auch besonders innovativ, was allseits anerkannt wird. »Wir laufen auch den Trends nicht nach wie die meisten in dieser Branche, sondern wir schaffen für unsere Kunden den nächsten.«

Das humane Management ... ideal für Kreativität

Es ist also vielfältig beweisbar, daß die Schläpfer AG nicht nur wirtschaftlich voll da ist (also eine gute Rendite vorzeigen kann), sondern daß sie seit vielen Jahren ein Dauer-Feuerwerk an Kreativität aufweisen kann. Also muß die *Team-Chemie* von besonderer Güte sein. Und genau damit sind wir beim Entscheidenden: die intuitive und kreative Leistung des Schläpfer-Teams.

Wie ist es möglich, so kontinuierlich überdurchschnittlich intuitiv und innovativ zu sein? Jede neue Kollektion umfaßt rund 1500 Entwürfe. Und der größte Teile davon ist nicht nur stilistisch und materiell gut, sondern bietet noch mehr: eine hervorragende Qualität beim Vorausfühlen von Ideen für die kommende Mode. Die Schläpfer AG ist sicherlich Spitze, wenn es um zukunftsgerichtete Intuition geht.

Kürzlich hatte Robert Schläpfer einen Vortrag gehalten zum Thema »Intuitives Marketing«. Der Zusatztitel lautete bezeichnenderweise »Zukunft aus Werten«. Hören wir einmal hinein in diesen interessanten Vortrag eines interessanten Mannes mit einem interessanten Team.

Die Essenz der Firmenkultur ist die Zukunft

Schläpfer beginnt mit einem Zitat von Epikur: »Die Natur hat uns zur Gemeinschaft geschaffen.« Dann betont er, daß die zentrale Mittelachse aller Überlegungen und Konzepte von Schläpfer die *Zukunft* sei. Um die Zukunft ranke sich die gesamte Firmenkultur dieses Unternehmens. Was bei anderen *Konflikte und Krisen* seien, nämlich dasjenige Thema, dem man am meisten Energie zuordnet, das sei bei den Schläpfers die Zukunft.

Aber das gehe nur, weil man tatsächlich ein helles und humanes Management praktiziere. Ein Management, das besonders viel Inneren Frieden und eine *hohe Sozial-Energie* aufbaue.

Deshalb könne man es sich erlauben, die Gruppen-Energie ganz auf die Zukunft, auf Intuition und Kreativität auszurichten. Man könne Zukunft gestalten, wenn man hinter dem Rücken frei sei von Krisen, Problemen und Konflikten.

Schläpfer sagt: »Ein Mensch ohne Zukunft kann sich nicht mehr wandeln. Sein Leben hat sich erfüllt oder entleert. Das Leben erstarrt zur bloßen Erinnerung. Und das gilt für eine Gruppe von Menschen, die ein Unternehmen bilden. *Ohne Zukunft ist ein Unternehmen verloren*, fast tot aber ist es schon dann, wenn sich seine Zukunfts-Vorstellungen in Zahlen erschöpfen. 5 Prozent Kostensparen, 6 Prozent mehr Marktanteil, 20 Prozent mehr Cash-flow. Kurz-, mittel- und langfristig bekommt man keine Zukunft, sondern bestenfalls eine Arbeits-Hypothese für Buchhalter.«

Dasjenige Unternehmen hat eine Zukunft, das sich eine Zukunft macht. So in etwa der Inhalt und das Credo des Vortrages von Schläpfer. Und dieses *»Zukunft-Machen«* ist nur dann möglich, wenn ein humanes und Mentales Management wirklich praktiziert wird. Zukunft-Machen ist Visions-Arbeit. Und Visions-Arbeit ist mentales Management. Schläpfer dazu: »Was ein Unternehmen lebendig macht, ist seine phantasievolle, intelligente, *gemeinsame Vision der Zukunft*, um den fließenden Vorgang im Unternehmen lebenswert und lebensfroh zu gestalten.

Die in jedem Menschen schlummernden schöpferischen Fähigkeiten wachzuhalten, zu hegen und zu fördern zur Zukunfts-Sicherung des Ganzen ist die vornehmste, wenn nicht die einzige sinnvolle Arbeit eines freien Unternehmers.

Wundert es Sie, wenn meine Forderung an die freien Unternehmer immer wieder dieselbe ist? *Meister statt Manager.«*

Führung ist die Verwirklichung der höchsten Werte

In seinem Vortrag geht Schläpfer dann auf das Verhältnis zwischen Tradition und Zukunfts-Innovation ein. Aus seiner Sicht kann nur dasjenige Unternehmen wirklich innovativ und damit an der äußersten Grenzlinie des Neuen operieren, das eine andere Auffassung von Führung hat. Für ihn ist *Führen die Verwirklichung höchster Werte* zugunsten einer erhöhten Sozial-Energie. Darin wurzelt sein Traditions-Verständnis, *bei den ewigen Werten*. Das klingt genauso wie Abedi. Und in der Tat sind die Werte, die Schläpfer in seinem Vortrag nennt, mit denen der BCCI-Bank überraschend identisch:

»Die Liebe zum Geschöpf

Die Würde des Menschen

Die Toleranz in der Gemeinschaft

Das Vertrauen zu Mitmenschen

Die Bescheidenheit der Führenden

Die Freude am schöpferischen Schaffen

Das Teilnehmen, Teilhaben, Teilsein«

Führen wird aus dieser Sicht die Verbindung der höchsten Werte mit dem Markt und den Menschen. Aber für diese Auffassung von Führung reicht das rationale Management, das überall praktiziert wird, nicht aus. Im Gegenteil: Das rationale Führen ist lediglich Prozeß-Steuerung. Aber Menschen sind keine Prozesse.

Das rationale Management hat sich getrennt von moralischen, ethischen und spirituellen Werten, weil der »rationale Manager« fürchtet, daß er ineffizient wird, wenn er zuviel auf Moral achtet oder wenn er Ethik mit Business verbindet. Für Schläpfer dagegen »liegt es auf der Hand, daß für unsere Auffassung von Führung eine mechanistische Manager-Schulung nicht mehr genügt«. *Führung wird zum »Werte leben«*. Er sagt: »Das, was einen Menschen wert-voll macht, ist davon abhängig, welche Werte er wirklich lebt. Keine neunmalklugen Theorien und keine noch so kannibalische Konkurrenz können uns glaubwürdig erklären, warum das für das Individuum Entscheidendste, *eine Gemeinschaft von Individuen*, für eine Unternehmung nicht zu gelten habe. Das Ergebnis der mangelnden Klarsicht ist eine Inflation von modischen Modellen und Maßnahmen, die ebenso kränkeln wie ihre Urheber, und mühsam überlebenden Unternehmen.«

Wärme statt Human Relation

Schläpfer weist darauf hin, daß das, was wir graues Management nennen, *im Grunde den Menschen mißachtet* und offensichtlich nicht sehen will, »daß der Mensch bewußt oder unbewußt Werte sucht, wirkliche Gemeinschaften statt Image-Fassaden, Wärme statt Human-Relation-Kram, Lauterkeit statt slogan-camouflierte Dürftigkeit, die sich als Tüchtigkeit verkauft.

Kein Manager ist sein Geld wert - und sein Leben -, der nicht seiner eigenen Werte bewußt verantwortlich ist und die gemeinsamen Werte in seinem Unternehmen fördert und fordert. Ohne übergeordnete Werte kann im besten Fall ein kurzlebiger, hüstelnder Kompromiß entstehen.

Stimmen aber Partner, selbst Konflikt-Partner im sozio-ökonomischen Bereich, in ihren Werten überein und finden sie sich zum Dialog, dann findet sich auch der nötige, ausreichende Konsensus, der allein die Stufe zum nächsten Dialog zu bilden vermag, den die Meisterung des Wandels von uns ein Leben lang erfordert.«

Vom schlappen Idealismus zur mentalen Fitneß

Schläpfer betont dann in seinem Vortrag, daß diese Prinzipien immer klingen würden, als wären sie von einem Missionar formuliert, der aufgrund seines zu hohen Idealismus im Wettbewerb versagt habe, oder von einem Aussteiger, der nicht wisse, wie schwer das Business-Leben sei.

Schläpfer geht im Gegenteil davon aus, daß gerade diejenigen, die im Modemarkt arbeiten, ein besonderes Arbeits-Ethos benötigen: »Mode ist zweifellos der größte, der offenste, unberechenbarste und unerbittlichste Markt der Welt.«

Wer hier bestehen will, muß nicht nur normal kreativ sein, sondern über eine *zukunfts-ausgerichtete Intuition* verfügen. Er muß schon heute gestalten, was morgen verlangt wird. Er muß also die höchste Stufe wirtschaftlicher Intuition organisieren können. Und zugleich muß er das in einem völlig unberechenbaren Markt, der durch hohe Widersprüchlichkeit und Zappeligkeit gekennzeichnet ist. Und er muß das im Rahmen eines weltweiten Wettbewerbs machen, in dem es keine Ruhepolster und keinen Windschatten gibt.

Die Konkurrenz ist also unerbittlich bis brutal. Der Markt ist unübersichtlich und sprunghaft. Und die zu erstellende Leistung ist immer von morgen statt von gestern. Man kann sich also nicht auf gestrige Traditionen verlassen. In diesem außerordentlich schwierigen Markt gibt es auffällig viele Unternehmen, die mit einer neuartigen Mischung aus Flexibilität, Dynamik und Intuition operieren und überdurchschnittlich erfolgreich sind. Beispiele sind Benetton und Esprit, aber auch Schläpfer.

Und wenn man diese Unternehmen betrachtet, dann sind sie alle trotz ihrer weltweiten Konkurrenz-Orientierung (Benetton, Esprit und Schläpfer bedienen im Grunde die ganz Welt) viel *heiterer, familiärer und friedlicher* als die anderen Unternehmen.

Um es noch einmal ganz deutlich zu sagen: Die Erfolgreichsten in einem der schwierigsten Märkte sind anders als die üblichen Unternehmen. Sie haben ein wesentlich sozialeres, humaneres und helleres Management. Die ganz Erfolgreichen sind auf dem Weg vom grauen Management zum hellen Management. Offensichtlich kann man in diesem schwierigen Markt nur dann überdurchschnittlich gute Renditen erzielen, wenn man das graue Management mit seinem frustrierenden Mittelmaß verlassen kann. Die Erfolgreichen weisen eine höhere *mentale Fitneß* auf.

In der Mode-Branche herrscht bereits das Dienen

Schläpfer dazu: »Im Mode-Chaos gilt weder Marktforschung noch Berechnung noch Plansoll. In unserem Metier gibt es *keine Modemacher, nur Mode-Diener*. Der schöpferische Designer hat alle Antennen ausgefahren. Und derjenige dient am erfolgreichsten, der mit unendlich feinfühligen Sensoren die Wellen des Zeitgeschehens zum Zielpublikum empfängt und sie in Kleidersprache zu kristallisieren vermag. Jahr für Jahr.«

Schläpfer weist darauf hin, daß »nicht handfeste Industrie-Interessen und keine Marktforschung, sondern in unserer rationalen Sprache nicht deutbares *Empfinden*, gepaart mit handwerklicher Meisterschaft und Hingabe«, die Großen wirklich groß gemacht habe. Zum Beispiel Christian Dior nach dem Zweiten Weltkrieg, Pierre Cardin und André Courrèges in den 60er Jahren und Giorgio Armani heute. Sie alle sind auf den Mode-Thron gehoben worden mit finanziellen Resultaten, »die die hartgesottenen Cash-flow-Experten zu Intuitions-Anbetern machen müßten«. *Humanität und Zukunfts-Intuition bringen Top-Renditen.*

Auch im Sektor der Fast Fashion gilt das gleiche Gesetz. Wenn man *Benetton* oder *Esprit* betrachtet, kommt man zu dem gleichen Schluß: Die Verbindung von Hingabe (der derzeit aktuelle Modeschöpfer Azzadine Alaïa drückt das wie folgt aus: »Die Frau bestimmt die Mode, ich mache Kleider«) und Meisterschaft mit einer überdurchschnittlichen Zukunfts-Intuition bringt wirtschaftliche Erfolge und Profite, die weit über dem liegen, was die »Super-Industrie« in der Regel verwirklichen kann.

Der finanzielle Erfolg von Benetton

Blicken wir in diesem Zusammenhang kurz auf Benetton. In der »Zeit« erschien vor kurzem ein Bericht über dieses Unternehmen mit der alles bezeichnenden Schlagzeile: »Wohin mit dem Gewinn?« Der Autor

Friedhelm Gröteke hat gründlich recherchiert und festgestellt, daß Benetton schier im Geld schwimmt. Benetton ist ein vierblättriges Kleeblatt, also ein *Familien-Betrieb*, mit einer sehr spezifischen sozialen Energie-Konzeption, ganz ähnlich wie bei Schläpfer und der BCCI-Bank.

Man begann vor dreißig Jahren mit einem gebrauchten Webstuhl, baute dann vor zwanzig Jahren die erste Fabrik, ging vor rund zehn Jahren auf Welt-Expansion und hatte 1986 4000 exklusive Partner-Läden in aller Welt. Und man verkauft keine anonyme Mode, sondern inzwischen einen Lebensstil, der ein eigener Markenartikel geworden ist. Benetton gilt »als italienisches Lehrstück für wirtschaftlichen Erfolg in einer Branche, der in den 70er Jahren kaum jemand noch Überlebens-Chancen gab«.

In Zahlen sieht das folgendermaßen aus: Benetton hat seinen Umsatz fast ein Jahrzehnt hindurch um jährlich 20 bis 30 Prozent gesteigert. Auch 1986 konnte man den Umsatz um ein Fünftel, auf 1,5 Milliarden Mark, hochschaufeln. Man spricht von einer atemberaubenden Expansion.

Aber Expansion ist ja nicht alles. Nur derjenige, der es fertigbringt, bei dieser Expansion auch noch *den Gewinnanteil am Umsatz zu erhöhen*, der macht sozusagen »einen doppelten Salto«. Und Benetton ist dieser Super-Artist, denn 1985 wanderte jede zehnte Umsatz-Lira in den Ertrags-Topf. Bei dieser Netto-Gewinnrate steht das Unternehmen – so Gröteke – im Vergleich mit den Konkurrenten der Textil-Branche auf einem beneidenswerten Platz.

Diese massiven Gewinne haben das Unternehmen nicht faul gemacht, aber finanziell fit. Man verfügt über diverse Beteiligungs-Gesellschaften. Und der Factoring-Umsatz erreicht bei den Benettons rund 40 Prozent des Industrie-Umsatzes. Das bringt jährlich ein paar Millionen Mark zusätzlichen Gewinn vom Gewinn durch Warenverkauf. Inzwischen hat man einige lukrative Bankbeteiligungen. Und vor einiger Zeit hat man sich mit etwas mehr als 20 Millionen Mark einen 35prozentigen Anteil an der italienischen Tochtergesellschaft der britischen Versicherungs-Gruppe Prudential gekauft. Italiens größte Bekleidungs-Gruppe steht also so sehr im Geld, daß man ins lukrative Versicherungs-Geschäft einsteigen konnte.

Fazit: Unternehmen, die mit ungewohnten, zum Teil revolutionären Führungs-Konzepten arbeiten, sind nicht automatisch im Feld der Verlierer.

Im Gegenteil: Wenn sich Progressivität in materieller Hinsicht (zum Beispiel High-Tech-Orientierung) verbindet mit spiritueller Orientierung (helles Management), kommt es meistens zu einer Dynamik, die zu überdurchschnittlichen Renditen führt.

Interessant ist, daß Schläpfer hierbei den Unterschied zwischen Managern und Unternehmern betont. Er verweist darauf, daß die Generation vor uns ungeniert auf »die eigene Nase«, auf Träume oder auf ein »gewisses Gefühl« hinwies, um wichtige Entscheidungen zu begründen. Die alten Inhaber-Unternehmer hatten den *Mut zu viel Subjektivität.* Sie waren sich ihrer inneren Qualität sehr bewußt. Aber das systemische Management und das rationale Marketing haben einen anderen Typus von Manager hervorgebracht, der Zukunfts-Intuition, wie es für Schläpfer lebenswichtig ist, als suspekt und unlogisch erlebt.

Es ist deshalb bezeichnend, daß die angesprochenen und analysierten Pionier-Unternehmen (Esprit, Benetton, Schläpfer, PSI-Software und BCCI-Bank) mehr oder weniger eindeutig Inhaber-Unternehmen sind mit typischem Entrepreneur-Zuschnitt bei weitestgehendem Verzicht auf Bürokratie und Manager-Kultur.

Es kann deshalb vorhergesagt werden, daß der weltweit grassierende Entrepreneur-Trend sich schon bald mit dem Trend zur »neuen Intuition« verbinden wird.

»Jeder wichtige Vorgang im Unternehmen beginnt mit der Intuition eines einzelnen Menschen«, sagt Schläpfer. »Wenn er indessen nicht bald zur gemeinsamen Intuition, zur gemeinsamen Vision wird, dann kann er nicht erfolgreich und einzigartig werden. Intuition ist keine Führungs-Technik nach dem Motto: ›Wie managt man Human Resources?‹ *Intuition ist Führungs-Energie* aus der Kraft des Herzens.«

Und hier wird der Unterschied zwischen der alten und der neuen Intuition in Umrissen sichtbar. *Die alte Intuition* kam meistens von dem Patriarchen, das heißt von der typischen Gründer-Persönlichkeit im Rahmen der ersten und zweiten Epoche der Industrie-Entwicklung.

Es waren die großen, alles überragenden Einzelkämpfer, die als Unternehmer wußten, wo es langging, und die aufgrund der damals üblichen *Befehls-Hierarchien* ihre Vorstellungen mehr oder weniger ungestört verwirklichen konnten. Sie hörten auf ihre innere Stimme. Sie folgten ihren Gefühlen. Und das gesamte Unternehmen folgte ihnen, weil sie allein die Macht hatten.

Diese Art von Intuition ist inzwischen völlig unmöglich geworden. Niemand kann mehr sagen: Alles hört auf mein Wort. Selbst im Mittelstand, wo es noch viele Inhaber-Unternehmen gibt, haben sich inzwischen Inhaber und bezahlte Manager soweit angenähert und arrangiert, daß *das Konsens-Management zur Norm* geworden ist.

Dies wiederum hat aber zu einer Verflachung und Erosion der Intuition geführt. Da hat man besonders in den 60er Jahren noch einmal ein kurzes Aufbäumen erlebt mit der sogenannten *Kreativitäts-Welle*. Aber das war mehr eine Technik, mehr eine rationale Masche als ein Zurück zur wirklichen personalen Intuition.

Der neue Trend zur personalen und großen Intuition

Aber nun gibt es ihn, *den neuen Trend zur neuen Intuition*. Und das ist wiederum eine personale Intuition, also eine ganzheitliche, von der Person ausgehende Intuition und keine profane Technik à la Brainstorming und Synektik. Aber diese neue Intuition wird nicht mehr per Befehl durchgesetzt, sondern sie wird *umgewandelt zu einer kollektiven Vision*.

Die neue Intuition verbindet sich mit dem Trend zum visionären Management. *Intuition und Vision bedingen sich wechselseitig*. Denn die Intuition schafft ein Bild, eine Imagination, ein visionäres Wollen. Es schafft also im geistigen Raum Energien. Und diese Energien werden zu Führungs-Energien. *Management by Intuition und Vision*.

In den Worten von Schläpfer: »Da hilft es gewaltig, wenn die intuitive Vision so stark, so faszinierend und so lebendig ist, *daß sie von der Gemeinschaft getragen wird*, die sie ihrerseits trägt. Dann wird Wandel angstfrei und akzeptabel, weil das gemeinsame Handeln durch gemeinsame Überzeugungen gestützt wird.

Handeln wir darüber hinaus gemäß unseren gemeinsamen Werten, *dann stiften wir Sinn*: Aus der GmbH wird die GmbW, aus der Gesellschaft mit beschränkter Haftung eine Gemeinschaft mit befreiendem Wert.«

Schläpfer bestätigt damit ganz klar Abedi von der BCCI: Das helle Management verbindet die ewigen Werte (Liebe, Demut, Toleranz etc.) mit der individuellen Sinnsuche des einzelnen Mitarbeiters. Und der Kitt, der beides verbindet, ist die intuitive Vision. Diese neuartige Form von Intuition wird zur *geistigen Steckdose*, aus der die Sozial-Energie permanent gespeist wird.

Ohne Intuition gibt's kein helles Management

Damit verbinden sich Intuition und helles Management. Man kann sogar so weit gehen und sagen, daß das helle Management ohne Intuition nicht möglich wird.

Und Manager, die nicht zur Intuition fähig sind (weil sie zu verkopft, zu rational und zu kartesianisch sind), können deshalb die Intiutions-Arbeit, die sie leisten sollten, nicht realisieren.

Und das ist die eigentliche Ursache dafür, daß trotz der vielen Vorbehalte, die viele Vorstände und Manager gegenüber New Age, Spiritualität, Sektentum usw. aufweisen, eine nicht mehr zu widerlegende Begegnung und *Befruchtung zwischen New Age und Business* seit einigen Jahren stattfindet. Das Business und die Manager brauchen die New-Age-Bewegung, um sich von der Ratio-Dominanz zu befreien zugunsten einer Gehirn-Qualität, die die rechte und linke Gehirn-Hemisphäre gleichermaßen aktiviert und nutzt, weil nur dadurch echte Intuition verfügbar wird.

> **Fazit:** Ohne die rechte Gehirn-Hemisphäre keine Intuition. Ohne diese Zukunfts-Intuition keine gesteigerte Sozial-Energie. Ohne hohe Sozial-Energie keinen wirtschaftlichen Erfolg in turbulenten oder problematischen Märkten.

Deshalb die Zuwendung zum Brain-Training à la Meditation. Deshalb die weltweit zu beobachtende Verschmelzung von New-Age-Techniken der persönlichen Transformation und den Methoden der Fortbildung. Inzwischen ist die New-Age-Bewegung längst der *heimliche Trainer* für die neue Intuition und für das neue, helle Management geworden.

Durch die Gemeinschaft zur Meta-Motivation

Schläpfer betont in seinem Vortrag, daß sich sein Unternehmen immer wieder gewandelt hat und daß man inzwischen kein normales Unternehmen mehr sei, sondern eine »kreative Gemeinschaft«. So kommt man zu dem, was der Berater und Mitgestalter der Schläpfer AG, C.P. Seibt, die *Meta-Motivation* nennt, die Verbindung vom Sinn des Schaffenden mit dem Sinn des Lebens.

Man achte auf diese Worte. Fast wörtlich decken sie sich mit den Vokabeln von Abedi. Es geht immer um die Verbindung des privaten, persönlichen Willens mit dem sozialen Sinn und um die Verbindung des sozialen Sinns mit dem kosmischen, das heißt höheren, Sinn (Sinn des Lebens).

Offensichtlich findet die Energetisierung bei derartigen Pionier-Unternehmen durch diese Verschmelzung statt (bei Abedi Interfusion genannt), *durch die Verschmelzung der Gruppen-Energie mit der kosmischen Energie.* Das scheint das Schlüssel-Element des neuen, hellen Managements zu sein.

Erforderlich dafür ist die *Selbstentfaltung.* Schläpfer nennt es den »Prozeß des Sich-selber-Erkennens«. Die helle Wirtschaft und das spirituelle Management können nicht entstehen ohne eine permanente Selbstentfaltung. Und es ist interessant, daß zwischen 1965 und 1979 der Wertewandel in der Bundesrepublik genau diesen Wert der Selbstentfaltung ganz nach oben gebracht hat. Und es ist interessant, daß besonders die Frauen und die jüngeren Manager mehr Selbstentfaltung als klassische Karriere und Geld anstreben.

Offensichtlich sind die kommenden Generationen der Manager und Mitarbeiter evolutionär viel weiter, als es die meisten Unternehmen mit ihren rationalen Strategien derzeit sein können.

Aus diesem Grund verbindet sich auch bei Schläpfer *der materielle Gewinn mit dem immateriellen.* Er nennt es den »bleibenden Gewinn«. In einer kreativen Schaffens-Gemeinschaft wie die der Schläpfer AG, die als »kampflos und natürlich« erlebt wird, können die Quellen der Intuition und der Kreativität offengelegt und kultiviert werden.

»Die vielbesungene Excellenz wird somit fast unvermeidlich und selbstverständlich wie der Gewinn, denn keiner soll glauben, daß der Gewinn und der wirtschaftliche Erfolg des Unternehmens nicht Zweck unseres Handelns bleibt. Aber der Zweck ist nicht alles. Nach einem klassischen Vergleich ist Gewinn gleichbedeutend mit der Gesundheit eines Menschen, die als Voraussetzung zum Leben nötig, aber als Selbstzweck nur noch absurd und lächerlich wirkt.

Gewinn ist die exogene Energie-Zufuhr, die Leben und Überleben erst möglich macht. Denn so besehen sind alles Energone (Hans Hass): Einzeller, Pflanzenfresser, Raubtier, Mensch, der Beerensammler, der Akkerbauer, der Handwerker und der Händler, das Klein-Unternehmen bis hin zum Wirtschafts-Giganten.« *Aller Erfolg ist erfolgreiches Energie-Management.*

So ein leistungsfähiges Kreativ-Team ist letztendlich immer eine Energie-Gemeinschaft. Und die kann sich nicht entwickeln, wenn man nicht bereit ist, sich *von den Metaphern des Militärs zu verabschieden* und von den »Organisations-Pyramiden, die man den alten Feldherren nachgeäfft hat, obwohl sie doch nur zum Kämpfen und zum Vernichten und nicht zum vereinten Handeln und schöpferischen Schaffen geeignet sind.«

Für den Mitmenschen leben ... am Gewinn beweist es sich

Eine schöpferische Gemeinschaft wie die Schläpfer AG benötigt auch *ein anderes Menschenbild* und damit ein anderes humanes Ethos. In den Worten von Schläpfer:

»Solange wir nicht vom Mitmenschen, sondern *für den Mitmenschen leben*, sobald wir nicht vom, sondern für den Mitschaffenden leben, indem wir uns selber als Spielform der Schöpfung lieben und als Irrtum der Schöpfung belächeln lernen, werden wir die Menschen, die uns in unserer Gemeinschaft anvertraut sind, lieben und verstehen lernen. Reich ist, wer gibt. Glücklich nur, wer sich selbst hingeben kann.

Ich habe keine Beweise anzubieten, daß unser Vorgang des ›Unternehmens als kreative Gemeinschaft‹ immer erfolgreich sein wird, außer daß er uns fröhlich an die Spitze getragen hat. Wir stehen mittendrin im schöpferischen Akt des Schaffens einer Gemeinschaft, des schöpferischen Schaffens in der Gemeinschaft eines kleinen, freien Unternehmens. Ein Vorgang, für den wir kein Ende planen, sondern immer neue Zukünfte.«

Interessant ist, was die Schläpfer-Inhaber mit den Gewinnen machen. Da die *Gewinne kein Selbstzweck* sind, sondern eine exogene Energie-Zufuhr, hat man diese materielle Energie wieder in den Dienst des hellen Managements gestellt. Und das ist die *Vervollkommnung der Menschen*, die in der Kreativ-Gemeinschaft, die das Unternehmen bildet, leben und arbeiten. »Deshalb bauten wir aus den Gewinnen der letzten

Jahre keine neue Fabrik, sondern unsere Schule in Tognano, mit der wir in die einzig sichere Form der Zukunft investieren, nämlich in unsere Menschen.«

In der Tat haben die beiden Schläpfer-Inhaber eine imponierende Lebens-Selbstentfaltungs-Schule (genannt »Sinn-Werkstatt«) aufgebaut. Für ihre Mitarbeiter. Mit einem Programm, das wie eine kleine Privat-Universität für die persönliche Transformation aussieht. Auch hier das gleiche »ewige Ziel« wie bei der BCCI: Die Menschen entwickeln durch Arbeit.

An dieser Stelle zeigt die Analyse deutlich, daß das helle Management keineswegs gegen Gewinn ausgerichtet ist. Und die vielen Business-Kritiker (etwa Redakteure beim »Spiegel«, der »TAZ« oder beim Funk), die da glauben, daß die Verbindung von Spiritualität und Rendite per se ein Betrug sei, haben lediglich vergessen, *wie neutral Gewinn sein kann* und daß man auch mit sauberen Händen gute Geschäfte machen kann.

Im Gegenteil. Es müßte den Kritikern des Kapitalismus und den Gegnern des modernen Business wichtig sein, daß auf faire, humane, ökologische und ethische Art Gewinne erzielt werden, um sie immer wieder in die Mitarbeiter zu re-investieren. Es gibt keinen schnelleren, keinen zuverlässigeren und auch keinen beglückenderen Weg, um auf breiter Front Menschen zu helfen, damit sie sich *als Menschen weiterentwickeln*.

Benötigt werden dafür keine Sozial-Institutionen des Staates, weil die zu umständlich, zu bürokratisch und in der Regel zu desinteressiert arbeiten. Die können vielleicht Armut verwalten und Arbeitslosigkeit, aber sie können keine schöpferische Selbstentfaltung fördern. Das allein kann nur das Business. Damit werden die Unternehmer und Manager von morgen zu wichtigen und wertvollen *Agenten einer Transformation zum Positiven*.

Nur spirituelle Unternehmen sind in der Lage, das zu schaffen, was Schlapfer »die *Inseln menschlicher Wärme* in dieser kaltstarren Welt« nennt.

Wir empfehlen:

Auf den ersten Blick scheint das Thema Menschlichkeit nur sehr wenig mit Business und Rendite zu tun zu haben. Es steht jedoch ein grundsätzlicher, ja epochaler Paradigmen-Wechsel vor der Tür. Wir empfehlen besonders den Top-Managern, sich darauf hin nicht nur passiv – wenn man so will mit der linken Hand – einzustellen, sondern eine grundsätzliche Klärung im jeweiligen Unternehmen herbeizuführen und die Frage aufzuwerfen, ob man in der Lage ist, sich diesem neuen Meta-Trend zum hellen Management anzuschließen.

Wenn das helle Management tatsächlich eine eigenständige Form des Managements wird (und hierfür sprechend mindestens 75 Prozent Wahrscheinlichkeit), dann wird die geistige Landschaft des Managements grundsätzlich verändert werden. Im Moment gibt es fast ausschließlich das schwarze und das graue Management. Das gibt den Mitarbeitern, die mit mehr Sinn und Ethos arbeiten möchten, kaum Möglichkeiten auszuweichen. Es mangelt an »hellen Alternativen«. Sind diese jedoch erst einmal da, strukturiert sich der Personal-Markt grundsätzlich neu. Neue Präferenzen und Ideale entstehen dann.

Es wird dann helle Unternehmen, graue Unternehmen und schwarze Unternehmen geben. Und das wird sich schnell herumsprechen. Vermutlich wird auch in den nächsten fünf Jahren hierzu ein Bestseller-Buch geschrieben werden, entsprechend dem amerikanischen Buch-Hit »The best Companies«. Dann wissen immer mehr sensibilisierte Mitarbeiter – also gerade die besten –, in welchen Unternehmen welcher Grad an Spiritualität und Ethos herrscht.

Natürlich ist es für bürokratische Großunternehmen ausgesprochen schwierig, die Gesamt-Organisation auf helles Management umzuschalten, aber sicherlich ist es durchaus machbar, bestimmte Ressorts, Tochterfirmen oder »autonome Gruppen« mit einer eigenständigen hellen Gruppen-Dynamik auszustatten.

Wir empfehlen also konkret, kleine »helle Inseln« zu schaffen, und das auch bei Großunternehmen, die sich aufgrund ihrer Größe nicht grundsätzlich wandeln können oder wollen.

Natürlich sind nicht alle Mitarbeiter an Sinn und Ethos interessiert, sondern zumeist die besser gebildeten und die leistungs-orientierten. Entsprechend den vorliegenden Untersuchungen (Lutz von Rosenstiel) kann geschätzt werden, daß in den Unternehmen derzeit ca. 15 bis 30 Prozent der Mitarbeiter eine »freizeit-orientierte Schonhaltung« aufweisen werden. Für sie ist die tägliche Arbeit nicht mehr als ein täglicher Job. Sie wollen sich nicht »voll einbringen«. Sie mischen Desinteresse mit gedämpftem Leistungs-Engagement. Sie jobben nur.

Für viele Positionen wird es durchaus ausreichend sein, derartige »Schon-Mitarbeiter« einzusetzen. Sie verlangen nicht allzuviel, aber sie geben auch nicht allzuviel.

Für diejenigen Mitarbeiter, die Selbstentfaltung, Lebensgenuß und Leistungs-Motivation miteinander verbinden, reichen derartige Jobs nicht aus. Diese hochqualifizierten Mitarbeiter kommen schon heute mit dem grauen Management nur noch begrenzt zurecht, deshalb die hohe Quote der inneren Kündigung. Nach einer Untersuchung von Opaschowski (B.A.T.-Freizeitforschungs-Institut) kann auch in der Jugend von einem allgemeinen Verfall der Leistungs-Moral überhaupt nicht die Rede sein. Der Nachwuchs, besonders der qualifizierte, will mehr Leistung bringen und zugleich mehr Sinn und Spaß zurückerhalten. Deshalb die Formel für das Personal-Management der 90er Jahre:

Mehr Gewinn durch mehr Sinn.

Im Grunde geht es darum, den Wertewandel (Suche nach Kreativität, Autonomie und Selbstentfaltung) in den Dienst der Leistungs-Motivation zu stellen. Diejenigen Unternehmen, die diese Brücke finden können, erhalten einen deutlichen Zuwachs an Produktivität.

Wir empfehlen allen Unternehmen, die von Menschen besonders abhängig sind (etwa Dienstleistungs-Unternehmen) oder bei denen die Produktivität zu gering ist, zu überprüfen, inwieweit sie ihr Management heller machen können. Dabei sollte nicht allzuviel Zeit vergeudet werden, weil die Trend-Daten aus den USA und Europa deutlich zeigen, daß besonders die Großunternehmen zunehmend mehr Probleme bekommen, die wirklich guten Mitarbeiter (Champions) zu gewinnen und zu binden.

Eine Untersuchung von Peppercorn und Skoulding, herausgegeben vom British Institute of Management, bestätigt diese für die Unternehmen problematische Trend-Strömung. Man hat 3000 britische Manager über ihre Zukunfts-Pläne befragt. Das Ergebnis spricht eine deutliche Sprache: In den nächsten fünf bis zehn Jahren wollen immer mehr Manager die Großunternehmen verlassen und überwechseln in die Selbständigkeit oder zu kleineren Unternehmen.

Je jünger und je besser ausgebildet die Manager sind, um so unzufriedener sind sie mit den großen Organisationen und um so stärker ihr Motiv abzuspringen in Richtung small is beautiful. Es hat sich inzwischen ein ungewöhnlicher Unternehmer-Geist (Entrepreneur-Mentalität) breitgemacht, der schon heute dafür sorgt, daß Karriere-Perspektiven und Arbeitsplatz-Sicherheit nicht mehr wichtiger sind als Selbständigkeit und Eigenverantwortlichkeit. Die persönlichen Ziele stimmen immer weniger überein mit dem, was die Unternehmen bieten können.

Es hat sich auch gezeigt, daß man die wertvollen Mäuse auch nicht mit mehr Speck fangen kann, das heißt mit hohen Gehältern und satten Tantiemen. Zwar wollen die kritischen Mitarbeiter, daß ihre Leistung gut belohnt wird, aber die Definition von »Belohnen« hat sich geändert: Freiheit, Autonomie, Kreativität und Sinn-Erfüllung gehören neuerdings dazu. Das helle Management kann dieses bieten.

Am problematischsten wird die Lage für diejenigen Unternehmen, die das graue Management praktizieren. Das sind Firmen, die jeweils nur soviel Emanzipation und Partizipation zulassen, wie man es ihnen per Zeitgeist, Wertewandel und Gewerkschaft geradezu abtrotzt. Recherchen zeigen, daß in diesen Unternehmen, die den sozialen Fortschritt im Grunde mit dem Rückwärtsgang gestalten, besonders viel Opportunismus und Leistungs-Mattigkeit vorherrschen. Im Grunde eine Kultur der Ineffizienz, die auch durch noch so geschickte elektronische Rationalisierung nicht mehr überwunden werden kann.

Wir empfehlen das helle Management auch deshalb, weil es sehr praktikabel und auch im Markt sehr effizient ist. Wir bitten deshalb, Vorurteile aufzulösen, die darauf hinauslaufen, daß alles das, was menschlich ist, im Grunde schlapp und ineffizient ist. Kommt der oben beschriebene Paradigmen-Wechsel, dann wird das Gegenteil richtig sein: Je mehr Menschlichkeit, um so mehr Rendite.

Dies wiederum bedeutet, daß sich auch die Manager, die für Marketing, Verkauf und Produkt-Entwicklung und Forschung zuständig sind (also auch rationale Ingenieure), mit den neuen hellen Trends beschäftigen sollten. Das helle Management, wie es in ziemlich universaler und perfekter Form in der BCCI-Bank und von Schläpfer verwirklicht wird, ist zwar sanft, aber nicht weich. Es ist menschlich, aber ungemein produktiv. Es ist deshalb gerade für turbulente Märkte mit vielen komplexen Problemen das Konzept der Zeit.

Wir empfehlen deshalb allen Unternehmen, die in problematisierten Märkten arbeiten, ernsthaft zu überlegen, ob nicht auf der Basis des inneren Friedens umgeschaltet werden kann vom grauen Management zum hellen Management, weil die Konkurrenz-Überlegenheit und die Handlungs-Stärke um so mehr wachsen, je heller das Management wird. Für Unternehmen und Manager, die auf dem Sprung ins helle Management sind, ergeben sich vielfältige neue Dimensionen, die ungewohnt sind.

Ganz am Anfang steht zum Beispiel das Thema: »Top-Manager sind dafür da, die Organisation mit Energie zu versorgen.« Stichwort: Interfusion und Zukunfts-Intuition als Energetikum.

Auf jeden Fall muß dabei berücksichtigt werden, daß das helle Management nicht mehr abgetrennt von der Persönlichkeit entwickelt und betrieben werden kann. Im Grunde ist es die Unterscheidung von Schläpfer, die hier wirksam wird: Meister statt Manager.

Das helle Management wird gekennzeichnet als ein Management der Menschlichkeit. Es will die Emanzipation, Transformation der Mitarbeiter und deren Sinn-Wachstum. Wenn Unternehmen auf dieses Pferd setzen wollen, dann müssen sie sich vom Manager zum Meister entwickeln. Und der zeichnet sich durch Integrität, Glaubwürdigkeit und Vorbildlichkeit aus. Das helle Management kann nur derjenige verwirklichen, der in diesem Sinne »saubere Hände« hat. Ein Meister also.

Wir warnen ausdrücklich davor, das helle Management rein technokratisch, das heißt ohne »persönliche Meisterschaft«, einsetzen zu wollen, so als sei es lediglich eine neue Management-Mode. Das kann zu einem Bumerang-Effekt führen. Das Endergebnis kann eine soziale Krise sein, schlimmer noch als bei grauem und schwarzem Management. Uns liegen Unterlagen darüber vor, daß immer dann, wenn graue Manager das Instrumentarium des hellen Managements eingesetzt haben, sie sich selbst aus dem Unternehmen herauskatapultiert haben. Deshalb müssen die Firmenkultur und das Gesamt-Ethos des Unternehmens darauf abgestimmt werden. Es gibt kein Pseudo-Hell, das funktioniert.

Das helle Management und die Intuition

»Kausalität ist in der Natur vielleicht gar nicht enthalten und darum wohl nicht mehr als ein Bedürfnis der Seele.«
David Hume, 1739/40

»Wissen wird begrenzt durch genau die Methoden, mit deren Hilfe wir Wissen erzielen.«
Richard von Glasersfeld

Wir haben beschrieben, daß das helle Management bei all denjenigen, die es bereits praktizieren, *immer auf einer Vision beruht.*

Ohne Vision kann man die gewünschte Handlungs-Leidenschaft und damit das *höhere Niveau der Sozial-Energie* nicht erreichen. Wir haben erkannt, daß die Vision dann am stärksten Energien und Handlungs-Leidenschaften freisetzt, wenn sie mit der *Selbstverwirklichung der Mitarbeiter* in Verbindung steht bzw. wenn die Vision vom einzelnen Mitarbeiter interpretiert werden kann als »generelle Hilfe zum privaten Berufs-Sinn«.

Wir haben auch erkannt, daß die Kraft der Visionen abhängig ist von Werten und Ethik. Visionen, die im ganz engen Sinne nur merkantil sind (Marktanteil-Visionen . . . Rendite oder ähnliches), erzeugen bei den Mitarbeitern nur ein geringes Maß an Selbst-Motivation und wenig Arbeits-Spaß und Arbeits-Stolz.

Ebenfalls haben wir erkannt, daß es einen direkten Zusammenhang gibt zwischen den Visionen und dem Kontext-Management. Man könnte sagen, daß die Visionen eine Art Leitstern darstellen. Deshalb sollten Visionen auch ideativ formuliert werden, das heißt im Sinne *idealer Überwerte*.

Die Kontexte dagegen sollten dieser Vision untergeordnet werden, denn sie formen den Weg zur Vision. Kontexte sind die Motoren für kollektives Lernen . . . Visionen allein können zur Starrheit führen, wenn vom Top-Management nicht eine prozessuale Kontext-Arbeit geleistet wird. Firmenkultur, Visions-Entwicklung und Kontext-Management bilden eine untrennbare Einheit.

Die Überwindung der rationalen Doktrin

In diesem Kapitel will ich nun Wege aufzeigen, wie man zur Vision kommen kann. Die generelle Antwort ist einfach: durch Intuition. Lassen Sie uns deshalb den Trend zur »Wiederentdeckung der Intuition im modernen Management« näher betrachten.

Dieser Trend ist seit sieben Jahren zu beobachten. Und er bekam vor rund vier Jahren einen enormen Schub. Seitdem häufen sich die Trend-Signale, die darauf hinweisen, daß es wieder erlaubt ist, von Intuition zu sprechen. Das Wort war lange Zeit gebrandmarkt, und ein wirklich guter Manager durfte alles haben, nur eben nicht Intuition.

Aber das hat sich sehr verändert. Inzwischen erscheinen selbst im »Handelsblatt« längere Abhandlungen über das moderne Management. Und dieses wird gekennzeichnet als »ideale Kombination von rationaler Planung einerseits und Intuition andererseits«. Mit anderen Worten: Die deutsche Management-Entwicklung ist gerade an einem Punkt angelangt, an dem man aufhört, die Intuition als »unlogisches Gefühl« zu diskreditieren. Man beginnt, die ehemals feindlichen Brüder Ratio und Intuition zu versöhnen. Intuition wird dabei zumeist als langfristig wichtig definiert, während die rationale Planung eher dem Feld der Strategie zugeordnet wird.

International gesehen (besonders in Japan und in den USA) ist die Entwicklung schon etwas weiter. Dort erschienen in den letzten zwei Jahren immer mehr Fachartikel und Seminar-Beiträge, die darauf hinweisen, daß rationale Planung im Grunde nichts anderes als ein geschickt *getarnter Aberglaube* ist. Wenn man so will ein Mythos, der sich rational verkauft. Es gibt besonders in Amerika immer mehr Impulse, die der Intuition die absolute Vormacht-Stellung in der wirtschaftlichen Planung zuordnen, besonders wenn die Markt-Konstellationen turbulent und unübersichtlich werden.

Auch die Trends zum *New-Age-Management* favorisieren die Intuition als die optimale Erkenntnis-Quelle. Die rational-lineare Planung spielt nur noch eine Nebenrolle, in der sie für kurzfristig angelegte Prozesse eine *optimale Präzisions-Steuerung* garantiert. Intuition wird nach dieser Auffassung zur alleinigen Basis für Visionen, und die rationale Planung wird wichtig für die nachfolgende Abwicklung und Handlung. Etwas verkürzt gesagt: *Ohne Intuition gibt es kein visionäres Management.*

In den jetzt international aufgeflammten Diskussionen über Vorteile und Arten der Intuition ist auffällig, daß man offensichtlich beginnt, die *unterschiedlichen Arten der Intuition* stärker voneinander zu trennen.

Die Unterschiede der Intuition

Typisch hierfür ist David Loye. Sein Modell zeigt deutlich, daß die aktuelle Suche nach mehr Intuition im Management von einer anderen Intuition ausgeht, als das gemeinhin der Fall ist. Loye unterscheidet zwischen einer *kognitiven Intuition*, deren Schwerpunkt die aktuelle Problemlösung ist, und einer *Ganzheits-Intuition*, die schon wichtiger für das kommende Management ist, weil sie nicht mehr an einzelnen Problemen festklebt, sondern die darüberliegenden Muster entdeckt.

Aber die alles entscheidende Intuition ist die *Zukunfts-Intuition*. Das ist die »große Intuition«, die die Basis bietet für die Entwicklung, Formulierung und Durchsetzung von Visionen. Hier ist Para-Sinnlichkeit der Schwerpunkt, also auch Prä-Kognition, das heißt Vorhersagen außerhalb der kausalen Begrenzungen.

Interessant ist nun, daß die Gehirnforschung deutliche Hinweise darüber gibt, welche Gehirn-Hemisphäre für welche Intuition wichtig ist. Und auch das individuelle Zeitbewußtsein ist bei den unterschiedlichen Arten der Intuition sehr differenziert ausgeprägt. Die kognitive Intuition (kleine Alltags-Intuition) basiert auf der *seriellen Zeit*, wie sie für westliche Manager typisch ist.

Die Ganzheits-Intuition benötigt bereits ein *räumliches Zeitbewußtsein*, das entsprechend den Untersuchungen von Dörner nur diejenigen Manager aufweisen, die sich vom kartesianischen Paradigma (Linearität und Kausalität) ein großes Stück haben trennen können und die Komplexität und Paradoxa aushalten und dulden können.

Die große Intuition kann im Grunde nur von Menschen entworfen und sozial durchgesetzt werden, die ihre Brain-Dominanz in der *rechten Gehirn-Hemisphäre* haben und die über ein individuelles Zeitbewußtsein verfügen, das in Richtung »zeitlose Zeit« geht.

Fassen wir das noch einmal in Form einer Tabelle zusammen, so ergibt sich das folgende Schema der Intuition:

Brain-Hemisphäre		Arten der Intuition	Schwerpunkte	Zeit-Typen
rechts	links			
+	+++	kognitive Intuition	Problem-lösungen	serielle Zeit
++	++	Ganzheits-Intuition	Muster	räumliche Zeit
+++	+	Zukunfts-Intuition	Para-Sinnlichkeit Präkognition	zeitlose Zeit

Die große Zukunfts-Intuition ... sie schafft die Visionen

Die Zukunfts-Intuition ist das, was Abedi und Schläpfer in ihren Schriften und Reden meinen, wenn sie vom »neuen Management« sprechen, das in der Lage ist, visionäre Ziele zum Inhalt des wirtschaftlichen Handelns zu machen.

Nötig dafür ist ein »intuitiver Persönlichkeits-Typus«. Und der ist nach

David Loye dadurch gekennzeichnet, daß er die Gegenwart nur als einen »fahlen Schatten, die Vergangenheit wie einen Nebel erlebt«. Er erlebt die Zukunft so plastisch, daß er sie zur Gegenwart machen kann.

Das einzig Konkrete im Hier und Heute ist die Zukunft. Dieser Typus hat – wenn man so will – ein besonders *gutes Gedächtnis für die Zukunft.* Marilyn Ferguson hat schon vor Jahren darauf hingewiesen, daß Führer mit einem ausgeprägten visionären Charisma in der Lage sind, das Flüchtigste aller Gehirn-Produkte, nämlich Zukunfts-Entwürfe, zu verfestigen, zu formen, um sich selbst und andere Menschen immer wieder zu dem Punkt führen zu können, an dem man sich an die Zukunft, die man geplant oder gewollt hat, zu erinnern.

Diese »Erinnerung nach vorn« ist offensichtlich nur denjenigen Menschen möglich, die über eine ausgesprochen ausgeprägte Zukunfts-Intuition verfügen. David Loye nennt ihre Kompetenz »Para-Sinnlichkeit«, das heißt, sie können das sinnlich erfahren, was man mit den normalen Sinnen eben nicht erfahren kann. Einfach strukturierte Menschen können nur das sehen, was sie mit ihren Augen wirklich sehen. Sie können nur das erfahren, was sie beispielsweise anfassen können. Zukunfts-charismatische Menschen dagegen können auch rein geistige Entwürfe so konkret und plastisch sehen, als wären sie Gegenstände des täglichen Lebens, so als könne man sie anfassen, riechen und schmekken.

Das, was man beim mentalen Management die *»Follow-me-Aura«* nennt, das ist in hohem Maße abhängig davon, wie entwickelt und präsent die Zukunfts-Intuition beim Manager und Führer ist.

Interessant ist nun in diesem Zusammenhang, daß es in der Management-Entwicklung viele Trends gibt, die darauf hinweisen, daß ein Umdenken stattgefunden hat. Es erscheinen immer mehr Theorien und Modelle und auch Trainings-Workshops, die dem Manager helfen wollen, *den Weg zur charismatischen Zukunfts-Intuition* zu finden.

Zumeist handelt es sich um Versuche, die bei den meisten Managern zu stark ausgeprägte *Links-Dominanz im Gehirn* zu überwinden zugunsten einer gleichmäßigeren Verteilung zwischen rechts und links. Aus dem einseitig kognitiven Analytiker-Typus soll ein Misch-Typus werden, der Ratio und Intuition harmonisch vereint. Unzählige Workshops werden in Europa und in den USA hierzu angeboten. Nicht alle sind gut und professionell, aber es zeigt sich, daß nicht nur die Anzahl der angebotenen Intuitions-Workshops zunimmt, sondern daß sich auch die Methoden qualifizieren und daß immer mehr Manager – hauptsächlich jüngere – an diesen Seminaren teilnehmen. Hier befruchten die New Ager und die Psycho-Szene das Fortbildungs-Geschehen der Wirtschaft in immer deutlicherem Maße.

Das Management beginnt, das Brain-Training ernst zu nehmen

Nun stellt sich natürlich die Frage, mit welchen Methoden man die bei den meisten Managern unterentwickelte Zukunfts-Intuition entwickeln kann, damit aus »harten« Managern zukunfts-charismatische Führer werden können.

Vermutlich wird sich die Strömung zur *»gezielten Entwicklung des menschlichen Nervensystems«* international durchsetzen. Das ist das, was beispielsweise Michael D. Eschner und andere unter Begriffen wie *Psychologik* entwickelt haben. Das zentrale Axiom dieser Methodik lautet: »Der Mensch muß sich erst der Erkenntnis stellen, daß er nur ein Roboter ohne eigene Entscheidungs-Möglichkeiten ist, bevor er die Chance hat, sich zu befreien.«

Die Psychologik analysiert die zumeist unbewußt gebliebenen Programme unseres Bewußtseins, indem es die Abhängigkeit aller Emotionen und Handlungen von der Struktur und den *Programm-Qualitäten im Nerven-System* aufzeigt. Die Argumentation der Psychologik ist dabei recht einfach: Erst wenn der Mensch seine eigenen Programme wie von außen durchschauen kann, kann er sie auch überwinden und zu einem Bewußtsein durchstoßen, das er im Moment nicht hat.

Die Annäherung an PSI . . .

Prä-Kognition, also Telepathie, intuitives Wissen und ganzheitliche Erkenntnis werden für Manager erst dann verfügbar sein, wenn die emotionalen Fehl-Programmierungen, die sich zumeist im Unterbewußtsein versteckt halten, überwunden worden sind. *Die Para-Kompetenzen kommen.*

Soweit der Basis-Ansatz der Psychologik, den wir gleich analysieren wollen. David Loye hat in seinem hervorragenden Buch »Gehirn, Geist und Vision« die wissenschaftliche Grundlage dazu zusammengetragen. Er nennt das *Psychophysik*. Und die Grundsätze dieser Psychophysik zeigen, daß Zukunfts-Intuition, Prä-Kognition und visionäre Kompetenz sehr wohl naturwissenschaftlich begründbar sind und auch im Alltagsleben durch Training entwickelt und qualifiziert werden können.

Kommen wir jetzt zur Psychologik, das heißt zu dem praktischen Instrumentarium, das versucht, durch Bewußtseins-Entfaltung die blokkierenden und fehlsteuernden Programme im Unterbewußtsein zu überwinden, so daß der Manager fähig wird zur großen Zukunfts-Intuition.

Ken Wilber hat einmal dazu gesagt: »Nachdem wir das Denken gebraucht haben, um den Körper zu transzendieren, haben wir nicht gelernt, *das Denken durch Bewußtsein zu transzendieren*. Darin wird meines Erachtens der nächste evolutive Schritt des Menschen bestehen.«

Hier wird der Basis-Ansatz dieses Bewußtseins-Trends, der sich übrigens jetzt auch in Japan voll entfaltet, sichtbar: Das (zumeist rationale) Denken wird durch Bewußtheit und Bewußtheits-Entwicklung transzendiert, also überwunden und damit auch de-programmiert werden. Das Business beschäftigt sich mit dem Bewußtsein als Erfolgs-Faktor.

Einer der Pioniere der internationalen Bewußtseins-Diskussion, Minsky, hat das folgendermaßen definiert: »Bewußtsein ist ein Teil des Geistes, der darauf spezialisiert ist zu wissen, wie andere Systeme des Geistes zu nutzen sind.« Das Bewußtsein erhält aus dieser Sicht die Rolle eines »mentalen Agenten«, durch den der Mensch und sein Gehirn fähig werden, mehr zu wissen, als sie wissen, oder Zusammenhänge zu sehen, die nicht logisch-deduktiv entwickelt werden können.

Bewußtsein als Management-Instrument

Genau das sind auch *die neuen Qualitäten*, die vom Manager in einer multiplen, paradoxen und fluktuierenden Umfeld-Situation verlangt werden. Man könnte also an dieser Stelle zusammenfassend sagen: Wenn die Markt-Turbulenzen und die Umfeld-Fluktuationen in Zukunft weiter anwachsen, wird der Faktor Bewußtsein für alle Manager immer wichtiger, da man mit normalem Nachdenken (Ratio-Vernunft) die Komplexität und Paradoxie der Situation nicht beherrschen kann.

Um in Zukunft dennoch richtige Entscheidungen und effiziente Konzepte finden zu können, muß das Bewußtsein beginnen, *die Grenzen des Denkens zu transzendieren*. Es kann deshalb vorhergesagt werden, daß dem Management eine Bewußtseins-Welle entgegenwächst.

Interessant ist, was Ken Wilber, einer der führenden Bewußtseins-Wissenschaftler dazu schreibt: »Das Ich-Bewußtsein steht vor dem Übergang ins *Über-Bewußtsein*. Das Durchschnitts-Individuum in seiner großen Mehrheit kann jetzt beginnen, ein transzendenter Held zu werden.«

Damit will Wilber sagen, daß die Para-Qualität jetzt für immer mehr normale Menschen verfügbar wird. Das, was bisher nur wenige Mystiker oder übertalentierte Wissenschaftler erfahren und erahnen konnten, das wird immer mehr demokratisiert.

In Wilbers Worten: »Das bedeutet, daß nur mehr das Durchschnitts-Bewußtsein und nicht nur einige herausragende Helden damit beginnen kann, sich die Bereiche des Nirmanakaya (Über-Bewußtsein) zu erschließen. An diesem allgemeinen Punkt der Geschichte hat die exoterische Kurve begonnen, die esoterische einzuholen, um sie anzuwenden.« Die Esoterik beginnt im Business praktisch zu werden.

Das Beispiel Meditation

Daß dies tatsächlich in der internationalen Trend-Landschaft beobachtbar ist, zeigt die Tatsache, wie schnell sich das *Business mit der Meditation versöhnt hat.*

In den 60er Jahren war Meditation nur etwas für Hippies und Ausgeflippte. Es war das Ver-rückte für Suchende und Aussteiger. In den 70er Jahren war Meditation eher etwas für Geschädigte und wurde von den Wissenschaftlern und Kultur-Pionieren lediglich als eine sanfte Form der Therapie akzeptiert. Damals galten Formeln wie: »Meditation ist die natürliche Gegenseite zum Streß.«

Jetzt – zu Beginn der 90er Jahre – beobachten wir die dritte Stufe der Akzeptanz: Meditation wird immer mehr gefordert für die *Sensibilisierung von Hochleistungs-Personen.* In so wenigen Jahren hat sich also die Einstellung der Gesellschaft zur Meditation entscheidend verändert. Vom Ausflippen über die Therapie zur Konditionierung für die Elite.

Eine Erklärung dafür ist die Tatsache, daß die entscheidende Rolle des Bewußtseins immer mehr in den Mittelpunkt der Business-Strategien gerückt ist. Stichworte: Inner-Management oder mentales Management.

Und inzwischen gibt es auch zahlreiche Studien, die tatsächlich beweisen, daß die Veränderung des Bewußtseins (sei es nun durch Meditation oder ähnliches) direkt nachweisbare *physiologische Effekte im Körper* der Menschen erzeugt. Und diese Effekte verbessern die emotionale und kognitive Leistungsfähigkeit entscheidend.

Einige Ergebnisse dieser Forschungen: Der Sauerstoff-Verbrauch und die Herz-Frequenz sinken bis zu 20 Prozent oder fünf Stunden Schlaf schaffen nur ein Absinken von 8 Prozent. Meditation blockiert die negativen Effekte des Norepinephrin. Meditation erzeugt chemische Veränderungen (zum Beispiel Hormone), die das Selbstvertrauen steigern und *Kreativität* entblockieren.

In den USA gibt es inzwischen große und auch bedeutende Unternehmen, die ihre Mitarbeiter regelmäßig zum Meditations-Training schikken und meditative Einzel- und Aufbaukurse offerieren, zum Beispiel New York Telephone. Dort praktiziert man die von der Psychologin Dr. Patricia Carrington entwickelte CSM-Methode. Das ist die »klinisch standardisierte Meditation«. Bisher haben mehr als 1100 Angestellte diese Meditation ausführlich gelernt.

Wenn die Möglichkeiten des High-Tech dazukommen

Es gibt aber auch andere Trend-Impulse, die darauf hinweisen, daß die methodische Bewußtseins-Entwicklung vor einem großen Boom steht. Und zwar handelt es sich um die Verbindung von Bewußtseins-Programmen, *Meditation und High-Tech*.

Der Benutzer trägt eine Elektroden-Kappe, und die elektrischen Aktivitäten seines Gehirns werden über Infrarot-Wellen zum Computer transportiert. In Realzeit kann man dann auf dem Bildschirm sehen, welche Partien im Gehirn durch welche Aktivitäten wie angezapft werden. Der Bildschirm zeigt also eine Art *topographischen Atlas des Denkens*.

Wenn man Menschen Mathematik-Aufgaben vorlegt, wandern rote und orange Zonen zur linken Hirn-Seite. Wenn man Menschen Märchen vorliest oder schöne Bilder zeigt, wandern die Zonen zur rechten Gehirn-Seite. Man kann seine eigenen Gehirn-Dominanzen beobachten, während man geistig arbeitet. Und man kann zu jeder Sekunde sehen, welche Art von Wellen (Alpha-Wellen, Beta-Wellen etc.) das Gehirn produziert.

Stroebel hat herausgefunden, daß die Tatsache, daß Menschen ihr eigenes Gehirn so direkt und plastisch beobachten können, dazu führt, daß sie fähig werden, *ein Bewußtsein über ihr Denken zu entwickeln*, durch das sie die klassischen Fehl-Programme erkennen. Sie können sich dadurch de-programmieren und neu programmieren, und zwar zu einer gesteigerten Konzentration, aber auch zu »erhöhter Kreativität und Heiterkeit«.

High-Tech hilft hier, die mentalen Kräfte zu kontrollieren. Stroebel dazu: »Normalerweise nutzen wir nur einen sehr kleinen Teil unseres Gehirns, wahrscheinlich weniger als 5 Prozent.« Er geht davon aus, daß die Tatsache, daß wir durch High-Tech unser eigenes Gehirn bei der Arbeit beobachten und manipulieren können, unbekannte Brain-Fähigkeiten entwickeln und aufschließen kann. Vielleicht, so denkt er laut, finden wir so den Zugang zu den ungenutzten 95 Prozent. Auf jeden Fall prognostiziert er *ein enormes Anwachsen der Hirnkräfte*. Und genau das ist das, was Ken Wilber meinte, als er formulierte, daß das Bewußtsein das Denken transzendieren wird.

In Europa gibt es andere High-Tech-Ansätze. Beispielsweise das *Psycotron*. Es mißt die Gehirn-Muster bei bestimmten Assoziationen, und es ist in der Lage, die im *Unterbewußtsein* schlummernden Blockaden und *Begrenzungen zu entprogrammieren*. Der wissenschaftliche Hintergrund ist schnell erzählt: Bei allen Aktivitäten, die der Mensch vollzieht, lernt er auch immer emotionale Realitäten. Diese bleiben zum Teil zwar bewußt, wandern aber zum großen Teil ins Unterbewußtsein. Das führt zu *unbewußten Programmen*. Diese wiederum tendieren dazu, sich in der Wahrnehmung der Welt und im Ergebnis selbst zu erfüllen. Die unbewußten Programme sind deshalb meistens begrenzend. Sie bestimmen beispielsweise, was man sieht und was man wahrnimmt.

Wenn also Manager jetzt zur großen Zukunfts-Intuition durchstoßen wollen, weil sie Kontext-Management realisieren wollen, dann sind sie gezwungen, die begrenzenden und blockierenden Programme des Unterbewußtseins aufzulösen . . . *das Unbewußte muß optimiert werden*.

Die Trend-Recherchen zeigen, daß sich demnächst vermutlich die neurolinguistische Programmierung (NLP genannt) verbinden wird mit den High-Tech-Methoden, wie sie im Psycotron gegeben sind.

Vermutlich wird es dann in den nächsten vier bis fünf Jahren zu sehr praktikablen Wegen kommen, durch die Manager den Zugang zur großen Zukunfts-Intuition, zur qualifizierten Imagination und zur kontinuierlichen De-Programmierung finden.

Die bisherigen Vorgehensweisen (vom autogenen Training bis zur Meditation) wirken dagegen wesentlich unspezifischer und langsamer. Es könnte sein, daß sie schon bald abgelöst werden durch derartige High-Tech-Offerten.

Die Praxis der Psychologik

Kommen wir nunmehr zur Psychologik, das heißt zum praktischen Weg der *persönlichen Psycho-Programmierung*. Dieses Konzept, unter anderem von Eschner entwickelt und vorgelegt, basiert auf der Biologie, Neurologie, Ethologie und der Neuro-Chemie, die sich mit der modernen Psychologie verbindet.

Im Mittelpunkt dieser Methoden-Lehre stehen Begriffe wie Prägung und Konditionierung als Elemente von mehr oder weniger schädlichen Programmierungen. Gerade für Zukunfts-Intuition und Kontext-Management ist es wichtig, sich immer wieder freimachen zu können von persönlich begrenzenden oder zukunfts-blockierenden Programmen, um sowohl für die große Intuition als auch für die fließende Bewußtseins-Arbeit (Tao-Management) frei zu werden.

Die fünf Schaltkreise in unserem Kopf

Eschner spricht in diesem Zusammenhang von *negativen Schaltkreisen*. Und es ist die Aufgabe des Bewußtseins, sich dieser Schaltkreise bewußt zu werden, damit es sie dann auflösen oder de-programmieren kann. Und um diese Schaltkreise handelt es sich:

① *Überlebens-Schaltkreis*
Er sichert das biologische bzw. körperliche Überleben (»meine Gesundheit«).

② *Territorial-Schaltkreis*
Er steuert Körperbeweglichkeit, Status-Verhalten und Abgrenzungs-Verhalten (»mein Status«).

③ *Symbol-Schaltkreis*
Er steuert die Sprache und die gezielte Handhabung von Geräten (»mein Denken«).

④ *Moral-Schaltkreis*
Er steuert das sexuelle und soziale Verhalten (»meine Kultur und mein Gewissen«).

⑤ *Bewußtseins-Schaltkreis*
Er steuert die Überwindung der Blockaden, Programme und der Schaltkreise 1 bis 4 (»meine Entwicklungs-Möglichkeit«).

Damit wird deutlich, wohin die aktuellen Bewußtseins-Trends laufen: Es geht darum, daß sich die Unternehmer und Manager den fünften, also den Bewußtseins-Schaltkreis erschließen. Das wichtigste Kriterium dabei ist die *Ego-Transzendenz*, das heißt die Fähigkeit, sich mit all seinen Programmierungen zu entdecken und zu durchschauen, so daß die roboter-mechanischen Abläufe in der eigenen Psyche als »Begrenzungen« erkannt werden.

Nur durch diese Ego-Transzendenz ist der Manager in der Lage, sein Bewußtsein von gestern zu transformieren, das heißt, sich selbst in einen permanenten Lern-Prozeß zu begeben. Das wiederum ist die Voraussetzung für das Kontext-Management. Und das öffnet Zugänge zur Zukunfts-Intuition, weil diese in hohem Maße abhängig ist vom Transzendenz-Erlebnis (spirituelle Erlebnisse).

Fassen wir an dieser Stelle zusammen:

Das helle Management benötigt ein Bewußtsein über dem Denken.

Unternehmer und Manager, die das helle Management organisieren und durchführen wollen, benötigen eine hohe Qualität von Ego-Transzendenz, das heißt, sie müssen sich durch geeignete mentale Übungen in die Lage versetzen, einen Bewußtseins-Schaltkreis in ihrer Psyche zu placieren, durch den sie ihre eigene psychische Evolution beobachten und vorantreiben können.

Das helle Management benötigt ein umfangreiches und erfolgreiches Mental-Training.

Sowohl Hochschulen als auch die vielgepriesene Berufs-Praxis können das angestrebte »Bewußtsein über das Bewußtsein« nicht zur Entfaltung bringen. Es handelt sich hier auch nicht um den Faktor »Intelligenz« oder Erfahrung, sondern um einen völlig eigenständigen Kompetenz-Bereich, der neben Theorie und Praxis zu einer dritten Säule der Manager-Ausbildung werden könnte.

Hören wir dazu Eschner selbst: »Den fünften Schaltkreis kann man eigentlich nicht mehr als Schaltkreis bezeichnen, da der Mensch auf dieser Stufe beginnt, dem Roboter-Dasein zu entgehen. Er wird deshalb auch folgerichtig als *neuro-somatische Intelligenz* bezeichnet.«

»Dieser Schaltkreis beinhaltet die Fähigkeit, alle früheren Prägungen als direkte körperliche Sinnes-Wahrnehmungen aufzuheben, zu ergänzen, neu zu verbinden und hedonistisch zu steuern. Der Mensch wird in seinem Handeln nicht mehr zwanghaft von den ersten vier Schaltkreisen gesteuert und ist frei, sich oder sein Selbst so wahrzunehmen, wie er bzw. es ist, nämlich als eine individuelle Ganzheit. Das Ergebnis: *Das, was man als Realität betrachtet, hat lediglich etwas mit einem selbst zu tun.«*

Das Handwerkszeug für das helle Management: Der Kontext

Und hier wird sichtbar, warum die Psychologik so eng mit dem hellen Management und dem Kontext-Management zusammenhängt: Auf dieser Schaltkreis-Ebene wird der Manager fähig, *Wirklichkeiten gezielt zu konstruieren*, die wiederum die Basis für Visionen und neue Kontexte werden können. Und dabei ist er so unabhängig, daß er permanent neue Kontexte entwickeln kann. Er ist weder blockiert, fixiert noch begrenzt.

Im Grunde kann die Elite-Aufgabe, die das Kontext-Management darstellt, nur derjenige praktizieren, der in der Lage ist, diejenigen Welten zu konstruieren, die er anstrebt. Anders ausgedrückt: *Sein Kontext gestaltet Welten.* Und weil das so ist, begreift er, wie wichtig es ist, Inner-Welten in der Psyche konstruieren zu können.

Die Realität, die er als Unternehmer und Manager aufzubauen gedenkt, wird als innere Realität vorab aufgebaut. Dieses ist jedoch nur möglich, wenn man *ein Bewußtsein über dem Denken* hat, so daß die Grenzen des Denkens eliminiert werden können.

Prognose: Es kann vorhergesagt werden, daß mit über 75 Prozent Eintretens-Wahrscheinlichkeit dieser *Trend zum Meta-Bewußtsein* von den Management-Zeitschriften in den nächsten vier bis fünf Jahren entdeckt wird und daß das, was an dieser Stelle noch sehr esoterisch oder spekulativ-abstrakt klingt, als ein normaler Qualifizierungs-Faktor für Top-Manager empfohlen wird.

Das Mentale Management wird mit Sicherheit zu einem vieldiskutierten Schlüsselbegriff in den nächsten Jahren werden. Die Zielsetzung des Mentalen Managements lautet: *Selbst-Transzendenz.* Und es geht darum, daß der Manager fähig wird, über »den sich seiner selbst bewußten Geist« zu verfügen, weil er dann zu einer qualifizierten Intuition und zu einer besseren Umfeld-Verschmelzung (Mimesis) und zu einer hochkarätigen Kontext-Arbeit (Wirklichkeits-Konstruktion) fähig wird.

Wie sieht nun die Praxis der Psychologik aus? Was könnte man tun, um sich so zu de-programmieren, daß man fit wird für Kreativität, Intuition und Kontext-Bildung?

Die Antwort ist einfach: Es geht darum, den fünften Schaltkreis zu gewinnen, indem man durch Magie, Yoga, Meditation oder ähnliches *spirituelle Durchbruchs-Erlebnisse* erfahren kann. Es ist ein Training, durch das der Geist fähig wird, »sich vom neuronalen Netzwerk zu lösen«, was jeder Mensch als ein spirituelles Erlebnis erfährt. Und genau das kennzeichnet die Bewußtseins-Ziele, die – ausgehend vom Psycho-Boom der 70er Jahre – nun langsam das Business zu beeinflussen beginnen.

Durch die beginnende Integration von High-Tech-Apparaten in die Bewußtseins-Szene (Beispiel Psycotron) wird man in den nächsten Jahren eine wesentliche Qualifizierung des Mentalen Managements erwarten können.

Und das, was heute noch als »zu asiatisch« verworfen wird, könnte als High-Tech-Training schnell breite Akzeptanz finden.

Vielfältige Konsequenzen für das Personal-Management

Die bisher übliche Meinung: »Charisma hat man eben, oder man hat es nicht« wird damit als diskriminierende Abwehr-Behauptung entlarvt werden. Es ist zu erwarten, daß im gesamten Personal-Management, aber auch im Bereich der Trainings-Konzepte Brain-Training und Mental-Training zu einem wichtigen Anliegen werden, besonders für das Middle- und das Top-Management.

Es wird nicht mehr lange dauern, bis komplette Führungs-Teams der großen Unternehmen und Konzerne beginnen, eine kontinuierliche und *aktive Bewußtseins-Optimierung* mit der Zielsetzung der Selbst-Transzendenz (fünfter Schaltkreis, Psychologik) anzustreben.

Bewußtsein wird zum Erfolgs-Faktor und zum Karriere-Baustein. Bewußtsein wird zum Wettbewerbs-Faktor.

Wir raten:

Manager sollten den Mut haben, sich der Intuition zuzuwenden, und zwar nicht nur der »kleinen Intuition« für den Alltag, sondern verstärkt der Zukunfts-Intuition, die auch die »große Intuition« genannt wird.

Hierbei ergeben sich genauso wie beim Kontext-Management Trainings-Probleme, die vielleicht als erstes zu lösen sind. Das, was die Universitäten anbieten, ist fast durchgängig »kalte Rationalität«, durch die man Theorie und Wissen sammelt. Und das, was die Praxis bietet, ist in erster Linie Erfahrung und Souveränität. Aber es gibt keine offizielle Instanz, durch die man seriöse und effiziente Zugänge zur Intuition aufschließen könnte.

Wir empfehlen deshalb, eigen-initiativ zu werden und zusammen mit Unternehmensberatern und Trainern Mental-Trainings-Camps aufzubauen. Die oberste Zielsetzung für ein derartiges Mental-Training lautet: Fähig werden zur Selbst-Transzendenz, um den fünften Schaltkreis aufbauen zu können. Nur dadurch wird man als Manager fähig, sich selbst zu de-programmieren (was wichtig ist, um zur originären Intuition durchzustoßen).

Die Zukunfts-Intuition ist die eigentliche Quelle für das, was Follow-me-Charisma genannt wird. Die meisten Manager verbinden mit »Charisma« eher Vorstellungen von »einer interessanten Persönlichkeit« ... eine Art Star also. Wir weisen darauf hin, daß es sich hierbei jedoch überwiegend um Narzißmus und Macht-Status handelt. Gerade in den oberen Etagen der Wirtschaft wird dieses Pseudo-Charisma sehr gepflegt.

Es bleibt so lange nur Image, wie der Zugang zur Zukunfts-Intuition nicht gewonnen ist.

Wie David Loye analysiert hat, ist die Zukunfts-Intuition auch im Gehirn dort plaziert, wo das ethische Gewissen plaziert ist. Die moderne Gehirnforschung kann zeigen, daß die große Intuition offensichtlich nur »derjenige erhält«, der Ethik und altruistische Liebe mit in das Spiel bringen kann, das man Business nennt. Liebe, Ethik und Zukunfts-Intuition bilden eine Einheit und formen das helle Management.

Auch die neuen biologischen Erkenntnisse von Maturana und Varela in »Der Baum der Erkenntnis« (München, 1987) führen direkt zu der Einsicht, daß die sozialen Prozesse, die für alle Organisationen typisch sind, direkt abhängig sind von Liebe: »Dies ist die biologische Grundlage sozialer Phänomene: Ohne Liebe, ohne daß wir andere annehmen und neben uns leben lassen, gibt es keinen sozialen Prozeß, keine Sozialisation und damit keine Menschlichkeit. Alles, was die Annahme anderer untergräbt – vom Konkurrenzdenken über den Besitz der Wahrheit bis hin zur ideologischen Gewißheit –, unterminiert den sozialen Prozeß, weil es den biologischen Prozeß unterminiert, der diesen erzeugt. Machen wir uns hier nichts vor: Wir halten keine Moralpredigt, wir predigen nicht die Liebe. Wir machen einzig und allein die Tatsache offenkundig, daß es, biologisch gesehen, ohne Liebe, ohne Annahme anderer, keinen sozialen Prozeß gibt.«

Die beiden Naturwissenschaftler, die genau wissen, daß man sich in der Regel sträubt, »Liebe« in einem naturwissenschaftlichen Zusammenhang zu gebrauchen, verweisen darauf, daß »Liebe eine biologische Dynamik ist . . . eine Emotion, die im Organismus ein dynamisches, strukturelles Muster definiert, ein entscheidender Schritt auf dem Weg zu Interaktionen, die zu den operationalen Kohärenzen des sozialen Lebens führen«.

Alles, was Unternehmen und Organisationen tun, wird aus diesem Blickwinkel von offener bis versteckter Liebe gesteuert. Alle anderen Einfluß-Faktoren nennen Maturana und Varela »para-sozial«. Der sozialste und damit effizienteste Gestaltungs-Faktor für kohärentes Handeln auf hohem Energie-Niveau (Sozial-Energie) ist letztlich immer Liebe.

Das helle Management, wie es von den ersten Pionieren praktiziert wird, ist im Grunde ein ganz normales Management wie alle anderen Management-Formen auch . . . mit nur einer Ausnahme: daß man denjenigen Faktor, der ohnehin bestimmend ist, nämlich Liebe, offen in den Mittelpunkt rückt, statt ihn zu verstecken. Damit wird Liebe zu einem normalen Instrument im Business.

Teil 4

Der Innere Friede: Das Beispiel Marketing

»50 Prozent der Wirtschaft ist Psychologie.«
Müller-Armack

Der Faktor *Konkurrenz-Überlegenheit* wird in Zukunft immer wichtiger für den Erfolg der Unternehmen. Das gilt sowohl für Multis und Großkonzerne als auch für den Mittelstand. Warum? Weil in gesättigten Märkten der Erfolg nicht vom allgemeinen Mengenwachstum kommt, sondern von den Schwächen der Konkurrenz. Die Konsequenz: Je »enger« der Markt wird, um so wichtiger wird die Konkurrenz-Überlegenheit.

Noch etwas kommt dazu: Wir haben in unserem Buch über die »Zukunft des Handels« (Freiburg 1987) darauf hingewiesen, wie *instabil die Märkte* durch die schizophrene und »zappelige« Verhaltens-Struktur der Konsumenten werden. Je mehr Fluktuationen (um ein anderes Wort für Zappeligkeit zu nehmen), um so instabiler die Märkte.

Die Konsequenz: Der Manager muß also in einer instabilen Markt-Konstellation einen stabilen Konkurrenz-Vorsprung aufbauen können.

Somit wird das Ziel »Steigerung der Wettbewerbsfähigkeit« in den 90er Jahren immer wichtiger. Und das bedeutet zusammengefaßt: Die Verbesserung der Konkurrenz-Überlegenheit durch bessere Konsumenten-Anpassung trotz instabiler Konsum-Strukturen.

Dieses Buch will nun über einige Entwicklungen berichten, die in den letzten Jahren beobachtet worden sind. Es handelt sich um folgendes:

- Die *Konkurrenz-Überlegenheit* rückt in den Mittelpunkt der Marketing-Diskussion.
- Dadurch verändert sich das Marketing in Richtung *CIM-Marketing*: Der Kunde wird noch mehr zum König. Er steht ganz oben in der Hierarchie der Entscheider.

- Konkurrenz-Überlegenheit wird aber nicht nur durch Anpassung an Kundenwünsche hergestellt, sondern durch das, was man *Inner-Management* nennen könnte.

- Konkurrenz-Überlegenheit ist nämlich das Ergebnis erhöhter interner Produktivität. Diese wiederum ist abhängig von der Qualität des *Inneren Friedens*.

- Die Herstellung dieses Inneren Friedens ist die Aufgabe des »sanften Managements«, auch *Mentales Management* genannt.

- Das Mentale Management bringt die Qualifizierung des Marketings durch die *Verschmelzung von Marketing und humaner Führung*.

Vier Mega-Trends prägen das kommende Marketing

Das ist das Neue, über das wir hier sprechen möchten. Betrachtet man diese Strömungen genauer, so wird sichtbar, daß sich folgende Mega-Trends dahinter verbergen:

① *Der Mega-Trend zur Flexibilisierung*
Stichworte: CIM, Flexibilisierung der Produktion, Umfeld-Orientierung, Trend-Monitoring.

② *Der Mega-Trend zum Mentalismus im Management*
Stichworte: Inner-Management, Sozial-Energien und weiche Erfolgs-Faktoren.

③ *Der Mega-Trend zur Kooperation durch humane Führung*
Stichworte: Vision, Kohärenz und Innerer Friede.

④ *Der Mega-Trend zur persönlichen Transformation*
Stichworte: Persönlichkeit und Kreativität, Weltbild und Innovations-Qualität.

Neu: Der Innere Friede wird zum Erfolgs-Faktor für das Marketing

Soweit unser erster Überblick über das Neue im Marketing. Die vier Mega-Trends werden dafür sorgen, daß wir in eine Zeit hineinwachsen, in der der Innere Friede zu einem echten und *wichtigen Produktivfaktor* wird.

Es kann an dieser Stelle auch die Prognose gewagt werden, daß das Management vor einem *neuen Boom der Team-Techniken* steht, so wie es im Übergang von den 60er zu den 70er Jahren schon einmal der Fall war. Allerdings werden es nicht die alten Team-Techniken sein, sondern neuartige Konzepte zur Erweckung einer neuen wichtigen Ressource, die in der Literatur bereits den Namen *»Sozial-Energie«* trägt (Günter Ammon: »Der mehrdimensionale Mensch«, München 1986).

Fassen wir an dieser Stelle zusammen:

- Bis zum Jahre 2000 werden die Jahre in zunehmendem Maße geprägt sein durch wachsende Instabilitäten der Märkte. Es wird deshalb immer schwieriger, im Markt erfolgreich zu sein, weil die Märkte ihre Grundmuster, Strukturen und Bedingungen immer schneller ändern.

- Deshalb wird in den 90er Jahren die Wettbewerbs-Kraft in den Mittelpunkt aller strategischen Überlegungen rücken. Je potenter die Wettbewerbsfähigkeit eines Unternehmens, um so größer ist seine Konkurrenz-Überlegenheit. Je größer die Konkurrenz-Überlegenheit, um so mehr Erfolg bei Marktanteil und Rendite.

- Die Konkurrenz-Überlegenheit wird immer stärker abhängig von der *Innovations-Kompetenz* der Unternehmen. Diese Innovations-Kompetenz wiederum ist das Ergebnis vom Inneren Frieden.

- Der Innere Friede ist das Ergebnis von mentalen Konzepten zur Erhöhung der Sozial-Energien.

- Die von allen Unternehmen angestrebte Konkurrenz-Überlegenheit ist deshalb das summarische Ergebnis von systemischen (rationalen) Überlegungen am Markt, aber auch von Maßnahmen des Mentalen Managements (sanftes Management).

Der Weg zu mehr Wettbewerbs-Kraft

Wenden wir uns nunmehr dem Ziel »Erhöhung der Wettbewerbs-Kraft« zu. Der Weg dorthin zerfällt in zwei Teile:

① *Die Dynamisierung der Konkurrenz-Politik*
Hier deuten die Trends eindeutig auf eine grundsätzliche Neuorientierung der Marketing-Strategien im Sinne des systemischen Managements hin.

② *Optimierung der Firmenkultur in Richtung »Innerer Friede«*
Hier geht es um die methodische und sensible Einführung des Mentalen Managements, um es mit dem »harten Marketing« zu verschmelzen. Denn das ist der eigentlich neue Trend im Marketing: *Die Mentalisierung des Instrumentariums*.

Als Formel dazu: Die Wirkungskraft des strategischen Managements ist abhängig von der Qualität des Mentalen Managements. Das Mentale Management qualifiziert das strategische Management. Das weiche bzw. sanfte Management erhöht die Schlagkraft des harten Managements. Diesen Mentalismus hat es bisher im Marketing kaum gegeben, bis auf wenige Ansätze (siehe zum Beispiel Hickman und Silva: »Der Weg zu Spitzenleistungen«, München 1986): Dort wird auch – wohl erstmalig in der Management-Literatur – darauf hingewiesen, daß Kultur und Strategie optimal aufeinander abgestimmt werden müssen.

Mit diesem Buch wollen wir noch weiter gehen und aufzeigen, daß es sich nicht nur um ein Abstimmungs-Problem handelt (also Verträglichkeit von Strategie und Kultur), sondern daß die weiche Seite des Managements (Mentales Management) im Grunde diejenige Energie bringt, die das systemisch-strategische Management braucht, um überhaupt erfolgreich sein zu können. Anders ausgedrückt: Was Ratio und Intelligenz planen (dynamische Konkurrenz-Politik), ist mehr oder weniger Papier. Die Kraft, die jede Strategie braucht, wird durch Firmenkultur und Mentales Management erzeugt.

Als Ziel-Formulierung: Der neue Manager muß in der Lage sein, den »Faktor Energie« genauso zielgerichtet und effizient zu planen wie die »harte« Strategie. Und dieser Trend läuft bereits. Deshalb die vielen Bücher und Publikationen zum Thema Firmenkultur. Deshalb die vielen Vorträge auf internationalen Symposien zum Thema »Leistung aus Leidenschaft« und »Exzellenz durch weiche Aspekte« (auch Beta-Management genannt). Soweit unser genereller Überblick. Analysieren wir jetzt die Details.

Wie gelingt die Dynamisierung der Konkurrenz-Politik?

Beginnen wir mit dem systemischen Management. Schauen wir uns also zuerst die rationale Strategie an. Die Stoßrichtung ist klar: Es geht um die Aggressivierung der Konkurrenz-Politik. Je enger und labiler die Märkte, um so wichtiger wird die Überlegenheit gegenüber der Konkurrenz.

Für das kommende Marketing bedeutet das: Wir müssen umschalten vom Normal-Marketing, das überwiegend ein *reaktives Management* ist, auf ein *offensives Marketing*, das folgende drei Zielsetzungen erfüllt:

a) *Mimetisches Marketing durch Netzwerk-Konzepte und Trend-Politik*
Das bedeutet eine *intensive Verschmelzung mit den Konsumenten*, den Segmenten, mit den Bedarfs-Strukturen und den Szenen der Gesellschaft. Hierunter ist in erster Linie ein anderes Instrumentarium zu verstehen: *Netzwerk-Konzepte und Trend-Monitoring* im Hinblick auf frühere und bessere Assimilation des Umfeldes.

b) *Entwicklung und Nutzung einer neuen Kommunikations-Kultur*
Hier geht es in erster Linie darum, den *Mega-Trend zur Interaktion*, der durch elektronische *Dialog-Medien* immer mehr möglich wird, zu nutzen, um von der Einäugigkeit und linearen Stumpfheit der klassischen Marketing-Kommunikation (siehe beispielsweise Werbung) wegzukommen zugunsten effizienter Dialog-Prozesse zwischen den Gruppierungen und Repräsentanten der Konsumenten und dem Unternehmen.

c) *Qualifizierung der Konkurrenz-Vorteile*
Hier folgt man am besten den Theorien von Michael Porter über Konkurrenz-Vorteile. Einige wichtige Leitgedanken aus seinem Buch (»Competitive Advantages«) wollen wir hier skizzieren. Warum? Michael Porters Buch ist – wie Dr. Rolf Berth (»Absatzwirtschaft« Sonderausgabe 10/86) durch eine Recherche in den USA feststellte – trotz aller Theorie und trotz aller literarischen Sprödigkeit von den meisten Chefs der befragten US-Firmen als das für sie wichtigste betriebswirtschaftliche Buch der letzten Jahre beurteilt worden. Dr. Rolf Berth hat 43 Senior-Executives gefragt, und 41 gaben zur Antwort: Porters Buch über Konkurrenz-Vorteile sei für sie am wichtigsten und für die Praxis am relevantesten gewesen.

Vom Produkt-Management zum Konkurrenz-Management

Die Kernaussage von Porter lautet: Wir müssen uns vom klassischen Produkt-Management zu einem *aggressiven Konkurrenz-Management* entwickeln, um in schwierigen und turbulenten Märkten Erfolg zu haben.

Denn dieser Erfolg kann nur das Ergebnis von nachvollziehbaren, das heißt für die Endverbraucher »objektiven«, Konkurrenz-Vorteilen sein.

Markterfolge entstehen immer dann, wenn das Management es versteht, deutliche Konkurrenz-Vorteile zu organisieren. Das Marketing-Management wird verstanden als die *konsequente Produktion von Konkurrenz-Vorteilen.*

Porter nennt fünf Zonen, aus denen die Konkurrenz-Überlegenheit entwickelt werden kann. Das sind zugleich auch die »fünf Bedrohungsfelder«, auf die jedes Unternehmen kontinuierlich stößt:

① die Marktmacht der Zulieferer,

② neue Eindringlinge in der Branche,

③ die Marktmacht der Käufer,

④ substituierende Rohstoffe, Technologien und Produkte,

⑤ die Vorherrschaft anderer Konkurrenten.

In dieser außerordentlich diffizilen Feld-Dynamik arbeitet der Marketing-Manager, wenn er erfolgreich sein will. Und daraus ergeben sich für ihn zwei General-Ansätze, um den angestrebten Konkurrenz-Vorteil trotz dieser schwierigen Feld-Konstellation organisieren und durchsetzen zu können:

- *Konkurrenz-Überlegenheit durch bessere Preise*
  Hier wird der Manager versuchen, durch Rationalisierung das Produkt so preiswert zu machen, daß die Überlegenheit durch den Faktor »billiger als die Konkurrenz« gestützt wird. Bessere Preise bedeuten also billigere Produkte. Selbst wenn andere Konkurrenten qualitative Vorteile haben, kann es möglich sein, dieses durch extreme Preiswürdigkeit zu überbieten. Der Preis-Wert schlägt dann den Nutzen-Wert.

- *Konkurrenz-Überlegenheit durch bessere Differenzierung*
  Hier geht es nicht um das Kostensparen, sondern um die *Wert-Qualifizierung des Produktes* bzw. des Angebotes. Es handelt sich also um eine Differenzierung durch Nutzen-Qualifizierung.

Trendanalysen ergeben hierzu folgendes Bild:

- In zunehmendem Maße wird die Möglichkeit der elektronischen Rationalisierung nicht mehr eingesetzt, um preiswerter anbieten zu können (obwohl das nach wie vor ein Schwerpunkt bleibt), sondern um differenzierter und flexibler produzieren zu können. Noch vor zehn Jahren war die überwiegende Meinung: »Letztlich wird alles nur über den Preis verkauft.« Das ist inzwischen als zu undifferenziert und als teilweise falsch erkannt worden (im Sinne von »eigenschädlich«).

- Die Chip-Intelligenz wird immer häufiger eingesetzt, um die *qualitative Differenzierung* zu verbessern. Durch die Elektronik (siehe das Beispiel Benetton) wird es den produzierenden Unternehmen sehr häufig möglich, die Kosten zu senken bei gleichzeitiger Qualifizierung des Angebotes durch flexibleres Design und differenziertere Ausformungen des Angebotes.

- Unternehmen mit CIM-Marketing nutzen die elektronische Intelligenz sowohl für die Kostenreduzierung als auch für die qualitative Attraktivierung.
  Da aber die qualitative Attraktivierung in einer Multi-Options-Gesellschaft in der Regel immer wichtiger wird als der pure Preis, werden die Kosten-Spareffekte nicht an den Markt bzw. Handel weitergegeben, sondern dienen der Verbesserung der Rendite.
  Schlagwortartig formuliert: Wenn die elektronische Intelligenz nicht nur zum Kostensparen eingesetzt wird, sondern auch zum Qualifizieren, kann man das gesparte Geld für sich behalten. Je größer die *Wert-Qualifizierung*, um so weniger Zwang zum *preispolitischen Offenbarungs-Eid*.

Deutliche Verschiebungen im Marketing-Mix

Damit ergeben sich deutliche Verschiebungen im Marketing-Mix. Die Preispolitik wird nicht mehr die Speerspitze des Erfolgs, sondern die Qualifizierungs-Politik. Und genau diese Aufgabe kann der klassische Produkt-Manager kaum lösen. Deshalb fordert Porter *eine neue Organisation* für ein besseres Konkurrenz-Management.

Das Paradoxe daran: Je stärker die Marktmacht der Käufer, um so intensiver fordern Konsumenten immer mehr sich differenzierende, immer mehr unterschiedlichere Angebote und unterschiedlichere Nutzen. Das Seltenere wird immer heftiger gefordert. Genau dort liegt der Quell für die geforderte Wert-Qualifizierung, die wiederum zur Eintrittskarte für Konkurrenz-Überlegenheit wird.

Der Kunde wird damit zum Über-König oder – wie es ein Handels-Manager sagte – »zum Gott«. Je besser sich das Produkt seinen labilen Intentionen und differenzierten Wünschen anpaßt, um so werthaltiger wird es. Je werthaltiger es in den Augen des Konsumenten ist, um so weniger diktiert der Preis. Je besser die Anpassung an die schizoide Bedarfs-Struktur der Konsumenten, um so geringer die Erpreßbarkeit in Richtung »billiger werden«.

Zwei Faktoren bestimmen den Konkurrenz-Vorteil

Aber wieder zurück zu Porter. Seine theoretischen Ausführungen definieren den Konkurrenz-Vorteil sehr genau. Besonders bei Neueintritt eines Produktes in den Markt läßt sich sehr gut zeigen, welche Faktoren die Konkurrenz-Überlegenheit ausmachen:

① Der Grad der Aggressivität.

② Der Grad der Neuheit.

Der Faktor Aggressivität

Hier handelt es sich hauptsächlich um folgende Schlüsselfragen:

- Verfügen wir über *genügend Ressourcen*, um den Eintritt des neuen Produktes in den Markt aggressiv vorzunehmen?
- Falls nicht, gibt es für den Markt-Eintritt ein Segment oder eine *Nische*, für die die Mittel ausreichend sind, um die Produkt-Lancierung aggressiv durchführen zu können?

Porter weist darauf hin, daß bei der Beantwortung dieser Fragen ein großes Problem in unseren Köpfen entsteht. Warum? Das Marketing hat sich, besonders in den 60er und 70er Jahren, sehr stark in Richtung einer »allgemeinen Verhaltens-Philosophie« entwickelt. Marketing wurde zu einer allgemeinen Markt-Orientierung. Das hat dazu geführt, so Porter, daß für die meisten Manager der Begriff »Konkurrenz-Vorteil« inzwischen viel zu stark markt-orientiert ist. Man formuliert dann Ziele wie: »Wir wollen das bessere Produkt bieten« oder: »Wir wollen unsere Kundenkontakte verbessern.«

Neu: Stärker in Konkurrenz-Dimensionen denken

Eine wirklich aggressive Konkurrenz-Politik (und die Trend-Signale zeigen, daß das immer mehr in den Mittelpunkt des strategischen Marketings rücken wird) formuliert ganz andere Zielsetzungen. So etwa »Hochsetzen der Eintritts-Schwelle für Neueindringlinge«.

- Das kann beispielsweise bedeuten, daß der Einkauf angewiesen wird, mit den wichtigsten Zulieferanten langfristige Kooperations-Verträge zu schließen mit der deutlichen Zielsetzung, Nachahmer-Strategien von dieser Seite aus soweit wie möglich zu erschweren bzw. unmöglich zu machen.

- Das kann beispielsweise bedeuten, mit einer Hochschule einen exklusiven High-Tech-Forschungs-Weg zu organisieren. Ein Beispiel: Henkel könnte mit dem Erfinder der Ultraschall-Waschmaschine (Prof. Sakuta) kooperieren, um den Markt, der nach dem Waschmittel kommt, zu beherrschen.

- Das kann beispielsweise bedeuten, ein exklusives Trend-Diagnostik-System zu installieren.

- Das kann beispielsweise bedeuten, eine Vertriebs-Kooperation mit Netzwerken aufzubauen.

Interessant ist, daß Porter – ähnlich wie das Mitsubishi-Management – dafür den Begriff »Value Chain« (Wertkette) bringt. Diese Betrachtung geht davon aus, daß sich der Aggressivitäts-Grad gegenüber der Konkurrenz nicht nur über das reine Geld ausdrückt, obwohl das zumeist geglaubt wird. Die meisten Marketing-Strategien setzen zu einseitig auf die beiden Faktoren »Preisunterbietung« und »Etat-Volumen«.

Das neue Konkurrenzdenken geht nicht mehr davon aus, daß der Aggressions-Grad lediglich durch Geld bestimmt wird. Zwar ist Geld (Etat) immer noch eine wichtige Größe, um die Aggressivität voranzutreiben. Aber es gehören auch solche Dinge dazu wie *Planungsqualität der Strategie* und – damit sind wir beim mentalen Aspekt des Marketings – der *Visions-Glaube* und die *Handlungs-Leidenschaft* der Planer und der Verkaufs-Mannschaft.

Im Rahmen der Wertkette (Value Chain) sind alle Unternehmens-Bereiche in der Lage, diese Aggressivität herzustellen. Zum Beispiel der Verkauf, die Schulung, die Marktforschung, die Kalkulation, die Service-Abteilung, das Technologie-Management, die Forschung. Das Problem ist nur, daß das übliche Produkt-Management-Schema diese *ganzheitliche Aggressivierung* nicht organisieren kann.

Der falsche Glaube an die Kraft des Hard Selling
Damit wird auch klar, daß Werbung und Promotion allein nicht die Väter der Aggressivität sein können, obwohl im Moment in den USA ein eindeutiger Trend vorherrscht, den *Promotions-Anteil* in den Marketing-Strategien zu erhöhen. Man setzt in stagnierenden bzw. in turbulenten Märkten also eindeutig auf eine Mischung aus »Niedrigpreis und Hard Selling«.

Die Value-Chain-Theorie besagt dagegen, daß Preisnachlässe und Verkaufsförderungs-Aktionen oft nur deshalb nötig sind, weil im Grunde keine echten »relativen Vorteile« gegenüber der Konkurrenz gemanagt werden. Das Marketing-Management hat bei der Produktion qualifizierter Konkurrenz-Vorteile versagt. Und deshalb muß über den Preis und per Promotion verkauft werden.

Das aggressive Marketing verlangt eine andere Marketing-Organisation
Wie Dr. Rolf Berth in einem Aufsatz über »Strategiefindung und Konzeptgestaltung« dazu schreibt, ist eine aggressive Konkurrenz-Politik nur möglich, wenn *auch der organisatorische Unterbau verändert wird.*

Das klassische Produkt-Management, das heute üblich ist, müßte erweitert werden zu einem *Konkurrenz-Management*, das heißt, der »Konkurrenz-Manager« müßte im Sinne der Value-Chain-Theorie von Porter die Möglichkeit haben, qualifiziert mitzusprechen bei folgenden Aspekten: Firmenstrategie, Technologie, Finanzierung, Einkauf, Lieferanten, Kooperationen, Akquisitionen, Personalpolitik, Zukauf, Gewinnpolitik, Kundenpflege etc.

Damit vergrößert sich das Funktionsfeld des Marketings. Neue Planer braucht das Land . . . und auch eine *andere Team-Interdisziplinarität.* Denn je breiter und ganzheitlicher die Marketing- und Konkurrenz-Planung, um so *kooperativer* muß die Firmenkultur sein. Dadurch wird der *Innere Friede* zur Voraussetzung für das ganzheitliche Konkurrenz-Management.

Der Faktor Neuheit

Kommen wir jetzt zum zweiten Erfolgs-Faktor, den Porter nennt, dem Grad der Neuheit. Das ist eindeutig das Maß an Innovation, das sich im Produkt materialisiert wiederfindet. Hier wird Alleinstellung produziert. Hier manifestiert sich der eigentliche, relative Vorteil. Und dieser Begriff aus der Marketing-Theorie bedeutet ja nichts anderes als »derjenige Vorteil, der die Konkurrenz-Versprechen disqualifiziert«. Motto: *Disqualifizierung durch Qualifizierung des eigenen Produktes.*

Nun stellt sich die Frage, wie man den Neuheits-Grad verbessern kann. Auch hier wird eine *Mixtur aus harten und weichen Faktoren* sichtbar. Wie gesagt, gehört dazu eine Verbesserung der Team-Interdisziplinarität, besonders im Hinblick auf den Faktor 4 von Porter (substituierende Rohstoffe, Technologien und Produkte). Turbulente Märkte sind immer dadurch gekennzeichnet, daß die *Substitutions-Gefahren* in immer höherem Umfang nicht aus der eigenen Branche kommen. Das Neue, das die Märkte reduziert oder zerstört, kommt immer häufiger aus branchenfremden Zonen.

Einige typische Beispiele: In den 90er Jahren wird es mit einer Wahrscheinlichkeit von rund 50 Prozent Ultraschall-Waschmaschinen geben (ein Prototyp ist in Japan bereits vorgestellt worden). Man braucht dann kein Waschmittel mehr. Die Waschmittel-Hersteller sehen sich einer starken – fremden! – Substitutions-Konkurrenz gegenübergestellt.

Ein ähnlich aggressives Problem ist sichtbar geworden beim Thema Rasieren. Durch die Fortschritte in der Lasertechnik wird die Möglichkeit immer größer, die tägliche Bartrasur des Mannes nicht mechanisch vorzunehmen (Scherblatt beim Elektro-Rasierer), sondern durch Laser.

Auch das ist ein Substitutions-Bereich, der nicht im Blickfeld der Firmen Braun, Remington etc. liegt. Auch hier wieder starke Turbulenzen und massive und aggressive Konkurrenz-Substitution durch fremde Technologien und neuartige Forschungs-Offensiven.

Sieben Thesen zum Innovations-Management

Betrachtet man die theoretischen Ausführungen von Porter unter diesem Gesichtspunkt, so können folgende Thesen formuliert werden:

① Die Märkte werden immer zappeliger (Diskontinuität), immer schneller (Chamäleon-Prinzip) und immer schizoider (Paradoxie).

② Gleichzeitig werden immer mehr Märkte gesättigt. Gesättigte Märkte verlangen von den Anbietern eine verschärfte Konkurrenz-Aggressivität. Motto: Was der Markt nicht hergibt, muß die Konkurrenz hergeben.

③ Gleichzeitig – und das ist typisch für die Informations-Gesellschaft, die auf uns zukommt – reduziert sich der Nutzungs-Zeitraum von innovativen Vorsprüngen. Was früher fünfzehn bis zwanzig Jahre lang Vorsprung war, ist heute im Durchschnitt nur vier bis acht Jahre lang ein echter Vorsprung, der sich vermarkten läßt. Das Wissen um bessere Wege und neuere Möglichkeiten diffundiert immer schneller auch zur Konkurrenz.

④ Der Konkurrenz-Vorteil muß deshalb kontinuierlich erarbeitet werden. Er ist kein Ausruh-Kissen, sondern wird genauso flexibel und sprunghaft, wie es der Markt ist. Innovation wird zur fließenden Dauer-Aufgabe. Das verlangt jedoch eine Firmenkultur der »konstruktiven Zerstörung«. Und das setzt voraus: Innerer Friede und Abbau der autoritären Führung.

⑤ Je differenzierter (multi-optimaler) die Märkte werden, um so weniger sinnvoll ist es, allein durch die Strategie der Kostenreduzierung (Sparen und Rationalisierung) erfolgreich sein zu wollen. Die Preispolitik wird immer seltener im Mittelpunkt des Konkurrenz-Managements stehen.

⑥ In den Mittelpunkt bei der Erarbeitung von manifesten Konkurrenz-Vorteilen steht die Strategie der Attraktivierung und der Differenzierung. Das bedeutet bessere Planung und intensivere Anpassung an die flexiblen und sprunghaften Bedarfs-Strukturen (mimetisches Marketing). Und es bedeutet eine wesentliche Verbesserung der Markt-Dialoge (neue Kommunikations-Kultur durch Netzwerk-Regie).

⑦ Differenzierung und Attraktivierung gehören weniger zum harten Management, sondern eher zum mentalen, das heißt weichen, Management. Das wird deutlich, wenn man bedenkt, daß die Differenzierung in erster Linie durch den »Neuheitsgrad« oder durch die Verbesserung des »relativen Vorteils« erzielt wird. Die permanente Produktion von »Nutzen-Vorsprüngen« ist nur möglich durch die Verbesserung des weichen Managements. Konkret: Durch Aufbau einer friedlich-kooperativen Innovations-Kultur.

Das Konkurrenz-Management braucht das Mentale Management

Und damit sind wir bei der zweiten Säule der neuen Global-Strategie »Erhöhung der Wettbewerbsfähigkeit«. Wir sind beim Mentalen Management. Als Motto hierzu: *Die Firmenkultur wird zum wichtigen In-*

strument des Konkurrenz-Managements. Führung und Firmenkultur sind also nicht Zierat oder Luxus, sondern sind strategisch operativ wichtig ... und zwar *für den harten Markt.*

Das neue Ja zu den Soft-Factors

Das bedeutet für viele Manager ein deutliches Umdenken. *Die bisher publizierten Artikel in den Management-Zeitschriften analysieren die Firmenkultur falsch. Sie beschreiben sie durch Passivität* (Firmenkulturen werden als retrogrades Klima aufgefaßt), *Marktferne* (Firmenkulturen werden als reine Innen-Faktoren mißverstanden) und *Personal-Orientierung (*Firmenkultur wird von den meisten Managern mehr oder weniger bewußt dem Thema Human Relation und Personalpolitik zugeordnet).

Ganz im Gegensatz dazu die von uns diagnostizierten Trends:

① Es entsteht in den USA unf in Deutschland ein Trend zum Mentalen Management, das Hand in Hand mit dem systemischen (strategischen) Management operiert, weil sich beide wechselseitig bedingen und nur zusammen zur *erhöhten Wettbewerbs-Kraft* führen.

② Der Trend zum Mentalen Management begreift den Faktor »Firmenkultur« als einen betont operativen, das heißt aktiven, Faktor, der die Pläne und *Strategien energetisiert.* Anders ausgedrückt: Die Firmenkultur sorgt für die Kraft des Wollens. Die systemischen Strategien sorgen für die Richtung, in die die Kraft fließen soll.

③ Der Trend zum Mentalen Management ist also *kein Trend zur Verweichlichung,* wie es häufig mißverstanden wird, sondern dient der *Erhöhung von Energie* und damit der Verbesserung der Produktivität sowie der Steigerung von Konkurrenz-Überlegenheit.

Fazit: Entgegen vielfältigen Fehl-Interpretationen sind Mentales Management und Firmenkultur keine Nebenschauplätze nach dem Motto: »Tue Gutes, wenn du Geld und Zeit hast«, sondern knallharte Produktiv-Faktoren, die gerade in harten und schwierigen Zeiten benötigt werden.

Das Mentale Management wirkt nicht nur nach innen, sondern unmittelbar und direkt auf die Wettbewerbsfähigkeit ein: Je friedlicher die Firmenkultur, um so aggressiver die Konkurrenz-Politik.

Soweit die allgemeinen Trend-Perspektiven, was das Mentale Management im Hinblick auf das Konkurrenz-Management betrifft. Betrachten wir nun Ziele und Methoden des Mentalen Managements.

Der Weg zu mehr Sozial-Energie

Das Mentale Management – wenn es zum marktbezogenen, dynamischen Produktivfaktor werden soll – hat zwei alles überstrahlende Zielsetzungen:

- *Durch Verschworenheit zur Höchstleistung.*
- *Durch Inneren Frieden zu mehr Innovation.*

Die beiden Säulen des Mentalen Managements sind also Verschworenheit und Innerer Friede. Diese beiden Energien schaffen die angestrebte *Sozial-Energie.*

Vom Mißverständnis der harten Zeiten

Anläßlich eines Workshops wurde von uns ein breites Spektrum des »Inner-Managements« skizziert. Anwesend waren Manager, Unternehmensberater und einige Unternehmer. Einer der Anwesenden, ein Top-Manager eines Genußmittel-Unternehmens, stellte die Frage, ob wir uns wirklich den Luxus erlauben könnten, in stagnativen Märkten und in Zeiten härter werdender Konkurrenz im In- und Ausland den »Unsinn« zu betreiben, die Qualifizierung der Management-Persönlichkeit und die Verbesserung des Betriebsklimas (Firmenkultur) so prononciert voranzutreiben.

Er sei ja auch nicht dagegen, daß der Firmengeist positiv sei. Aber das käme in der Regel »wie von selbst«, wenn der Markterfolg komme. Und der Markterfolg würde in harten Zeiten und in Märkten mit Rückgang oder Stagnation in erster Linie durch das harte Management verursacht werden, das heißt mehr Disziplin, mehr Anreiz-Systeme und mehr Controlling. Effizienz auf der ganzen Linie . . . durch hartes strategisches Management.

Dieser Beitrag will zeigen, daß hier ein Gedankenfehler vorliegen könnte: Gerade in Zeiten von Umsatzrückgängen, gerade in Zeiten der Stagnation und der Verschärfung von Konkurrenz werden *mentales Management und Inner-Management immer wichtiger*. Denn das adäquate Credo für schwierige oder turbulente Märkte lautet:

Mehr Friede im Inneren ermöglicht mehr Dynamik im Markt.

Das Ziel:
Die Verbindung von Kreativität und Verschworenheit

Betreibt man in turbulenten oder stagnativen Märkten ein hartes Disziplin-Management mit starkem Controlling und mit harten Strategien bei gleichzeitiger Vernachlässigung der humanen Ressourcen und der weichen Seite des Managements (Beta-Stil der Führung), dann kommt es zu einer *Aggressivierung der Innen-Kultur* und dadurch zu einer *Erosion des Handlungs-Optimismus*. Die Firmen werden »intern zänkisch«, und die Innovationskraft läßt schnell nach.

Damit *versiegt der innere Kraftquell* für die markt-externe Aggression, die ja im Grunde eine Verbindung von Kreativität und Verschworenheit ist. Die Konsequenzen sind meistens ein allzu deutliches Schielen auf die *Waffe der Preisunterbietung* (schließlich kann man auch durch Verschenken Umsätze erreichen) und *Hardselling im Verkauf* (»drücken statt befriedigen«). Ein Großteil der Unternehmen, die sich intern falsch konditionieren, baut auch *starke Risiko-Ängste* auf. Und Risiko-Angst ist der Tod für Innovationen.

Es kommt damit zu einer Verdrehung der Schwerpunkte: wird der Wert des Inneren Friedens nicht richtig verstanden, kommt es zu einer Aggressivierung im Inneren und zu einer *Müdigkeit im Markt*. Statt Friede im Inneren und Aggression im Markt gibt es dann Aggression im Inneren und Pseudo-Friede im Markt.

Anders ausgedrückt: Wenn man sich mit den Instrumenten der Innovation und der konstruktiven Aggression »im Markt prügeln will«, dann benötigt man *neue Techniken der Team-Kohärenz* (Verschworenheit), dann benötigt man neue Techniken der Selbstmotivation, dann benötigt man verbesserte Techniken der Team-Hygiene und neue Methoden zur Verbesserung der Innovationsleistung durch Inneren Frieden.

Das Mentale Management, das international spätestens seit Peters und Watermans Bestseller »Auf der Suche nach Spitzenleistungen« sehr im Trend ist, hat hier inzwischen einige Methoden entwickelt. Im Mittelpunkt stehen zwei Ansätze:

① Der Innere Friede (Kooperationsklima/Kohärenz des Wollens).

② Die Rolle des optimistischen Mutes.

Von der psychischen Stagnation zum Mut durch Optimismus

Beginnen wir mit dem Optimismus. Problematische, turbulente und stagnierende Märkte (und das sind die meisten Märkte heute) erzeugen bei den beteiligten Marketing-Managern, Verkäufern und Leitenden keine »rauschhaften Gefühle« wie bei prosperierenden Märkten oder wie in Phasen satter Wachstumsraten. Gerade in stagnierenden und turbulenten Märkten erhöht sich die Zahl der »Mißgriffe«, Fehlentscheidungen und das Volumen der partiellen Mißerfolge.

Subjektiv wird das von den meisten Beteiligten als Stagnation und *Frustration* erlebt. Das wiederum führt zu einer *Erhöhung der Selbstreflexion*. Man prüft sich selbst intensiver und kritischer als in Erfolgszeiten. Das führt wiederum zu *mentalen Stressen*, die in Phasen glorreichen Wachstums (»Gewachsen wie von selbst«) kaum vorhanden sind. Dieses wiederum führt zu einer Erosion des Optimismus. Optimismus und Mut hängen psychologisch zusammen. Je mehr Selbstreflexion und je mehr Mental-Streß durch Probleme im Markt, um so weniger Handlungs- Optimismus, um so weniger Mut zur Innovation.

Die individuelle Psyche des Managers und die Mentalkraft des ganzen Teams rücken damit in den Mittelpunkt der Marketing-Strategien. Das deckt sich mit den Entdeckungen von Carver, der am Max-Planck-Institut für Psychologische Forschung, München, über Optimismus, Mut und Angst geforscht hat. Seine Experimente haben deutlich gezeigt, daß es optimistische und pessimistische Personen gibt, eine alte Binsenweisheit. Es gibt aber auch *optimistische Teams* und pessimistische Teams. Und dort, wo der Optimismus als Mentalkraft verankert ist, dort bewältigen Versuchspersonen schwierige Herausforderungen und Aufgaben besser und häufiger als die Mutlosen und Skeptischen.

Als Gesetz formuliert: Ist ein stabiler Optimismus vorhanden, löst man Probleme und Herausforderungen so gut, daß der Optimismus verstärkt wird. Ist Skepsis und Pessimismus vorhanden, sind die Problemlösungen deutlich schlechter, was wiederum die Mutlosigkeit verstärkt.

Wie managt man einen optimistischen Team-Geist?

Es ist deshalb die Aufgabe der Top-Manager, besonders bei stagnierenden oder turbulenten Märkten dafür zu sorgen, daß sich trotz vieler Probleme, Frustrationen und Mißerfolge ein stabiler und wachsender Handlungs-Optimismus entfaltet. Die Generalfrage dazu: »Wie managt man einen optimistischen Team-Geist zum Beispiel auch bei Ertrags-Problemen (stagnierende Märkte) oder bei frustrierenden Markt-Konstellationen (Wettbewerbs-Turbulenzen)?«

Und genau diese Frage wird für immer mehr Unternehmen wichtig, weil immer mehr Märkte in Richtung Stagnation rutschen, weil in immer mehr Branchen eine weltwirtschaftliche Konkurrenz-Radikalisierung zu beobachten ist. Aber, wie gesagt: Wie managt man diesen Geist des Optimismus, wenn die natürlichste Ressource »Erfolg durch Wachstum« nicht mehr zur Verfügung steht? Wie stabilisiert man Handlungs-Optimismus und Zukunfts-Mut, wenn man mit einem Bein in Frustrationen steckt und mit dem anderen Bein im potentiellen Mißerfolg?

Erschwerend kommt hinzu, daß der Optimismus gerade wegen der potentiellen Mißerfolge erhöht werden muß, weil bei geringem Optimismus auch schlechtere Leistungen erzielt werden. Der Pessimismus bestätigt sich dann selbst. Eine *negative Verstärkung* entwickelt sich, eine Spirale ins Destruktive. Die Sozial-Energie geht kaputt.

Auch dazu passen die Untersuchungen von Carver. Er hat festgestellt, daß die Qualität des Optimismus den subjektiv erlebten Streß definiert. Wenn man in turbulenten, heiß umkämpften oder stagnierenden Märkten arbeitet, entstehen zwangsläufig viele *mentale Stresse*. Aber diese Stresse sind formbar. Sie sind nämlich subjektiv. Und sie können durch die Psyche verändert werden. Wenn ein Unternehmen vor Optimismus strotzt, dann wirken selbst manifeste und langanhaltende Schwierigkeiten nicht wie »negative Stresse«. Sie verändern also weder das Klima noch die individuelle Gesundheit (Hormon-Reaktionen) der Mitarbeiter.

Noch etwas kommt hinzu. Die psychologischen Untersuchungen am Max-Planck-Institut haben gezeigt, daß immer dann, wenn Probleme auftauchen, *der Grad der Selbstreflexion zunimmt*. Wenn also alles nicht »klappt wie geschmiert«, beginnen die Menschen zu überlegen, ob sie irgend etwas falsch gemacht haben. Sie beobachten sich intensiver als in Erfolgs-Phasen. Und das Interessante nun: Bei Optimisten verstärkt die Selbstreflexion die optimistische Haltung. Bei Pessimisten verstärkt die Selbstreflexion die negative Haltung.

Eine Konsequenz daraus: Je schwieriger die Märkte werden (stagnativer, reduktiver oder turbulenter), um so intensiver wird die Selbstreflexion der Manager und ihrer Mitarbeiter. Je weniger Erfolg, um so mehr Gefahren, an sich selbst zu zweifeln.

Sind die Regisseure der Firmenkultur (in der Regel das Top-Management) in der Lage, trotz der problematischen Wettbewerbs- und Markt-Verhältnisse einen vibrierenden Optimismus zu installieren, dann wird das Unternehmen trotz (oder wegen) der Schwierigkeiten immer optimistischer. Gelingt es den Chefs nicht, durch mentale Management-Konzepte den Optimismus zum Erblühen zu bringen, dann sorgt die erhöhte Selbstreflexion für Defätismus, Zynismus und ... für eine zunehmende *Aggressivierung nach innen*.

Die Mitarbeiter beginnen sich immer intensiver zu bekämpfen. Die Aggressions-Kräfte, die eigentlich für die »Kämpfe im Markt« (Wettbewerbs-Strategie) benötigt werden, werden innen mißbraucht.

Fassen wir an dieser Stelle zusammen:

① Fast alle Märkte werden in Zukunft immer problematischer. Nur wenige Märkte sind von Natur aus auf Prosperität und Wachstums-Automatik programmiert (selbst der boomende Chip-Markt ist nicht bequem und ruhig).

② Deshalb werden die Wettbewerbs-Politik und die Konkurrenz-Überlegenheits-Strategie immer wichtiger werden. Es muß immer intensiver mit der Konkurrenz gekämpft werden, obgleich die Rahmenbedingungen dafür immer schlechter werden.

③ Das führt zu wachsenden mentalen Stressen und zu einer wachsenden kritischen Selbstreflexion.

④ Wird kein Mentales Management betrieben, das dafür sorgt, daß ein stabiler Optimismus herrscht, kommt es zu einer Reduzierung der mentalen Kräfte des Unternehmens. Die Sozial-Energie wird dann immer schwächer.

⑤ Man kann durch Mentales Management einen stabilen Mut auf Basis von Optimismus verankern. Dadurch verursachen die Stresse und Selbstreflexionen eher eine weitere Verbesserung der Optimismus-Haltung.

⑥ Der Wettbewerbsfaktor »Konkurrenz-Überlegenheit« wird dadurch direkt von der weichen Seite des Managements abhängig:

Das Mentale steuert das Marketing.

Das Top-Management steht vor der schwierigen Aufgabe, eine Optimismus-Kultur auch dann aufzubauen, wenn nachweislich Probleme, Mißerfolge und Turbulenzen auftreten. Aus der Sicht des Mentalen Managements sind hier zwei Wege begehbar:

① Umschalten auf ein anderes Wachstum.

② Umschalten auf Inneren Frieden.

Umschalten auf ein anderes Wachstum ... für mehr Sinn und Spaß an der Arbeit

Betrachten wir zuerst die Wandlung des Wachstums-Begriffes. In den meisten Branchen und Unternehmen ist ein Wachstums-Begriff plaziert worden, der weit entfernt ist vom *qualitativen Wachstum*. Es ist das Wachstum der Zahlen, der Mengen und der Volumina. Ganz anders das Wachstum der Nutzen, der Werte und der Qualität. Das ist ein *Wachstum der Intelligenz im Produkt* oder das Wachstum der begleitenden oder nachgelagerten *Service-Funktionen*. Damit sind die beiden entscheidenden Stoßrichtungen bereits gesagt: Veredelung und Verbesserung des Produktes und Attraktivierung des Produktes durch zusätzliche Services (Serviceware statt Hardware). Unsere Recherchen haben gezeigt, daß das Umschalten auf qualitatives Wachstum (Wert- und Intelligenz-Wachstum) intern hervorragende Effekte initiiert.

Die Mitarbeiter (besonders das Middle-Management) sehen in der Arbeit wieder mehr Sinn und entwickeln bei den Qualifizierungs-Entwicklungen mehr Spaß an der Arbeit.

Das ist eine Strategie, die sich besonders bei Firmen bewährt, die in sehr problematischen Märkten operieren, wie etwa derzeit die Zigaretten-Industrie und auch zum Teil die Mineralöl-Industrie. Dort gibt es sehr häufig Sinn-Zweifel (»ist das, was ich tue, für mich und die Gesellschaft wirklich wichtig und wertvoll?«) und häufig auch sehr viele Sackgassen, was den Aufstieg betrifft (»keine Karriere . . . nur Stagnation«).

Auch in Unternehmen, die Abteilungen und Personal abbauen müssen, ergibt sich häufig das frustrierende Gefühl von *unverschuldeter Erfolglosigkeit*. Aber das muß nicht sein. Durch das Mentale Management können die Faktoren »Spaß an der Arbeit« und »Sinn der Arbeit« erhöht werden, wenn das Unternehmen es schafft, die *Firmenkultur auf ein qualifizierendes Wachstum* auszurichten. Hierzu gehören die Techniken der Future Circles und der Innovations Circles.

Umschalten auf den Inneren Frieden ... für mehr Kreativität

Der andere Zugangsweg ist die Erkenntnis, daß der Innere Friede ein sehr effizienter Produktivfaktor ist. Wir wollen diesen deshalb etwas näher betrachten:

Durch das Mentale Management wird der Handlungs-Optimismus im Team verbessert und die *Legitimation zu innovativem Verhalten* erhöht, denn je besser das *Verschworenheits-Klima*, um so mehr *Mut zur Originalität* darf sein.

Es ist nun die Aufgabe des Top-Managers, eine »positive Selbstverstärkung« zu managen, d. h. entsprechend den Untersuchungen von Carver, die objektiv vorhandenen Turbulenzen und Probleme zu Verstärkern werden zu lassen.

Aus Problemen werden Bausteine der Verschworenheit. Aus Frustrationen werden Bausteine des Optimismus. Aus Turbulenzen werden Chancen für Innovationen.

Das alles versteht man in der neueren Management-Lehre als »positive Selbstverstärkung«. Das ist ein Terminus, der sehr stark von der New-Age-Bewegung beeinflußt worden ist.

Der Gedanke ist relativ einfach und unter anderem auch von einem Deutschen entwickelt worden, nämlich von Meißner: In allen Organisationen und Systemen gibt es eine sogenannte »kritische Masse«.

Wenn diese kritische Masse im Gegensatz zur Restmasse eine bestimmte neue Sicht, ein neues Bewußtsein oder eine neue Haltung aufweist und diese neue Haltung stabilisieren kann, *dann beeinflußt die Minorität die Majorität*, besonders dann, wenn starke Fluktuationen auftreten, das heißt, wenn das System ohnehin darauf ausgerichtet ist, sich qualitativ neu zu orientieren.

In allen Phasen der Umorientierung steuert die Minorität die Majorität, sobald sie die kritische Masse erreicht hat. Es ist wie bei den Bazillen. Es sind am Anfang ganz wenige, und es werden immer mehr. Nachher ist der ganze Organismus davon infiziert. Das ist die positive Selbstverstärkung, eine Spirale, die das Gute immer mehr durchsetzt, so daß daraus das Bessere wird.

In der *New-Age-Bewegung* sind derartige Phänomene intensiv in der Diskussion, unter anderem als *morphogenetische Felder* bekannt (Sheldrake-Theorie). Offensichtlich sind Menschen und Organisationen in der Lage, bestimmte geistige Konzepte so zu formen und zu festigen, daß sie verhaltensbildend sind, und zwar auch für diejenigen, die dieses Bewußtsein nicht haben und diese Konzepte noch gar nicht kennen bzw. trainiert haben.

Die Top-Manager – wenn sie kompetent sind für die mentale Seite des

Managements – können diese positiven Selbstverstärkungs-Kräfte nutzen. Im Mittelpunkt steht dann der Innere Friede. Dieser wiederum wird zur Voraussetzung für Zukunfts-Optimismus.

Beides zusammen ergibt das *sozial-energetische Kraftfeld für Innovationen.* Und durch diese Innovationen kommt es zur Konkurrenz-Überlegenheit. Durch diese Konkurrenz-Überlegenheit erhöht man seine Wettbewerbsfähigkeit, auch in reduktiven, stagnierenden oder turbulenten Märkten.

Fazit: Durch das Mentale Management kann der Innere Friede im Sinne einer positiven Selbstverstärkung so sehr durchgesetzt werden, daß Optimismus und Innovations-Verhalten in einem Umfang wie nie zuvor möglich werden.
Dadurch kann das Unternehmen auch im strategischen Feld völlig anders auftreten. Es kann umschalten auf eine aggressive Konkurrenz-Strategie. Die Aggressivität kommt durch Konkurrenz-Überlegenheit. Die Konkurrenz-Überlegenheit ist das Ergebnis von Verschworenheit (kollektives Wollen) und Innovation (früher besser sein als die Konkurrenz).
Um es mit dem Marketing-Professor Kotler zu sagen: Das Unternehmen kann plötzlich umschalten von einer präzisen Problem-Verwaltung (was viele Unternehmen in stagnierenden Märkten tun) auf eine aggressive Konkurrenz-Strategie.

Abkehr von noch mehr Planungs-Rationalität

Die bisherigen Trend-Recherchen haben aber gezeigt (und das nicht nur in Deutschland, sondern auch in den USA), daß der größte Teil der Manager immer noch dazu neigt, *bei wachsenden Problemen auf mehr Planungs-Rationalität zu setzen.*

Wenn die Märkte zurückgehen oder wenn sie stagnieren oder wenn die Zahl der Konkurrenten größer wird (Internationalisierung des Wettbewerbs) oder wenn die Turbulenzen zunehmen (Häufigkeit des Wandels) oder wenn die ersten Niederlagen eingesteckt werden müssen, dann wird nach einer Untersuchung des Psychologen Wernicke bei fast allen befragten Unternehmen die Anzahl der Pläne erhöht. Bei drohendem

Mißerfolg oder bei wachsenden Problemen plant man häufiger, intensiver und meistens auch methodischer und stringenter. Das alles gehört zur Maxime: »Wenn es schwerer wird, müssen wir rationaler planen.« Das ist die harte Seite des Managements.

Sehr häufig werden dann in den Firmen auch Workshops und Trainings-Camps veranstaltet. Eines lief vor einiger Zeit unter dem Slogan: »Strategien für gesättigte Märkte.« Man versucht dann, durch mehr Ratio-Management und durch die Verbesserung des eigenen Planungs-Verhaltens die Misere in den Griff zu bekommen. Aber im Grunde verwaltet man lediglich mit mehr Präzision das alte Problem.

Denn diese harte Planungs-Rationalität erzeugt *keine emotionalen und energetischen Durchbruchs-Offensiven*. Dieses ist die Aufgabe der weichen, mentalen Seite. Stichwort: Erhöhung des Zukunfts-Optimismus und Verbesserung der Verschworenheit.

Damit wird eine zentrale Strömung des Mentalen Managements sichtbar, die auch in der internationalen Management-Literatur voll im Trend ist:

Der Erfolg der indirekten Optimierung

Es entsteht ein Bewußtsein dafür, daß komplexe und turbulente Problem-Konstellationen häufig dann am besten gemanagt werden können, wenn man sie nicht direkt beplant und auch nicht direkt linear managt, sondern indirekt. Man versucht also nicht, die strategischen Pläne noch strategischer zu machen, sondern man investiert in den Quellgrund der Strategien, das heißt in die mentalen Kräfte. Man qualifiziert das Unternehmen nicht direkt, sondern indirekt. Man betreibt *indirekte Optimierung*, indem man die »mentale Verschworenheit« managt, um dadurch gegenüber der Konkurrenz aggressiver auftreten zu können ... um der Konkurrenz überlegen zu werden.

Dieser mentale Weg hat zwei Konzept-Linien:

① Das Feld des Glaubens (Verschworenheit/Kohärenz).

② Das Feld der Innovationen (soziale Kreativität).

Weg von der These, daß nur wenige kreativ sein können

Betrachten wir das Feld der Innovation genauer. Innovationsleistungen sind abhängig von der Firmenkultur. Wenn eine Firmenkultur sehr zynisch ist, sehr zänkisch und sehr destruktiv, regiert in den Teams Opportunismus und Angst vor »allzu großer Abweichung«.

In der Management-Literatur sind in der letzten Zeit sehr häufig diese Aspekte beschrieben worden. Bei Peters und Waterman sind es die *Champions*, die dringend gebraucht werden. Das sind diejenigen, die sich so sehr mit einer Chance identifizieren, daß sie trotz der internen Widerstände so intensiv an die Sache glauben, daß sie diese zu einem Durchbruch bringen können. Dann gibt es den Begriff der *Limit-Brecher*. Das sind diejenigen Personen, die so stark und überzeugt sind, daß sie trotz eines negativen kulturellen Umfeldes die Sache so weit entwikkeln, daß auch Skeptiker überzeugt werden.

Das ist der derzeitige Bewußtseins-Stand im Top-Management. Man erkennt, daß die Chefs im Grunde *auf die Ausnahmen von der Regel hoffen*. Es sollen immer einige da sein, die stärker sind als die negative Kultur und die trotz der negativen Kultur die Innovation durchpeitschen. Das wird in Zukunft nicht reichen.

Man könnte sich etwa fragen, wie es möglich wird, die Firmenkultur so optimistisch und innovations-freudig zu gestalten, daß *Innovationen zur Tages-Pflicht* werden. Für alle. Jeder so gut er kann. Innovation wird zur Chiffre für die Norm. Und der wichtigste Weg dazu lautet: Die Qualifizierung des Inneren Friedens.

Je mehr Innerer Friede, um so erlaubter sind Abweichungen

Dadurch wird Querdenken, Neudenken oder Aus-dem-Schema-Ausbrechen fruchtbar. Der Grad der Innovation ist das Kind des Inneren Friedens. Der Innere Friede legitimiert die Innovation und definiert zugleich, ab wann Innovations-Verhalten für den Innovator schädlich wird. Das Top-Mangement kann morgen nicht mehr einseitig auf die wenigen Limit-Brecher oder Champions setzen, die ein so starkes Ich haben, daß sie den negativen, destruktiven und zynischen Firmenkulturen trotzen können. Viele Innovatoren sind gerade besonders sensibel und nicht gewillt, lange Konflikte und taktische Pseudo-Kämpfe durchzustehen, nur um die Innovation, die die Firmenkultur nicht »aushalten« kann, zum Ziel zu tragen.

Deshalb muß die ganze Firmenkultur auf Innovation ausgerichtet sein. Dieses wird nur möglich, wenn es dem Top-Management gelingt, den Inneren Frieden breit und stabil aufzubauen. Der Innere Friede wird somit zum Produktivfaktor. Der Innere Friede wird zum Vor-Faktor für Konkurrenz-Überlegenheit.

Fazit: Ohne Innen-Friede keine Wettbewerbs-Vorteile im externen Markt. Weil der für Produktivität und Kreativität sorgt.

Zwei neue Dimensionen: »aligned« und »attuned«

In der amerikanischen Theorie sind hier zwei Konzept-Worte vorgeschlagen worden, die dieses ganze Problem ein wenig erhellen können. Die Amerikaner nennen das »aligned« und »attuned«. Diese beiden Begriffe stellen so etwas wie das Gerüst des mentalen Managements im Hinblick auf Inneren Frieden und Verschworenheit dar. Wie funktioniert das?

Der Begriff »aligned« steht für »ausgerichtet sein«. Es muß dem Top-Manager gelingen, eine Vision in sich selbst zum »Aufleuchten« zu bringen. Er muß an seine Vision glauben. Und es muß tatsächlich eine Vision sein, das heißt, sie muß stabil sein. Man kann Visionen nicht alle vierzehn Tage verwerfen. Visionen benötigen einen sehr *weiten Bewußtseins-Horizont.* Nur sehr wenige Personen können diese *szenarische Intelligenz* aufbringen.

Gerade die 90er Jahre mit ihrer Aggressivität der Konkurrenz-Strategien werden Top-Manager verlangen, die die Kompetenz haben, stabile Visionen zu formulieren, also *Polarsterne des Wollens.*

Die Formulierung einer Vision ist jedoch nur die eine Seite der Arbeit. Die Vision muß auch durch *soziale* und *kommunikative Prozesse* bekannt gemacht werden. Durch Überzeugungs-Arbeiten (Innovation Circles, Future Circles etc.) werden die Mitarbeiter in diese visionäre Sicht eingebunden. Der Effekt: *Die Mitarbeiter sind dann visions-ausgerichtet.*

Aber das macht nur 50 Prozent des mentalen Erfolges aus. Erforderlich ist auch das, was unter »attuned« verstanden wird. Das ist eine *integre Verschworenheit,* die man frei als »herz-vereint« übersetzen könnte. Wozu ist das gut?

Es gibt Unternehmen, da ist das Management sehr stark visions-ausgerichtet. Man glaubt in etwa an das gleiche, und man will auch das gleiche. Aber trotzdem gibt es immer wieder destruktive Prozesse im Hause.

Typisch dafür ist beispielsweise das, was vor einigen Jahren Ronald

Reagan widerfuhr. Im Jahre 1986 hatte »Business Week« Ronald Reagan zum »Manager des Jahres« gewählt. Man begründete das mit seiner Fähigkeit »zu führen, ohne straff zu führen«. »Business Week« glaubte erkannt zu haben, daß Ronald Reagan in seiner Administration nicht Prozesse manage, sondern Visionen vorgebe und die Mitarbeiter dann, aufgrund dieser »Ausgerichtetheit«, weitestgehend selbst entscheiden. Das ist sicher richtig.

Aber dennoch ist das »Iran-Debakel« von Ronald Reagan, das Monate danach aufgedeckt wurde, ein typisches Beispiel dafür, daß die Visions-Ausgerichtetheit allein nicht ausreicht.

Das Reagan-Team hatte ein sehr starkes Rivalitäts-Muster internationalisiert, das heißt, die Kultur der Reagan-Administration war seit Jahren auf Streit, Rivalität, Taktik, Intrigen und Karriere-Tricks ausgerichtet. David Stockmanu hat in seinem Buch über die Interna der Reagan-Administration ausgesprochen viel überzeugendes Material dazu vorgelegt. Die Innen-Kultur der Reagan-Gruppe war aggressiv-taktisch. Die Aggressivität richtete sich nicht nur nach außen, sondern richtete sich aus Karriere-Gründen gegen die eigenen Team-Mitglieder. Konkurrenz-Rivalität als Innen-Muster.

Dies führte nun dazu, daß im Iran-Desaster die Mitarbeiter von Ronald Reagan sich selbst »ein Bein nach dem anderen gestellt haben«. Das führte – wie die »Frankfurter Rundschau« schrieb – »zu einer diplomatischen Pleite wie aus dem Buch der Rekorde«.

Fazit: Obwohl Ronald Reagan sehr modern führte (Führen durch Vision, nicht durch Prozeß-Steuerung), hatte er nicht dafür gesorgt, daß seine engste Gruppe einen starken und stabilen »Inneren Frieden« lebte. Das führte nun bei der ersten größeren Belastung dazu, daß taktisch aggressive Selbstzerstörung vollzogen wurde. Das Team zerstörte seine eigene Effizienz. Die Innen-Aggression machte das Team nach außen schwach.

Das Kader-System des deutschen Managements vereitelt den Inneren Frieden

An dieser Stelle muß gesagt werden, daß die altmodischen Manager sehr gern mit taktischen Aggressionen in der eigenen Organisation arbeiten.

Wir haben bereits in dem Abschnitt »Abschied vom Kader-System« darauf hingewiesen. Man fördert dann die internen Rivalitäten nach dem Muster: »Der Bessere soll siegen.« Und man sorgt dafür, daß unter dem Rubrum: »Karriere und Kader-Prinzip« eine permanente Prügelei um Positionen und Sympathie-Vorsprünge organisiert wird. Das ist eine *falschverstandene Auffassung von internem Wettbewerb.*

Das moderne, mentale Management postuliert dagegen: Der Wettbewerb soll im Markt stattfinden, und zwar konsequent und aggressiv wie nie zuvor (auch zum Nutzen der Verbraucher). Intern soll Verschworenheit und Kohärenz vorherrschen, das heißt Innerer Friede. Die Firmen werden damit zu *verschworenen Glaubensgemeinschaften.*

Für die Vorstände, Inhaber und Direktorien wird es deshalb wichtig, die Kernfrage: »Wie organisiert man einen ehrlichen Inneren Frieden?« zu durchdenken und hier völlig neuartige Maßnahmen für eine *Qualifizierung der Sozial-Energie* zu entwickeln.

Alles in allem: Wir haben gesehen, daß die Visions-Ausgerichtetheit nicht ausreicht. Und deshalb ist in der amerikanischen Literatur ein neuer Begriff ins Spiel gebracht worden, nämlich »attuned«. Hierunter verstehen die Autoren so etwas wie eine *befriedete Kooperation.* Ein plastischer deutscher Begriff dafür könnte sein: »Im Herzen vereint.«

Fazit: Das Mentale Management erzeugt Optimismus, Verschworenheit und Handlungs-Kohärenz. Dieses sind die entscheidenden Faktoren für Konkurrenz-Überlegenheit im Markt, das heißt für die Verbesserung der Wettbewerbsfähigkeit.
Die beiden Führungs-Konzepte dafür lauten »aligned« und »attuned«: Man organisiert eine Ausrichtung der Teams auf die Vision (aligned). Und man erzeugt in den Teams die soziale Qualität, »im Herzen vereint« zu sein im Sinne eines Inneren Friedens (attuned).

Das klingt im Moment sicher alles sehr neu. Aber es ist sehr im Trend. Sowohl in der Organisations-Lehre als neuerdings auch beim Marketing. Das Problem liegt darin, daß wir nicht gewohnt sind, den »Frieden« und das »Herz« als Bausteine für das Management wichtig zu nehmen.

Die Zuwendung zur Leidenschaft: Das Mentale wird entdeckt

Wenn immer mehr Bücher, Vorträge und Fachartikel erscheinen zum Thema »Leistung aus Leidenschaft« (siehe hierzu Peters und Austins Buch), dann ist das ein typisches Trend-Zeichen. Aber betrachtet man die Empfehlungen, so wird doch sehr schnell sichtbar, daß die meisten Autoren, Professoren und Analytiker davon ausgehen, daß diese Leidenschaft allein durch *charismatische Führungspersönlichkeiten* erzielt wird. Das ist sicherlich nicht falsch. Wer arbeitet nicht lieber für eine faszinierende Persönlichkeit als für eine »mickrige Seele«? Aber im Grunde verbirgt sich hierunter das alte *patriarchische Prinzip*: Die Güte des Führers erzeugt die Güte der Arbeit im Kader.

Das modernere Menschenbild geht davon aus, daß die Teams sehr wohl in der Lage sind, Leidenschaften aufzubauen, und zwar autonom, *ohne Chef-Charisma*. Sie handeln dann nicht aus der Leidenschaft der Imitation (es so zu machen wie der große Boß), sondern aus Leidenschaft für Visionen und Ziele. Und die Leidenschaft dabei wird erweckt durch die Tatsache, daß diese Ziele und *Visionen partizipativer Natur* sind, das heißt, das Top-Management hat es verstanden, das visionäre Wollen zu einem gemeinsamen Wollen umzuformen. Derartige partizipative Strategien sind die Voraussetzung für Selbstmotivation und autonome Handlungs-Leidenschaft. Der kommende Trend zur Sozial-Energie wird das Ergebnis der *partizipativen Kompetenz* der Chefs sein.

Die Vorstufe heißt Quality Circles

Damit sind wir beim Thema *Quality Circles*. Gerade hier herrscht in Deutschland eine latente Ambivalenz, zum Teil herrscht sogar eine offene Ablehnung gegenüber diesen neuen partizipativen Team-Techniken. Aber das sind sicherlich *Rückzugs-Gefechte der alten Management-Lehre*. Der Trend ist eindeutig: Die Circle-Konzepte werden sich weiter durchsetzen, weil sich das Mentale Management immer mehr durchsetzt. Und das Mentale Management ist auf Partizipation und Autonomie ausgerichtet (es entspricht damit dem *Wertewandel in der Gesellschaft*).

Nichts führt die Menschen so sehr zu einer stabilen Handlungs-Leidenschaft wie Ziele, die sie selbst formuliert haben, und Ziele, die für sie persönlich viel Sinn ergeben.

Sinn schafft Leidenschaft. Dieser Satz gilt für das kommende Mentale

Management. Und diese Leidenschaft ist produktiver als das systemisch-rationale Management. Ein Beispiel dafür ist die relative *Ineffizienz der rationalen Kosten-Programme*.

Die Untauglichkeit der Kostenprogramme

Die meisten Manager gehen nach wie vor davon aus, daß die Wettbewerbsfähigkeit in erster Linie durch günstige Preise zu erzielen ist. Sei preiswerter als die Konkurrenz . . . dann bist du auch attraktiver. Ein Großteil der Kräfte und Konzeptionen wird auf dieses Ziel ausgerichtet. In fast allen Unternehmen laufen Kosten-Sparprogramme.

Aber hier liegt ein großer Irrtum vor. Denn diese Programme sind ein »untaugliches Mittel«, wie Wickham Skinner (Professor für Fertigungswirtschaft an der Harvard Business School) schreibt, »um die Produktivität zu steigern«. Warum?

Der Wettbewerbs-Vorsprung ist entscheidender als der Kosten-Vorsprung. Und immer seltener wird der Kostenvorteil zum entscheidenden Wettbewerbs-Vorteil. Die relativen Vorteile werden in den 90er Jahren überwiegend im Wachstum der Intelligenz und in der Wert-Anreicherung der Produkte durch Services (Infoware-Trend) liegen.

Daraus folgt, daß man die *kreative Produktivität* des Unternehmens in den Dienst der Wettbewerbs-Kämpfe einsetzen muß. Die Wettbewerbs-Fähigkeit, sowohl national als auch international, kann durch Kosten-Programme kaum gesteigert werden. Wie Skinner analysiert hat, versuchen zwar die meisten Unternehmen, durch Rationalisierung und Sparprogramme dafür zu sorgen, daß mehr Rendite übrigbleibt oder daß man im Markt preislich attraktiver operieren kann. Aber seine Diagnose, gültig für die letzten zehn Jahre und bezogen auf US-Unternehmen, haben gezeigt, »daß die Kosten kaum jemals genügend gedrückt werden konnten«.

Auch haben die von den Unternehmen durchgeführten Kosten-Senkungs-Kampagnen selten die *internationale Wettbewerbsfähigkeit* verbessert. Und genau um diesen Faktor geht es: um die Verbesserung der Konkurrenz-Überlegenheit. »Versuche, die Fertigungs-Lohnkosten zu senken und die Arbeit in der Produktion effizienter zu machen, haben sich als kurzsichtig und fundamental verfehlt erwiesen«, so Skinner. Ein solches Vorgehen »kann gewaltige Opportunitäts-Kosten verursachen, die *Innovationsfähigkeit hemmen* und die *Belegschaft entfremden*«.

Die Analyse von Skinner kommt also ebenfalls zu dem Schluß: Ein falschverstandenes Kostenprogramm hat immer massive und zumeist negative Auswirkungen auf den geistigen Raum des Unternehmens, auf das Arbeitsklima und letztendlich auf den Inneren Frieden.

Es ist also besser, Menschen zu begeistern, damit die menschliche Ressource produktiver wird, als eine »überkontrollierte Verbots-Kultur« aufzubauen. Das bringt dann zwar Kostensenkungs-Effekte, aber zugleich auch heftige Produktivitätssenkungs-Effekte.

Durch das Sparen sinkt der Grad der Selbstmotivation. Durch das Sparen reduziert sich die Handlungs-Leidenschaft. Durch das Sparen löst sich die Team-Kohärenz aus. Aus Verschworenheit wird Zerstrittenheit.

Die Konkurrenz-Überlegenheit kommt nicht aus dem Pfennig, sondern aus der Seele

Skinner hat in seinem Beitrag (»Harvard Business Review«) ebenfalls darauf hingewiesen, daß es ein Gebot der Zeit sei, daß Produktions-Betriebe in Sachen Kosten und Wettbewerbsfähigkeit umdenken: »Von den unmittelbaren Kostenmaßnahmen sollten sie sich umstellen auf Qualitäts-Verbesserungen, integrierte Strategien und neue Verfahrenstechnologien.« In turbulenten, stagnierenden oder reduktiven Märkten kommt die Konkurrenz-Überlegenheit nicht aus dem Pfennig, sondern aus der Seele.

Das Ganze ist im Grunde eine widersprüchliche Problematik, von Skinner das »Produktivitäts-Paradox« genannt. Man kann nachweisen, daß beispielsweise die US-Industrie von 1978 bis 1982 ihre Effizienz so gut wie nicht verändert hat trotz »nahezu heroischer Anstrenungen amerikanischer Fertigungs-Unternehmen, durch Produktivitäts-Verbesserungen Wettbewerbs-Vorteile zu erlangen. Die Resultate waren durchweg enttäuschend.«

Und das Paradoxe daran: »Je stärker die Unternehmen nach höherer Produktivität suchten, desto weniger konnten sie dieses Ziel erreichen.« Dabei wird Produktivität definiert als der Wert der Güter, dividiert durch die Menge der eingesetzten Arbeit, also als Maß für die Leistung der Produktionsarbeiter.

Und nimmt man diese Produktivität als Meßlatte, dann ist sogar in den letzten fünf Jahren, in denen auch in den USA ein eindeutiger Wirtschafts-Aufschwung herrschte, die Produktivitäts-Steigerung um rund 25 Prozent niedriger als in früheren konjunkturellen Erholungsphasen der Nachkriegszeit.

Je härter die Betriebe daran arbeiten – so die generelle Erkenntnis von Skinner –, die Produktivität zu steigern, desto weniger gelingt es ihnen, jene Wettbewerbs-Vorteile aufzubauen, die doch das Ergebnis von Produktivitäts-Verbesserung sein sollten.

Besonders wichtig für den Mittelstand: der bessere Weg zur Produktivität

Die meisten Unternehmen (und in Deutschland besonders der Mittelstand) kämpfen unter der falschverstandenen Maxime: »Sparen erhöht die Rendite« gegen das, was sie Verschwendung und Ineffizienz nennen. Also ist Sparen das Herzstück der meisten Produktivitäts-Programme. Und genau das reicht nicht, um die Wettbewerbs-Überlegenheit aufzubauen. Die Überlegenheit gegenüber Konkurrenten ist das Ergebnis von *Investitionen in mentale Ressourcen*. Dieses schafft letztlich Marktanteile und Rendite und auch Handlungs-Leidenschaft, Selbstmotivation und Kreativität.

In den letzten 25 Jahren hat Skinner viele Fertigungs-Unternehmen konsequent daraufhin analysiert, ob man durch Sparen im Markt erfolgreicher sein kann. Und das Ergebnis lautet:

»Die Konzentration auf Kostensenkungen [also darauf, den Arbeits-Ausstoß zu steigern, während der Arbeits-Einsatz konstant gehalten oder – besser noch – gesenkt wird] erwies sich als unzureichend, da die Unternehmen die Kosten im allgemeinen nicht tief genug drücken können, um die Konkurrenzfähigkeit zurückzugewinnen.«

Der Harvard-Experte Skinner hat eine Faustregel aufgestellt:

- 40 Prozent der Wettbewerbsfähigkeit eines Herstellungs-Betriebes basieren auf langfristigen Strukturen, zum Beispiel Anzahl, Größe, Standort und Kapazität der Anlagen, aber auch Material- und Personal-Einsatz.

- Weitere 40 Prozent der Wettbewerbsfähigkeit stammen aus Modernisierungen bei Maschinen-Einsatz und Verfahren.

- Nur 20 Prozent der Wettbewerbs-Faktoren sind beeinflußbar durch sogenannte Produktivitäts-Programme, die zu fast 100 Prozent auf Kostensenkungs-Programme hinauslaufen.

Fazit: In den meisten Unternehmen – und in Deutschland überwiegend im Mittelstand – wird die Erhöhunmg der Wettbewerbs-Fähigkeit immer noch mit »Kostensenken« verwechselt. Ein Umdenken tut not. Der neue Trend lautet: Investition in die Human Resource, Investition in neue Produktions-Verfahren, Investition in Überlegenheit durch bessere Markt-Orientierung (adaptive und flexible Strategien statt Spar-Strategien).

Skinner dazu: Die Dynamik und die Struktur des Wettbewerbs haben sich sehr verändert. Heute entscheiden in der Regel andere Faktoren als die des »puren Preises«. Dazu gehören Qualität, Einhaltung von Lieferterminen, kurze Lieferzeiten, Kundendienst, neue Services, kürzere Entwicklungszeiten für neue Produkte und – immer wichtiger – flexible Anlagen für zapplige Produkte in zappligen Märkten: Die Produktion wird zum Chamäleon.

Dieses Buch ist also kein Plädoyer für Verschwendung und ein allzu generöses Umgehen mit dem Geld. Gespart werden muß, aber es muß richtig gespart werden. Und die neue Erkenntnis lautet: Kostenspar-Strategien schaden mehr, als sie nutzen, wenn sie strategisch eingesetzt werden, das heißt, wenn sie anstelle der Investitionen in die Mental-Ressource (Team-Verschworenheit, Kreativität etc.) eingesetzt werden.

Das Interessante ist, daß die meisten Unternehmen und Manager, die auf Sparprogramme setzen, in der Regel auch diejenigen Manager sind, die Angst haben vor den neuen Führungs-Trends wie beispielsweise: sanftes Management, Leistung aus Leidenschaft, Team-Kohärenz, visionäres Management usw.

Diese neuen Führungs-Konzepte sind nämlich Elemente des Mentalen Managements. Unternehmer und Manager, die in erster Linie auf »Kosten-Controlling und Sparen« setzen, sind zumeist auch Manager, die das systemische und rationale Management bevorzugen.

Fazit: Wer sein Heil in Ratio, Controlling und Sparen sieht, ist meistens auch nicht in der Lage, ein Mentales Management durchzuführen.

Werden die Märkte auch schwieriger, internationaler (also komplexer), turbulenter oder stagnativer, sorgt dieses Verhalten sehr schnell für eine *mentale Unproduktivität* bei den Mitarbeitern. »Eine negative, pfennigfuchsende, mechanistische Firmenkultur, die auf allen Ebenen kreative Leute vertreibt und fernhält«, entsteht (Skinner).

Damit wird der neue Trend klar: hin zu einem Mentalen Management ... Erweckung von Visionen ... Organisation von Handlungs-Leidenschaft statt Pfennigfuchserei. Skinner dazu: »Die erfolgreichen Unternehmen, die ich untersucht habe, sind zu dem Entschluß gekommen, daß sie eine völlig neue Art von Produktions-Leiter brauchen ... Manager, die in der Lage sind, breitere Ziele als Kosten und Effizienz zu realisieren ... das sind Mitarbeiter, die als ›besonders gute Teamleiter‹ operieren.«

Fazit: Wir stehen vor einer neuen Epoche der Team-Arbeit. Es hatte schon mal eine große Welle der Team-Begeisterung gegeben, und zwar in den 60er Jahren. Aber wenn man die damaligen Fachartikel und Bücher heute analysiert, sieht man, daß damals viel zu mechanistisch und rational vorgegangen worden ist. Die kommende Team-Welle wird mental sein.

Die damalige Team-Welle wurde systematisch und mechanisch eingesetzt. Man sprach in diesem Zusammenhang auch von »Team-Techniken« oder gar »Kreativitäts-Techniken«. Typisch dafür sind *Synektik* und andere Verfahren. Es handelte sich um geistige Technologien, die noch eindeutig das lineare und rationale Weltbild beinhalteten, das jetzt in unserer Kultur langsam überwunden wird.

Inzwischen hat sich im Management ein anderer Trend breitgemacht: hin zur mentalen Seite des Team-Managements. Man hat den Firmengeist entdeckt. Und unter dem Vorzeichen OT (Organization Transformation) diskutieren international ausgerichtete Manager und Unter-nehmesberater Konzepte wie »Energie-Produktion« und »Optimis-mus-Training«. Es herrscht also ein neues mentales *Verständnis für die unsichtbare Seite des Managements* und für die nicht sichtbaren Kräfte, die hinter Produktivität und Konkurrenz-Überlegenheit stehen. Die Renaissance der Team-Arbeit offeriert also eine andere Einstellung zur Team-Arbeit und entwickelt andere, das heißt mentale, Methoden zur Organisation der Team-Verschworenheit.

Mentales Team-Management und das Marketing in Märkten ohne Wachstum

Werden wir konkreter. Gehen wir von dem schwierigsten aller Fälle aus: Wenn der Markt kleiner wird ... Minuswachstum also. Die psychologische Seite haben wir bereits geklärt. Wenn Märkte kleiner werden, wenn die Erfolge seltener werden und wenn das alte Spiel: »Ein stolzes Selbstbild entsteht durch stolze Zuwachsraten« nicht mehr funktioniert, dann entscheidet es sich, ob der *Team-Optimismus* (Verschworenheit) zu einem Produktiv-Faktor wird.

Genau dann ist das Top-Management gefordert, in Vision, Leidenschaft und Intelligenz zu investieren. Dann gibt es neue Wachstums-Ansätze. Und die vorrangigste und wichtigste Aufgabe ist die *Organisation eines Inneren Friedens*, um die Außen-Frustration nicht zum negativen Bazillus für die interne Firmenkultur werden zu lassen. Nur so gelingt es, auch in reduktiven Märkten auf *das andere Wachstum* zu setzen. Und dafür gibt es hauptsächlich drei Ansätze.

① *Intelligenz-Steigerung der Produkte und Angebote*
Das wird unter anderem dadurch erreicht, daß man die enormen Möglichkeiten der *Chip-Intelligenz* in die Produkte einbaut (siehe etwa Laufschuhe mit Mini-Computer für Sportler). Die Produkte werden intelligenter. Sie bieten mehr Bequemlichkeit und mehr Service.

② *Installation umfassender Kunden-Services*
Hier wird der Begriff des Produktes ausgeweitet. Das Produkt ist nicht nur das »materielle Produkt«, sondern auch das, was an *Dienstleistungen* vor- und nachgelagert ist. Die Konkurrenz-Überlegenheit wird also durch Netzwerke, Clubs und Zusatz-Leistungen erhöht. Das kann bis zur Obligoware gehen, das heißt bis zu festen Kooperationen mit den Abnehmern und Kunden (Stichworte hierzu: *Softnomics* und *Netzwerk-Dialoge*).

③ *Erhöhung der psycho-sozialen Attraktivität*
Dieser Ansatz geht von der Theorie aus, daß sich unsere Gesellschaft verwandelt in eine *Multi-Options-Gesellschaft*. Es gibt immer mehr Fragmente. Immer mehr Personen wollen immer intensiver immer unterschiedlichere Leistungen von immer unterschiedlicheren Produkten. Der Konsument wird schizoider. Die neuen Konzepte dafür: *Bessere Umfeld-Diagnose*, besseres Trend-Monitoring und Umschalten vom Manipulations-Marketing auf das Mimetische Marketing, also ein Marketing der Verschmelzung mit echten Gruppen und Szenen der Gesellschaft.

Der hybride Verbraucher zwingt das Marketing zur Defensive

Betrachten wir den letzten Aspekt genauer, denn er berührt das aktuelle Marketing besonders.

Parallel zu unserer These, daß der *Verbraucher immer schizoider wird*, hat jetzt auch die McKinsey-Gruppe festgestellt, daß inzwischen tatsächlich so etwas wie ein »hybrider Verbraucher« entstanden ist. Dahinter verbirgt sich die Tatsache, daß immer mehr Konsumenten *paradoxe Konsum-Muster* verwirklichen.

Der Konsument, der Delikatessen bester Qualität in feinsten Geschäften kauft, kauft auch Fischstäbchen bei Massa. Der Mann, der Kir Royal aus teuren Kristallgläsern schlürft, trinkt zu einem anderen Zeitpunkt mit Wollust billiges Bier aus Dosen.

Die McKinsey-Untersuchungen zeigen, daß *das breite Mittelfeld an Bedeutung verliert* und damit auch *die Durchschnittlichkeit des Konsums.* Dadurch entsteht eine Unkalkulierbarkeit und Sprunghaftigkeit. Immer differenziertere Wünsche werden von unterschiedlichen Verbraucher-Gruppierungen gefordert. In dieser Phase ist der *Kunde nicht mehr König, sondern wird zum Gott.*

Warum? Weil er die Ursache und der Motor für die permanent veränderte Umfeld-Situation ist, in der heute immer mehr Unternehmen operieren. Inzwischen hat sich ja ohnehin das Marketing immer mehr auf die Umfeld-Orientierung ausgerichtet (siehe etwa Kotlers Thesen oder die von Theodore Levitt). Aber für die meisten Unternehmen bedeutet das *ein Zuwachs an Defensive.*

Um es noch einmal deutlich zu sagen: Wenn das Umfeld des Unternehmens immer zappeliger, schizoider und unkalkulierbarer wird, dann geraten die meisten Unternehmen mit ihrem Marketing in die Defensive, weil sie versuchen, diese Turbulenzen »irgendwie in den Griff« zu bekommen, statt ihr mit Freude zu folgen (Motto: »Was schert mich mein Marketing von gestern?«).

Zurück zur Offensive durch Verzicht auf Manipulation

Man kann erst dann wieder zur Offensive zurückfinden, wenn man bereit ist, *vom aktiven Machen umzuschalten auf ein Steuern, das von außen geschieht.* Aber dazu ist ein völlig anderes Marketing-Instrumentarium erforderlich, das die meisten Unternehmen heute noch nicht haben bzw. auch psychologisch nicht anerkennen können: Weg von der Manipulation, hin zum Dienen und Folgen. Weg von der festen Strategie, hin zur Co-Evolution.

Die technische Seite dieser grundsätzlichen Wandlung lautet: CIM-Produktion. Und die verkäuferische Seite lautet: CIM-Marketing, auch Mimetisches Marketing genannt. Das Marketing gewinnt die Offensive zurück, wenn es sich optimal mit den paradoxen und sprunghaften Wünschen der Konsumenten verbinden kann.

Die entscheidenden Schritte dazu: Aufbau eines leistungsfähigen *Monitoring-Systems.* Man muß durch neuartige Diagnose-Methoden (etwa Trend-Monitoring) früher und genauer wissen, welches Konsumenten-Fragment was in welcher Form wünscht.

Die Notwendigkeit für das Monitoring wächst

Der Harvard-Professor für Marketing, Theodore Levitt, hat schon früh darauf hingewiesen, daß es so etwas gibt wie eine deutliche *Blindheit im Marketing.* Er nennt es »Marketing Myopia«, was soviel wie Kurzsichtigkeit heißt. »The Economist« (12/86) geht davon aus, daß die Levittschen Thesen, die sich sehr stark mit unseren Recherchen decken (Stichwort: Mimetisches Marketing), am besten durch die *japanischen Unternehmen* verwirklicht worden sind. Die japanischen Kunden seien inzwischen so aggressiv differenziert und auch so wählerisch, daß die japanische Industrie massiv gezwungen sei anzuerkennen, daß es *keine festen Zielgruppen* mehr gibt, sondern *fließende Sub-Märkte*, die sich im Prinzip in Richtung Unikate entwickeln. Die Japaner setzen deshalb auf zwei Säulen:

- *auf die Flexibilisierung der Produktion* (um mit dem zappeligen Markt mit-zappeln zu können),
- *auf eine Erweiterung von Wissen und Planung* (um früher adaptieren zu können, was wirklich gewollt wird). Und das verlangt eine Umorientierung bei der Planung: Mega-Trends werden zum Planungs-Inhalt des Marketings.

Strategie ... mißverstanden als Form der Beherrschung

Levitt meint, daß die meisten Unternehmen im Prinzip immer noch von den strategischen Dimensionen des *Beherrschens und Machens* ausgehen. Sie entwickeln ihre Marketing-Konzepte von *sterilen Zielgruppen-*

Definitionen. Sie gehen aus von Produktions-Zielen und von Umsatz-Zielen. Statt dessen müßten sie von Markt-Bedürfnissen ausgehen und die Konkurrenz-Überlegenheit aus der Mimesis ableiten können, das heißt aus der optimalen dialogischen Verschmelzung.

Die Trend-Recherchen für Deutschland zeigen, daß das Mimetische Marketing deshalb kaum eingeführt wird, weil die *betriebswirtschaftliche Theorie des Marketings* immer noch dominiert. Und die geht von Umsatz und Produktions-Zielen aus und trotz aller Lippenbekenntnisse nicht von den Marktbedürfnissen.

Im Grunde denken die meisten Marketing-Manager auch heute noch in den Kategorien von Zielgruppen. Und dieses Wort verrät schon, wer aktiv und wer passiv ist. Aktiv ist der Marketing-Stratege, passiv ist die »angezielte« Gruppe. Im Grunde müßte das Modell um 180 Grad gedreht werden. Der Aktive ist dann der Kunde. Und damit mutiert er von der Zielgruppe zum Entscheider. Passiv im Sinne von »befolgend« wird das Unternehmen. Und diese co-evolutionäre Kompetenz des Marketings kollidiert mit fast allen Prinzipien des heutigen Marketings der Betriebswirtschafts-Lehre.

In einem Buch von Barbara Bund Jackson von Index Systems, einer Beraterfirma (»Winning and Keeping Industrials Customers«), wird den Unternehmen empfohlen, jetzt wirklich den nächsten Schritt zu wagen und *die Kunden-Orientierung konsequenter als bisher durchzuführen.* Nur durch diese Verbesserung der Kunden-Orientierung kann es zu einer Verbesserung der Konkurrenz-Überlegenheit kommen. Denn wenn man den Kunden nicht mehr strategisch manipulieren möchte, sondern ihm wirklich das bieten möchte, was er will, erhält man automatisch den relativen Vorteil . . . also den vom Kunden *wahrgenommenen Produktwert*, der Überlegenheit schafft.

Barbara Bund Jackson empfiehlt den Marketing-Managern, Skalen aufzubauen, um beispielsweise den *Obligo-Grad* bewerten zu können. Im Prinzip geht es darum, sich den Kunden-Bedürfnissen durch Monitoring so sehr anzupassen, daß der Anteil derjenigen, der die Produkte oder Dienstleistungen leicht wechseln kann, immer kleiner wird zugunsten derjenigen, die schon aus Egoismus treu bleiben müssen. Die Zielsetzung daraus: Das Unternehmen muß die Produkte durch qualitatives Wachstum so »aufladen und anpassen«, daß die Käufer und Kunden, wenn sie wechseln oder abspringen, sich selbst manifest schädigen würden. Das Motto: Produkt-Untreue erhöht das Risiko. Das Produkt wechseln heißt, sich selbst einen Schaden zufügen.

Marketing auf dem Weg zum Dialog und zur Mitbestimmung der Kunden

Ein Beispiel dazu: Man hat 214 große amerikanische Hersteller daraufhin analysiert, was sie tun, um die Kundentreue zu verbessern. Fast alle haben Maßnahmen ergriffen, um das Produkt oder die Dienstleistung zu verbessern. Viele haben *zusätzliche Services* eingerichtet, wie etwa längere Garantie-Zeiten. Und fast 50 Prozent der Befragten sagten, daß sie auch die soziale und kommunikative Sphäre zwischen ihnen und den Kunden verbessert hätten, um die Kundenbindung zu qualifizieren. Beispielsweise hat man häufig neben dem Verkaufspersonal spezielle Auslieferer und »Mittelsmänner« eingesetzt. Diese Mittelsmänner haben weder beratende noch verkaufende Funktion, sondern überwiegend nur kunden-pflegerische Aufgaben. Sie erzeugen das Produkt über dem Produkt, das den Namen trägt »soziale Zufriedenheit«. Dialoge und Monitoring verbinden sich zugunsten des Mega-Trends *Mitbestimmung der Kunden*.

Du Pont, Amerikas größtes Chemie-Unternehmen, hat ähnliche Konzepte entwickelt und hält den Kontakt zu seinen Auslieferern über ein Komitee von 35 Auslieferungs-Marketing-Managern, das sich regelmäßig zur *Diskussion gemeinsamer Probleme* trifft.

Dort diskutiert man die sich wandelnden Bedürfnisse des Marktes und der Kunden. Außerdem versendet Du Pont Newsletter über die neuen Produkte. Überhaupt ist das *Aufbauen von Info-Netzwerken* (Clubs, Newsletter, Workshops etc.) in den Mittelpunkt vieler Überlegungen gerückt.

Die Professoren Gilbert und Strebel von der Unternehmer-Schule in Lausanne haben im Hinblick auf die Zielsetzung »bessere Verschmelzung mit dem Kunden« auf den weltweit beobachteten *Erfolg Toyotas* hingewiesen. Das ist Japans führender Automobil-Hersteller, und er will zum Beginn des nächsten Jahrhunderts 10 Prozent Weltmarkt-Anteil erringen. Er strotzt vor Optimismus. Und er hat ausgesprochen hohen Renditen, um sein ehrgeiziges und weltweites Investitions-Programm durchführen zu können. Ganz im Gegensatz zu den amerikanischen Anbietern (man achte auf die permanenten Probleme von General Motors) hat Toyota offensichtlich wenig Probleme – so die Analyse von Gilbert und Strebel –, seine Produkte schneller und konsequenter in Einklang zu bringen »mit den Bedürfnissen der Kunden«.

Das Besondere daran ist die Tatsache, daß die Konkurrenz-Überlegenheit von Toyota ganz eindeutig aus der *besseren mentalen Anpassung* an die flexiblen Bedürfnisse der Käufer resultiert. Und das wird durch CIM-Produktion und CIM-Marketing erreicht (siehe hierzu Mitsubishi: Dieses Unternehmen hat seine gesamte Marketing-Planung auf Mega-Trends ausgerichtet).

Und durch CIM wird nicht nur der »wahrgenommene Produktwert« besser, sondern auch die Produktion rationeller. Gilbert und Strebel dazu: »Zum Mißvergnügen der Wettbewerber hat Toyota einen Wettbewerbs-Vorteil erzielt sowohl bei der Markt-Qualität als auch im Preis.«

Das bestätigt das, was die Analysen von Skinner gezeigt haben. Auch er betont, daß die Japaner der Welt klargemacht haben, »daß *niedrige Kosten und hohe Qualität* durchaus miteinander vereinbar sind«.

Fazit: Es heißt Abschied nehmen von einigen liebgewonnenen Prinzipien in Sachen Marketing:

- Man wird sich trennen müssen von der Vorstellung, daß ein Wettbewerbs-Vorteil in erster Linie über den Preis erzeugt wird.
- Man wird sich daran gewöhnen müssen, sich von den abstrakten Zielgruppen-Strategien zu trennen zugunsten einer Perfektionierung der Verschmelzung mit den echten Gruppen (Mimesis).
- Man wird sich daran gewöhnen müssen, daß die Sprunghaftigkeit der Kundenbedürfnisse im Unternehmen selbst widergespiegelt werden muß (CIM-Flexibilität in Produktion, Marketing und Planung).
- Man wird immer mehr zu der Erkenntnis kommen, daß die entscheidenden relativen Vorteile (die die Konkurrenz-Überlegenheit ausmachen) durch die Verbesserung der Markt-Dialoge erzeugt wird. Stichwort: Service-Systeme und Dialog-Netzwerke mit den Kunden.
- Man wird erkennen, daß das Marketing neuartige Informations-Methoden benötigt, um von der strategischen Planung auf die prozessuale Planung umschalten zu können. Voraussetzung dazu ist eine kontinuierliche Umfeld-Diagnose und ein methodisches Trend-Monitoring.

Zur Psychologie der Überlegenheit im Markt

»The Economist« hat darauf hingewiesen, daß die Luftfahrt-Gesellschaften zu den ersten Unternehmen in der Welt gehörten, die erkannt haben, daß man mit Sparen allein nicht weiterkommt, sondern daß man trotz jahrzehntelanger Marketing-Debatte noch immer nicht in der Lage ist, »den Kunden wirklich in den Mittelpunkt unserer Aktivitäten zu stellen«.

Viele Fachartikel haben auf Jan Carlzon, Präsident der SAS-Fluggesellschaft, hingewiesen. Er hat – nach seinen eigenen Aussagen – so etwas wie eine interne Revolution verursacht, indem er von heute auf morgen (ohne langsame, gleitende Evolution also) die SAS-Linie von Sparen und *frustrierender Problem-Verwaltung* umgeschaltet hat auf »intensivste Bedürfnis-Befriedigung der Kunden«. Und die SAS-Kunden sind Geschäftsleute im weitesten Sinne.

Das ist an sich kein neues Wissen. Jedes Unternehmen weiß, daß die meisten Flugsessel von Managern besetzt werden. Es ging nun darum, sich mit dieser Gruppe intensiver zu verschmelzen und sie nicht wie ein theoretisches Konstrukt zu behandeln, sondern durch sie zu lernen, mit ihnen zu lernen und durch sie das Produkt zu verbessern (siehe hierzu das Beispiel einer Bank in dem Buch von Hickman und Silva: »Der Weg zu Spitzenleistungen«, Seite 87).

Carlson, der in recht kurzer Zeit die SAS-Gruppe erfolgreich sanieren konnte, sagt dazu: »Wir sind nicht darauf aus, eine Sache um 1000 Prozent besser zu machen. Wir wollen vielmehr in 1000 Sachen jeweils um ein Prozent besser sein.« Die Formel lautet also: Man muß den Leitsatz, der »dem Kunden dienen« heißt, zur Vision und Leidenschaft machen.

Der Schlüssel liegt in der internen Kooperation: Friede als Produktiv-Faktor

Damit sind wir bei dem neuen Trend »Kohärenz durch Kooperation«, sind wir beim Inneren Frieden als Produktiv-Faktor. Inzwischen hat eine Fülle von wissenschaftlichen Untersuchungen beeindruckend bewiesen, daß Konkurrenz den Erfolg – individuell und kollektiv – eher behindert als fördert. Die wissenschaftlichen Studien belegen, *daß Kooperation die überlegene Arbeitsform ist.*

Das Top-Management ist deshalb gefordert, die schädlichen Prinzipien der Kader-Rivalität, die in den meisten Unternehmen bewußt gefördert und gepflegt werden, zu überwinden zugunsten einer ehrlich gemeinten Kooperation, die allein Basis für Verschworenheit und Leidenschaft sein kann.

Aber wo bleibt die positive Seite der Konkurrenz? Der Konkurrenz-Aspekt wird transformiert, und zwar ins Geistige.

»Es ist im Grunde ein Wettstreit. Dieser geht um Ideen, aber nicht mehr um Positionen.« Aus verbissener Konkurrenz wird ein geistiges Spiel. Die Basis dafür ist das, was die Psychologen das »Wir-Gefühl« nennen. »Menschen arbeiten dann besonders kreativ-kooperativ zusammen, wenn ein *gemeinsames übergeordnetes Ziel* ihre Arbeit bestimmt, wenn sie erkennbar physisch zusammenwirken und sich gegenseitig ergänzen, wenn sie Rücksicht auf andere nehmen und wenn ein *Gruppenbewußtsein* vorhanden ist« (Peter Pawlowsky, »Psychologie heute« 12/86).

Die Qualität der Kooperation wird durch die Vision bestimmt

Die Kooperation wird um so besser, je sinnvoller die Vision ist. Das »gemeinsame übergeordnete Ziel der Arbeit« muß vom Top-Manager durch *Visions-Management* entwickelt und durchgesetzt werden. Die Qualität der Vision erzeugt die Qualität der Kooperation.

Und hier sieht man auch gleich die Beziehungen im Hinblick auf *Sinn und Ethik*. Nur diejenigen Ziele können visionär durchgesetzt werden, die ein hohes Maß an Ethik-Verträglichkeit und ein hohes Maß an Sinn-Entfaltung beinhalten. Anders ausgedrückt: Marktanteile oder Rendite-Vorgaben erzeugen keinen Handlungs-Kohärenz, weil sie zu einer kohärenten Vision nicht tauglich sind.

Auf die Führungs-Eliten kommen da schwierige Aufgaben zu, denn es geht darum, *tragfähige Konzepte für den Inneren Frieden* zu finden. Und das ist besonders für Top-Manager schwierig, für die ja gerade der klassische Karriere-Kampf so wichtig ist, weil er sie zur Spitze geführt hat. Sie haben gelernt, daß Kampf und Konkurrenz zu ihrem Erfolg geführt haben. Typisch für diese Haltung, die »ganz oben« weit verbreitet ist, sind oft folgende Statements:

- Man muß in seinem Verhalten gegenüber Kollegen von vornherein deutlich machen, wer der Stärkere ist.
- Man muß im Berufsleben mit härteren Bandagen kämpfen.
- Man sollte zusehen, daß man sich durchsetzt, auch wenn das hier und dort auf Kosten anderer geht.

Abkehr von der Rivalität ... zugunsten von mehr Produktivität

Diese Statements skizzieren das Bild vom alten Management. Hier dominiert eindeutig Rivalität und Konkurrenz, und zwar auf destruktive Art. Das Besondere ist nun die Tatsache, daß sich die *Kader-Prinzipien*, die in der deutschen Wirtschaft gang und gäbe sind, mit diesen negativen Konkurrenz-Dimensionen aufs engste verbunden haben. Die Kader-Organisation in der deutschen Wirtschaft ist im Grunde die Inkarnation negativer Konkurrenz-Rivalität.

Eine Untersuchung bei 1129 Arbeitnehmern in der Bundesrepublik Deutschland zeigte, daß zwischen 10 und 22 Prozent der Angestellten und Manager *auf offene Rivalität setzen*, das heißt, »mit harten Bandagen« um Positionen und Rang kämpfen.

Zwar haben die Analysen und Interviews gezeigt, daß inzwischen auch die »Sehnsucht nach einem neuen Corpsgeist« wächst und nach einer inneren Befriedigung im Team, aber solange das Kader-System nicht überwunden ist, kann sich die angestrebte »bessere Sozial-Energie« durch Kooperation und Kohärenz nicht durchsetzen. Wenn das Top-Management auf Kader-Rivalität setzt (um das Beste aus den Mitarbeitern herauszuholen), dann haben die Arbeitnehmer darunter keine andere Wahl als die, gute Miene zum schlechten Konkurrenz-Spiel zu machen: Sie müssen dann rivalisierend operieren. Sie müssen dann Aggression einsetzen ... häufig hinter der Maske eines »guten Betriebsklimas«. Hinter den höflichen Umgangsformen argumentieren die Messer.

Für die Zukunft wird die Frage des Inner-Friedens von besonderer Bedeutung, weil die *Elektronifizierung des Managements* vor der Tür steht. Das bedeutet, daß immer mehr Mitarbeiter »ihre eigenen Chefs« werden. *Die Führung trennt sich von der Status-Hierarchie*. Die Trends laufen in die Richtung: »Jeder führt sich selbst.« Je mehr CIM-Intelligenz, je mehr Computer-Einsatz, je mehr lokale Informations-Netze, um so mehr Dezentralisierung und Selbstorganisation.

Wenn nun das Klima bewußt auf Konkurrenz-Rivalität ausgerichtet ist (was nach unseren Recherchen bei weit mehr als 90 Prozent der deutschen Unternehmen der Fall sein dürfte), dann kommt es zu einem *destruktiven Spiel mit Informationen* und Informations-Vorsprüngen. Vereinfacht gesagt: Wenn durch die Elektronifizierung des Business jeder zu seinem eigenen Experten wird, dann wird die Information zur gefährlichen Waffe. Der Innere Friede muß den modernen Informations-Konzepten im Management vorangehen.

Die jahrhundertealte These des Business: »Konkurrenz belebt das Geschäft« wird sonst zu einem gefährlichen Bumerang. Auf die interne Konkurrenz zu setzen heißt, die Wettbewerbs-Fähigkeit des Unternehmens zu untergraben. Die wissenschaftlichen Analysen haben zu deutlich bestätigt, »daß Konkurrenz-Orientiertheit keineswegs der Erfolgs-Garant Nr. 1 ist. Es führt nicht unbedingt schneller und besser zum Ziel, wenn man den eigenen Erfolg durch den Mißerfolg anderer erreicht« (Alfie Kohn: No Contest: The Case against Competition, Boston 1986).

Die kreative Elite ist frei von Konkurrenz-Rivalität

1979, so berichtet »Psychologie heute« (12/86), hat der Pschologe Robert Helmreich an der University of Texas die Beziehungen zwischen Leistung und Wettbewerbs-Orientierung untersucht, am Beispiel von 103 Wissenschaftlern. Man hat ihre Persönlichkeits-Merkmale analysiert und sie in Beziehung zu ihrer wissenschaftlichen Leistung gesetzt.

Das Ergebnis bestätigte die General-Tendenz vieler Untersuchungen zuvor: »Die erfolgreichen Wissenschaftler erzielten zwar hohe Ergebnisse im Merkmal Arbeits-Orientiertheit und Risikofreude. Sie waren jedoch *überhaupt nicht konkurrenz-orientiert.*« Und damit ist die neue Leitlinie vorformuliert:

- Je problematischer die Märkte werden (reduktive, stagnierende oder turbulente Märkte), um so größer wird das *Risiko für den Manager*.

- Um trotz erschwerter Außen-Bedingungen und trotz des erhöhten Risikos überdurchschnittlich erfolgreich operieren zu können (Konkurrenz-Überlegenheit und Wettbewerbsvorteile erzielen zu können), muß die *interne Konkurrenz-Orientierung* soweit wie möglich abgebaut werden.

- Der Innere Friede wird zur Basis für mehr Risikofreude. Und Kreativität und Innovation sind das Ergebnis dieser Risiko-Bereitschaft. In

Unternehmen mit Konkurrenz-Rivalität und destruktiver Kader-Disziplin wird die geistige Risiko-Bereitschaft systematisch reduziert. Heraus kommt eine *geringe Innovations-Leistung* und damit eine reduzierte Konkurrenz-Überlegenheit im Markt.

Helmreich war von diesem Ergebnis so überrascht, daß er die Untersuchung immer wieder wiederholt hat, und zwar mit sehr differenzierten Berufsgruppen und Studenten. Aber das Ergebnis war immer das gleiche: *Je mehr Konkurrenz-Orientierung, um so weniger Leistung*. Je mehr Rivalität in der Gruppe, um so weniger Brillanz und Produktivität. Aber im Business hält sich trotzdem hartnäckig die Auffassung, daß ein »guter Geschäftsmann ehrgeizig, aggressiv und wettbewerbs-orientiert sein muß« (Alfie Kohn).

Helmreich geht davon aus, daß das dramatische Ergebnis seiner vielen Forschungen genau das Gegenteil beweist: »Konkurrenz fördert die Karriere eines Geschäftsmannes nicht.«

Der Innere Friede fördert die Team-Kreativität

Damit wird eines sichtbar: Der Innere Friede wird zu einem tatsächlich *entscheidenden Produktiv-Faktor*. Es handelt sich hier nicht um das »kitschige Gesäusel« des New Age oder um die Schonungs-Wünsche von inkompetenten Mitarbeitern, die mehr Kooperation fordern, weil sie zu schwach sind für Höchstleistungen.

Ganz im Gegenteil: Die Untersuchungen von Helmreich und anderen haben gezeigt, daß es gerade die klügsten und kreativsten Köpfe sind, die nur dann wirklich produktiv werden, wenn ein *kooperatives Klima* herrscht. Die Firmenkultur muß tief durchdrungen sein von diesem Inneren Frieden . . . dann erhöht sich fast sprunghaft die *Sozial-Energie des Teams*, dann verbessert sich in kurzester Zeit die Team-Kreativität.

Ein Beweis dafür sind die Arbeiten der Psychologin Teresa Amabile von der Brandeis University. Sie hat junge Mädchen künstlerische Kollagen anfertigen lassen. Die eine Gruppe mußte unter Konkurrenz-Bedingungen arbeiten, die andere unter besonders positiven kooperativen Bedingungen. Das Ergebnis: Die künstlerische Qualität der Produkte war bei der kooperativen Gruppe eindeutig besser. »Kreativität drückte sich beispielsweise in größerer Originalität, Komplexität und Variation aus.«

Fazit: Team-Kreativität ist direkt abhängig vom Grad des Inneren Friedens.

Will man sich also in harten Märkten erfolgreicher mit der Konkurrenz messen (also wettbewerbsfähiger werden), dann muß die Konkurrenz-Überlegenheit systematisch hergestellt werden. Und das geht nur durch mehr Kreativität im Team und durch mehr Handlungs-Leidenschaft (Verschworenheit). Der *Kooperations-Geist* der Firmenkultur rückt in den Mittelpunkt der Produktions-Strategien ... und nicht die Pfennigfuchserei der Sparprogramme!

Interessant ist auch die Tatsache, daß die meisten Menschen – wenn sie wählen könnten – im Prinzip lieber kooperieren als konkurrieren wollen. Der Psychologe Terry Orlick, University of Ottawa, hat das umfassend analysiert. Man erkennt sehr schnell, daß die *neue Sehnsucht nach einem friedlichen Corpsgeist* nicht etwa eine neue Erfindung übersensibilisierter Manager ist, sondern ein tiefverankertes Grund-Streben der Menschen, das sich immer dann besonders aktiviert, wenn kleinere oder größere Gruppen *überdurchschnittliche Leistungen* erzeugen wollen.

Der Unterschied zum üblichen Betriebsklima

Man kann den Trend auch andersherum formulieren: Immer dann, wenn Menschen Arbeitsspaß mit intensiver Leistung verbinden wollen, verlangen sie automatisch nach einer kooperativen, friedlichen Atmosphäre.

Das Problem: In den meisten Firmen herrscht eine Firmenkultur vor, die nach wie vor durch klassische Kader-Prinzipien gekennzeichnet ist. Zwar verweisen alle Firmen mehr oder weniger stolz darauf, daß sie »ein gutes Klima und eine positive Firmenkultur« haben, aber die Recherchen eines ZDF-Teams zu diesem Thema haben gezeigt, daß selbst Firmen, in denen die interne Rivalität sprichwörtlich ist, von sich mit hohem Pathos behaupten, sie hätten ein gutes Betriebsklima. Der Trick ist leicht zu durchschauen: Auch dort, wo sich Mitarbeiter »permanent prügeln«, herrscht die *Verpflichtung zum Keep-smiling.* Die gesitteten Umgangsformen, die überall üblich sind, sind keine Garantie dafür, daß ein wirklich tiefer Innerer Friede und eine wirklich *integre Kooperation* herrschen. Das normale Betriebsklima ist meilenweit entfernt von echter Verschworenheit.

Warum interne Konkurrenz so nachteilig ist

Wie kommt es nun dazu, daß interne Konkurrenz das Geschäft nicht belebt, sondern daß Konkurrenz die Leistungsfähigkeit der Firmen reduziert? Hier gibt es zwei Erklärungen, die sich in der Wissenschaft durchgesetzt haben:

1. Erfolg beruht darauf, daß Ressourcen optimal genutzt und geteilt werden. Dies ist nahezu unmöglich, wenn Menschen gegeneinander arbeiten.

   Hier schimmert das durch, was die Japaner offensichtlich perfekt machen und was ihrer Kultur sehr nahekommt. Aus Unternehmen werden Glaubens-Gemeinschaften und aus Teams werden *verschworene Sinn-Familien.* Dadurch kommt es zu einer optimalen Nutzung der geistigen Ressourcen. Überwiegt die Konkurrenz-Orientierung, werden die vorhandenen Ressourcen nur sehr begrenzt kombiniert. Das Ergebnis ist eine schlechte bis mittelmäßige Innovations-Kraft im Unternehmen.

2. Konkurrenz ist deshalb nicht leistungsfördernd, weil es »zwei Paar Schuhe sind«, erfolgreich sein zu wollen und andere zu schlagen.

   Die Analysen haben deutlich gezeigt, daß sich die beiden Ziele »Erfolg« und »Sieg im Wettbewerb« widersprechen. Der Karriere-Erfolg verlangt ganz spezielle Verhaltensformen, die sehr *konträr zur Kreativität stehen.* Wer wirklich schnell Karriere machen möchte, muß sogar sehr häufig seine »kreative Intelligenz« verstecken.

Wenn sich die Wirtschaft wandelt, versagt das Rivalitäts-Prinzip des Kader-Systems

In Zukunft wird der Innere Friede immer mehr zum Produktiv-Faktor, weil die Situation im Management immer komplexer wird. Je schneller der Wandel in den Märkten, um so unüberschaubarer werden die Szenarien. Und das ist genau die Situation, die das kommende Management kennzeichnen wird: *Wachsende Komplexität bei wachsender Unüberschaubarkeit.*

Das benötigt einen neuen Typus von Manager, der mit Komplexität planerisch gut umgehen kann (siehe hierzu die vielfältigen Ausführungen in dem Buch »Der neue Manager«). Das Interessante ist nun, daß bei komplexen Problemen und Entscheidungen bei Unüberschaubarkeit *ein anderer Persönlichkeits-Typus* gefordert wird.

Die Psychologin Margret Clifford von der University of Iowa hat ermittelt, daß bei komplexen Problemen eine Leistungssteigerung nur dann möglich ist, *wenn der Problemlöser* »intrinsisch motiviert ist«.

Was heißt das? Intrinsisch nennen die Psychologen »eine Befriedigung, die im Tun selbst liegt«.

Extrinsische Motivation zielt also auf Geld, Status und Position. Intrinsische Motivation zielt auf den *Spaß beim Arbeiten*, auf das Befriedigungs-Gefühl beim Lösen eines Problems und auf das seelische Wohlbefinden, das positiv verlaufene Gruppenarbeit bei jedem erzeugt: *Zwischenmenschliche Wärme kombiniert mit hoher Leistungs-Effizienz.*

Die Untersuchungen von Clifford haben nun gezeigt, daß schwierige und komplexe Probleme von extrinsisch motivierten Personen nicht sehr gut bewältigt werden können. Wer also *Geld, Status und Rang-Position* anstrebt, ist in der Regel nicht in der Lage, komplexe und langfristige Probleme zu analysieren und zu lösen.

Wer jedoch intrinsisch motiviert ist, in dem »brennt ein anderes Feuer des Wollens«. Er kann auch bei komplizierten und hochkomplexen Aufgaben kreativ und erfolgreich sein.

Die Untersuchungen von Clifford haben darüber hinaus gezeigt, daß hochleistungs-motivierte Menschen überwiegend intrinsisch motiviert sind. Sie arbeiten in erster Linie für sich selbst (Selbstentfaltungs-Werte) und nicht für materielle oder Prestige-Werte.

In Deutschland steigt besonders im Lager der Jung-Manager der Anteil der *intrinsischen Manager.*

Fazit: Wenn man im Wettbewerb der Konkurrenz überlegen sein möchte, muß man als Top-Manager einen höheren kreativen Output organisieren, indem man viele intrinsische Mitarbeiter zu einem hohen Verschworenheits-Niveau führt.

Die besten Mitarbeiter sind in der Regel intrinsisch motiviert und können deshalb ihre Hochleistungs-Kompetenz nur dann einbringen, wenn zuvor die »extrinsische Motivation minimiert worden ist« (Alfie Kohn). Das heißt in einfachen Worten: wenn das Top-Management dafür gesorgt hat, daß das übliche Kader- und Konkurrenz-Prinzip außer Kraft gesetzt worden ist.

Der Trend zu den autonomen Gruppen

Das ist das Geheimnis des guten Funktionierens der *autonomen Gruppen*, des guten Funktionierens der *Quality Circles*. Das ist das Geheimnis, wieso Mitarbeiter auf Seminaren hervorragende Leistungen bringen, während sie am täglichen Arbeitsplatz so mittelmäßig sind.

Wer also die Produktivität steigern will, muß dafür sorgen, daß die extrinsische Kultur (Kader-Kultur), die in den meisten Unternehmen vorherrscht, systematisch annulliert und abgebaut wird. Denn die extrinsische Motivation (Karriere-Kampf) ist nicht nur hinderlich bei Spitzenleistungen, sondern sie untergräbt diejenige Motivation und Kompetenz, auf die heute immer mehr Unternehmen setzen, um im Markt erfolgreich zu sein: Kreativität und Innovation.

> **Fazit:** Die Märkte werden schwieriger. Und der Zwang, bei verschärften Wettbewerbs-Bedingungen eine permanente Konkurrenz-Überlegenheit zu erzielen, wird immer größer.
>
> Wir haben gesehen, daß die klassischen Kostenspar-Programme dabei versagen. Ihre Zeit geht zu Ende. Wir haben auch gesehen, daß die rationalen Strategien versagen.
>
> Das Mentale Management wird zur wichtigsten Ressource für »Leistung aus Leidenschaft«. Wir haben aber auch gesehen, daß die Konkurrenz-Orientierung, die für die klassische Kader-Organisation üblich ist, die angestrebte geistige Höchstleistung verhindert, weil sie die Sozial-Energie untergräbt.
>
> Die Konsequenz daraus lautet: hin zu einer echten Kooperations-Kultur durch neuartige Konzepte des Inneren Friedens.
>
> Im Grunde könnte man sagen: Nicht der Markt wird schwieriger, sondern unsere Psyche. Warum? Weil wir eine wichtige psychologische Barriere nicht überspringen können: hin zu Vertrauen und Kooperation.

Ohne Änderung der Persönlichkeit kann die Sozial-Energie nicht gesteigert werden.

Analysiert man die Trends sehr gründlich, dann wird schnell sichtbar, wo der Pferdefuß ist: *Er zeigt sich in der Persönlichkeit des Top-Managers.* Hier liegt die psychologische Barriere.

Es hat keinen Sinn, daß die Fortbildungs-Programme und die Trainings-Konzepte immer nur für das Middle-Management veranstaltet werden. Dort trainieren die meisten Unternehmen von Jahr zu Jahr mit wachsender Begeisterung. Gerade das Middle-Management wird immer häufiger animiert, Rhetorik-Kurse zu machen, neue Führungs-Prinzipien zu lernen und neue Theorien zu verarbeiten. Aber das Top-Management (Vorstand, Inhaber etc.) ist ganz selten bei diesen Seminaren anzutreffen. Man ist oben, also hat man genug gelernt.

Aber das, worum es hier geht, nämlich die Frage: »Wie organisiere ich Verschworenheit durch Inneren Frieden?«, das kann das Top-Management nicht wie von selbst. Denn die, die jetzt ganz oben sind, sind mit aller Wahrscheinlichkeit durch die Kader-Prinzipien (Konkurrenz-Rivalität) nach oben gekommen. Sie sind die legitimen Kinder der Kader-Kultur, die überwunden werden muß. Wie können sie das überwinden, was sie erfolgreich gemacht hat?

Hier setzt ein Trend ein, der noch ganz am Anfang ist, aber über den zu berichten schon lohnt: Immer mehr Top-Manager beginnen zu begreifen, wie wichtig die Variable »Persönlichkeit« für ihren Erfolg im Business ist.

Schon gibt es die ersten *Coachs*, die in Deutschland privat-intim mit Vorständen und Direktoren *Persönlichkeits-Transformation* üben. Schon gibt es die ersten Unternehmensberater, die auch »ganz oben« darüber aufklären, daß nur eine *heile Persönlichkeit* einen Inneren Frieden organisieren kann. Die Integrität des Bosses wird zur Voraussetzung für die Steigerung der Sozial-Energie.

Der Innere Friede kann nicht unter Ausschaltung der eigenen Persönlichkeit, sozusagen aus großer Distanz, gemanagt werden. Da muß man sich mit seiner vollen Persönlichkeit mitten in das Sozialfeld stellen, muß man als Mensch Flagge zeigen. Das ist das *Management der Menschlichkeit.*

Hin zu einem Management der Menschlichkeit

Typisch dafür ist beispielsweise der Bericht von William H. Peace, der in der Schweizer Zeitung »Bilanz« (12/86) erschien. Peace ist Vize-Präsident und General Manager der KRW Energy System Inc. Und er analysiert in diesem Beitrag seine *Probleme mit der Belegschaft.*

Er beschreibt in einem ungewohnt offenen und ehrlichen Stil, wie er sein eigenes Führungs-Konzept ändern mußte, um zu einer *neuen Solidarität im Management* und bei seinen Mitarbeitern zu kommen. Wie gesagt: Er hat sich als Mensch stark wandeln müssen, damit das Unternehmen zu Solidarität, Verschworenheit und Friedfertigkeit (Kooperatismus) kam. Peace hat nicht die Management-Instrumente gewechselt, sondern sich als Mensch gewandelt: Erfolg durch persönliche Transformation.

Peace hatte, durch seinen Consultant veranlaßt, einen schmerzhaften Erfahrungs-Prozeß vollzogen, mit vielfachen Selbstprüfungen. Er hatte zum Beispiel begriffen, wie einseitig sein Ehrgeiz und seine Erfolgs-Orientierung ist. Er hatte seine eigene Unfähigkeit, »mit Gefühlen meisterlich umzugehen« (meistens hatte er sie ignoriert oder unterdrückt), erkannt. Und er hatte sich entsprechend den Kader-Kriterien zu sehr auf sich und sein Image konzentriert, weil ihm »sein Stolz diktiert hatte, das persönliche Image zu verteidigen, um sich als kompetent, intelligent und erfolgreich darzustellen«. Peace hatte erst durch die Wandlung seiner Persönlichkeit erfahren können, daß es gar nicht nötig war, als Mensch so defensiv und konkurrenz-orientiert zu sein. Erst durch die *Verbesserung seiner Psyche* konnte er auch als Top-Manager besser werden.

Nur durch seine persönliche Wandlung hat er innerlich erleben können, was er wie folgt ausdrückte: »Vertrauen in einem Unternehmen ist wie Liebe in der Ehe. Beides hält die Menschen zusammen und macht sie stärker. Nach meiner Erfahrung gibt es zwei Möglichkeiten, Vertrauen aufzubauen: Erstens können wir uns verletzlicher machen, indem wir die Masken ablegen, die wir gewöhnlich tragen, und unser wahres Selbst enthüllen. Zweitens sollten wir um der Mitarbeiter willen auch einmal Risiken auf uns nehmen.«

Fazit: Die persönliche Transformation der Top-Manager und Unternehmer rückt in den Blickpunkt der Management-Trends.

Das Credo dazu: Je heiler und menschlicher die Persönlichkeit des Bosses, um so mehr Chancen für Vertrauen, Kooperation und Inneren Frieden.

Je mehr Innerer Friede, um so mehr Kreativität und Verschworenheit (Über-Engagement). Die persönliche Transformation der Eliten wird zu einem neuen Auftrag für die Eliten.

In der Tat wird dieser Trend besonders in Deutschland immer aktueller. Das »Manager Magazin« berichtet in seiner Ausgabe 12/86 über Markus Jenni, der als Leiter des Internationalen Creativ-Centrums (ICC) in der Schweiz mehrtägige Workshops durchführt, unter anderem über das Thema »Umdenken/Wendezeit«. Marie-Luise Heusmann vom »Manager Magazin« schreibt dazu, »daß Konkurrenz, Aggression und einseitige Gewinn-Orientierung weithin in die Kritik geraten seien«.

Das deckt sich mit unseren Trend-Analysen. Immer mehr Führungskräfte begreifen, daß es »eine Kraft gibt, die im Guten liegt« (»Manager Magazin«). Immer mehr Manager haben den Mut, Harmonie (Kooperation und Innerer Friede) mit Effizienz in Verbindung zu bringen. Und die ersten Trainer – und Markus Jenni gehört dazu – offerieren den suchenden Managern neuartige Brücken zwischen den Markt-Erfordernissen (Wettbewerb-Konkurrenz) und der Psyche.

Erfolg auch ohne Schaden an der Seele

Offensichtlich geht ganz langsam die Zeit vorbei, in der der wirtschaftliche Erfolg immer gleichzusetzen war mit seelischer Verkümmerung.

Spaß an der Arbeit und Effizienz passen zusammen. Sinn in der Arbeit und Höchstleistung ebenso. Psychische Gesundheit und Wettbewerbs-Überlegenheit ebenso. Die Zeit geht zu Ende, in der in der Wirtschaft nur »psychische Krüppel« Überdurchschnittliches leisten können.

Wir empfehlen:

Bisher wurde Menschlichkeit nicht mit Unternehmertum und Management in Verbindung gebracht. Gerade das übliche Kader-System versucht, allzu individuelle, emotionale und soziale Dimensionen aus dem Business herauszuhalten.

Durch den Wertewandel und durch die Nachwuchs-Manager kommt es nun zu einem Trend, der die Human Resource immer mehr in den Mittelpunkt der Überlegungen stellt. In vielen Unternehmen gibt es deshalb erste Ansätze zu einer werte-orientierten Personalpolitik.

Dieser Trend-Bericht hat gezeigt, daß diese Ansätze zwar gut gemeint sind und auch in der richtigen Richtung liegen . . . aber sie reichen nicht aus, weil sich die Unternehmen immer mehr genötigt sehen, ihre Innovations-Kraft, ihre Konkurrenz-Überlegenheit und ihre Wettbewerbs-Stärke zu verbessern.

Wir empfehlen deshalb dringend, alle Aspekte des Human-Resources-Management aus der passiven Zone des »sozialen Mäzenatentums« herauszunehmen, um es zu einer aktiven Wettbewerbs-Waffe zu machen.

Denn das ist der neue Trend, der auf alle Unternehmen zukommt: Die Human-Qualität des Managements wird zum entscheidenden Wettbewerbs-Faktor. Das Management der Menschlichkeit wird zur Basis für mehr Erfolg im Markt, für mehr Rendite und für mehr unternehmerische Brillanz.

Ein Bericht von André C. Wohlgemuth aus den USA (»io Management-Zeitschrift« 1/87) bestätigt eindrucksvoll, daß die Amerikaner die Wichtigkeit der Human Resource voll erkannt haben. Sie sind hier zum Teil weiter als die deutschen Unternehmen. Es gilt aufzuholen. Viele amerikanische Top-Manager scheinen erkannt zu haben – so schreibt Wohlgemuth –, daß Humanität deshalb eine entscheidende Markt-Variable geworden ist, weil die Sozial-Energie eine Art Imitations-Schutz vor der Konkurrenz bedeutet.

Die Statistiken zeigen, daß die Produkt-Eigenschaften immer schneller vom Wettbewerb imitiert oder gar überwunden werden können. Sie halten im Schnitt nur zwei bis drei Jahre. Sowohl Fertigungs-Verfahren (ca. vier bis fünf Jahre) als auch Marketing-Konzeptionen (vier bis sechs Jahre) haben heute immer kürzere Haltbarkeiten und Vorsprünge und werden immer schneller vom Wettbewerb imitiert oder gar überwunden. Lediglich die Werthaltungen und die »Energie durch Verschworenheit« bieten den zur Zeit höchsten Imitations-Schutz und damit die stärkste Wettbewerbs-Waffe.

In den amerikanischen Unternehmen, die ein Human-Resources-Management betreiben, setzt man also auf folgende Formel: CIM-Strategien für mehr Flexibilisierung (Verkürzung der Reaktions-Zeiten) bei gleichzeitiger Verlängerung der Imitationsschutz-Zeiten durch Sozial-Energie und Verschworenheit.

Neu im Trend ist in den meisten Industrienationen die Tendenz, die Human-Strategien zu verbinden mit Unternehmensplanung und mit Marketing-Planung (Konkurrenz-Überlegenheit). Alles Menschliche und Zwischenmenschliche wird immer pragmatischer und operativer. Wir empfehlen, diese »Pragmatik der Menschlichkeit« im Unternehmen ganzheitlich zu diskutieren (Workshops und Entwicklungsgruppen), um das bisherige Mißverständnis (Human-Politik ist nur Personalpolitik) überwinden zu können.

Schon zeigt sich am Horizont ein weiterer Trend-Aspekt: Das Management der Menschlichkeit wandert auch immer mehr in das Feld der Öffentlichkeits-Arbeit. Die Transparenz über die Qualität des Human-Geistes wird durch Publikationen immer größer. Das Image des Unternehmens als Arbeitgeber (Personal-Marketing) wird immer stärker von der öffentlich bewiesenen Human-Qualität abhängig.

Obwohl es eigentlich nicht zueinander zu passen scheint (Marketing versus Management der Menschlichkeit), liegt gerade in dieser Symbiose der neue Zugang zu einer gesteigerten Wettbewerbs-Kraft.

Die Ergebnisse des Conference Boards 1986 (»Absatz-Wirtschaft« 1/87) belegen diese Entwicklung. Auch die amerikanischen Marketing-Experten stehen vor dem Problem, Firmenkultur und humane Strategien mit »den harten Kämpfen im Markt« zu verbinden.

Typisch dafür war bei einem Conference Board Meeting der Vortrag von B. C. Moore, Vize-Präsident für Marketing bei Betz Laboratories Inc. Er hat eindringlich darauf hingewiesen, daß nur derjenige im Markt überlegen ist, dem es gelingt, »dem Kunden Werte zu geben«. Markterfolg nicht durch Hard Selling, sondern durch Werte-Produktion. Seine Maxime für den Kunden: »Der Wert, den man erhält, überwiegt bei weitem den Preis, den man für das Produkt bezahlt.« Wer das schafft, braucht nicht mehr vorrangig über den Preis zu verkaufen. Wer das schafft, ist nicht zum Hard Selling verdammt.

Moore fragt, wie das zu schaffen sei. Wie produziert man den Wert für den Kunden »als Zusatz zu den Kosten des Produktes«? Die Antwort des amerikanischen Experten ist glasklar: Durch mehr Veränderung und durch mehr Innovationen, das heißt durch mehr kreative Produktivität der beteiligten Menschen.

Auf dieser Tagung wurde ebenfalls sichtbar, daß immer mehr Unternehmen beginnen, ihre Marketing-Power dadurch zu erhöhen, daß man sich für »Paket-Gedanken« entscheidet.

Darunter versteht man die Kombination des Produktes mit vielfältigen Dienstleistungen. Dadurch rückt der Mensch stärker als je zuvor in den Mittelpunkt des Marketings, denn Dienstleistungen sind nur so gut wie die Menschen, die sie verwirklichen. Die Human Resource erobert das Marketing, um die Konkurrenz schlagen zu können.

Typische Formulierung dazu: »Was für uns wirklich den Unterschied macht, sind unsere Mitarbeiter.«

Das ist ein Zitat von D. Wayne Calloway, Präsident von Pepsi-Cola.

Und Calloway ist noch weitergegangen: Er meint, daß die wirklich großen Markterfolge in Zukunft nicht mehr durch rational-kaltes Management erzielt werden können, sondern durch Führung. Man beginnt also zu begreifen, daß Management gut ist für präzise Prozeß-Steuerung, daß aber Führung in der Lage ist, Verschworenheit, gesteigerte Sozial-Energie und Über-Engagement zu erwecken.

Calloway dazu: »Führung wird zum wichtigsten Bestandteil des Marketing-Mix.« Dementsprechend hieß seine Rede: »Adlern den Formationsflug beibringen: Führung und maximale Marketing-Leistung«. Calloway hat erkannt, was stark im Trend ist: Mit gutem Management kann man den Verkauf steigern. Mit gutem Management kann man seinen Marktanteil vergrößern. Mit gutem Management kann man höhere Spannen erzielen. Aber nur durch Führung kann man wirklich großartige Markterfolge und bleibende, ganzheitliche Markerfolge erzielen.

Die Human Resource verbindet sich mit der Qualität der Führung. Das Marketing von morgen erhält seine spezifische Durchschlagskraft immer weniger durch die klugen Daten (Marktforschung) und durch die intelligenten Strategien, sondern immer mehr durch die Brillanz der Führung. Damit wird das Marketing, was seine Planung betrifft, entwissenschaftlicht. Menschlichkeit und Führung werden dadurch wichtiger als Ratio und Strategie. Deshalb der Trend zum Mentalen Management.

Calloway, der sicher in dieser Beziehung ein Ausnahme-Pionier ist, ist auch der Meinung, daß das moderne Marketing einen ganz bestimmten Führer-Typus benötigt, nämlich den Transformierer. In seinen Worten: »Der transformierende Führer verpflichtet Leute zum Handeln. Er macht aus Mitläufern Führer. Er sorgt dafür, daß Mitarbeiter mehr erreichen, als sie selbst für möglich gehalten hätten.«

Das Marketing qualifiziert sich durch die Instrumente des Human-Resources-Management.

Je stärker die dadurch erweckte Sozial-Energie, um so erfolgreicher das Marketing. Der Innere Friede, der zusammen mit der Vision die angestrebte Verschworenheit ergibt, sorgt für mehr Wettbewerbs-Kraft und Konkurrenz-Überlegenheit: Vom Hard Selling zum Human Selling.

Inzwischen ist auch in der internationalen Management-Debatte das Thema: »Mehr Produktivität durch humane Strategien« wichtiger geworden. Der amerikanische Ökonomie-Professor Lester C. Thurow (»Trendletter« 3/87) publizierte, daß die amerikanische Wirtschaft trotz hoher technologischer Produktivität (Computerisierung, Roboter etc.) zu keiner wirklichen Produktivitäts-Steigerung gekommen ist. Von 1978 bis 1985 betrug das durchschnittliche Wachstum der Produktivität nur 0,7 Prozent, obwohl der reale Brutto-Produktionswert um 15 Prozent stieg. Die Zahl der Arbeiter ging in diesem Zeitraum um 6 Prozent zurück. Zusammen bedeutet das eine Steigerung der Produktivität um 21 Prozent.

Trotzdem ist davon fast nichts übriggeblieben, weil die Produktivitäts-Fortschritte in der Produktion (technologische Seite) wieder aufgefressen worden sind durch die geringer werdende Produktivität im White-Collar-Bereich. Die Angestellten und Manager sind also schlechter geworden. Zwischen 1978 und 1984 um 10 Prozent weniger Leistung.

Die Human Resource scheint immer weniger zu funktionieren. Und alle Industrienationen werden umdenken müssen, um die geistige Produktivität drastisch zu erhöhen, weil sie sonst immer radikaler die Fortschritte der Roboterisierung zunichte macht. Nur durch grundsätzlich andere Motivations-Konzepte kann der Faktor Mensch wieder so produktiv werden, wie er im Prinzip sein kann.

Das ist auch das Ergebnis der umfangreichen Recherchen von Peters und Austin, die in ihrem Buch »Leistung aus Leidenschaft« (Hamburg 1986) beschrieben worden sind.

Die Unternehmen werden den Mut haben müssen, Begriffe wie »Mission, Passion und Glaubens-Gemeinschaft« in den Mittelpunkt ihrer Produktivitäts-Programme zu stellen. Wer den Menschen produktiver machen möchte, muß menschlicher managen. Oder anders ausgedrückt: Er sollte aufhören zu managen und statt dessen lernen, menschlich zu führen (»In den amerikanischen Organisationen gibt es zuviel Management und zuwenig Führung« – Warren Bennis).

Peters und Austin glauben, daß dafür »eine Revolution« nötig sei: Statt Härte die Wiederentdeckung von Güte und Freundlichkeit. Statt Effizienz mehr Menschlichkeit. Statt Ausrichtung an leblosen Daten eine neue Orientierung durch weiche Einfluß-Faktoren (sanftes Management), so zum Beispiel Qualität, Weitsicht und Integrität.

Es werden nicht mehr rationale und effiziente Manager gesucht, sondern Menschen, die dadurch zu hervorragenden Führern werden, daß sie eine »außergewöhnlich intensive Menschen-Orientierung« praktizieren (Peters). In den Training-Workshops von Peters und Austin, die hier symptomatisch für den neuen Trend sind, lauten die neuen Ziel-Vokabeln »Liebe, Fürsorge, Vertrauen und Demut des Führenden«.

Ein neues Denken setzt sich durch, das jetzt Humanität und wirtschaftlichen Erfolg vereint. Das wird auch das Leitbild des Managers wandeln: Der gute Manager ist nicht mehr gut, weil er inhuman ist (rigider Fiesling). Er ist auch nicht gut, weil er von kalter Neutralität ist, sondern er ist deshalb gut, weil er ein menschlicher Mensch ist (Integrität).

Die Zeit geht offensichtlich langsam vorbei, in der Karriere bedeutete, daß man für die Wirtschaft seine Menschlichkeit und sein Glück opfern mußte. Wirtschaft und Glück scheinen zusammenzufinden.

Dieser neue Trend wird auch die Auffassung von Organisationen entscheidend verändern. Typisch dafür sind die Arbeiten von Prof. Karl E. Weick (»Der Prozeß des Organisierens«, Frankfurt am Main). Weick betont, daß die neuen Human-Ziele selbst bei bestem Wollen deshalb nicht verwirklicht werden können, weil die Ideologien der Top-Manager überwiegend veraltet sind und weil das Gesamt-System »Business« auf einer falschen Metapher basiert (diese Metapher ist das Militär).

Wie Cooney und Miller in ihren Untersuchungen feststellen konnten, ist die Militär-Metapher diejenige, »die die Geschäftswelt beherrscht«. Man denke an die Begriffe, die für Manager typisch sind (Strategie, Rekrutieren, Offensiven, Manöver usw., usw.).

Die Sprache allein wäre – isoliert betrachtet – nicht weiter schlimm, wenn nicht das dahinterstehende geistige Modell so lebendig wäre. Und dieses Modell ist – typisch für das Militär – von einer außerordentlichen Autorität durchdrungen: Effizienz soll durch Hierarchie und Autorität erzielt werden.

Das Management der Menschlichkeit wird erst dann wirklich umfassend und ernsthaft praktiziert werden können, wenn die Militär-Metapher des Top-Managements überwunden ist. Weick dazu: »Militärische Bilder ersparen dem Manager die Mühe, ergiebige Wege zum Verständnis und zur Führung ihrer Geschäfte zu suchen. Und das ist traurig, weil militärische Bilder die Flexibilität einschränken, bornierte Lösungen fördern und sich selbst perpetuieren.«

Wenn man also im Markt effizienter und flexibler operieren möchte, muß das Top-Management fähig werden, die alles beherrschende Militär-Ideologie zu überwinden. Wir empfehlen, hierfür spezifische Trainings-Camps einzurichten oder Coachs mit dieser Aufgabe zu beauftragen. Von selbst geht das nicht.

Auch das Controlling, das inzwischen in den meisten Unternehmen Fuß gefaßt hat, würde sich durch den neuen Trend zum Management der Menschlichkeit verändern.

Typisch dafür sind etwa die Controlling-Perspektiven für die 90er Jahre, die Ernst F. Schröder unter dem Titel »Operatives Controlling« formuliert hat (»Controlling-Konzepte«, Hrsg. Elmar Mayer, Wiesbaden 1986). Der Controller ist dann nicht mehr Disziplinator, sondern wird zum Motor für die Steuerung des Unternehmens, weil er die Aufgabe hat, »die Voraussetzung für dezentrale Steuerung zu liefern und die Entscheidungsträger zur Ergebnis-Verantwortung zu aktivieren«. Das neue Controlling, das sich langsam entwickelt, befähigt die Mitarbeiter und Teams, »sich selbst zu steuern, statt sich steuern zu lassen«. Es ist emanzipatorisch und nicht autoritär.

Von besonderer Bedeutung ist das Thema »Innerer Friede« für den deutschen Mittelstand. Gerade die mittelständischen Firmen klagen häufig, daß sie gegenüber den Großkonzernen finanziell benachteiligt seien. Es fehlt ihnen oft an Etatvolumen. Hier bringt nun das sanfte Management eine hervorragende Chance: Es aktiviert Handlungs-Leidenschaft durch humanes Führen. Und es verbessert die kreative Produktivität durch moderne Gruppen-Dynamik (partizipatives Management). Auf einen Nenner gebracht: Wenn es dem Mittelstand gelingt, die Sozial-Energie strategisch zu nutzen, ist er in der Lage, seine Wettbewerbs-Fähigkeit trotz oft fehlender Geldmittel drastisch zu verbessern. Humanität schlägt dann die Bürokratie der Gruppen.

Wir empfehlen darüber hinaus, den Faktor »Firmenkultur« neu zu durchdenken. Die meisten Unternehmen interpretieren ihre eigene Kultur viel zu passiv und retrospektiv. Erst wenn sich die aktive Arbeit für den Inneren Frieden mit der Firmenkultur-Entwicklung verbindet . . . erst dann kann Verschworenheit und gesteigerte Sozial-Energie entstehen.

Voraussetzung dafür ist die Fähigkeit, sich vom alten Management zu trennen zugunsten von Führung, was im Prinzip nichts anderes ist als eine neue Ganzheitlichkeit: Zu dem klassischen Management (rational und systematisch) kommt das neue Mentale Management hinzu.

Erst durch das Mentale Management entsteht die gesteigerte geistige Produktivität, auf die es in reduktiven, stagnativen oder turbulenten Märkten immer mehr ankommt.

Die Aufgabe des Mentalen Managements lautet: »Die Energie des Unternehmens optimieren . . . mehr Energie managen.« Im Mittelpunkt dieser neuen Konzepte steht in der Regel die Vision. Wir empfehlen den Unternehmen, öfter als bisher »im geistigen Raum Zukünfte zu entwerfen«, aber diese Arbeit nicht mehr – wie bisher – an die Stäbe zu übertragen (also vom Daily Business wegzudelegieren oder auf eine einmalige Sitzung im Jahr zu verlegen). Die meisten Unternehmen behandeln ihre eigene Zukunft nämlich nicht als Kontinuum, sondern als »Klausur-Tagung«, die man ab und zu – »fast wie Luxus« – durchführt.

Wir empfehlen dringend, die Visions-Arbeit, die immer zugleich auch Zukunfts-Arbeit und Trend-Monitoring ist, in die laufende Marketing-Planung zu integrieren.

Typische Ansätze dazu gibt es. So etwa das Planungs-Instrument von Mitsubishi, das die kontinuierliche Integration von Mega-Trends in die operative Planung garantiert. Neuartige Planungs-Systeme, die den Faktor »Zukunft und Umfeld« stärker als je zuvor berücksichtigen, sind dringend nötig, um die Visions-Qualität zu verbessern, denn ausschließlich die Vision erweckt die Handlungs-Leidenschaft (Passion). Für gute Zukunfts-Ziele erhält das Unternehmen eine gute Sozial-Energie.

Wir empfehlen darüber hinaus, die Circle-Konzepte für die Visions-Arbeit zu nutzen, etwa durch die Installation von Future Circles. Dadurch wird es möglich, Vision und Firmenkultur in idealer Weise zu verschmelzen.

Das alles führt zu einem Wettbewerbs-Vorteil, der optimal abgeschottet ist gegen Imitation und Konkurrenz.

Teil 5

Die Entmachtung der Macht

Die Erosion der Macht

Das ist ein wichtiger Trend, den bisher nur ganz wenige bemerkt haben. Es lohnt sich, ihn mit der Lupe zu betrachten. Denn dieser Trend wird eines Tages wirksam sein wie ein *destruktiver Bazillus*: Er wird die alten Macht-Modelle ineffizient machen. Er wird die klassischen Muster der Autorität ad absurdum führen. Und er wird schon in den nächsten Jahren dafür sorgen, daß immer häufiger hinter vorgehaltener Hand getuschelt wird: »Opas Management ist tot.« Denn es ist ein Trend, der dafür sorgt, daß *Konservativismus und Hierarchie-Pflege* als »contra-produktiv« entlarvt werden.

Es ist ein Trend, der dafür sorgen wird, daß die repressiven *Rituale der Organisation* und die »seriösen« Prestige-Spiele großer Organisationen plötzlich nicht nur als altmodischer Ballast erlebt werden, sondern als Hindernisse auf dem Weg zu *mehr Effizienz durch mehr Flexibilität.*

Prüfen wir zuerst die *Trend-Landschaft*, die hinter diesem neuartigen Trend steht. Hier gibt es drei Strömungen:

① *Turbulenz und Wertewandel*

Die klassischen Organisations-Formen und Autoritäts-Riten sind offensichtlich nicht mehr in der Lage, die *wachsende Turbulenz* und den permanenten *Wandel im Wertsystem* zu begreifen und per Aktionen pro-aktiv zu handeln.

Da nun die Trends aber immer konsequenter verlangen, *Veränderungen aktiv zu initiieren*, statt sich ihnen passiv und spät anzupassen, sind die klassischen Gesetze der Machtentfaltung außerordentlich eigen-schädlich geworden. Das neue Erfolgs-Gesetz lautet: Den Wandel als erster verursachen! Dazu passen die alten Macht-Rituale, die ja seit jeher Konservatismus und Stabilität präferieren, nicht mehr. Die »alte« Macht will Statik und Ordnung. Die neue Macht will Fluktuation.

② *CIM und neue Führung von unten*
In den wenigen Unternehmen, in denen die Flexibilisierung der Produktion durchgeführt worden ist, sieht man es heute schon: Wenn CIM kommt, dann gibt es neue Führung-Modelle. CIM verlangt eine neue Machtverteilung. CIM heißt Abschied von der Autorität alten Stils. CIM fordert die Aufgabe der Prestige-Spiele alten Stils.

CIM provoziert in einem Umfang den *partizipativen Führungsstil*, wie es bisher kaum vorhersehbar war. Und der kollidiert immer stärker mit den Ritualen klassischer Macht, mit der üblichen Definition von Seriosität und Souveränität (immer mehr Mitarbeiter entdecken dann, daß Souveränität häufig nichts anderes ist als »nichts dazugelernt«).

Die General-Tendenz dafür ist von Fred Krummenacher, St. Gallen, in seinem Buch (»Flexibles Management statt Bürokratie«, Verlag Moderne Industrie, 1985) wie folgt tituliert worden: »Nicht Paläste, sondern Zelte bauen.« Zelte der Gleichheit für ein flexibles Management statt Paläste für Bürokratie, Eitelkeit und konservierende Machtentfaltung.

③ *Baby-Boomer und andere Intelligenz*
Wir stehen im Business vor einer *umfangreichen Wachablösung*. Immer häufiger werden Vorstands-Positionen mit Managern besetzt, die zwischen 35 und 45 Jahre alt sind. Die Baby-Boomer kommen. Und die 68er-Generation ist dabei, die Chefsessel zu besetzen. Dieses Kapitel soll diese *junge Business-Elite* analysieren, weil sichtbar geworden ist, daß sie nicht nur jünger ist, sondern daß auch deutlich andere Prioritäten vorherrschen, so zum Beispiel ein anderes Verständnis von Weisheit, Klugheit und Cleverness.

Dieser Bericht wird sich also beschäftigen mit der Frage der Intelligenz und der *Rationalität*, das heißt mit der Frage, ob unsere Zeit eine Intelligenz über der normalen Intelligenz braucht. Warum?

Unsere Wirtschaft ist so komplex, die Prozesse sind so konfliktträchtig und die Abläufe sind so turbulent geworden, daß die klassische Manager-Intelligenz immer häufiger versagt. Der neue Trend lautet dementsprechend: *Hin zur Meta-Intelligenz*. Und das wiederum ist in erster Linie eine Frage des Alters und der Generation.

Fassen wir an dieser Stelle zusammen, so entwickelt sich die Entmachtung der Macht durch drei Fortschritte:

① **Soziale Fortschritte (Wertewandel).**

② **Fortschritte in der Technologie (CIM).**

③ **Bewußtseins-Fortschritte (Meta-Intelligenz).**

Drei Thesen zur neuen Manager-Macht

Unsere umfangreichen Diagnosen haben zu einer Trend-Landschaft geführt, die durch drei Thesen beschrieben werden kann:

① Dasjenige Unternehmen ist am besten in der Lage, ein modernes, *flexibles Management* durchzuführen, das Bürokratie und Macht-Rituale klassischen Zuschnitts am konsequentesten überwinden kann: *Flexibilisierung des Geistes* durch Anti-Bürokratie.

② Das Unternehmen, das am konsequentesten eine stabile *Meta-Intelligenz* durch neue Führungs-Kriterien, neue Manager, neue Organisations-Modelle etablieren kann, erzielt eine deutliche *Konkurrenz-Überlegenheit* und mit hoher Wahrscheinlichkeit bessere Renditen: Meta-Intelligenz bedeutet *geistige Fitneß für die Ära der Turbulenz*.

③ Die bewußte und gewollte *Überwindung des Konservativismus*, der falschen Seriosität und der verführerischen Wärme der Hierarchien verlangt eine neue Business-Elite: *Chefs mit einer anderen Autorität*.

Nun sind das zuerst einmal alles nur programmatische Thesen. Und man könnte fragen: »Gibt es überhaupt Manager, die bereit sind, diesem anderen Modell der Macht zu folgen?« Die Antwort: Ja, es gibt sie. Und die Trendsignale zeigen, daß es sie auch in Deutschland gibt.

Und die Berichte in »Fortune« und »Business Week«, zwei amerikanischen Zeitschriften, sowie die Trend-Recherchen von John Naisbitt zeigen deutlich, daß sich international ein Trend entfaltet, der in Richtung »neue Manager-Autorität und neue Meta-Intelligenz« geht.

Prüfen wir die empirische Lage. Beginnen wir mit Europa.

Die neuen Manager in Europa ... auf dem Weg zu einem anderen Selbstverständnis von Macht und Führung

Der Artikel erschien vor einiger Zeit in »Fortune«, also der führenden amerikanischen Wirtschafts-Zeitschrift, geschrieben von Richard I.

Kirkland jun., und zwar als Titel-Story: »Europe's New Managers«. Das Ergebnis, außerordentlich gut recherchiert, erbrachte, auf einen Satz zusammengefaßt, folgende These:

Die Blue-Jeans-Mentalität erobert das Management.
Das alte Spiel mit Hierarchie,
Autorität und Macht geht zu Ende.

Betrachten wir einige Facetten aus diesem reichhaltigen Kaleidoskop, das »Fortune« präsentierte:

Das, was man einen *neuen Manager in Europa* nennen könnte, dieses Wesen ist rund 35 bis 45 Jahre alt, gehört also zur 68er-Generation, das heißt, er hat miterlebt, daß durch Proteste, Krawalle und partizipative Forderungen tatsächlich Wirklichkeiten verändert worden sind. Und zwar vehement und bleibend. Diese Generation hat *die erste Niederlage der heroischen Autorität* gesehen. Diese Generation hat am eigenen Leibe erfahren, daß Experten eben nur Experten und nicht etwa die ewigen Weisen sind. Sie hat *die Schattenseite der Macht* erlebt.

Diese Generation der neuen Manager gehört in den USA und zum Teil auch in Deutschland zur *Generation der Baby-Boomer*. Die Mentalität dieser Gruppe ist geprägt durch ein *starkes Engagement*, verbunden mit zum Teil *überhöhten Forderungen* und Idealen.

Nun gibt es natürlich nicht auf der ganzen Linie nur noch neue Manager, sondern das Ganze ist immer eine Mixtur zwischen alten und neuen Managern. Was dieser Trend-Bericht signalisieren möchte, ist die Tatsache, daß der Anteil der neuen Manager in diesem Gebräu zwischen alt und neu von Jahr zu Jahr höher wird und daß das gesamte System »Management, Führung und Autorität« recht schnell kippen könnte, wenn die *kritische Masse* erreicht ist.

Und die Trend-Signale zeigen, daß dieser kritische Punkt in den nächsten Jahren erreicht sein könnte. Dann wird dasjenige Unternehmen plötzlich fitter sein, das ein größeres Volumen von neuen Managern an den wichtigsten Schalthebeln sitzen hat. Es geht also darum, frühzeitig diese andere Mentalität kennenzulernen, sie zu akzeptieren und – wichtig! – die Organisation so grundsätzlich umzubauen, daß die neuen Manager tatsächlich ihre spezifisch *neue Mentalität entfalten* können. Es hat wenig Sinn, die neuen, jüngeren Manager einzustellen, aber sie auf dem Weg nach oben so zu drangsalieren und kadermäßig »umzufunktionieren«, daß sie »neue alte Manager« werden.

Achtzehn Punkte einer anderen Mentalität

Also stellt sich die Frage: Was bringen die neuen Manager ein, wenn man sie läßt, wenn man sie kultiviert, wenn man ihr anderes Bewußtsein positiv nutzt? Was ist ihr besserer Beitrag zum besseren Management?

① Sie haben eine stabile *Abscheu vor Hierarchien*.

② Sie sind *kosmopolitisch* ausgerichtet. Ihre Sprache und zum Teil auch ihr Kultur-Empfinden basiert auf der englischen Sprache.

③ Sie kämpfen offen und zum Teil versteckt gegen das, was im »Fortune«-Artikel »die Barriere des weißen Haares« genannt wurde. Sie sind sich also den unterschiedlichen Bewußtseins-Qualitäten zwischen dem klassischen Autoritäts-Manager einerseits und dem neuen *Hierarchie-Manager* andererseits sehr wohl bewußt.

Überhaupt weisen sie ein geschärftes Bewußtsein für die *unterschiedlichen Bewußtseins-Qualitäten* auf. Deshalb ist für sie die ältere Generation nicht etwa deshalb so problematisch, weil sie älter ist, sondern weil sie *positionelle Macht mit einem unzeitgemäßen Bewußtsein verbindet*.

④ Sie sind *Kinder der Weltwirtschaft*, das heißt, sie pflegen bewußt ihren Internationalismus. Allzu dogmatische National-Konzepte erleben sie als überholt.

⑤ Trotz aller EG-Querelen ist für sie *Europa ein Stück Wirklichkeit*. Sie sind sehr viel häufiger in fremden Ländern tätig gewesen, kennen multi-nationale Jobs und haben dadurch eine erhöhte geistige Flexibilität und eine *höhere kulturelle Toleranz*.

⑥ Sie verfügen in der Regel über eine *optimale Ausbildung*. Der profilierte Unternehmensberater Zehnder dazu: »So gut wie nie zuvor.«

⑦ Sie haben ein anderes Verhältnis zu Groß-Organisationen und sind *nicht mehr bereit zur Kader-Loyalität*, das heißt, sie haben hier eine Art US-Mentalität entwickelt mit einem deutlichen Trend zum gezielten und zum Teil auch häufigen *Job-Wechsel*.

⑧ Sie bevorzugen trotz aller Aggressivität und trotz eines starken persönlichen Karriere-Strebens eine *Kultur des Vertrauens* statt einer Kultur, die von permanenter Konkurrenz-Rivalität geprägt ist: *High-Trust-Organization* als Voraussetzung für brillante Innovationen und für ein hohes Maß an Selbstorganisation der Mitarbeiter.

⑨ Sie haben eine *geänderte Führungs-Ideologie*, die sehr viel stärker darauf ausgerichtet ist, die Potentiale der Mitarbeiter zu kultivieren, statt das Verhalten der Mitarbeiter zu programmieren: Fördern statt Steuern.

Das entspricht im wesentlichen den Führungs-Dimensionen, die in dem Buch »Der neue Manager« artikuliert worden sind (Kultivierungs-These).

⑩ Sie haben eine ausgeprägte Vorliebe für *Dezentralisierung* und formen gern kleine, zum Teil *autonome Einheiten*.

⑪ Sie lieben es, *Verantwortung zu delegieren*, und empfinden das nicht als Entmachtung und Gesichtsverlust.

⑫ Sie sind sehr stark daran interessiert, *als Elite gepflegt* zu werden, und verlangen immer häufiger Gewinnbeteiligung. Sie verstehen sich immer stärker auch als *Mit-Unternehmer* und nicht als »apparative Manager«.

⑬ Sie haben gegenüber Gewerkschaften eine deutlich andere Einstellung. Sie tendieren zu einem *harten Umgang mit Gewerkschaften*. Weil sie sich nicht als »Profit-Kapitalisten« verstehen, gibt es bei ihnen auch weniger Schuldgefühle gegenüber Gewerkschaften und Mitarbeitern. Sie sind aber auch experimenteller und zum Teil auch kooperativer, wenn es darum geht, mit den Gewerkschaften zusammenzuarbeiten, weil sie über *weniger Feindbilder* verfügen.

⑭ Sie sind *gegen das traditionelle Karriere-System* ausgerichtet, das Opportunismus und Zurückstellen der persönlichen Motive mit hohen Positionen belohnt. Sie wollen *Leistung belohnt* sehen und nicht Kader-Opportunismus.

⑮ Ihre funktionale Orientierung liegt eindeutig in Richtung *Vertrieb* mit wachsender Tendenz auch in Richtung *gesellschaftliches Umfeld* (Issue-Politik). Sie haben also begriffen, daß neben der Konkurrenz-Orientierung die Umfeld-Orientierung und damit das permanente *Arrangement mit der Gesellschaft* wichtig werden. Das, was in der klassischen Organisationslehre Nebensache war (PR und Öffentlichkeitspflege), wird für sie zu einem zentralen Anliegen, um die Wettbewerbsfähigkeit und die Handlungsfreiheit der Unternehmen zu sichern.

⑯ Sie sind persönlich trotz der übermäßig starken Leistungsbereitschaft *an Selbstentfaltung interessiert*. Ein Großteil von ihnen hat deshalb Interesse an Small Companies und Middle Companies. Allzu große und allzu bürokratische Firmen werden gemieden, auch dann, wenn sie hohe Gehälter zahlen. Geld allein reicht nicht. Bezahlt werden soll auch mit Selbstentfaltungs-Chancen.

⑰ In der Gruppe der neuen Manager ist der *Anteil der Frauen groß*. Etwa 40 Prozent der neuen Manager, so die Prognosen der Experten, werden in den 90er Jahren Frauen sein.

⑱ In Deutschland, so die Untersuchungen von Lutz von Rosenstiel und anderen, ist ca. *ein Drittel der Manager alternativ orientiert*, das heißt, der Wertewandel hat in dieser Gruppe psychisch gewirkt. Das, was ältere Manager als »Verrat an unserer Wirtschafts-Ordnung« titulieren, ist für viele junge Manager eine Selbstverständlichkeit, die nicht mehr diskutiert werden muß – so beispielsweise ökologische Orientierung, ethische Prinzipien und Humanität als Produktiv-Faktor.

Soweit das Neue an den neuen Managern in Europa. Der »Fortune«-Bericht nennt dann natürlich auch einige Vorzeige-Personen, die diese neuen Dimensionen zu einem großen Teil in sich repräsentieren, so etwa Uwe Schneider (42), Marketing-Direktor bei der Lufthansa, Alain Minc (39), Carlo De Benedettis Mann in Frankreich, Mario Mauri (37), Vorstand von Montedison, Italien.

Aus dem politischen Lager werden genannt Felipe Gonzalez (46), spanischer Premierminister, aus Skandinavien Rolf Skär (47), aber auch Norsk Data usw., usw. Diese Liste ließe sich beliebig verlängern. Betrachtet man das alles aus der Vogelperspektive, so läßt sich zusammenfassend sagen:

Immer mehr junge neue Manager mit einer deutlich anderen Mentalität und Ziel-Orientierung besetzen wichtige Positionen im europäischen Management.

Das alles hat bisher noch nicht dazu geführt, daß das klassische Kader- und Autoritäts-Prinzip ins Wanken geraten ist.

Aber durch die Fortschritte in der Technologie (CIM) und die zunehmenden Turbulenzen in Weltwirtschaft und Gesellschaft werden bald immer mehr Firmen gezwungen werden, die angestrebte Effizienz durch eine neue *geistige Kraft* zu erzielen. Deshalb wird man die andere Mentalität der neuen Manager nicht nur dulden, sondern offensiv fördern und zur Basis für eine neue Auffassung von Organisation machen. Die jetzigen Ausnahmen sollen dann zur Regel werden.

Der Haupt-Ansatzpunkt der Veränderung wird in der *Überwindung falscher Autorität* liegen. Persönliche Integrität – wenn man so will: Charisma – ersetzt positionelle Autorität und Hierarchie (»Hierarchische Strukturen sind die Vorlieben einer Mehrheit, die sich von der dynamischen Minderheit getreten fühlt« – Péter Hargitay). Und Meta-Intelligenz (Turbulenz-Intelligenz) wird an die Stelle der üblichen linearen Intelligenz treten.

Prognosen werden wahr

Alles in allem entspricht das einigen Prognosen, die schon vor Jahren von der American Management Association erarbeitet worden sind. Die Studie hieß »The Changing American Workplace: Work Alternatives in the '80s«. Damals lautete die Prognose:

- Neue und unkonventionelle Arbeits-Formen und Organisations-Modelle werden kommen. Ihre Bedeutung wird schnell zunehmen. Die nächsten Jahre werden größere Veränderungen im Hinblick auf *Management, Führung und Macht* mit sich bringen als jede Dekade vorher.

- Je mehr die jüngere Generation in die Management-Aufgaben hineinwächst, desto selbstverständlicher werden die *Hierarchien abgeflacht werden*.

- Die Leistungs-Wettbewerbe der Mitarbeiter werden vielfältiger, da in den modern geführten Unternehmen *bewußt auf Status-Wettbewerb verzichtet wird*. Es wird vielfältige Experimente geben, um durch eine *partizipative Binnen-Kultur* wettbewerbsfähiger und anpassungsfähiger zu werden.

Soweit die damals formulierten Prognosen für eine andere Auffassung von Arbeit, Management und Führung. Wie man sieht, sind die neuen Tendenzen, was die europäische Szene betrifft, schon heute eine Bestätigung dieser Prognose.

Big Bang in London: Die Youngsters werden Stars

Gehen wir mit unseren Gedanken nach London. Dort hat plötzlich das Finanz-Establishment begonnen, ganz bewußt und gezielt gegen die »Barriere des weißen Haares« zu kämpfen. Denn am 27. Oktober 1986 war der Tag des *Big Bang für die Londoner Börse*.

Die alte, geadelte Tradition des Börsengeschäftes wurde abgesetzt durch eine kapriziöse und komplizierte Computer-Technologie und durch Telefon-Netzwerke. Das größte Ereignis in der Gesamtgeschichte der Londoner Börse. Das Establishment mußte diese Elektronifizierung der Börse realisieren, weil die Internationalsierung des Geldes und die Informatisierung der Finanzströme diesen Schritt dringend erforderlich machten, um weltweit konkurrenzfähig zu bleiben. Der Markt war die Ursache.

Und nachdem man erst einmal A gesagt hatte (Computerisierung der Börse), mußte man auch B sagen, und das hieß: Raus mit den alten Nadelstreifen-Experten, hin zu den Youngsters unter dreißig Jahren!

Durch die Elektronifizierung war der bisherige Börsen-Profi, der sich so mühsam im Kader-System und auf dem Parkett der Intrigen und Beziehungen nach oben gedient hatte, plötzlich überholt. Ein anderer Typus wurde händeringend gesucht. Und auch ein anderer Nachwuchs. Wer jung war und mit *Computern* umzugehen wußte, war wie über Nacht ein Elite-Mann.

Wie die Medien schrieben, setzte in kürzester Zeit eine *regelrechte Kopfjagd* ein für Broker und Jobber, die unter dreißig Jahre alt waren. Und geboten wurden Jahres-Gagen bis zu 300 000 Mark. Für Youngsters, wie gesagt.

Das Ende der Hierarchie-Pflege

Die Jugend wurde zum Signum für *Elektronik-Kompetenz*. Dies wiederum reichte aus, um plötzlich extrem begehrt zu werden. Der Nachwuchs wurde in kürzester Zeit zur Elite. Denn man hatte für die neuen elektronischen Technologien 4 Milliarden Pfund ausgegeben. Und um die zum Funktionieren zu bringen, brauchte man Experten mit einem völlig anderen Habitus.

Und hier beweist sich ein Mega-Trend, der immer häufiger sichtbar wird: Techno-Innovationen, insbesondere Kommunikations-Technologien, verändern, wenn sie umfassend eingeführt werden, schlagartig das *hierarchische Spiel*, zerstören schlagartig die Rituale der Kader-Gesellschaft und favorisieren in kürzester Zeit völlig andere Mentalitäten, andere Typologien und damit andere, jüngere Kompetenzen.

Abschied vom Prestige-Spiel

Und noch etwas wurde sichtbar: Gerade an der altehrwürdigen Londoner Börse wurde ein *subtiles Prestige-Spiel* gepflegt. Es gab dort Namen und bessere Namen, es gab dort heimlich Ge- und Verbote, und es herrschte überall eine Mischung zwischen des »Kaisers neuen Kleidern« und seriösem Konservatismus. Das klassische Spiel der positionellen Autorität also.

Und das alles ist in wenigen Tagen kaputtgegangen. Durch die komplexe Elektronik und durch die Youngsters wurde das ehemals »hohe Spiel« *drastisch profanisiert*. Der persönliche Stil und die klassischen diplomatischen Techniken, um Vertrauen herzustellen – das alles war in kürzester Zeit nicht mehr notwendig. Die Elektronifizierung brachte nicht nur die erwünschte Schnelligkeit, sondern auch eine *deutliche Professionalisierung bei gleichzeitiger Profanisierung* und damit die *Abwertung gesellschaftlicher Prestige-Faktoren*. Die ehemals vornehmen Börsen-Rollen wurden zu »Jobs, wie jeder andere auch«, wie es einer der neuen Broker formulierte.

Das alte System, das die besseren Familien bevorzugte und das Vetternwirtschaft und Privilegien-Strategien zur Tradition gemacht hatte, wurde durch eine neue Herrschaft der Profis ersetzt. In kürzester Zeit und unbarmherzig konsequent.

Damit erkennen wir eine zweite General-Linie, die immer dann eintritt, wenn Kommunikations-Technologien so umfangreich eingesetzt werden, daß die Grundstruktur verändert wird: Die Tendenz zur Professionalisierung bei gleichzeitiger Profanisierung. Die gesellschaftlichen Rituale versagen plötzlich.

Weg vom statischen Fachwissen

Noch eine weitere Erfahrung aus dem Drama des Big Bang an der Londoner Börse: Information verbindet sich schlagartig mit Intuition. Das souveräne Fachwissen, meistens nichts anderes als Vergangenheits-Wissen, wurde in kürzester Zeit entwertet: *Die Information selbst beginnt zu galoppieren*. Die zu beherrschende Situation wird immer komplexer. Die neuen Profis müssen also die fließende Information verbinden können mit einer komplexen, das heißt nie ganz zu durchschauenden Situation.

Auf dieser Basis müssen sie entscheiden, handeln und beraten. Und es geht immer um viel Geld. Die neuen Profis sind deshalb nicht nur einseitig computer-kompetent, sondern darüber hinaus mit einer *qualifizierten Intuition* ausgerüstet. Man könnte auch sagen: Sie haben für die Turbulenz, die ja durch die Elektronik erst richtig erlebbar und erfahrbar wird, eine spezifische *Turbulenz-Intelligenz.* Das ist das, was Wissenschaftler die Meta-Intelligenz nennen, auf die wir später noch kommen werden.

> **Fazit:** Wenn moderne Kommunikations-Technologien in breiter Linie eingesetzt werden, dann werden klassische Macht-Rituale, Privilegien und Prestige-Spiele zerstört.
>
> Wenn es möglich ist, durch High-Tech die tatsächliche Komplexität und Turbulenz der Markt-Situation abzubilden und in die Unternehmen hineinzutragen, versagt immer häufiger das klassische Repertoire des Managements.
>
> Die Jugend wird dann zumeist bevorzugt, weil sie auf Basis der Profanisierung professioneller arbeiten kann, das heißt, diese Jugend ist den weißen Haaren überlegen, weil sie High-Tech mit Turbulenz-Intelligenz verbinden kann.
>
> Das, was die Börse in London symptomatisch erlebt hat, kommt auf alle großen Organisationen zu, aber auch auf den Mittelstand: Die Entmachtung der Macht durch technologische und soziale Fortschritte.

Die ersten Personal-Berater bestätigen: Die klassischen Manager wandern langsam ins Out

Die Kienbaum-Personalberatung hat – so schrieb das »Handelsblatt« (4.12.1986) – mitgeteilt, daß »ältere Manager in der klassischen Funktion« in zunehmendem Maße schwerer zu vermitteln sind. Zwar werden insgesamt Manager »ausgesprochen stark nachgefragt«, und es gibt auch echte Engpässe, aber die Manager, die allzu klassisch positioniert sind, haben es immer schwerer. Und wenn sie zudem auch noch älter sind, das heißt über 55, dann sind sie für die Headhunter bereits Problemfälle.

Das deckt sich mit den Trend-Prognosen. Wir haben schon frühzeitig darauf hingewiesen, daß das *eine Frage der Referenzmuster* ist: Je mehr junge Manager nach oben kommen und je schwieriger die Märkte und die Entscheidungs-Konstellationen werden, um so näher rückt der Zeitpunkt heran, an dem aus dem bisher bevorzugten klassischen Manager-Typ ein »altmodischer Typ« wird. Im Sinne eines *geistigen Quanten-*

sprungs ändern sich dann die Bewertungs-Systeme fast schlagartig. Und es ist nur noch eine Frage der Zeit, bis man in den Manager-Zeitschriften folgendes wird lesen können: »Mehr Erfolg durch die andere Intelligenz der jungen Manager.«

Interessant ist auch, was die Kienbaum-Beratung in bezug auf die Engpässe schreibt: Es gibt viel zuwenig Manager, die international ausgerichtet sind, mit einer starken Außenorientierung (Marketing, Vertrieb), und die Gesamt-Verantwortung wirklich tragen können. Und der ideale Manager ist stark umfeld-orientiert und hat zugleich einen ausgebauten High-Tech-Habitus, das heißt, er ist CAD-, CAM- und CIM-orientiert. Das deckt sich mit den Prognosen, die wir vor rund fünf Jahren erarbeitet haben. Die *Strickmuster der Elite* wandeln sich drastisch.

Auch in USA: Die Youngsters verändern das System des Managements

Gehen wir nach den USA, um zu sehen, ob es dort auch das Phänomen des jüngeren und anderen Managers gibt. In »Business Week« erschien im November 1986 ein groß aufgemachter Bericht über die neuen Manager und ihr *anderes geistiges Instrumentarium*.

Der Bericht basiert auf über 100 Interviews mit Management-Experten. Zusätzlich wurden 50 Youngsters analysiert, die als Manager erfolgreich und zugleich unter 35 Jahre alt waren.

Alles zusammen ergab ein deutliches Profil, das darauf hinweist, daß tatsächlich ein *Mentalitäten-Bruch* zwischen klassischem und neuem Management vor der Tür steht.

»Business Week« nannte die neuen Manager die »D-Zug-Knaben«. Dieser Begriff soll sagen, daß die jungen Manager nicht mehr bereit sind, den langen, *mühsamen Weg der Kader-Konformität* zu gehen. Sie wollen nicht mit dem Bummelzug nach oben fahren, sondern schnell und gezielt Karriere machen. Sie hungern nach Macht, nach Autorität. Und sie sind risikofreudig und handeln schnell.

Abkehr von einer falschen Loyalität

Insofern ist die neue Generation der Manager mental weit entfernt von den *Karriere-Mustern der Vergangenheit*. Auch die Recherchen von »Business Week« haben ergeben, daß die neue Generation wesentlich besser ausgebildet ist, mehr Selbstvertrauen aufweist und nicht mehr bereit ist, auf Basis einer *überholten Loyalität* das Karriere-Ritual, das heute noch für die Vorstands-Etagen üblich ist, mitzuspielen.

Bei der alten Garde – so »Business Week« – »drehte sich alles um Sicherheit. Dementsprechend waren diese Manager dem Unternehmen in Treue verbunden. Sie akzeptierten mit Gleichmut *die Kontrolle des Unternehmens über ihr Schicksal.«* Das ist das klassische Kader-Prinzip, das nun auch in den USA immer weniger wirksam ist.

1956 schrieb William H. Whyte das berühmte Buch »The Organization Man«. Und in diesem Buch hat er bereits darauf hingewiesen, daß das Kader-Prinzip im Grunde ein »faustischer Pakt« sei und daß das langfristig *zu Konformität und Langeweile* führen werden. In Jahren der selbstverständlichen Zuwachsraten konnte man sich diese *falsche Loyalität* erlauben. Aber jetzt, durch die Internationalisierung des Business, durch die Flexibilisierung der Märkte und durch die zunehmenden Turbulenzen sowohl innen als auch außen, ist diese Konformität, die jahrzehntelang *als Souveränität und Seriosität* mißinterpretiert wurde, absolut schädlich.

Das Psycho-Profil der neuen Generation zeigt deutlich, daß *Selbstentfaltung und Risikofreudigkeit* zugenommen haben. Die neuen Manager sind von Anfang an im Wohlstand der Nachkriegszeit aufgewachsen, und das hat ihnen ein tiefverwurzeltes Gefühl des »selbstverständlichen Anrechts« mit auf den Weg gegeben. Jüngere Manager leisten gewöhnlich keinen Treueschwur.

Ihre Einstellung zu den Organisationen und Unternehmen ist völlig anders: Sie verkaufen sich, fühlen sich als Stars und sind nicht mehr bereit, »sich das Rückgrat brechen zu lassen« zugunsten einer Karriere, die dann irgendwann einmal kommt.

Kinder der egoistischen Me-Generation ...

Im Grunde gehören die Manager-Youngsters zur narzißtischen *»Me-Generation«*, das heißt, diese Gruppe ist gekennzeichnet durch ein hohes Maß an Individualismus, gepaart mit einem deutlich *dosierten Egoismus*.

Deshalb haben sie wenig Loyalität gegenüber den Institutionen, für die sie arbeiten. Und sie sind auch in der Regel nicht allzu sensibel in allen Fragen der Menschenführung.

»Der soziale Vertrag zwischen Arbeitgeber und Arbeitnehmer zählt für sie nicht mehr.« Die großen Organisationen müssen sich schon heute viel einfallen lassen, wenn sie die jungen Eliten wirklich binden und integrieren wollen. Sie müssen viel bieten, um eine andere Art von Verbundenheit zur Firma herzustellen. *Durch Geld, Status und Macht allein lassen sich die Besten nicht mehr binden.*

Betrachtet man das von höherer Warte, so sieht man, daß es folgende Gruppen und Typen von Managern gibt:

Manager mit dem alten Wirtschaft-Paradigma

1. Gruppe: Der klassische Manager
Diese Manager werden in den nächsten fünf bis zehn Jahren immer mehr als »ungeeignet« erlebt werden. Sie bejahen das Kader-Prinzip und pflegen die Konformität. Ihre Individualität ist unterentwickelt. Und sie sind als »Organization Man« in erster Linie darauf ausgerichtet, innerhalb der Organisation und mit den Spielregeln der Organisation erfolgreich zu sein.

2. Gruppe: Die Youngsters (»D-Zug-Knaben«)
Sie sind deutlich anders als die klassischen Manager, aber sie haben noch das alte Paradigma im Kopf, das heißt Karriere und Erfolg. Ferner sind sie als Vertreter der Me-Generation ausgesprochen egoistisch, aber sie sind in einem Punkt anders: Sie lehnen das Kader-Prinzip ab, und Selbstentfaltung und Individuation sind ihnen wichtig. Sie opfern ihre Seele und ihre fachliche Kompetenz nicht für das höhere Wohl der Organisation.

Was sie also anders macht, ist im Grunde nur die Ablehnung des klassischen Kader-Prinzips. Was sie besser macht, ist ihre starke Umfeld-Orientierung und ihre ausgeprägte persönliche Profilierung.

Manager mit neuem Paradigma

3. Gruppe: Die Manager der Transformation
Das sind eigentlich die »wirklichen neuen Manager«. Sie sind mehr auf persönliche und soziale Transformation ausgerichtet und weniger auf irgendeine andere Form von Karriere. Karriere und Geld sind für sie die »natürlichen Früchte eines positiven Verhaltens«, aber keine eigentlichen Lebensziele mehr. Auch sie lehnen das Kader-Prinzip ab, aber zugleich auch das klassische Konkurrenz-Prinzip, das die D-Zug-Knaben so überaus deutlich favorisieren. Sie differenzieren zwischen Macht und »Voll-Macht«, die aus persönlicher Integrität erwächst. Für sie sind Firmen »Glaubensgemeinschaften«. Sie sind deshalb nicht auf »neue Autorität« ausgerichtet, sondern auf Transformation. Typische Ansätze hierfür sind bei Esprit, Schläpfer (St. Gallen), BCCI-Bank, PSI-Software etc. zu beobachten.

Soweit die Unterteilung, die uns zeigt, daß im Grunde drei unterschiedliche Manager-Typen parallel agieren. Es wird gut sein, diese Differenzierungen zu beachten und nicht alles in einen Topf zu werfen.

Bleiben wir bei den D-Zug-Knaben, weil sie *als Interims-Gruppe die Türöffner sein werden* für die wirklich neuen Manager der Transformation, die entsprechend unseren Trendsignalen mit hoher Sicherheit in den 90er Jahren mehr tonangebend werden.

Das Psychogramm beweist: Mehr Unternehmer-Wille ist da

Die D-Zug-Knaben fühlen sich im Gegensatz zum klassischen Manager nicht so sehr als *Management-Technokraten*, sondern als Unternehmer, die auch managen. Deshalb finden sie alle Trends, die in Richtung *Intrapreneurship* gehen, außerordentlich wichtig: Das Wiederaufblühen der unternehmerischen Rolle.

Deshalb engagieren sie sich auch mit Haut und Haaren, das heißt auch mit viel Zeit. Diese neuen Manager sind Arbeitstiere, brennen vor Ehrgeiz und sind überdurchschnittlich stark leistungs-motiviert. Gerade dieser Ehrgeiz macht sie ja so unwillig und aversiv gegen die Rituale der großen Organisationen mit ihren Prestige-Spielchen, ihren Konformitäts-Zwängen und ihren vielfachen Demuts-Geboten.

Diese neuen Manager strahlen einen ungewöhnlichen Optimismus aus, sowohl in den USA als auch in Europa. Ihr Wertkostüm ist dabei sehr altmodisch. Es basiert voll auf der *protestantischen Leistungs-Ethik*. Einer von ihnen sagte einmal: »Wenn ich in der Woche weniger als sechzig Stunden arbeite, dann habe ich ein Schuldgefühl.« Das alte Wirtschafts-Paradigma wird von diesem Manager-Typus in keiner Weise überwunden. Sie wollen im Grunde das gleiche wie ihre Vorgänger, aber sie wollen es mit mehr Freiheit, mehr Individuation und mehr persönlicher Effizienz. Sie wollen die gleichen Werte, ohne die *Nivellierung der großen Organisationen* ertragen zu müssen.

Und diese *neue Unternehmer-Haltung* hat nun tatsächlich einige massive Konsequenzen. Die in den USA beobachteten neuen Manager verfügen über *ein anderes Weltbild*, insbesondere im Hinblick auf Zukunft und Wandel. Sie erleben den Wandel nicht als Störgröße, sondern als Chance. Sie glauben nicht, daß der Wandel unfair ist, sondern sie wollen den Wandel. Und sie wollen möglichst die ersten sein, die den Wandel erzeugen.

Sie verstehen sich als Unternehmer, deren *geistiges Produkt der Wandel* ist. Im Gegensatz dazu der klassische Manager von gestern, für den Stabilität und ein Zurück zur Ordnung wichtig sind, um Strategien plazieren und realisieren zu können. Die neue Generation erwartet nicht nur, daß die Zukunft ganz anders sein wird als gestern, sondern sie will, daß die Zukunft möglichst ganz anders wird als das Heute.

Eine andere Intelligenz ... speziell für Turbulenz und Wandel

Sie haben deshalb – so »Business Week« – eine *ausgeprägte Turbulenz-Intelligenz.* »Sie werden leichter fertig mit Veränderungen und Komplexitäten«, sagt L. M. Cook, der Chief Executive Officer von Arco. »Sie sind vertraut mit Computern, während ich immer noch meinen Rechenschieber benutze.«

Bringt man die vielen von »Business Week« gesammelten Äußerungen auf einen Nenner, dann zeigt sich folgende Charakteristik:

- Die neuen Manager sind ungeduldig. Sie umgehen die Rituale der großen Organisationen. Sie haben keine Zeit für die »Ochsentour«.
- Für sie sind *Wandel und Turbulenz* positive Herausforderungen. Sie haben dafür eine eigenständige Mentalität, die den zumeist sehr konservativen klassischen Managern abgeht. Michael K. Lorelli, 35, ein Senior-Vize-Präsident bei PepsiCo. Inc.: »Die neue Generation erkennt den Status quo weniger an. Sie will alles verändern.«

  Larry Jones sagt dazu, daß die Youngsters in der Regel besser sind, wenn es darum geht, *komplexe Probleme zu lösen* und für hochkomplexe Entscheidungs-Situationen vernünftige Lösungen zu finden. Sie sind in dieser Hinsicht »besser, als ich das in diesem Alter war«. So Jones, 55.
- Die *Blue-Jeans-Mentalität* ist auch bei den amerikanischen D-Zug-Knaben voll sichtbar. Alles, was unkonventionell und anti-formell ist, ist gefragt. Die neuen Manager mögen, was ihr Leistungs-Paradigma betrifft, völlig altmodisch sein, aber ihr tägliches Umgangsverhalten ist »lockerer, informeller und weniger militärisch« als das der klassischen Manager, die jetzt noch ganz oben sind.

  Sie fordern auch auf dem Weg nach oben völlig neuartige Zugeständnisse, so beispielsweise, daß die Unternehmen ihre persönlichen Möglichkeiten fördern und nicht untergraben. Wenn man diese jungen, kommenden Eliten integrieren will, dann muß das alte hierarchische Modell, das heute noch überall üblich ist – in den USA genauso wie in Europa –, überwunden werden. Vor nichts schrecken die D-Zug-Knaben so sehr zurück wie vor »wuchernden Bürokratien«.

Ein anderes Selbstbild ... ein problematisches Menschenbild

Ambivalent bis problematisch ist das Menschenbild der neuen Generation. Hier ist der Narzißmus (altes Paradigma) unverkennbar. Zwar sind die meisten der Youngsters der Meinung, daß ihre Vorgänger eine völlig falsche Einstellung zu Mitarbeitern und Gewerkschaften haben. »Viele der älteren Manager waren nur daran interessiert, Autos zu produzieren. Sie reduzierten Menschen zu Teilen des Montagebandes« (Zara F. Rolfes, General Motors). Die Youngsters dagegen haben zu den Arbeitern und zu den einfachen Mitarbeitern *ein unverkrampftes Verhältnis*. Und die klassische Konfrontations-Ideologie (Arbeitgeber gegen Arbeitnehmer) gilt für sie in der Form nicht.

Sie sehen sich nicht als »bessere Menschen«, wie es klassische Manager unbewußt zumeist tun, sondern sie sehen sich als Spezialisten der Führung, die ansonsten genauso fühlen wie die Menschen am Montageband. Das macht es ihnen leicht, zu neuen sozialen Vereinbarungen zu kommen (Quality Circles, autonome Führung etc.). Man könnte es so sagen: Ihr Selbstbild ist befreit von Dünkel und Status-Pflege. Sie erleben sich als fachliche Elite und nicht als »bessere Menschen«.

Auf der anderen Seite haben sie ein hohes Maß an Illoyalität und setzen ihren Egoismus gezielt für die eigene Entwicklung ein. Nur 14 Prozent der Youngsters unter 39 glauben, daß »Rücksichtnahme auf Menschen wichtig für den Erfolg ist«, während 35 Prozent der Manager über 50 das glauben. Sie haben ein sehr *problematisches Verhältnis zu übergreifenden Humanisierungs-Konzepten*, wie eine Recherche von Korn (Ferry Int.) aufzeigte. Und viele der jungen Leute scheitern nicht an Energie und technischen Fähigkeiten, so R. Peter Mercer von General Electric, sondern »an Problemen der Menschenführung«.

Sie sind zumeist das, was die Amerikaner »whiz kids« nennen, also ausgesprochen schnelle Jungs, die etwa für die Aspekte des New-Age-Managements (Transformation und Kultivierung der Mitarbeiter-Potentiale) nicht allzuviel übrig haben. Ihr Weltbild ist in dem Sinne rückständig-aggressiv.

Die Suche nach Autorität ohne falschen Status

Für sie sind kleine Teams wichtig, für die sie einen spezifischen *Corps-Geist* zu entwickeln versuchen. Sie wollen zwar Autorität und auch Macht haben, aber sie wollen das nicht mit »falschem Status« versehen, der die Menschen distanziert und damit Firmenkultur und Corps-Geist zerstört.

Der Management-Autor Leinberger sagt dazu: »Es wird in den nächsten zehn Jahren eine Revolution in der Personalpolitik der Unternehmen geben, um die Forderungen der Jungen nach ständiger Herausforderung zu erfüllen.« Sie wollen sich also bewähren. Sie wollen schwierige, komplexe Probleme lösen. Sie wollen Karriere machen. Aber sie wollen das *nicht gegen die Organisation* . . . die Organisation soll ihnen folgen. Sie soll ein flexibler Service für die neuen Eliten sein.

Besonders für Unternehmen, die in *stagnierenden Märkten* operieren, wird das große Probleme mit sich bringen. Je schwieriger der Markt, um so mehr braucht man den allerbesten Nachwuchs. Aber genau die besten der Youngsters wollen Karriere machen. Man wird also die Jobs umgestalten müssen, denn Firmen mit stagnierendem Umsatz können *keine automatischen Beförderungen versprechen*.

Die positive Seite des dosierten Egoismus dieser Youngsters liegt deshalb darin, daß die Unternehmen gezwungen werden, die *Belohnung außerhalb der Kader-Rituale* zu plazieren. Interessantere Aufgaben statt größere Räume. Größere Herausforderungen statt größere Wagen. Qualifiziertere Herausforderungen statt altmodischer Status-Symbole.

Die ersten Probleme mit den Youngsters

Inzwischen haben die amerikanischen Firmen, die auf die Youngsters setzen, tatsächlich allerhand Probleme. Zwar bringen die D-Zug-Knaben das, was man von ihnen erwartet: einen guten Riecher für komplexe Problemlösungen, Mut zu Risiko und individuellen Konzepten und auch die nachgefragte neue Intelligenz für Turbulenz und Wandel. Aber sie bringen eben auch ihren Narzißmus, ihre Illoyalität, ihren ausgeprägten Ehrgeiz und ihr ambivalent-problematisches Humanbild mit in die Firmen.

Genau in diesem Punkt sind sie oft den älteren Managern, die zumeist wesentlich diplomatischer sind, unterlegen.

Wie reagieren nun darauf die großen Unternehmen in den USA? Die meisten – so »Business Week« – versuchen eine Balance herzustellen zwischen den Vorteilen und den Nachteilen der kommenden Generation. Das ist aber ein sehr problematischer Weg, denn irgendwann werden die Youngsters die »Oldies« vollständig abgelöst haben. Dann sind die vereinzelt anzutreffenden Tandem-Konstellationen (klassischer Manager und D-Zug-Knabe als ausbalanciertes Ideal) nicht mehr einsetzbar.

Deshalb versuchen mehr und mehr Firmen, *Trainings-Programme* und *Mentoren* einzusetzen, die »die Kanten der jungen Manager glätten sollen, während deren positiver Ehrgeiz erhalten bleiben soll«.

Die Youngsters sollen das sanfte Management lernen

Das deckt sich weitestgehend mit unseren Trendsignalen, die für Deutschland gelten. Auch in Deutschland sind immer mehr Unternehmen – meistens getarnt, als ginge es um eine geheime Mission – dabei, unter dem Rubrum »sanftes Management« der Nachwuchselite das beizubringen, was ihnen offensichtlich fehlt: *weiche Fähigkeiten*, die an die Stelle der überholten Diplomatie treten werden.

General Electric hat beispielsweise zweiwöchige Klausur-Seminarprogramme initiiert, die neuangestellte Manager so mit der Unternehmens-Kultur vertraut machen, daß Narzißmus und Egoismus abgerundet werden. Andere Firmen helfen jungen Managern, fit zu werden für das, was man *Mental-Management* nennen könnte, indem man den Umgang mit *Ritualen, Mythen und Visionen* trainiert. Einige Firmen – so berichten die Reporter in »Business Week« – haben komplette Trainings-Programme, um sanftes Management einzuüben.

Die Prognose für die 90er Jahre

Hier wird bereits die langfristige Trend-Entwicklung sichtbar: Die jetzt bald dominierenden Youngsters sind sicherlich so etwas wie eine Übergangs-Gruppe. Sie sind für das, was man New-Age-Management nennt, zu hart, zu egoistisch und auch zu narzißtisch. Sie stehen trotz aller Modernität – siehe beispielsweise ihre erhöhte Turbulenz-Intelligenz – letztlich auf dem alten Wirtschafts-Paradigma, das von Konkurrenz, Rivalität und Aggression geformt wird. Sie sind deshalb von Natur aus kaum fähig zum mentalen und sanften Management.

In den 90er Jahren werden die Firmen deshalb verstärkt auf die drei Gruppen der Manager zurückgreifen, die sowohl das harte, systemische Management praktizieren können als auch das weiche, mentale Management. Dann werden die »Manager der Transformation« ihre erste Chance erhalten.

Aus Managern werden Funktionäre des Wandels

Soweit unser Streifzug durch Europa und unser Blick über den großen Teich auf die USA. Kommen wir nun zu einigen Ursachen dieser Veränderungen im Drehbuch des Managements.

Wir sagten, daß *sozialer Fortschritt* (Wertewandel) und technologische Innovationen (CIM) einen neuen Manager-Typus verlangen. Wie die bisher präsentierten Beispiele zeigten, erfordert das in erster Linie *einen Manager mit starker Umfeld-Orientierung* und mit einer neuen *Wollust zum Wandel.*

Die Manager werden dadurch zu *Funktionären des Wandels*, weil sie dafür sorgen, daß der *Außenwandel in einen Innenwandel* übertragen wird.

Der konservative, klassische Manager bekämpft offen bis aggressiv den Wertewandel. Er will ihn verhindern, weil er ihn für schädlich und zerstörerisch hält. Der neue Manager hat begriffen, daß es unsinnig ist, den Außenwandel bremsen oder »ausradieren« zu wollen. Wandel draußen findet ohnehin statt. Sein Anliegen ist es, die Organisation von innen heraus wandlungsfähig zu machen. Also lautet sein Ziel: *Die Ökologisierung und Flexibilisierung der Organisation.* Deshalb seine Abscheu vor starren Bürokratien, deshalb seine Ablehnung von Kader-Prinzipien und Status-Spielchen, deshalb seine starke Orientierung in Richtung CAM und CIM.

Die neuen Manager haben begriffen, daß die Antwort auf den Wandel »dort draußen« die möglichst umfassende Kompetenz für den Wandel ist. Deshalb werden die neuen Organisations-Postulate (Selbstmotivation, Selbstorganisation und Selbstkontrolle) bevorzugt. Deshalb das Arbeiten in autonomen Teams. Deshalb Dezentralisierung. Deshalb Heterarchien anstelle von Hierarchien. Deshalb die Abschaffung der Kader-Konformität.

Das elektronisch gestützte Management im Jahr 2000

Prüfen wir nun, ob diese neuen Ambitionen der Youngsters im richtigen Trend liegen, indem wir die Auswirkungen der *Informatisierung des Managements*, die beispielsweise durch CIM verursacht werden, genauer betrachten:

① Im Jahre 2000 werden mindestens 50 Prozent aller Erwerbstätigen in erster Linie, das heißt praktisch ganztägig, *Informations-Aufgaben* am Bildschirm erfüllen. 20 bis 30 Prozent werden darüber hinaus relativ häufig am Bildschirm sitzen, also im weitesten Sinne auch mit der Elektronik interaktiv arbeiten. Die Mehrheit arbeitet dann computer-gestützt.

② Im Jahre 2000 wird CIM in den meisten Unternehmen noch keine Realität sein, aber auf dem Weg bis zum *perfekten CIM* werden viele Unternehmen auf jeden Fall die Flexibilisierung der Produktion erreicht haben. Damit werden sie die starren Planungs-Riten ebenso wie die alten Hierarchien überwunden haben. Interne Flexibilisierung wird eine Alltäglichkeit sein.

③ Im Jahre 2000 werden *Expertensysteme* und die Evolution der Software-Kompetenz dafür sorgen, daß sich das *bessere Wissen* sehr schnell neu verteilt bzw. demokratisiert. Es wird zu einer subtilen Form von Revolution kommen, insofern als die Eliten »dort oben« nicht mehr selbstverständlich allein den Zugang zur Informations-Macht kontrollieren. Die Experten-Systeme werden aus Vorsprung-Wissen normales Wissen machen, das unabhängig von Hierarchie und Status verteilt und abgerufen werden kann.

④ Im Jahre 2000 werden die heute schon beobachtbaren Trends zum *Intrapreneurship* so stark entwickelt sein, daß viele Unternehmen wie eine Agglomeration von kleinen Firmen geführt werden. Dies wiederum wird ausgesprochen flache Hierarchien mit sich bringen. Die Koordination der unterschiedlichen Ziele und Konzepte wird über *Netzwerk-Techniken* praktiziert werden. Der Netzwerk-Trend wird das Rollenspiel und das Selbstverständnis der Mitarbeiter entscheidend verändern, und zwar in die Richtung: »Jeder ist in seinem Rahmen sein eigener Chef.«

Drastische Konsequenzen für Führung und Macht

Soweit die Prognosen für das Jahr 2000. Prüfen wir nun sieben Konsequenzen daraus:

① Die *Arbeitsteilung* wird in fast allen Unternehmen abgebaut. Der geistige Taylorismus läuft aus. Interdisziplinarität und die Vernetzung von unterschiedlichen Kompetenzen nehmen zu. Immer mehr Mitarbeiter oder Mitarbeiter-Teams arbeiten immer autonomer, das heißt selbstbestimmter.

② Zugleich werden die Aufgabenfelder immer diverser und breiter. Die *Schmalspur-Jobs* werden immer seltener.

③ Das führt dazu, daß die *Autonomie pro Job und Team* deutlich zunimmt. Die Selbststeuerung autonomer Zellen wird zur Voraussetzung für die Flexibilisierung der Organisation.

④ Dies wiederum sorgt dafür, daß die *Kontrollierbarkeit* stark abnimmt, da die klassischen Disziplinierungs-Möglichkeiten der Hierarchie kaum noch einsetzbar sind, weil die Hierarchien immer mehr den Modellen der Heterarchie weichen. Aus Fremd-Steuerung wird Selbstorganisation, aus Fremd-Kontrolle wird zunehmende *Selbstkontrolle*.

⑤ Dadurch gehen die *Experten-Vorsprünge*, die die Chefs wie selbstverständlich in Händen hielten, mehr und mehr verloren, und das Experten-Wissen wird neu verteilt. Das »Oben des Wissens« geht verloren. Spezialisten gibt es überall. Auch ein Roboter-Führer ist auf seinem Gebiet so kompetent, daß er jederzeit zum Lehrmeister für einen Top-Manager werden kann.

⑥ Das verändert die grundsätzliche *Ausrichtung der Eliten*. Die neuen Eliten werden in erster Linie Generalisten und Manager sein, die fähig sind, trotz der Turbulenz (neue Unübersichtlichkeit) die Strukturen und die Muster über den Turbulenzen zu erkennen. Eine neue *Intelligenz für Turbulenz* wird zur Voraussetzung für neue Führung. Diese neue Führung wird überwiegend visionär sein, das heißt, mentale und weiche Dimensionen werden ebenso wichtig wie harte und systematische Dimensionen.

⑦ Das *simultane Arbeiten* setzt sich mehr und mehr durch, das heißt, es entsteht immer mehr ein ganzheitlich kohärentes Arbeiten in Form von *Circles*. Eine *neue Team-Welle* wird sich durchsetzen. Intelligenz und Kreativität werden immer mehr kollektiviert. Die klassischen Karriere-Muster (»Ich gegen den Rest der Welt«) versagen deshalb immer mehr.

Die Neu-Verteilung der Macht kommt

Betrachtet man diese Konsequenzen, so wird schnell sichtbar, daß sich drei neue Dimensionen mit dem »Manager von morgen« verbinden, und zwar:

1. Dimension: Führung verbindet sich immer mehr mit Selbstführung.

2. Dimension: Selbst-Motivation statt Kader-Disziplin.

3. Dimension: Die klassische Befehls-Kette wird aufgelöst.

Faßt man diese drei Dimensionen zusammen, so zeigt sich deutlich, daß ein großer *Zwang zur Neuverteilung von Macht* aufkommen wird. Aber wohin geht diese »Transformation der Macht«? Sie weist in eine eindeutige Richtung: *Das neue Management ist die Führung aller.*

Das bedeutet: Die da oben führen die da unten, die in der Mitte führen die dort oben und die dort unten, und die dort unten führen auch die dort oben. Je konsequenter man ernst macht mit *Netzwerk-Organisationen* und mit *Heterarchien*, um so grundsätzlicher *entkoppelt sich Führung von Position und von Status.*

Lutz von Rosenstiel dazu: »Der Chef hat das Wissen von gestern . . . und die Macht von heute.« Die Konsequenz daraus: Wenn die Organisationen auf CIM-Flexibilität umgeschaltet werden sollen (die Produktion wird zum Chamäleon), dann muß der Chef nicht nur das Wissen von heute haben, sondern auch *die Macht von morgen.* Und das ist die Macht, die ohne Zwang, ohne die Kraft der Hierarchie und ohne die repressiven Muster der Status-Signale funktioniert. Und das witzige daran: Es wird der Computer sein, der dafür sorgt, daß Hierarchie und Status immer weniger effizient sind.

CIM torpediert Hierarchien und annulliert Status

Greifen wir zurück auf eine Studie, die von Prof. Sara Kiesler durchgeführt worden ist. Sie hat Unternehmen analysiert, die eine Informatisierung und Computerisierung der Organisation, so weit wie das heute technisch möglich ist, durchgeführt haben. Das Ergebnis war ganz eindeutig und zugleich überraschend: Dort, wo die Unternehmen die Flexibilisierung der Organisation durch Chip-Tech praktizierten, dort sind Hierarchien und klassische Status-Spiele relativ schnell überflüssig bzw. schädlich geworden. Kommen wir zu einigen Kernaussagen dieser Studie von Sara Kiesler:

① Der Computer ist keine Maschine, sondern eine soziale Aktivität.

② Die Informations-Revolution (etwa interne Mailbox-Systeme) verändert die Sozial-Realität in den Unternehmen entscheidend.

③ Die elektronische Information verändert auch das, was man als persönliche Wirklichkeit erlebt. Die Demokratisierung der Information durch Elektronik schafft homogene Wirklichkeitsbilder, wie sie bisher durch die Hierarchien geradezu unmöglich gemacht wurden. Das bessere Wissen wird gleicher verteilt.

④ Die elektronische Information ist
- schneller,
- optischer,
- asynchroner,
- eigen-aktiver, das heißt, stärker von den Intentionen des Empfängers abhängig.

⑤ Die elektronische Information ist darüber hinaus reduzierter, was einige Dimensionen betrifft, und zwar:
- der »emotionale Beipack« wird stark reduziert,
- der Sozial-Kontext wird ebenfalls stark reduziert,
- die Status-Verknüpfung der Information geht weitestgehend verloren.

Im Grunde könnte man sagen: Je mehr interne Mailbox-Systeme, um so mehr wird *der soziale Kontext der Information vernichtet.* Die Informationen wirken »pur«. Und die damit verbundenen Prestige-, Status- und Kompetenz-Signale gehen weitestgehend verloren.

Wenn die elektronischen Netzwerk-Dialoge funktionieren, dann ist es egal, ob Herr X oder Herr Y eine Information in den Computer eingegeben hat. Die Information negiert schon in kürzester Zeit die individuellen Strategien der Selbstdarstellung und die alten Taktiken der Status-Erhöhung.

In den von Kiesler untersuchten Unternehmen hat die Elektronifizierung der Binnen-Information deshalb folgende drei Effekte in kürzester Zeit etabliert:

① *Es ergeben sich völlig neuartige soziale Effekte*
Auch diejenigen Empfänger erhalten nunmehr Informationen, die sonst keine Information erhalten haben (laut Studie 60 Prozent).

② *Es bilden sich völlig neuartige soziale Gruppen*
Das Organisations-Schema und die Raum-Zuordnungen (die ja im Grunde eine heimliche Wert-Topographie darstellen) wurden weitestgehend überwunden. Gruppen entstanden unabhängig von Organigrammen und lokalen Plazierungen. Interesse kommt zu Interesse, unabhängig, wer wer ist und wer wo sitzt.

③ *Es ergaben sich neuartige Formen der Interaktion*
Die Angst vor Kritik wurde stark reduziert. Je elektronischer die Dialoge, um so weniger Angst vor den Chefs. Die klassischen Gesetze der Gruppen-Dynamik (beispielsweise Angst vor der ehrlichen Meinung) wurden weitestgehend nivelliert. Das allgemeine Kritik-Niveau wurde deutlich höher. Und es kam zu einer beachtlichen Steigerung der gelebten Demokratie im Unternehmen.

Fazit: Wenn die Unternehmen ihre Organisation flexibilisieren wollen, müssen sie den Weg in Richtung CIM wagen und die Elektronifizierung der internen Informationen zulassen.

Damit kommt es zu einer »Führung aller«, also auch zu einer Führung von unten. In kürzester Zeit erodieren die klassischen Kader-Prinzipien, die üblichen Status-Konzepte und die Verbindung von Information und Macht. Eine ungeahnte, fast explosionsartige Demokratisierung ist die Folge.

Die neuen Manager (Youngsters) begrüßen diese Demokratisierung. Die klassischen Manager sehen in ihr große Gefahren und die Annullierung von Führung. Hier wird der bereits beschriebene mentale Split ganz offensichtlich provoziert und deutlich.

Die Entmachtung der alten Macht durch eine neue Intelligenz

Kommen wir nunmehr zum hervorstechendsten Phänomen des kommenden, neuen Managers, zu seiner anderen Art von Intelligenz.

Der neue Manager ist ein Kind turbulenter Zeiten. Alle Studien, Umfragen und Recherchen, die in diesem Hinblick vollzogen worden sind, zeigen im Kern das gleiche: Der neue Manager liebt den Wandel, er will den Wandel, ja, er will sogar Vater des Wandels sein.

Der klassische Manager kämpft gegen den Wandel und will zurück zu klaren und eindeutigen Positionen. Es sind zwei sehr differenzierte Ansätze: der Ansatz der *permanenten Evolution* und der Ansatz der *Stabilität.* Man könnte auch sagen: *Transformation* ... das ist das, was die neuen Manager wollen. *Statik,* das ist das, was die klassischen Manager wollen.

Betrachten wir nunmehr, wie sich diese unterschiedlichen Ziel-Orientierungen auf die Intelligenz auswirken. Ausgangspunkt bei dem Entstehen einer anderen Intelligenz ist die These, daß *Intelligenz relativ ist.* Sie ist deshalb auch abhängig von den persönlichen Ideologien und vom wirtschaftlichen Umfeld.

Das bedeutet, bezogen auf die Wirtschaft: In relativ statischen Situationen (siehe beispielsweise Nachkriegsjahre mit einem starken Wachstum) bekommt Intelligenz eine andere Funktion und auch eine andere Charakteristik als in Jahren der Turbulenz. Das, was manchmal klug ist, ist unter geänderten Umfeld-Vorzeichen plötzlich sehr dumm.

Und in *Phasen der Selbstbedrohung* (Öko-Probleme, Ethik-Probleme der Wirtschaft etc.) tendieren Rationalität und Intelligenz wesentlich stärker in Richtung Weisheit und Altruismus. Allein schon deshalb, weil zwar Armut hierarchisch, ökologische Selbstzerstörung jedoch demokratisch ist.

Die Ergebnisse der Intelligenz-Forschung

Vielleicht kann man sich dem Phänomen am besten nähern, wenn man die Ergebnisse der *Intelligenz-Forschung* von Siegfried Streufert zugrunde legt. Seine Untersuchungen, in den USA durchgeführt, zeigen, daß die Intelligenten im alltäglichen Leben nicht so erfolgreich sind wie die weniger Intelligenten. Intelligenz bedeutet nicht automatisch die Eintrittskarte zum Erfolg – erst recht nicht im Alltag und im Business.

Darüber hinaus haben seine Untersuchungen gezeigt, daß viele intelligente Menschen *überdurchschnittlich stark grübeln* und in der Regel auch nicht glücklicher sind als die weniger Intelligenten. Dummheit scheint vorteilhaft zu sein. »Wenn die Dummen soviel erfolgreicher sind und glücklicher als die Intelligenten, dann muß das daran liegen, daß die Dummen in irgendeinem Sinne besser sind als die Intelligenten, daß es etwas gibt, was die Intelligenten von ihnen lernen können«, so Streufert wörtlich.

Die Überlegenheit der Dummheit

Prof. Streufert hatte mit dummen und intelligenten Studenten diverse Experimente an der Princeton University gemacht. Und es zeigte sich, daß die intelligenten Studenten deshalb im Alltag und im Business so wenig erfolgreich sind, weil sie *die Welt zu kompliziert konstruieren.* Sie sehen immer zu viele Komplikationen, mehr als tatsächlich vorhanden sind. Bei den Experimenten ging es beispielsweise um Geldanlagen und

Börsenspiele. Je intelligenter die Studenten, um so deutlicher und früher gingen sie bankrott. Die dümmeren Studenten hatten eine sehr einfache Wirklichkeit im Kopf konstruiert. Und wenn die Wirklichkeit auch sehr einfach war, dann waren sie überaus erfolgreich. Sie haben die Situation nicht komplizierter gemacht, sondern vereinfacht. Und sie haben die Situation als so »einfach« erkannt, wie sie im Prinzip auch war.

Streufert weist auch darauf hin, daß intelligente Manager viel eher *herz- und magenkrank* werden als dümmere Manager in gleicher Position. Der intelligente Manager hat nämlich eine fatale Neigung, viel zu weit vorauszudenken und sich mit Problemen zu quälen, die sich im Grunde niemals stellen. *Krankheit durch Verkomplizierung.*

Auch hier wieder das gleiche Bild: In einfachen Situationen ist der Intellektuelle dem Nicht-Intellektuellen unterlegen. In einfachen, gut überschaubaren und stabilen Situationen ist der Unsensible besser als der Sensible.

Dem intelligenten Manager – so Streufert – fehlt die *»capacity to close«*, also die Fähigkeit, endlich Schluß zu machen mit dem Nachdenken, mit dem Grübeln über Alternativen und mit dem Konstruieren von künstlichen Problemen. Und genau dieses Manko erzeugt eine kontinuierliche *Verspannung nervöser Art*, die dafür sorgt, daß intelligente Manager wesentlich häufiger herz- und magenkrank sind. Sie werden dadurch also nicht nur mental, sondern auch konditionell schwächer.

Auf dem Wege zur Meta-Intelligenz

Aber Streuferts Untersuchungen zeigen auch, daß es einen eindeutigen Trend in Richtung Meta-Intelligenz gibt. Denn seine neuesten Experimente haben folgendes ergeben: Der Intelligente verliert gegen den Dummen im Prinzip nur deshalb, *weil er seine Intelligenz falsch einsetzt.* An sich sind Intelligenz und erhöhte Sensibilität im Alltag und im Business die richtige Ausstattung für mehr Erfolg und für mehr Zufriedenheit. Aber wenn der Intelligente nicht lernt, mit seiner hoheren Intelligenz strategischer, das heißt effizienter, umzugehen, dann ist er im Grunde dümmer als der Dumme.

Meta-Intelligenz heißt also, seine *Intelligenz* zu transzendieren, seine Intelligenz zu durchschauen. Damit man sie *situativ einsetzen kann*, das heißt im richtigen Augenblick an der richtigen Stelle mit der richtigen Intensität. Und genau das machen die intelligenten Manager in der Regel nicht. Deshalb hilft ihnen ihre Intelligenz nicht, sondern sie stört.

Wenn das Business turbulent wird ... verändert sich der Ansatz zur Intelligenz

Streufert weist auch darauf hin, daß in einfachen, übersichtlichen Situationen »im Grunde immer derjenige Manager besser vorankommt, der von Grund auf wenig Intelligenz hat, weil er diese dann nicht falsch einsetzen kann«. Wenn sich aber die Umfeld-Situation verändert, wenn sie also nicht mehr einfach, nicht mehr übersichtlich und nicht mehr wohlstrukturiert ist, sondern turbulent, dann ist der Dumme nicht mehr automatisch im Vorteil. Im Gegenteil: »Dann wird der Dumme wirklich der Dumme.«

Meta-Intelligenz definiert sich also als ein Phänomen, das ganz typisch ist für die Epoche, in der wir jetzt leben . . . eine *Epoche existentieller Brüche* und vielfältig vernetzter Innovationen, für die es kein Pendant und keinen Erklärungs-Hintergrund aus der Vergangenheit gibt. Die Lage ist deshalb kontinuierlich neu. Die Perspektive ist deshalb permanent überraschend. Es herrscht Unübersichtlichkeit. Und die Aktionen, auf die man reagieren muß, sind wesentlich häufiger unvorhersehbar als noch vor zehn oder dreißig Jahren. Das ist das, was die System-Theoretiker eine »Dauer-Turbulenz« nennen.

Und in dieser Dauer-Turbulenz, so Streufert, kommt es zu einer Veränderung und zur *Neubewertung von Intelligenz und Dummheit.* Jetzt ist derjenige besser dran, der die Fähigkeit hat, trotz der Unübersichtlichkeit und Zappeligkeit zu erkennen, was wirklich geht, was wirklich los ist, der die Muster hinter den sprunghaften Phänomenen erkennt und der in der Lage ist, die vielfältigen Komplikationen und auch die unsichtbaren Phänomene sensibel zu erfassen. Genau das kann der weniger intelligente Manager nicht. Er denkt zu digital, das heißt schwarzweiß.

In Phasen der Dauer-Turbulenz versucht er, mit seinem alten Schema klarzukommen: Tue Weniges immer wieder (Vertiefungs-Strategie), konzentriere deine Kraft auf wenige, erfolgversprechende Ansätze (Konzentrations-Strategie), und laß dich dabei nicht beirren (Kontinuitäts-Strategie).

Mit diesen an sich recht »dummen« Strategien hatten die weniger intelligenten Manager in Aufbau-Phasen, Wachstums-Phasen und Phasen erhöhter Stabilität immer mehr Erfolg als die grüblerischen intelligenten Manager. Die Boom-Jahre waren maßgeschneidert für diese »dumme Intelligenz«.

Wenn sich aber das Umfeld in Richtung Dauer-Turbulenz verändert, dann entsteht der Zwang zur Meta-Intelligenz: Das ist die Fähigkeit, hochintelligenter und sensibler Manager, zu merken, »wann es nötig ist, zu denken, und wann es besser ist, den Kopf abzuschalten«.

Von den Menschen lernen, die Meta-Intelligenz haben

Prof. Streufert hat in seinem Laboratorium in Harrisburg, in dem er diese *höhere Intelligenz* entdeckt hat, eine Forschungsreihe angefangen. Er untersucht die Denkabläufe im Kopf von Menschen, die ganz *ungewöhnlich intelligent* sind, zugleich aber auch im Beruf und im Privatleben ganz *ungewöhnlich erfolgreich*, glücklich und gesund.

Das Ergebnis, so sagt Siegfried Streufert, ist eindeutig: Die Meta-Intelligenten können, wenn es verlangt wird, dumm sein wie die Dummen und so chamäleonhaft denken wie die Intelligenten. Sie sind in der Lage, die Intelligenz flexibel einzusetzen. Dementsprechend glaubt der bekannte amerikanische Intelligenz-Forscher auch, *daß die Zukunft nicht mehr den Dummen gehört.*

Er betont, daß die Dummen ideal waren für die Vergangenheit, aber »daß die Zukunft jenen Intelligenten gehört, die intelligent genug sind, von den Dummen zu lernen. Sie allein besitzen die Fähigkeit, je nach Aufgabe und Lebenslage mal gekonnt intelligent zu sein, mal gekonnt dumm.« Diese Intelligenz ist ideal für Turbulenz. Sie ist die heute so sehr gebrauchte *Turbulenz-Intelligenz.*

Inzwischen hat sich auch international die Einstellung zur »Intelligenz« gewandelt. Man hat beispielsweise erkannt, daß die klassischen Intelligenz-Tests heute nicht mehr brauchbar sind. Diese sind überwiegend psychometrische Ansätze, die nur eine sehr *begrenzte Form von Intelligenz* messen, hauptsächlich anwendbar für überschaubare, laborartige Situationen

Umdenken in Sachen: »Was ist Klugheit«

Wie Prof. Franz Emanuel Weinert, Direktor am Max-Planck-Institut für Psychologische Forschung in München, mitteilte, beginnt jetzt auch die deutsche Intelligenz-Psychologie umzudenken. Klassische Intelligenz-Tests können selten »mehr als 36 Prozent der Leistungs-Unterschiede der Getesteten erklären«. Zieht man aber die Erklärung von beruflichen Hochleistungen oder gar »komplexe Problemlösungsaufgaben« hinzu, dann tendieren die Prognose-Werte der üblichen Intelligenz-Tests sogar gegen Null.

Die neue Richtung der Intelligenz-Forschung versucht deshalb, die Fähigkeit, *adäquate*, das heißt situativ nützliche, Problemlösungs-Strategien zu finden, zu berücksichtigen. Damit wird die Intelligenz nicht mehr rational-linear, sondern *auf Komplexität ausgerichtet.* Die Phänomene der Multi-Vermaschung und der Unüberschaubarkeit beginnen, die Intelligenz-Psychologie zu beeinflussen.

Auch die Philosophie entdeckt die Klugheit über der Intelligenz

Auch in der Philosophie ist ein Umdenken im Hinblick auf Intelligenz und Rationalität erkennbar. Die meisten Philosophen, die derzeit über die »Kultur des Denkens« nachdenken, erkennen, daß offensichtlich etwas Neues entsteht, das man »spielerisches Denken« nennt: Die Fähigkeit, von einer höheren Warte aus sehr unterschiedliche Denkstile einzusetzen und sich in kürzester Zeit *von Weltbildern zu trennen*, so daß das Denken flexibel und situativ angepaßt wird. Man entdeckt die dumme Intelligenz und die kluge Intelligenz.

Das deckt sich mit dem, was H.G. Holl in seinem Buch »Das lockere und das strenge Denken« beschrieben hat: *Die Rückkehr des Spielerischen in die Rationalität* des Menschen. Vermutlich die einzige Möglichkeit, um in turbulenten und komplexen Situationen erfolgreich zu denken, erfolgreich zu entscheiden und erfolgreich zu handeln.

Inzwischen ist die Philosophie auch sehr stark von der *Gehirn-Forschung* beeinflußt worden. Und man hat erkannt, daß wir die Umwelt nur so gut wahrnehmen können, wie wir uns als Beobachter beobachten können. Auch hier wieder das gleiche: Die höhere Intelligenz macht aus festen Wirklichkeiten flexible oder gar versuchsweise Wirklichkeiten. Alles fließt.

Typisch für diese neuen Ansätze ist etwa das Lebenswerk von Heinz von Foerster (»Sicht und Einsicht. Versuche zu einer operativen Erkenntnistheorie«, Braunschweig 1985). Er verweist darauf, daß nur derjenige meta-intelligent wird, der seine *Selbstreferenz durchschaut*, der sich also beim Denken so sehr beobachten kann, daß er nicht mehr auf seine eigenen Ideologien (»erfundene Wirklichkeiten«) hereinfällt.

Da jede Beobachtung ihren »blinden Fleck« hat, geht es darum, diesen zu entdecken, damit wir *auch das sehen, was wir nicht sehen.*

Dieses wird Meta-Intelligenz genannt. Und diese wiederum wird für das Management immer wichtiger. Warum?

Turbulente und komplexe Situationen, wie sie für die Wirtschaft immer typischer werden, sind gekennzeichnet durch ein *gleichbleibend hohes Informations-Defizit*, das heißt man weiß nie, was genau Wirklichkeit ist. Die Situation verändert sich schnell und häufig, so daß man sie nicht »richtig« erfassen kann. Und man erkennt die Interdependenzen nicht.

In solchen Situationen ist derjenige Denker im Vorteil, der *das Prinzip von Trial and Error* in das Denken einführen kann. Versuch und Irrtum als geistiges Spiel. Nur durch diesen Chamäleon-Charakter kann die »Ent-Festigung des Denkens« entwickelt werden, die nötig ist, um mit der Turbulenz intellektuell mitgehen zu können.

Die Rolle des Bewußtseins für die Meta-Intelligenz

Einer der New-Age-Vordenker, der Historiker Morris Berman, hat in einem Beitrag darauf hingewiesen, daß die neue Meta-Intelligenz eine direkte *Beziehung zum Bewußtsein* hat.

Meta-Intelligenz verlangt, daß der Denker *Abschied nimmt von einem festen Weltbild.* Der konservative, klassische Manager ist zumeist stolz darauf, durch persönliche Erfahrung und Ausbildung ein festes Weltbild zu haben. Er verfügt über klare Prinzipien des Denkens. Seine mentalen Prozesse sind auf Ordnung und Eindeutigkeit programmiert. Die neue Meta-Intelligenz dagegen benutzt die Weltbilder wie Instrumente auf dem Weg zum Erfolg. Es gibt deshalb kein altes und kein neues Weltbild, so Morris Berman, der als Professor für Geschichte an der Universität von Victoria, Kanada, lehrt. Es gibt auch kein gutes und kein falsches Weltbild, es gibt immer nur ein Weltbild, das problem-adäquat ist oder eben un-adäquat.

Je größer die Turbulenzen in einer Kultur, um so weniger taugen auch eherne Paradigmen. Deshalb besteht »unsere Herausforderung nicht in der Erfindung neuer Weltbilder (Paradigmen), sondern darin, daß wir lernen, uns dem Sein in einem Geist von Offenheit und Vertrauen auszusetzen. Vielleicht ist das einzig vertrauenswürdige Weltbild die Welt selbst.« Die Meta-Intelligenz *jongliert mit unterschiedlichen Weltbildern* und macht aus bombastischen Überzeugungen flexible geistige Instrumente. Das Ende der geistigen Prinzipien-Reiterei naht.

Prestige blockiert das Lernen

Aber es gibt auch noch andere Aspekte der neuen Meta-Intelligenz. Pehr G. Gyllenhammar, der Vorstandsvorsitzende von Volvo, hat einmal sehr offen über Business und Management geplaudert, und zwar bei den Goldmann-Unternehmensgesprächen in Frankfurt.

Und er hat dabei auch auf einige »hausgemachte« Aspekte der Dummheit hingewiesen: Die Tendenz von *Prestige*, die Unfähigkeit zum Lernen zu steigern. Dazu sagt er unter anderem wörtlich: »Es ist ein Problem der Leitenden, daß sie nicht zugeben, wenn sie etwas nicht verstanden haben.«

Durch die neuen Fortschritte (soziale Fortschritte und CIM-Fortschritte) plaziert sich aber das bessere Wissen nicht mehr automatisch an der Spitze der Hierarchie.

Das bessere Argument ist im Netzwerk eher überall dort zu finden, wo *punktuelle Professionalität* plaziert ist und nicht mehr – wie gottgegeben – in der goldenen Spitze der Konzerne. Immer mehr Leitende sind also nicht mehr automatisch besser informiert. Je mehr Heterarchie, um so häufiger sind Middle- und Top-Manager nicht in der Lage zu verstehen, worüber sie entscheiden müssen. Deshalb – so Gyllenhammar – sind viele Vorstands-Sitzungen auch sehr »scheinheilig«.

Nun wäre das nicht weiter schlimm, wenn man dann wenigstens hinter der scheinheiligen Fassade der Überlegenheit sofort beginnen würde, geistig nachzubessern, das heißt zu lernen, was man bisher noch nicht wußte. Aber hier wirken für den klassischen Manager viele Status- und Karriere-Probleme.

Zuviel Interesse an Historie, zuwenig Zukunfts-Training

In Deutschland beispielsweise ist es fast unmöglich, Vorstände und Aufsichtsräte für Seminare zu begeistern. Auch das, was »dort oben« pro Jahr an Büchern gelesen wird, ist oft nichts anderes als ein Stück Alibi und weist einen starken *Zufalls-Charakter* auf (Flickerl-Teppich des Wissens). Die Umfrage einer Wirtschafts-Zeitschrift brachte sogar ein bezeichnendes Bild: Die meisten Top-Manager lesen historische Romane oder *historische Fachbücher*: Von Preußens Untergang bis zu den alten Römern, all das wird bevorzugt. Das bringt zwar Bildung, aber kein aktuelles Wissen und erst recht kein Zukunfts-Wissen. Die Modernität wird nicht gelernt.

Und es ist besonders für die Inhaber von Prestige-Positionen außerordentlich schwer, sich kontinuierlich »in die Lehre der Zukunft zu begeben«. Meta-Intelligenz trainiert sich aber am besten an der *Unsicherheit der Zukunft*.

Macht verstärkt die mentale Dummheit

Sehr umfangreich hat Barbara Tuchman (»Die Torheit der Regierenden«, Frankfurt am Main 1984) dieses *Phänomen der Lern-Blockade* durch Macht und Prestige analysiert. Das Ergebnis: Jedes »Übermaß an Macht führt sehr schnell zu Torheit«. Jedes Etablieren im Feld einer Prestige-Aura führt sehr schnell zu »mentaler Dummheit«. Geistiger Stillstand und Macht korrelieren also miteinander.

Besonders dann, wenn das Referenz-Muster auf *Seriosität* (die Nadelstreifen des Geistigen) und *Souveränität* (Verzicht auf Lernen) ausgerichtet sind. Henry Kissinger hat dazu gesagt, daß politische Führer »im Amt nichts hinzulernen, was über die Überzeugungen hinausgeht, die sie mitgebracht haben«. Die Anfangs-Überzeugungen werden zumeist auch durch den persönlichen Erfolg bestärkt. Eine sehr *problematische Rückkopplung*. Weil man so erfolgreich ist, verstärkt man seine Überzeugungen. Das führt dazu, daß die Eliten die Überzeugungen, das heißt »ihr intellektuelles Kapital«, während ihrer Amtszeit verbrauchen.

Betrachtet man, so die Analysen von Barbara Tuchman, den Umgang der Machtinhaber mit den Erfahrungen genauer, so stellt man fast durchweg fest, daß Macht, Position und Autorität geradezu verhindern, aus Erfahrungen zu lernen. Denn die meisten Menschen, die ganz nach oben kommen, lernen dort oben nicht, *wie man neue Erfahrungen verarbeitet*. Sie immunisieren sich gegen negative Erfahrungen. Sie verstärken überwiegend nur die Überzeugungen, durch die sie erfolgreich geworden sind.

Die Angst der Manager vor dem Monitoring

Und damit sind wir bei einem ganz wichtigen Problem: Turbulenz-Situationen, wie wir sie heute haben, benötigen ein *kontinuierliches Monitoring des Umfeldes*, um sich zu zwingen, andere Wirklichkeiten zu sehen. Die Zappeligkeit des Umfeldes muß im Kopf permanent abgebildet oder rekonstruiert werden.

Barbara Tuchman belegt in ihrer Studie jedoch, daß Umfeld-Phänomene, die nicht in das Überzeugungs-Bild passen, rigoros ausgeblendet werden. Es kommt dadurch sehr schnell zu drei Stufen der mentalen Dummheit:

Auf der *ersten Stufe* ist es noch *geistiger Stillstand*. Die Grundsätze werden zumeist verbal verfestigt. Sie bekommen Slogan-Charakter. Man glaubt an seine eigenen Sprüche, weil sie immer schöner werden.

Auf der *zweiten Stufe* werden die Dissonanzen und die Unstimmigkeiten, die aufgrund der Umfeld-Realität auftauchen, zum Anlaß genommen, die anfänglichen Grundsätze *zur Erstarrung* zu bringen. Die Grundsätze und Überzeugungen müssen nunmehr das »Ego des Verantwortlichen« schützen. Je größer der Einsatz und je stärker sich das Ich des Verantwortlichen engagiert hat, um so unannehmbarer wird die »störende« Wirklichkeit.

Das erinnert sehr an die Forschungen von Streufert, daß die »mental Dummen« auch dann noch sehr erfolgreich sind, solange die Situation relativ fest, überschaubar und stabil ist, weil sie die Intensität und die Kontinuität ihrer Maßnahmen verstärken. Geistige Enge gibt so konzentrierte Energie.

Ein typisches Beispiel ist Adenauer gewesen (später de Gaulle). Kybernetische Analysen haben beispielsweise gezeigt, daß derartige Führer gekennzeichnet waren durch eine hohe Input-Schwelle (wenig Neues lernen), gepaart mit einer hohen Output-Schwelle (im Prinzip immer die gleichen Überzeugungen verkünden). Das führt zu *Erfolgen durch Starrheit*. Und das wiederum ist das Ende der Intelligenz.

Auf der *dritten Stufe* gibt es bereits *erste Verblendungen*, das heißt: Selbst dann, wenn Operationen scheitern und Entscheidungen ganz offensichtlich falsch waren, wird auf »Bestehen auf dem Irrtum« Wert gelegt.

Ohne Monitoring keine Meta-Intelligenz

Diese drei Stufen, die zur mentalen Dummheit führen, korrelieren nun wieder sehr stark mit den Problemen des Issue-Managements und des Trend-Monitorings.

Es ist auffällig, daß diejenigen Beratungs-Unternehmen, die erprobte und taugliche *Monitoring-Systeme* offerieren (so das Umfeld- und Trend-Monitoring-System von Battelle), bisher kaum oder *keinen Erfolg* aufweisen konnten.

Die derzeitigen Top-Manager können das Monitoring nicht wollen, weil es ihre Ego-Dissonanzen und ihre Prinzipien-Verwundungen vergrößern würde. Man gibt, wenn man nicht zu den neuen »Meta-Intelligenten« gehört, eben kein Geld aus, um sich selbst das Leben schwerzumachen.

Der Durchbruch für diese Monitoring-Systeme, wie sie jetzt auch an den ersten Universitäten entwickelt worden sind (siehe das Star-System von

Müller, Universität München) wird erst dann kommen, wenn der Anteil der meta-intelligenten Top-Manager größer ist, das heißt, wenn die *Flexibilität des Geistes* nicht als »Diskriminierung der eigenen Prinzipien« mißdeutet wird.

Die Meta-Intelligenz akzeptiert Diskontinuitäten

Zur neuen Meta-Intelligenz gehört aber auch die *Vorliebe für Diskontinuität.* Der klassische Manager erlebt Diskontinuität als »Ausrutscher« oder gar als Ärgernis. Der neue Manager versucht, *Diskontinuitäten als Normalität* zu verstehen. Er erlebt die Diskontinuität als große Chance.

In diesem Zusammenhang ist ein Buch eines McKinsey-Beraters wichtig, der recherchiert hat, daß viele Unternehmer und Top-Manager große Schwierigkeiten haben, diese Diskontinuitäten zu erkennen bzw. *psychisch anzuerkennen*, um sich rechtzeitig auf neue Technologien oder neue soziale Strömungen etc. einzustellen. Das Neue kann nur erkannt werden, wenn man in der Diskontinuität einen persönlichen Vorteil erkennt.

Richard N. Foster hat in seinem Buch »Innovationen – die technologische Offensive« (Wiesbaden 1986) hauptsächlich die technologischen Diskontinuitäten in den Mittelpunkt seiner Analysen gestellt. Dabei hat er festgestellt, daß die meisten Manager sich insofern »mental dumm« verhalten, als sie im Grunde unbewußt davon ausgehen, *die Vergangenheit verlängern* und ausbeuten zu können. Schon das Denken in Cash-cows ist hier sehr schädlich, weil es nicht die Zukunft plant, sondern nur die augenblickliche Rendite optimiert.

Im Vorwort zu diesem Buch meint der Bestseller-Autor Robert Waterman: »Es ist immer leichter und scheint sicherer, weiter in Dinge zu investieren, die sich in der Vergangenheit bewährt haben.« Je reifer eine Technologie, ein Sortiment oder ein Produkt, um so gefährdeter wird es, weil ihr Reifegrad zugleich auch ausdrückt, daß dieses Produkt vor einem Diskontinuitäts-Sprung steht.

Andere Menschen für andere Probleme gesucht

Die Unternehmen müßten, so Foster, Probleme nicht nur planerisch anders angehen, sondern sie *brauchen auch andere Menschen*, andere Unternehmensführer. Er nennt sie die »Limitisten«. Das sind diejenigen Mitarbeiter, die rechtzeitig die Grenzen einer Technologie erkennen können, um dann wiederum früh genug nach Alternativen zu suchen. Und dann benötigen Unternehmen, um zukunfts-intelligenter operieren zu können, auch die »Limit-Brecher«. Das sind diejenigen, die mit neuen Ideen die geistigen Grenzen durchstoßen.

Die Analysen von Foster haben gezeigt, daß die Entwicklung von alten und neuen Technologien von einem bestimmten Zeitpunkt an nebeneinander verläuft. Die typischen S-Kurven (Lebenszyklen-Kurven) treten fast immer paarweise auf, das heißt, »eine Technologie tritt berührungslos an die Stelle einer anderen«. Derartige Diskontinuitäten gibt es heute schon kontinuierlich und wird es morgen vermehrt geben, weil sich immer mehr *High-Tech-Bereiche* explosionsartig entwickeln und wechselseitig vermaschen.

Das Problem ist also in erster Linie *ein geistiges Problem.* Der mentale Konservativismus klassischer Manager (die Vergangenheit ausbeuten und verlängern) wird zu einem *schädlichen Wahrnehmungs-Filter.* Gerade die als »Souveränität« mißverstandene Pflege konventioneller Denk- und Verhaltens-Muster im oberen Management wird somit in Turbulenz-Zeiten zum Bumerang. Es entwickelt sich eine »Zukunfts-Dummheit«, die auch durch die Perfektionierung des Controllings und der Planungs-Technokratie nicht überwunden werden kann, weil es ein geistiges Problem ist und kein planungs-technokratisches.

Meta-Intelligenz durch die Überwindung des europäischen Denkens

Interessant ist in diesem Zusammenhang das, was Jean Baudrillard, ein französischer Soziologe, der jetzt in den USA lebt und lehrt, dazu ausführt. Für ihn ist dieses *Rückwärts-Denken* ein typisch europäisches Problem. Den Amerikanern, so Baudrillard, »fehlt das historische Gewicht, das bei uns alles so schwermacht und ohnehin keinen Sinn mehr hat. Darum wirkt Europa so alt.« Und weiter: »Für uns ist das Ende der Geschichte tragisch, für die Amerikaner hingegen bedeutungslos: Sie haben nie von der Geschichte gelebt.«

Die europäischen Eliten verfügen nur noch sehr begrenzt über »Energie und Wille, einen *Bruch zum traditionellen Denken* zu vollziehen«. Deshalb – so Baudrillard – ist es den Amerikanern leicht, eine »Vision der Welt zu haben, die in Europa fehlt«.

Das deckt sich mit dem, was Willi Schalk, Geschäftsführer der Werbeagentur BBDO, dazu ausführt. Er arbeitet sowohl in Europa (Düsseldorf) als auch in New York. Und das seit Jahren. Und er ist als hochqualifizierter Manager inzwischen ein Kind unterschiedlicher Mentalitäten. Auch er erkennt, daß es einen deutlichen Unterschied gibt zwischen *deutschem und amerikanischem Denken.* »Wir Deutschen und – um es noch weiter zu verallgemeinern – wir Europäer denken analog. Die Amerikaner dagegen denken digital.« Das bedeutet, die Amerikaner lieben es, in Alternativen, nämlich in Schwarz oder Weiß zu denken, während die Europäer mehrere, zumeist sorgfältig ausgedachte Lösungsmöglichkeiten prüfen und pflegen.

Das befähigt die Amerikaner, schneller und konsequenter und auch zukunfts-gerichteter zur Tat zu schreiten. Sie sind »viel stärker vorwärtsorientiert«. Die Deutschen dagegen sind oft gründlicher und tiefschürfender.

Die Mischung der Denk-Stile macht's

Die Meta-Intelligenz, die die neuen Manager auszeichnet, besteht also auch in einem *Überwinden des europäischen Denk-Stils.* Es geht nun keineswegs darum, die digitale Denkweise der Amerikaner zu übernehmen. Sie ist zwar gut für die Vorwärts-Dynamik, sie ist aber oft gekennzeichnet durch viel zu *flache Interpretationen der Wirklichkeit.* Es geht darum zu begreifen, daß der kommende Mega-Manager auch eine *Pluralisierung der Denkstile* praktizieren muß. Mal wird er amerikanisch denken (digital-populär), mal wird er europäisch denken (analog-grüblerisch) und mal asiatisch (adaptiv-paradox).

Meta-Intelligenz besteht also aus der Fähigkeit, neben den unterschiedlichen Weltbildern auch unterschiedliche Denkstile souverän zu beherrschen.

Meta-Intelligenz durch die Überwindung der Ratio-Spezialisierung

Es gibt noch einen Faktor, der konsequent und schnell zur »mentalen Dummheit« führt: *Die rationale Verschulung.* Das, was an den Universitäten gelehrt wird, umfaßt zumeist die rationale, das heißt systemische, Seite des Managements. Die para-systemische Seite (*mentales Management*) fehlt. Sie wird nicht gelehrt, sie wird nicht trainiert.

Die meisten Spitzen-Manager bringen zwar von Natur aus sehr viele mentale Kompetenzen mit. Sie haben sie quasi im »Rucksack ihrer Persönlichkeit«. Aber sie trainieren sie nicht, und sie veredeln sie nicht systematisch. Und es ist keinesfalls sicher, ob die mentale Grund-Ausstattung, mit der man den Weg zum Erfolg angetreten ist, immer die richtige Grund-Ausstattung ist. Wer beispielsweise seinen Zynismus sorgfältig pflegt, zerstört in der Regel permanent und ungewollt das, was man Vertrauens-Klima nennt. Wer beispielsweise über geringe Visualisierungs-Qualitäten verfügt, ist in der Regel kaum in der Lage, Visionen darzustellen und zu »verkaufen«.

Das bedeutet: Es gibt auch eine *Dummheit durch Ratio-Spezialisierung.* Meta-Intelligenz beinhaltet also auch neue Dimensionen der Intelligenz, so etwa die *kommunikative Intelligenz* und die *mentale Intelligenz.*

Denn eines ist klar: Der »Manager der Zukunft« verlagert sein Handeln vom rationalen Steuern und vom disziplinierten Kontrollieren zum *Führen durch Zufuhr emotionaler und kreativer Energie.* Er wird zum Gestalter für das Geistige. Er wird zum Produzenten kollektiver Energien. Und genau dazu ist mentale Intelligenz nötig, eine Intelligenz also, die nicht durch Fachbücher angelesen werden kann, sondern die durch »Persönlichkeits-Entwicklung« (personale Transformation) trainiert und entwickelt werden muß.

Fazit: Die Intelligenz der Zukunft verlangt die Veredelung der Persönlichkeit.

Wir empfehlen:

Das Schlüsselproblem ist im Grunde die Mentalität des Managers. Also etwas, das man nicht durch Bücher lernen kann und das man erst recht nicht an intelligente Stäbe oder Berater delegieren kann: die Überwindung des persönlichen Konservatismus!

Wir wollen mit diesem Buch bestimmt nicht gegen den »grauen Flanell« und gegen die »weißen Haare« kämpfen, dennoch ist es im Sinne einer Frühwarnung wichtig, darauf hinzuweisen, daß die Muster von Souveränität, Seriosität und Macht zu mehr als 50 Prozent von Ideologien geprägt sind. Und Ideologien lassen sich ändern. Und sie müssen sich ändern.

Wenn man sich die geforderte Meta-Intelligenz genau anschaut, dann wird sichtbar, wieviel die Wirtschaft lernen kann von den sogenannten Szenen mit ihren vielfältigen Seminaren und Programmen für die persönliche Transformation.

Meta-Intelligenz ist das Ergebnis vielfältiger Bemühungen um Persönlichkeits-Entfaltung. Und die kann man nur höchstpersönlich, das heißt mit dem eigenen Körper und der eigenen Seele, praktizieren. Genau dieses empfehlen wir.

Ein anderer Ansatz ist die Zuwendung zur Firmenkultur. Das ist in Deutschland an sich im Trend, aber überwiegend noch nicht mit der richtigen Zielsetzung.

Wenn es stimmt, daß die Außen-Turbulenz von den Unternehmen verlangt, eine Innen-Flexibilisierung zu organisieren, dann müßte die Firmenkultur in den Unternehmen zu einer »aktiven Lern-Kultur« ausgeformt werden.

Genau das aber wird von den meisten Top-Managern unbewußt bekämpft, weil dadurch die klassischen Prinzipien der Kader-Disziplin obsolet werden. Um es hier ganz deutlich zu sagen: Ohne eine bemühte Überwindung des Kader-Systems kann die geistige Flexibilität in den Unternehmen kaum herbeigezaubert werden.

Es ist auch ausgesprochen bedenklich, wenn Unternehmen glauben, die Flexibilität »rein technokratisch« realisieren zu können. Natürlich sind Organisations-Modelle und Produktions-Techniken so modern wie möglich zu gestalten (also beispielsweise Dezentralisierung und CIM), aber im Kern geht es um die Flexibilisierung des Geistes.

Das wiederum verlangt den Aufbau einer »High-Trust-Organization«. Wir empfehlen das deshalb so eindringlich, weil sich hier vielfältige und »satte« Chancen für Konkurrenz-Überlegenheit und Rendite ergeben. Warum?

Auf Basis einer optimalen High-Trust-Organization (aus Firmen werden Glaubensgemeinschaften) können die alten Macht-Muster, die starren Hierarchien und die schädlichen Prestige-Spiele weitestgehend annulliert werden.

Und das wiederum ist die Voraussetzung fur die Entwicklung der Meta-Intelligenz: Die erhöhte Fähigkeit, in komplexen und turbulenten Situationen komplex- und turbulenz-adäquat zu reagieren.

Wir empfehlen deshalb dringend, folgende Bereiche in den Mittelpunkt interner Workshops und Entwicklungs-Programme zu stellen.

① Firmenkultur und fließende Organisation.

② Abschied vom Kader-System, hin zur High-Trust-Organization.

③ Training von Meta-Intelligenz durch Persönlichkeits-Entfaltung.

④ Neukonzeptionierung der Weiterbildung . . . Wie lernt man mentale und soziale Kompetenzen?

⑤ Turbulenz und Selbstorganisation.

Wir empfehlen darüber hinaus, die asiatische Mentalität soweit wie möglich zu integrieren, um neben den struktur-orientierten Denk-Schemata des Westens zugleich auch die prozeß-orientierten Denk-Schemata des Ostens einsetzen zu können.

Wem es gelingt, unterschiedliche Weltbilder und unterschiedliche Denkstile prozessual und situativ flexibel einzusetzen, der wird an Leading-Kompetenz deutlich gewinnen.

Teil 6

Partizipatives Management
Abkehr von der autoritären Führung

»Arbeitskräfte wurden gerufen, Menschen sind gekommen.«
Max Frisch

Immer mehr Unternehmen begreifen, wie wichtig der Mensch ist, den man Mitarbeiter nennt. Und die sensibleren und progressiveren Manager ahnen auch, daß wir vor einem gewaltigen Trend-Umbruch stehen: *Von der autoritären Führung zur partizipativen Führung.* Aber das scheint eine sehr schwierige Geburt zu werden, denn unsere Analysen zeigen, daß das partizipative Management zwar von Monat zu Monat mehr Rückenwind bekommt, daß aber andererseits auch die Gegen-Trends immer intensiver werden. Und die Gegen-Trends haben eine sehr plausible Begründung auf ihrer Seite: In härteren Zeiten muß das Management härter werden.

Humanes Management und partizipatorische Führung werden also als »Sonnenschein-Aktivitäten« bezeichnet. Und damit drückt man indirekt aus, daß man sie für nicht effizient hält. *Effizienz und Humanität* scheinen sich auszuschließen. Und Partizipation und Wettbewerbsfähigkeit scheinen wie Feuer und Wasser zu sein.

Mit diesem Bericht wollen wir aufklären, welche Meinung sich durchsetzen wird. Wir werden uns der *neuen Team-Welle* zuwenden und auch den neuen partizipatorischen Trends, wie sie sich zum Beispiel in den *Quality Circles* manifestieren. Der Grundgedanke der aktuellen Team-Renaissance umfaßt zwei Stoßrichtungen:

① *Weg von der Hierarchie . . . hin zur Heterarchie*
Stichwort: fließende Organisation.

② *Weg vom geistigen Taylorismus . . . hin zu autonomen Teams*
Stichwort: Dezentralisierung.

Ein typisches Beispiel ist die Opel-Fabrik in Wien, also ein Tochter-Unternehmen von General Motors. Hier war vor einiger Zeit das TV-Journal »Wiso« zu Gast. Und man wußte Erstaunliches zu berichten . . .

Abkehr von zuviel Hierarchie

Das Top-Management in diesem Werk setzt auf »Verflachung der Hierarchie«. Deshalb führt man autonome oder teilautonome Gruppen ein, entsprechend den Erkenntnissen der neueren Team-Soziologie.

In diesen Gruppen gibt es eigentlich keinen »echten Chef« mehr. Der Meister zum Beispiel ist eher ein Berater, aber nicht der Regisseur und Lenker der Gruppe. Jeweils ein Arbeiter im Team wird zum Sprecher erklärt. Und er sorgt in erster Linie für das Klima im Team. In so einer autonomen Gruppe gibt es keine Hierarchie mehr.

Immerhin ist man bei Opel in Wien so weit gegangen, daß man vierzig Bereiche in derartige teilautonome Teams à fünfzehn bis zwanzig Personen aufgegliedert hat. Und die dahinterliegende Philosophie deckt sich in frappanter Weise mit den Trend-Daten:

① *Man setzt auf die Kraft der Selbstorganisation*
Die Teams bestimmen Umfang, Menge, Tempo und Aufteilung ihrer Jobs. Darin sind sie weitestgehend autonom. Sie dürfen auch innerhalb der Funktionen und Jobs wechseln. Durch das Wechseln lernen die Mitarbeiter Fähigkeiten, die sie vorher nicht hatten. Sie erweitern ihr Können und ihren Kompetenz-Horizont.

② *Man setzt auf Selbstkontrolle*
Die Teams kontrollieren sich selbst. Sie sind für ihre Leistung, die mit dem Top-Management abgestimmt wird, selbst verantwortlich. Wenn sie ihre Leistung nicht erzielen, sind sie autorisiert und angehalten, eigenständige Problem-Analysen durchzuführen, um herauszufinden, warum sie bestimmte Kompetenzen und Leistungen nicht bringen.

③ *Man setzt auf Selbstmotivation beim Lernen*
Die Optimierungs-Vorgaben (besonders die der Fortbildung) werden nicht mehr von fremden Stabsabteilungen oder »von oben« in das Team eingegeben. Das Team selbst plant, was es lernt und in welche Richtung es sich optimieren muß. Es motiviert sich selbst zum Lernen. Und es motiviert sich – soweit das im Rahmen der Produktions-Prozesse möglich ist – auch selbst für die Arbeit.

Mehr Autonomie bringt mehr Produktivität

Was bringt nun diese grundsätzliche Umorientierung der Arbeit bei Opel in Wien? Der Sprecher nannte drei nachweisbare Vorteile:

① Reduzierung des Aufwands.

② Steigerung der Qualität.

③ Verbesserung der Flexibilität.

Aber er sagte auch etwas anderes. Das Umschalten vom Taylorismus (Fließband-Prinzip) zur *autonomen Selbststeuerung* kann nicht einfach per Aktennotiz eingeführt werden. Die Notwendigkeit dafür ist eine »intensive Förderung des Sozialverhaltens«.

Offensichtlich müssen alle das partizipative Management lernen... sowohl die Chefs ganz oben – erst recht das Middle-Management – als auch die beteiligten Mitarbeiter.

Der alte Taylorismus reduziert die Leistungskraft der Menschen

Ähnliche Neuerungen meldet auch Ford in Deutschland. Der Ford-Fertigungsleiter Ernst Küchmann bringt es auf eine einfache Formel: »Taylor total bringt es nicht mehr.«

Die Atomisierung der Handgriffe à la Taylor und die Mechanisierung menschlicher Arbeit... das erzeugt selbst bei standardisierter Massenproduktion zusehends mehr Probleme. Es zerstört das wichtigste Element der Produktivität: die Selbstmotivation. Es führt zu resignativem Engagement, es führt zu schlechter Firmenkultur, es reduziert die Effizienz, weil die Mitarbeiter wie Maschinen statt engagiert handeln.

Das soll nun anders werden. Die Wirtschaft denkt um. Sie will das volle Engagement der Mitarbeiter. Deshalb beginnt sie, Vertrauen und Humanität als Produktivitätsfaktoren zu entdecken. Wie sagt ein Ford-Mann dazu? »Früher mußtest du deinen Kopf vorher abschrauben, sonst konntest du die Fließbandarbeit nicht aushalten.«

Natürlich sind die Beispiele von Opel und Ford allererste Schritte in Richtung einer *humanen Arbeit*, und es betrifft oft auch nur die Montage-Arbeit am Fließband, dort, wo der Taylorismus bisher am schlimmsten wütete.

In den »VDI-Nachrichten« erschien vor einiger Zeit eine Analyse über die Arbeits-Organisation in Deutschland. Und die zeigte auf, daß der

Taylorismus nach wie vor immer noch das Arbeitsleben bestimmt. Noch hat man den *»Schulterschluß zwischen Technologie und Psychologie«* nicht vollzogen, auf den es im Grunde ankommt (Ludwig Rosner).

Der Kampf beginnt: Bürokratie contra Team-Autonomie

Aber der Trend ist abgefahren: Immer mehr Unternehmen beginnen zu begreifen, daß das eigentliche Problem »Bürokratie contra Team-Autonomie« heißt. Man erkennt, daß nur autonomes Arbeiten zu einer hohen Team-Produktivität führt. Man begreift, daß Taylorismus und *Kader-Disziplin* die alles entscheidende *Sozial-Energie* untergräbt und zerstört.

Aber das hat auch mit *Macht* zu tun, denn autonomes Arbeiten bedeutet, daß man den Gruppen die Entscheidungs- und Kontroll-Kompetenz übergibt, die man als Chef bisher für sich reklamierte.

Es ist die Delegation von Aufgaben, von Entscheidungen und auch von Kontrolle, denn die neuen Team-Techniken fordern geradezu, daß man die teilautonomen und autonomen Arbeitsgruppen als »selbstregelndes soziales System« operieren läßt.

Damit verbindet sich der Trend zur Selbstorganisation mit dem Trend »Weg vom Taylorismus«. Eine grundsätzliche und engagierte *Zuwendung zur Team-Psychologie* ist das Ergebnis. Das ist der Trend zur neuen Teamarbeit. Verstärkt wird dieser Trend durch zwei Faktoren:

① *CIM verlangt autonome Arbeitsgruppen*
Durch die zunehmende Automatisierung der Produktion (NC-Technik) verlagert sich der Schwerpunkt der Arbeit eminent. Der Mensch wird immer mehr vom Arbeitstakt der Maschinen entkoppelt. Monotone Tätigkeiten werden immer stärker abgebaut. Man braucht Teams, die im Sinne »offener Systeme« die Prozesse mitorganisieren, die der Produktion vorgelagert sind und die die Produktion begleiten.

Das bedeutet, daß die Mitarbeiter immer weniger »menschliche Maschinen« sein dürfen, sondern daß sie am Entscheidungs- und Steuerungs-Prozeß aktiv beteiligt sind und daß ihnen die Verantwortung für die Feinplanung übertragen werden muß ... damit CIM funktionieren kann.

Fazit: Die Roboterisierung der Produktion verlangt mehr Teamarbeit.

② *Die Wirtschaft wird immer komplexer ... Fortschritt wird nur noch im Team möglich*

Auch dieser Trend ist deutlich zu beobachten: Je größer der *Komplexitätsgrad*, je komplizierter also die Materie, um so weniger kann ein Mensch alles können. Und gerade wenn es darum geht, *Innovations-Fortschritte* zu organisieren (etwa für die Konkurrenz-Überlegenheit), sind Durchbrüche nur noch durch eine *harmonische und kooperative Teamarbeit* möglich.

In vielen Bereichen der Gesellschaft (so etwa in der Amputations-Chirurgie, in der Nuklear-Forschung und der angewandten Physik) sind die Probleme inzwischen derart komplex, daß nur noch eine enge partnerschaftliche Zusammenarbeit wirkliche Fortschritte bringt. Das *Rivalitäts-Prinzip* (Karriere durch den Sieg über andere Mitarbeiter) versagt immer mehr.

Fazit: Die Fortschritte verlangen mehr Teamarbeit.

Die langsame Durchsetzung des Kollegial-Prinzips

Inzwischen ist der Trend zur Autonomisierung in den USA so weit, daß auch *Kollegen-Beschwerden und Konflikte* nicht mehr von oben geregelt werden, sondern durch spezielle Teams.

Typisch dafür ist eine Fabrik von General Electric in Columbia, die Appliance Park East. Da gab es zwar schon immer ein firmeninternes Beschwerde-System, aber die Mitarbeiter haben ihm nicht vertraut, weil es direkt mit der Hierarchie verbunden und ein Teil der Kader-Disziplin war. Die Unruhe und die Unzufriedenheit der Mitarbeiter wuchsen. Die Gewerkschaft fand mehr und mehr Gehör. Deshalb entschied man sich, einen neuartigen Beschwerde-Ausschuß einzurichten. Dieser besteht aus drei Arbeitern und zwei Managern. Nun werden Konflikte in den unterschiedlichen Ebenen und zwischen unterschiedlichen Teams ohne Beteiligung der Chef-Ebene diskutiert und gelöst.

Inzwischen haben viele Unternehmen in den USA derartige »Kollegial-Ausschüsse« installiert. Und allen ist ein Merkmal gemeinsam: Die Mitarbeiter trauen diesen Ausschüssen, weil sie nicht von oben kommen. Die Mitarbeiter vertrauen ihren eigenen Regelungs-Instrumenten mehr als denen der Hierarchie.

So gibt es bei Control Data einen derartigen Kollegial-Ausschuß, aber auch bei Honda of America, Marysville, Ohio. Dort beispielsweise umfaßt der Ausschuß sechs Mitarbeiter und nur einen Management-Vertreter. Und dieser Ausschuß regelt sogar Entlassungen und soziale Ungerechtigkeiten ganz ohne Einfluß der oberen Hierarchien.

Die Erfahrungen bei General Electric haben gezeigt, daß die Kollegial-Ausschüsse zu rund 80 Prozent der Fälle die Position des Managements bestätigen. Wenn es zu Entscheidungen über Konflikte und Beschwerden kommt, dann wird meistens so entschieden, wie es das Management bestätigt. Aber dennoch ändert sich etwas: das Klima nämlich, weil die Kollegial-Ausschüsse überwiegend von unten besetzt sind.

Robert F. Burnaska, ein Berater für Mitarbeiter-Fragen bei General Electric, weiß, daß die Kollegial-Ausschüsse das Klima deshalb so positiv gestalten, weil sie eine Manifestation der *Partizipation* sind.

Und noch etwas: Die Vorgesetzten wissen, daß ihre Mitarbeiter bei Konflikten vor einen Kollegial-Ausschuß gehen werden. Die Mitarbeiter haben keine Angst davor. Aber die Vorgesetzten wollen nicht, daß die eigenen Leute zu einem solchen Ausschuß gehen. Es ist ihnen peinlich. Sie wissen, daß sie dann »sozial versagt« haben. Dadurch erhöht sich die Harmonie-Qualität im Unternehmen, ganz ohne scheinheiligen Konsens, innere Zensur oder Repression.

Der in den USA beobachtete kleine Boom in Sachen Kollegial-Prinzip sorgt also für eine deutliche Veränderung der Führungs-Kultur: Nicht die Mitarbeiter stehen unter Versagens-Druck, sondern die Chefs. Ein erster Schritt in Richtung einer öffentlichen Bewertung der Chef-Qualität.

Fazit: Der neue Trend bei der Arbeits-Organisation heißt: Weg vom autoritären Management, hin zum partizipativen Management.
Unter dieser Zielsetzung wird der Taylorismus mehr und mehr überwunden zugunsten autonomer oder teilautonomer Team-Arbeit.
Dabei wird nicht nur der direkte Arbeitsprozeß auf Selbst-Organisation und Selbst-Kontrolle ausgerichtet, sondern auch der gesamte soziale Kontext wird autonomer, bis hin zu Konflikt-Regulierung und bis zu Beschwerden. Auch dort ist der Trend beobachtbar: Mitarbeiter regeln ihre Konflikte selbst.

Die Entdeckung, daß Arbeit Spaß machen darf

Betrachten wir nunmehr einen anderen Aspekt: Spaß an der Arbeit. Hier sind wir natürlich sofort im Bereich des *Wertewandels*. Das klassische Wertgefüge des protestantischen Wirtschafts-Paradigmas sah Arbeit permanent mit Disziplin, Anpassung und Unterordnung verbunden. Durch den Werteschub der letzten Jahre (von den Disziplin-Werten zu Selbstentfaltungs-Werten) steigert sich das Bedürfnis nach Spaß an der Arbeit.

Die Trends zum partizipativen Management bergen in sich eine fast historische Chance: Rückgewinnung von Arbeitsfreude und Stolz in der täglichen Arbeit. Das ist das, was in der Werte-Theorie die »Erotisierung des Lebens« genannt wird.

In der angesehenen amerikanischen Wirtschaftszeitschrift »Fortune« erschien eine überraschende Analyse zu dem Thema »Glanz und Spaß an der Arbeit« von Anne B. Fisher. Schon das Vokabular verrät: Langsam macht sich ein anderes Denken breit. Man spricht von Glanz und nicht mehr von Disziplin. Man spricht von Spaß an der Arbeit und nicht mehr von Effizienz. Effizienz und Disziplin werden zu natürlichen Ergebnissen, sie werden nicht mehr direkt angestrebt oder befohlen.

Sie sind die »Ernte« des neuen Mentalen Managements. Betrachten wir das, was in Amerika derzeit als vorbildlich gilt, etwas gründlicher.

Die Diagnose zeigt: Es gibt normale Unternehmen und glanzvolle Unternehmen. Glanzvolle Unternehmen sind durch folgende Aspekte gekennzeichnet:

Die sieben Kriterien des Glanzes

① Sie haben oft ein neues, heißes Produkt oder ein Produkt mit deutlicher *Konkurrenz-Überlegenheit*.

② Sie feiern ihre Erfolge häufig ausgiebig und extravagant. Sie sind *stolz* auf sich.

③ Sie favorisieren einen Management-Stil, der talentierten Einzelgängern *Soloflüge* erlaubt. Sie haben nicht die Tendenz zur Nivellierung von Kreativität.

④ Sie haben Mitarbeiter, die überdurchschnittlich *viel Spaß* an der Arbeit haben.

⑤ Sie haben ein Management, das sehr viel für eine starke *Firmenkultur* tut.

⑥ Sie haben einen hohen *informellen Kommunikationsfluß* zwischen allen Ebenen und Bereichen (das geht bis hin zu privaten Dimensionen, etwa Hobbys, Partys und außerbetrieblichen Treffs).

⑦ Sie haben allerdings auch die Tendenz, im Erfolgsrausch den Kontakt zum Markt und zum Kunden zu verlieren (Gefahr des *Elitarismus* und der Hybris).

Anne B. Fisher, die unterschiedliche Unternehmen befragt und analysiert hat, hat durch ihre Recherchen erkannt, daß das zentrale Element des Unternehmensglanzes »der Spaß an der Arbeit« ist. Auf der anderen Seite ist gerade dieser Mega-Faktor »auch am schwierigsten zu erhalten«. »Dazu benötigen Firmen den Mut, auch in stagnativen Märkten oder in Abstiegsphasen, also auch in Phasen des Mißerfolgs und der Krise, oft *Extravaganzen für die Mitarbeiter* zu veranstalten und möglichst sowenig Mitarbeiter wie irgend möglich zu entlassen. Ganz gleich, wie schwierig es wird.«

Mitarbeiter lernen im Sinne einer »seelischen Buchhaltung«, die dann schnell zur Legende und zum bestimmenden Faktor der Firmenkultur wird, daß das Unternehmen auch in schwierigen Zeiten *Individualität, Freiheit und Loyalität* aufbringt – und nicht nur in Wachstumsphasen und in Zeiten goldener Profite. Wenn sich dieses *Ur-Vertrauen* im Unternehmen breitgemacht hat, dann wird der Glanz, um den es geht, immer fester und stabiler. Eine einzigartige *Energie des Selbstvertrauens* entsteht, und es herrscht ein Sound der *dynamischen Heiterkeit*.

Die Sheldrake-Erkenntnis: Managen im geistigen Raum

Das hat natürlich sehr viel mit Self-fulfilling-Prophecy zu tun und sehr stark mit dem Thema der *Selbst-Konditionierung*.

Die neueren Arbeiten aus der New-Age-Szene (zum Beispiel Sheldrake) haben eindrucksvoll belegen können, daß das moderne Management im »geistigen Raum« arbeiten kann und muß, um Selbstsicherheit, Handlungs-Optimismus, Zukunfts-Gewißheit und Spaß an der Arbeit stabil aufzubauen. Es handelt sich um *morphogenetische Felder* (das heißt um verdichtete Gedanken-Kräfte), die tatsächlich in der Lage sind, die *Gesamt-Geistigkeit* eines Unternehmens und damit auch seine Energie-Qualität zu formen und zu verbessern.

Das Inner-Management wird kommen

Es kann mit hoher Wahrscheinlichkeit vorhergesagt werden, daß die Themen »psycho-soziale Schwingungen« und »Energie-Regie« in den nächsten Jahren unter dem Rubrum »Inner-Management« in den Mittelpunkt von Diskussionen, Fachartikeln und Workshops rücken werden. Glanzvolle Unternehmen zu organisieren verlangt im Grunde eine spezielle *Kompetenz für die metaphysische Seite des Managements*.

Betrachtet man die europäische Trend-Szene gründlicher, so wird sichtbar, daß der Trend zum partizipativen Management sehr häufig von *Dienstleistungs-Unternehmen* vorangetrieben wird, weil dort der Mensch im Grunde der sichtbare Produzent der Ware ist. Die Menschen repräsentieren die Konkurrenz-Überlegenheit. Niemand kann sich verstecken. In keiner anderen Wirtschafts-Zone sind schlechtes Management und veraltete Führungs-Stile so direkt beobachtbar wie im Dienstleistungs-Bereich.

Ein Beispiel: Das Partner-Modell der Swissair

Robert Staubli von der Swissair hatte vor einiger Zeit einige Neuerungen, die in Richtung »partnerschaftliche Leistungs-Gemeinschaft« gehen, beschrieben. Titel seiner im »GDI-Impuls« 3/86 erschienenen Analyse: »Menschliche Entfaltung und Entwicklung«. Hier schimmert durch, was man das *Management der Menschlichkeit* nennen wird.

Für Robert Staubli zeigen die allgemeinen und die für Swissair spezifischen Probleme und Erfolge, daß wir einer Zeitphase entgegengehen, in der »zwischen *Erfolg und Humanität* eine eindeutige Wechselbeziehung besteht, in etwa so ausgedrückt: Ohne Effizienz keine Humanität, ohne Humanität keine Effizienz.« Die Swissair hat deshalb ein Konzept entwickelt . . . das Konzept der *partnerschaftlichen Leistungsgemeinschaft*. Das deckt sich in etwa mit dem, was wir als »Glaubens-Gemeinschaft« beschrieben haben.

Die Swissair hat vor rund sieben Jahren begonnen, in einem längeren und außerordentlich intensiven Arbeitsprozeß das Modell der partnerschaftlichen Leistungsgemeinschaft zu formulieren. Mittelpunkt dieses

Modells ist die *Kommunikation*. Man hatte bei der Swissair beobachtet, daß sich ohnehin viele Dialog-Ansätze und informelle Kommunikations-Prozesse entwickelten, unabhängig von der Hierarchie oder trotz der Hierarchie. Das, was das Unternehmen wirklich formte und produktiv weiterbrachte, »das durchbrach die Hierarchie in der Regel«. Die *informellen Kommunikationsflüsse* und die dialogischen Netzwerk-Prozesse müssen deshalb, so die neue Konzeption, für ein solches Konzept im Mittelpunkt aller Maßnahmen stehen.

Die Swissair-Erfahrungen haben aber auch gezeigt, daß das angestrebte *Dialog-Verhalten* keineswegs von heute auf morgen von jedem realisiert werden kann. Die »Gemeinschafts-Fähigkeit« ist nicht auf Knopfdruck da, sondern ist ein sozialer Lernprozeß, der zum Teil mühsam ist. Es verlangt eine zum Teil tiefgreifende Haltungs-Veränderung in allen Etagen. Das Swissair-Beispiel zeigt, daß das partizipative Klima immer erst kultiviert werden muß. Es ist nicht auf Knopfdruck da. Besonders die Chefs müssen ihre neue, kommunikative Position (Abkehr von der Rollenmacht) lernen.

Bis zu 40 Prozent weniger Produktivität durch autoritäres Management

Dadurch kommt es natürlich zu einer Belastung der Gesamt-Organisation und zu vielfältigen Lernprozessen, die von der eigentlichen Arbeit ablenken. Auf der anderen Seite schätzt Robert Staubli aufgrund der Swissair-Erfahrungen, daß auch autoritäre, also »reibungslose Management-Modelle« sehr viele Leistungs-Reduzierungen erzeugen ... aber eben lautlos.

Wenn eine Organisation aufgrund des autoritären Management-Stils oder aufgrund funktionierender Kader-Prinzipien »wie geschmiert funktioniert«, dann sieht das oft nur von außen so aus. Staubli schätzt, daß der Verlust an Leistungs-Potential aufgrund unausgetragener Konflikte, aufgrund vieler Blockierungen, versteckter Beziehungs-Störungen, ungenügender Freiräume und des permanenten Mangels an Möglichkeiten zur Selbstentfaltung zwischen 30 und 40 Prozent liegt. Das bedeutet *30 bis 40 Prozent Produktivität weniger*, als möglich wäre. Anders ausgedrückt: Das Autoritäts-Modell funktioniert gut ... auf niedrigstem Effizienz-Niveau.

Auf der anderen Seite muß auch gesehen werden, daß die neuen Trends zum partizipativen Management besonders in der Anfangs-Phase ebenfalls sehr viele Konflikte und Lernaufgaben mit sich bringen, so daß der eigentliche *Produktivitäts-Zugewinn* erst nach einer ausreichend langen Trainings- und Erfahrungs-Zeit »geerntet« werden kann.

Die Swissair-Erfahrungen haben auch gezeigt, daß soziales *Dialog-Verhalten* am besten gelernt werden kann in denjenigen personalen Strukturen, die auch später zusammenarbeiten. Die angestrebte Gemeinschaftsfähigkeit muß von den Teams in der realen Struktur gelernt werden.

Hier haben besonders die Top-Manager erhebliche Schwierigkeiten, sich zu integrieren, weil sie gern einen *Inner-Circle* bilden (»Ich lerne doch nicht vor den Augen meiner Mitarbeiter«) Staubli erzählt, daß ihm besonders deutsche Manager aufgefallen sind, weil sie sich gegen einen formlosen Umgang zwischen Vorgesetzten und Mitarbeitern sträubten.

Viele Top-Manager sind einem *gut getarnten Elitarismus* verfallen, so daß die Partizipations-Kultur im Grunde nur wie ein Potemkinsches Dorf entwickelt und zugelassen wird. Partizipation pro forma. Das jedoch torpediert das partizipative Management von Anfang an.

Fazit: Das Top-Management muß sich, was Position, Status und Rollenverhalten betrifft, massiv stellen, wenn es die partizipative Führung einführen will. Auf der anderen Seite ist die partizipative Führung so gut wie keine andere Maßnahme in der Lage, verschüttete oder verweigerte Produktivitäts-Ressourcen freizuschaufeln. Die Überlegenheit im Markt und der angestrebte wirtschaftliche Erfolg werden also in hohem Maße davon abhängig werden, ob das Top Management seine eigene »Spielwiese des Elitarismus« überwinden kann.

Zukunfts-Arbeit als Energie-Erwecker

Interessant ist die Swissair-Erfahrung, daß die partnerschaftliche Leistungsgemeinschaft dadurch energetischer wird, daß sie sich mit der *Zukunft* beschäftigt. Man hat beispielsweise *mit Szenarien gearbeitet* und mit *Future-Workshops.* Offensichtlich ist der Leistungswille immer mit Zukunft in Verbindung zu bringen. Die gemeinsame Erarbeitung einer Zukunfts-Perspektive erweckt Energien gezielter als viele andere Incentive-Maßnahmen.

Das deckt sich mit unseren Trend-Daten, die zeigen, daß Innovation Circles, Future Circles und Szenario-Arbeiten das ideale Instrumentarium sind, durch das sich das Top-Management (zuständig für Visionen) und das gesamte Mitarbeiter-Potential im geistigen Raum treffen und verschmelzen. *Der Konsens liegt in der formulierten Zukunft.* Oder anderes ausgedrückt: In der Vereinbarung, was als ideale Zukunft gesehen werden kann . . . dort liegt der partnerschaftliche Händedruck zwischen Top-Management und den Mitarbeitern.

Auch die Organisation muß folgen

Die Swissair-Erfahrungen haben darüber hinaus gezeigt, daß die *Organisations-Entwicklung* (OE) von Anfang an die Entwicklung des partizipativen Managements begleiten muß. Ein ganzheitlich ausgerichtetes Organisations-Verständnis – so schreibt Staubli – ist die Voraussetzung dafür, daß die Gemeinschafts-Fähigkeit entwickelt werden kann.

Es entfällt dann die Unterscheidung zwischen Anordnung und Ausführung. Und die Unterscheidung zwischen Regisseur und Akteur löst sich auf. Alle Beteiligten sind betroffen. Alle Betroffenen sind beteiligt. Das ist das Credo des partizipativen Managements.

Wie sieht nun die Situation in Deutschland aus? Zuerst einmal zeigen unsere Recherchen, daß das *autoritäre Management* nach wie vor sehr verbreitet ist und daß der *Bürokratismus* trotz vielfältiger Modernismen nach wie vor blüht. Auch das Kader-Prinzip ist nach wie vor in unreflektierter Form die alles beherrschende Basis-Philosophie für Management und Führung – und das nicht nur bei Großunternehmen.

Die Quality Circles könnten den Durchbruch bringen

Aber dennoch gibt es deutliche Trend-Signale, die darauf hinweisen, daß hier ein Wandel gestartet ist: Es ist der Trend zu den *Quality Circles*.

Natürlich sind die Quality Circles zuerst in Japan entstanden, und viele Manager und Unternehmer sagen deshalb: »Das ist eine Modewelle, die läuft sich aus.« Oder: »Das klappt nur in Japan, dort herrscht eine andere Kultur.« Und natürlich muß man auch sehen, daß das partizipative Management nicht allein nur durch Qualitäts-Zirkel verwirklicht werden kann. Aber die Zirkel-Konzepte können den Durchbruch bringen für das partizipative Management. Deshalb lohnt sich an dieser Stelle ein Blick auf die Entwicklung der Quality Circles.

Die Franzosen sind führend in Europa

Beginnen wir vielleicht mit Frankreich, weil man dort weiter ist als in Deutschland. In Europa ist Frankreich die Nation, die die Quality-Circle-Konzepte der Japaner am vollständigsten und konsequentesten adaptiert haben. Wie »International Management« (12/86) recherchierte, sind die Franzosen inzwischen sogar über die Ur-Konzeption der Quality Circles hinausgegangen. Man hat nämlich auch das Management immer stärker einbezogen und damit durchweg positive Ergebnisse erzielt.

In Frankreich werden die Quality Circles mittlerweile häufiger als in allen anderen europäischen Ländern eingesetzt. Allein in den letzten acht Jahren sind mehr als 2500 Unternehmen bereit gewesen, *über 25 000 Quality Circles* zu installieren.

Der französische Fachverband »Afcero« sieht die Ursache für diese imponierende Verbreitung der Quality-Circle-Idee in dem sozio-ökonomischen Klima der 70er Jahre. In Frankreich herrschte zu diesem Zeitpunkt die Überzeugung vor, »daß sich die gleichgewichtige Beachtung *sozialer und ökonomischer Faktoren* nicht negativ auf die Produktion auswirken würde«. Der Hintergrund dazu: In Frankreich herrschte wesentlich länger als in der Bundesrepublik ein *Klassendenken*. Und die Klassen-Gegensätze prallten wesentlich härter und greller aufeinander als in unserem Land.

Die Franzosen – in vielen Bereichen im Rückstand, andererseits aber auch stark interessiert an technologischem Fortschritt – mußten Klassen-Barrieren, Elitarismus und autoritäre Philosophien konsequenter und mühsamer überwinden als die Deutschen. Das erklärt die so intensive und inzwischen erfolgreiche Zuwendung zur Circle-Idee. Aus der Not zur Tugend.

Durch Quality Circles ca. 6 Prozent des BSP gespart

Inzwischen haben französische Wirtschafts-Experten errechnet, daß durch die Circle-Techniken (als erste Stufe des partizipativen Managements) die ökonomischen Effekte sehr bedeutsam sind. Man glaubt, daß die Circle-Welle jährliche *Kosten-Einsparungen von rund 25 bis 45 Milliarden Dollar* bringt – das sind in etwa 6 Prozent des Bruttosozialproduktes.

In Deutschland ist die Idee der Quality Circles seit ungefähr acht Jahren in der Diskussion. Aber hier sind einige Entwicklungen anders gelaufen: Es herrscht sehr viel Ambivalenz vor und bei vielen Unternehmen sogar eine deutliche Ablehnung.

Wie Prof. Dr. Klaus J. Zink von der Universität Kaiserslautern durch eine breite Umfrage feststellen konnte, zerfällt die deutsche Landschaft in zwei agile Gruppen: Da gibt es die Befürworter der Circle-Idee und auf der anderen Seite die eindeutigen Ablehner.

Zink hat 727 Unternehmen per Fragebogen analysiert. Auskunftgeber waren die Personalchefs. Die Unternehmen hatten alle mehr als 800 Mitarbeiter. Ein Teil von ihnen war ausgewählt worden, weil sie an Quality-Circle-Veranstaltungen (Kongresse oder Seminare) teilgenommen hatten.

In der deutschen Wirtschaft: 25 Prozent stehen abseits

Einige Ergebnisse: Rund 25 Prozent der befragten Unternehmen hatten sich noch nie mit Kleingruppen-Aktivitäten, partizipativen Techniken und Quality Circles beschäftigt.

Dazu kommt, daß in Deutschland die Circle-Idee viel zu eng gesehen wird. Die meisten Unternehmen, die bereits mit Kleingruppen-Aktivitäten Erfahrungen hatten (zum Beispiel Qualitäts-Zirkel), setzten diese *überwiegend nur im Produktions-Bereich* ein, obwohl die Circle-Idee für alle Bereiche wichtig ist.

Beispielsweise sind Future Circles, Innovation Circles, Firmenkultur-Circles denkbar. Dahinter steckt das Festhalten an der Ur-Idee der Japaner: *Verbesserung der Qualität* durch selbststeuernde Gruppen.

Die Chefs sehen das Geld, die Mitarbeiter die Mitwirkung

Betrachtet man nun die Gründe und Motive für den Einsatz von Qualitäts-Zirkeln, so wird ein deutlicher Bruch sichtbar: Die Manager und Chefs führen die Quality Circles in erster Linie ein, um *Produktivität und Qualität zu verbessern* und um die Kosten zu reduzieren.

Die Mitarbeiter wiederum haben andere Motive. Sie sehen in erster Linie die *Verbesserung der Mitwirkungs-Möglichkeiten*. Für sie bringen die Quality Circles den eigentlichen *Zugewinn an Partizipation*. Sie können durch das Wissen und die Erfahrung anderer Mitarbeiter besser lernen und einen besseren Einfluß auf ihre Arbeitsplatz-Gestaltung erhalten.

Man sieht, die Motive sind sehr unterschiedlich. Im oberen Management ist die große Chance der Circle-Idee (Verbesserung des Partizipations-Klimas) im Grunde kaum erkannt worden. Man nutzt die Intelligenz der Mitarbeiter, um besser produzieren zu können und um Kosten decken zu können. Die Chefs sehen vorrangig das Geld. Das torpediert die Circle-Idee, wenn man die Motive der Mitarbeiter betrachtet, die wesentlich stärker auf *Gemeinschaft im Management* ausgerichtet sind.

Interessant sind auch die Ablehnungs-Gründe. Viele Unternehmen sehen *keine Notwendigkeit für Quality Circles*. Und fast ebenso viele haben geantwortet, daß diese Kleingruppen-Aktivitäten »nicht in unsere Führungs- und Organisations-Konzepte passen«. Häufig wurde auch geäußert, daß »betriebsspezifische Merkmale dagegen sprechen« oder daß »die personelle Kapazität für die Einführung nicht ausreicht«. Ebenfalls häufig erwähnt wurde das Argument, daß es »nicht gelang, das Management davon zu überzeugen«.

97,8 Prozent glauben an das partizipatorische Management

Insgesamt aber ist der Trend in Deutschland in Richtung partizipatives Management deutlich aufgeflammt. Von den 727 Unternehmen sind 97,8 Prozent der Auffassung, daß die Zukunft trotz aller Circle-Probleme bei der Partizipation liegen wird.

Man weiß, daß die Zeit reif ist für eine *»stärkere Einbeziehung der Mitarbeiter* in der Analyse und Lösung der Probleme, die ihre eigene Arbeit betreffen«. Man weiß auch, daß derartige partizipative Kleingruppen-Aktivitäten eines Tages »zur *dauerhaften Einrichtung* werden«.

Fazit: Die emotionale Entscheidung dürfte für die Quality Circles gefallen sein. Das »Ja« ist da. Aber die Praxis hinkt noch hinterher. Man will die Partizipation. Aber man will die Nachteile (Macht-Verteilung) nicht. In den nächsten Jahren wird es deshalb viele Auseinandersetzungen geben – und die hauptsächlich im Bereich des oberen Managements. Warum?

Die Manager sind die Blockierer

Die amerikanischen Erfahrungen haben gezeigt, daß nicht die Mitarbeiter dagegen sind, sondern das mittlere und auch das obere Management. Das partizipatorische Management wird also am stärksten *von den Managern selbst abgeblockt.*

Bill Saporito hat für »Fortune« (21.7.1986) dazu eine umfangreiche Analyse erstellt mit dem Titel »Die Revolte gegen das ›smartere Arbeiten‹«. Und diese Analyse zeigt das, was auf die deutschen Unternehmen ebenfalls zukommen wird: ein zäher Kampf um Partizipation und Quality Circles. Werfen wir einen Blick auf diese aktuellen Auseinandersetzungen.

In denjenigen US-Unternehmen, die Quality Circles wirklich konsequent eingeführt haben, hat auch das Management verbindlich und voll *auf Partizipation umgeschaltet.* Im Grunde gibt es keine Halbherzigkeiten. Kein Entweder-Oder. Die Einführung der Quality Circles ist deshalb so umkämpft, weil sie ein großes Tor öffnet in Richtung partizipatives Management. Wenn aber das obere Management diesen Partizipations-Weg psychologisch nicht gehen kann, dann will es auch die Quality Circles nicht.

Die Kernfrage lautet also: *Kann das Top-Management wollen?*

Dort, wo das Management eindeutig und endgültig auf Partizipation gesetzt hat, sind die Quality Circles sehr erfolgreich. Wo ein Management im Grunde die Partizipation verhindern will und dennoch Quality Circles einführt (weil es Mode ist), dort sind die Ergebnisse auch nicht positiv.

Das partizipative Management verbessert die Rendite

Wenn also das »ehrliche Wollen« da ist, dann können sich die Resultate der Circles sehen lassen. Man hat 101 Industrie-Unternehmen in den USA daraufhin untersucht. Und das Ergebnis: Die partizipatorisch geleiteten übertrafen die autoritär geführten Unternehmen in 13 von 14 finanziellen Kategorien.

> **Fazit:** Partizipatives Management ist kein Luxus, den man sich erlaubt, sondern ist eine bittere Notwendigkeit für Markt-Erfolge und Rendite. Weil es ökonomisch funktioniert.

Aber gerade dieses »es funktioniert« hat ironischerweise dazu geführt, daß es sehr viele Manager gibt, die Quality Circles *als eine Bedrohung empfinden.*

Raymond E. Miles von der University of California's Business School in Berkeley bestätigt das: »Das Problem mit dem partizipatorischen Management ist, daß es funktioniert.«

Die Analysen von Michael Maccoby, einem Harvard-Experten für das Programm »Technology, Public Policy, and Human Development«, haben gezeigt, daß die meisten Unternehmen das partizipatorische Management *im Grunde nicht wollen.* Sie führen es ein, als sei es eine neue Management-Masche. Und ... da es aber funktioniert, begreifen sie sehr schnell, daß eine wirkliche Förderung der Quality Circles das »back to business al usual« für immer verhindern wird.

Er herrscht Übereinstimmung bei den Wissenschaftlern, Beratern und Managern, daß die meisten Partizipations-Programme, die in den frühen 80er Jahren eingeführt worden sind, es nicht schaffen werden, ein wirklich partizipatives Klima aufzubauen. *Es darf nicht funktionieren, weil es funktioniert.*

USA: Manager wollen die Circles nicht

William Cooke, ein Professor an der University of Michigan, der dieses Phänomen detailliert untersucht hat, prognostiziert, daß rund 75 Prozent aller Programme in den nächsten Jahren scheitern werden. Warum? Weil sie wirksam sind, aber weil man Partizipation nicht wirklich will.

Wer will sie nicht? Auch hier zeigen die amerikanischen Analysen eine große Eindeutigkeit: Die Arbeiter wollen, aber das Management will es nicht. Und zwar das untere, das mittlere, aber auch das obere.

Viele Manager wollen die Vorteile das partizipativen Managements, aber nicht ihre angeblichen »Nachteile« (wasch mich, aber mach mich nicht naß). Die Macht der Manager, die Struktur der Organisation, die Status-Verteilung – alles das soll bleiben. Man will im Grunde *kein Netzwerk von partizipatorischen Managern.* Deshalb konzentrieret man sich meistens – ähnlich wie in Deutschland – auf reine Qualitäts-Verbesserung. Man betreibt ein *zu enges Circle-Modell.* Und damit höhlt man die Idee aus.

Die Japaner, Vorreiter dieser Bewegung, können sich ein enges Circle-Denken erlauben. Sie haben ohnehin eine sehr *starke Konsens-Kultur,* ein ausgeprägtes Wir-Gefühl und einen geringeren Individualismus. Bei ihnen können die Quality Circles auch dann noch funktionieren, wenn sie nur Qualitätsverbesserungs-Aufgaben haben. In den westlichen Industrie-Nationen werden die Quality Circles immer dann scheitern, wenn sie isoliert und einseitig nur die Qualität verbessern oder die Kosten senken sollen. Sie werden aber dann erfolgreich sein, wenn sie als Türöffner für eine grundsätzliche Wandlung zum partizipatorischen Management dienen.

Interessant ist auch, daß die International Association of Quality Circles (IAQC) ähnliche Probleme meldet. In den USA gibt es rund 6000 Firmen, die dabei mitmachen. Aber es wird immer offener von »Versagen« und von »Flickwerk und Reparatur-Arbeiten« gesprochen. Und diese *drohende Circle-Malaise* kommt eindeutig von der Spitze, weil man dort nicht wirklich – bis ins Mark – überzeugt ist (wie sollte man auch, wenn die Circles als »partielle Entmachtung« mißinterpretiert werden). Die Unternehmensberater können also noch so gute Programm-Pakete für die Circle-Arbeit offerieren. Mit hoher Wahrscheinlichkeit sind die meisten von ihnen zum Scheitern verurteilt.

Fazit: Die amerikanische Circle-Idee ist in einer gefährlichen Krise. Obwohl die Leistungs-Zahlen recht imponierend sind, werden die meisten Qualitäts-Zirkel im Grunde mißbraucht.

Der Durchbruch zu einem wirklich partizipatorischen Management findet trotz der Effizienz der Quality Circles nicht statt. Im Grunde handelt es sich um den Kampf des autoritären Kader-Systems gegen das neue, kommende partizipatorische System.

Auf der Strecke bleiben könnte die Circle-Idee.

Wie sieht die Zukunft aus?

Aber die Prognose sieht dennoch nicht so schlecht aus. Die *Baby-Boomer* kommen und eine *veränderte Mentalität der Nachwuchs-Manager.* Selbst wenn die Circle-Idee in den westlichen Industrie-Nationen sterben würde, eines ist eindeutig: Die kommende Generation der Top-Manager wird auf flache Hierarchien, auf Selbstorganisation und auf Partizipation setzen, um den Weg zu Hochleistungen und Produktivität zu finden.

In reduktiven oder schwierigen Märkten kann es sich kein Management erlauben, zugunsten von Macht, Status und Gewohnheit auf Effizienz, Innovation und Rendite zu verzichten.

Man darf nicht übersehen: In Zeiten des Wachstums, der dicken Zuwachsraten und der Prosperität war es möglich, auf autoritärem Management zu beharren, selbst wenn dadurch die *Produktivität absackte* (Stichwort: stille Kündigung – in der Bundesrepublik über 40 Prozent). Es war immer noch genug Gewinn da. Aber diese goldenen Zeiten sind gestrige Zeiten.

Vorreiter werden also die Jung-Manager sein und besonders die in den High-Tech-Branchen oder im Dienstleistungs-Bereich. Die sich jetzt dort etablierende *neue Elite* – das zeigen die Trend-Recherchen heute schon – setzt eindeutig auf autonome und teilautonome Teams. Sie kann auch gar nicht anders. Warum? Weil immer dann, *wenn CIM eingesetzt wird*, das partizipatorische Management durch die Hintertür wieder hereinkommt. Lediglich in Old-Tech-Branchen, die CIM und elektronische Intelligenz nicht benötigen oder einsetzen wollen, könnte das klassische Kader-Prinzip und damit das übliche autoritäre Management beibehalten werden.

Der Management-Nachwuchs wird wählerischer

Aber können sie das wirklich? Vermutlich nicht. Die amerikanischen Trends beweisen deutlich, daß die kreativen, interessanteren und sensibleren Mitarbeiter sehr genau wissen, in welchem Unternehmen welcher »Management-Geist« herrscht. Schon werden Listen geführt über Rigidität und Autorität in den Unternehmen. Es werden Bestseller-Listen erstellt im Hinblick auf: »Wo kann man am besten arbeiten?« Und: »Wo kann man sich am besten entfalten?«

Die wirklich guten Leute wissen, wohin sie gehen müssen, um sich »voll einbringen zu können«. Sie wollen Leistung bringen ... man muß sie nur lassen. Und man muß ihnen eine Sinn-Aufgabe geben.

Hinzu kommt, daß diejenigen Unternehmen, die einen kompletten partizipatorischen Führungs-Ansatz aufweisen, in den Management-Medien immer wieder gefeiert werden. Sie sind Helden und Vorbilder zugleich. Ein typisches Beispiel dafür ist eine Lampen-Fabrik von General Electric, die Fabrik in Newark, Ohio.

Sie wurde 1973 geplant und gebaut für einen partizipatorischen Ansatz. Da gibt es nur vier Job-Kategorien, verglichen mit 21 in anderen General-Electric-Lampenfabriken. »Workteams« (also autonome Gruppen) verrichten dort viele Aufgaben, die einstmals von Supervisoren ausgeführt wurden. Alles, was sie in ihrem Feld sehen können, liegt in der Verantwortlichkeit der Mitarbeiter. Das wird das »Gesichtsfeld-Management« genannt. Das geht so weit, daß in einer General-Electric-Firma, die Quarzröhren herstellt, Mitarbeiter *sich selbst zur Kurzarbeit verdonnerten*. Sie beschlossen autonom, die Produktion zu drosseln. Sie arbeiteten so lange weniger, bis die Krise vorbei war. Sie handelten wie Chefs.

Durch Partizipation zur Leistungs-Passion

Hier geht es nicht um das oft sehr sterile Gerede von der »Humanisierung der Arbeit«. Hier handelt es sich um eine *wirkliche Mitgestaltung* zentraler Themen (beispielsweise Produktions-Volumen), das heißt bis hin zu den Fragen mit Chef-Niveau.

Das Ergebnis: Alle Firmen, die das partizipatorische Management so offensiv einsetzen, berichten von *hervorragenden Steigerungen, was die Produktivität betrifft.*

»Das ist der Schlüssel, wie man gute Menschen zu Höchstleistungen motivieren kann.« Aus »Ich mach meinen Job« wird eine *echte Leistungs-Passion*. Die zuständigen Manager berichten von Produktivitäts-Steigerungen zwischen 25 und 60 Prozent. Voraussetzung dafür aber ist: Abschiednehmen von den traditionellen Management-Methoden. Der partizipatorische Prozeß wirkt wie ein Virus: Wenn man ihn einmal wirklich installiert, ist das klassische autoritäre Management für immer tot. Wer aber autoritäres Gehabe mit Partizipation verbinden will, vergiftet die gesamte Atmosphäre.

Das ist genau das alles entscheidende Problem: Beim partizipatorischen Management gibt es *keine Tango-Taktik* (zwei Schritte vor und einen zurück). Hier gibt es nur Schwarz oder Weiß. Man muß es tun, aus vollem Herzen, *konsequent und für immer.* Dann aber garantiert es extreme Produktivitäts-Sprünge nach oben.

Im Grunde möchten die meisten amerikanischen Top-Manager diese Produktivitäts-Effekte »einkassieren«, *aber sie wollen keine wirkliche Partnerschaft.* In der General-Electric-Fabrik (GE) in Newark zeigt sich diese neue Partnerschaft eindeutig, also überlegen und effizient. Die Mitarbeiter in allen Ebenen bekommen regelmäßig Informationen darüber, wie gut es der Fabrik geht. Da gibt es *keine Geheimniskrämerei mehr.* Da wird nicht mehr durch Informations-Blockade oder Informations-Vorsprung geführt. Und die Mitarbeiter können auch die Bosse dafür verantwortlich machen, wenn die Gesamtleistung der Fabrik mangelhaft ist. Die Führung wird also kritisiert. Die Führung wird in dieser geistigen Partnerschaft nicht entthront, aber sie wird an ihren eigenen Ansprüchen und an ihren eigenen elitären Aufgaben gemessen.

Die Chefs müssen sich nicht nur dem Kapital gegenüber verantworten (wie jetzt), sondern auch den Partnern, das heißt allen Mitarbeitern gegenüber. Es ist klar, daß in Deutschland gerade der *Mittelstand* (und insbesondere die Inhaber-Unternehmen) damit viele Probleme bekommen werden. Hier liegt die Soll-Bruchstelle: Können Manager das wollen? Und wenn ja, was sind das für Manager?

Mehr Mit-Engagement durch mehr Mit-Wissen

Hier kündigt sich am Horizont wieder »der neue Manager« an. Was ist an ihm neu? Das alte Management glaubt immer noch, seine Rolle sei, mitzuteilen oder nicht mitzuteilen. Information ist für den klassischen Manager Macht, Zugang zu Informationen bleibt für ihn ein deutliches Rangzeichen. Der neue Manager dagegen setzt auf *Mit-Engagement* durch Mit-Wissen.

Und das kann nur durch demokratisierten Informations-Zugang garantiert werden. Aber die kommende *Umverteilung von Information* wird von konservativen und klassisch orientierten Managern als »Machtverlust« erlebt. Hier liegt der eigentliche Bruch zwischen den Turnschuh-Managern und der Garde der Weißhaarigen.

Das ist auch das Ergebnis der Recherchen von Bill Saporito: Diejenigen Manager, die einen Machtverlust befürchten, torpedieren sehr früh und taktisch sehr geschickt die Demokratisierung der Informationen und die partizipatorischen Programme. Und es sind *besonders die Middle-Manager,* die sehr maskiert gegen Quality Circles und Partizipation arbeiten, indem sie diese Programme nicht engagiert unterstützen.

Der Abbau des Middle-Managements

Der Hintergrund ist die Tatsache, daß gerade das Middle-Management in den meisten Industrienationen immer mehr abgebaut wird. Die Auflösung von überflüssigen Hierarchie-Stufen ist im Grunde ein *Todesurteil für viele Middle-Manager.* Das partizipatorische Management wird als Vollstrecker dieser negativen Entwicklung gesehen. Deshalb kämpfen besonders viele Middle-Manager gegen Quality Circles und autonome Teams.

Ein anderer Aspekt ist die Unfähigkeit der meisten Manager, im partizipatorischen Stil zu arbeiten. Sie können einfach Partizipation nicht verwirklichen, auch wenn sie es vom Kopf her wollen. Die General-Motors-Erfahrungen haben gezeigt, daß man Partizipation »im Herzen können muß«. Und da muß man in der Realität trainieren.

Der Experte William Byham dazu: »Zu Beginn des Partizipations-Programms konnten zwei Drittel der Top-Manager keine Sitzung im partizipatorischen Stil leiten.« Partizipation und *Zwischenmenschlichkeit* müssen also mühsam trainiert werden. Und wenn das Top-Management dieses Training nicht zur Pflicht macht, dann stirbt der partizipatorische Impuls in den Seelen des Middle-Managements.

Fazit: Ohne eine solidarische Unterstützung von ganz oben kann die Partizipation nicht zum Basis-Element der Firmenkultur werden.

Wie man Partizipation und Menschlichkeit kultivieren kann

Interessant ist, daß die partizipatorischen Fähigkeiten tatsächlich gelernt werden können. Wenn man es können will, kann man es lernen. Das Hauptproblem liegt also darin, daß der Großteil der Manager nicht gewillt ist, wirklich ein *Klima der Menschlichkeit* aufzubauen.

James V. Gale, Direktor für Mitarbeiter-Partizipation bei Deere & Co., weist darauf hin, daß viele Manager darauf bestehen, daß sie bereits partizipatorische Manager sind, auch dann, wenn sie im Grunde den alten autoritären Stil pflegen – mit etwas Zuckerguß, was heute üblich ist.

Ein interessanter Pionierfall ist das Unternehmen Eaton. Dieses US-

Unternehmen stellt traditionelle Produkte her, aber auch High-Tech-Produkte. Und es war eine der ersten großen Firmen, die ihre Organisation *in voller Fabrikbreite auf Partizipation umstellte*, und zwar schon in den späten 60er Jahren. Die neuen Fabriken nannte man »New Philosophy«-Fabriken. Was war daran neu? Die Zeituhren wurden abgeschafft. Es gab keinen Unterschied mehr zwischen Lohn und Gehalt, alle waren Angestellte mit Gehalt. Und man überließ es den Arbeitnehmern und den Teams, ihre Arbeitszeiten und ihre Ferien selbst zu bestimmen. Man hatte positive Erfolge damit (ähnlich gute Erfolge meldet in Deutschland das bekannte Kaufhaus Beck, das angetreten ist, seine Mitarbeiter endgültig wie Menschen zu behandeln).

In den 70er Jahren begann Eaton dann, Workteams und Quality Circles hinzuzufügen. Und vor vier Jahren zog man dann eine erste gründliche Bilanz. Das Ergebnis: Wenn man Partizipation wirklich, das heißt von Herzen, will, wird alles möglich, und zwar umfassend. Die Beziehungen zwischen Managern und Arbeitern haben sich bei Eaton tatsächlich eminent verbessert.

Aber dann ging es nicht mehr weiter. Es kam zur sozialen Stagnation. Alle waren so zufrieden, daß der soziale Fortschritt nicht weiterkam. Warum?

Die Manager hatten das Gefühl, daß das Klima nun so positiv sei – was ja auch der Fall war –, daß man die Partizipations-Bewegung nicht noch weiter vorantreiben müsse. Eatons Chef für Industrial Relations, Wendenhof, sagte dazu: »Wir sind auf einer Ebene stehengeblieben.« An sich war das nicht geplant, denn man wollte die höchste Stufe des partizipatorischen Managements erreichen, nämlich die der »selbstverwalteten Arbeitsgruppen«, um die Entscheidungs-Prozesse immer konsequenter auf die niedrigstmögliche Ebene hinunterzutragen.

Das Paradox aller partizipativen Konzepte

Eaton war auf ein Paradox gestoßen: Das partizipatorische Management kann im Grunde nicht partizipatorisch eingeführt werden. Das ist neben der fehlenden Motivation vieler Manager das zweite Problem, das auf die vielen Unternehmen in Deutschland, die in den nächsten Jahren auf Partizipation umstellen wollen, zukommen wird. Mit diesem Paradox wird man fertig werden müssen.

Partizipatorisches Management benötigt eine Leitung, die bereit ist, es durch alle Ebenen der Organisation »zu drücken«. Man darf es nicht den Abteilungs-Managern überlassen. Die Chefs – und damit die höchsten

Autoritäten – müssen dafür sorgen, daß das autoritäre Management wirklich gründlich annuliert wird, sonst kommt es schnell wieder aus allen Ritzen zum Vorschein.

Eaton hat dieses paradoxe Problem hautnah erlebt. Die 150 Leitenden und Manager wurden deshalb verpflichtet, im Rahmen von dreitägigen Trainings-Programmen die Praxis des partizipatorischen Managements zu lernen.

Fazit: Das partizipatorische Management muß bis zum obersten Reifegrad relativ autoritär, das heißt mit zartem Druck von oben, eingeführt werden, sonst versanden die partizipatorischen Impulse im Mittelbau und im Alltags-Geschäft.

Aber es gibt noch ein anderes Problem: Die meisten Manager sind darauf trainiert, Krisen und Probleme zu lösen. Und sie selbst erleben *das autoritäre Management nicht als Krisen-Ursache,* weil sie selbst damit gut fahren. Im Gegenteil: Je autoritärer und unerbittlicher ein Manager ist, um so *ruhiger und bequemer* wird sein soziales Umfeld. Wie Prof. Höhn (Harzburg) beschrieben hat, ist gerade das ein Kennzeichen für die Schädlichkeit falscher Führungsstile: Das menschliche Umfeld des Managers wird konfliktarm und spannungslos. Überall herrschen *Opportunismus,* zum Teil Angst und das lähmende Klima der inneren Kündigung. Da aber die meisten Manager darauf getrimmt sind, Probleme zu lösen, sehen sie meistens nicht ein, »warum man bei einem reibungslos funktionierenden Management etwas reparieren sollte« (Ralph Barra, Junior-Resources-Berater).

Und dennoch gibt es Faktoren, die das partizipatorische Management erforderlich machen. Das sind beispielsweise die japanischen Manager und Arbeiter, die in einer anderern *Konsens-Tradition* miteinander arbeiten. Dann die wachsenden Konflikte zwischen der Generation der »weißhaarigen Manager« und der jungen Nachwuchs-Elite. Dann die Tatsache, daß ab Mitte der 90er Jahre rund 20 bis 25 Prozent aller Top-Manager Frauen sein werden. Und Frauen haben zur Hierarchie nachweislich eine eher »illoyale« Einstellung.

Spätestens zu Beginn der 90er Jahre wird also ein Klima entstehen, in dem Autorität immer mehr als »soziale Verwundung« oder gar als «destruktives Gift« angesehen wird. Dann ist die Zeit vorbei, in der Firmen munter über Firmenkultur philosophieren, aber am Kader-System und am autoritären Führungsstil nichts ändern wollen.

Kurz: Schon in wenigen Jahren wird sich die breite Kultur-Bewegung, die in der Wirtschaft um sich gegriffen hat, verbinden mit einem *Quantensprung in Sachen Führung.* Dieser Quantensprung wird in Richtung Partizipation gehen, denn »die Firmen, die überleben werden, werden partizipatorisch sein« (Bahr).

Es beginnt: Die Verbindung von Quality Circles und Kreativität

Im europäischen Raum ist in letzter Zeit ein Trend aufgetaucht, der die Quality Circles, als »Speerspitze des partizipatorischen Managements«, *stärker mit Kreativität verbindet.* In der europäischen Management-Diskussion hat man in den letzten vier Jahren sehr deutlich erkannt, daß die Konkurrenz-Überlegenheit immer *das Ergebnis kollektiver Kreativität* ist. Und darum nähert man sich dem Faktor der *kreativen Sozial-Energie.*

Dr. Peter Beriger, Universität Zürich, hat eine umfangreiche Analyse zum Thema »Quality Circles und Kreativität« (Verlag Paul Haupt, Bern 1986) vorgelegt, die diesen Trend eindrucksvoll bestätigt. Seine wissenschaftliche Studie hat erbracht, daß Quality Circles (später wird es Future Circles und Innovation Circles geben) sehr wohl in der Lage sind, sowohl die Firmenkultur als auch die soziale Kreativität zu verbessern bzw. zu steigern.

Acht Thesen zur Kreativitäts-Steigerung durch Circles

Zusammenfassend beurteilt Beriger das Quality-Circle-Konzept im Rahmen der *Kreativitätsförderung* in den Unternehmen folgendermaßen:

These 1: Das QC-Konzept und die Unternehmenskultur beeinflussen sich gegenseitig. Im positiven Fall wird die mit den Quality Circles verbundene »QC-Subkultur« von der Unternehmenskultur aufgenommen und verändert diese in eine innovations- und kreativitätsfördernde Richtung. Im negativen Fall wird das QC-Konzept von der bestehenden Corporate Culture abgestoßen und ist so zum Scheitern verurteilt.

These 2: Das QC-Konzept wird, falls es sich im Unternehmen durchsetzt, das Führungssystem in eine kooperative Richtung steuern und so den Freiraum für kreative Leistungen vergrößern. Das Konzept wird dort scheitern, wo an autoritärer Führung festgehalten wird.

These 3: Durch die Quality Circles kann die Fähgikeit zur Teamarbeit gefördert, die innerbetriebliche Kommunikation verstärkt, die Flexibilität verbessert und hierarchische Strukturen aufgeweicht werden. Dies beeinflußt die organisatorischen Gestaltungsmöglichkeiten und trägt dazu bei, kreativitätsfördernde Rahmenbedingungen im Unternehmen zu schaffen.

These 4: Das QC-Konzept ist eine Möglichkeit, das schon seit Jahrzehnten vorhandene Instrumentarium der Problemlösungs- und Kreativitätstechniken an die Basis im Unternehmen zu tragen. Der Verbreitungsgrad dieser Methoden kann so vervielfacht werden.

These 5: Die mit dem QC verbundene Denkhaltung entspricht weitgehend den Anforderungen, die auf der psychologischen Ebene an die Kreativitätsförderung im Unternehmen gestellt werden. Motivation, Identifikation, Konfliktabbau, verbesserte Teamfähigkeit und ähnliche Erscheinungen verbessern die Ausgangslage für kreatives Denken und erhöhen die Chancen, Innovationen hervorzubringen.

These 6: Das QC-Konzept kann nicht einfach als theoretisches Modell in den betrieblichen Alltag jedes Unternehmens eingeführt werden. Es muß der unternehmensspezifischen Situation und den Zielvorstellungen, die an das Konzept geknüpft werden, angepaßt sein. Gesellschaftliche und mentalitätsmäßige Verhältnisse, Art und Persönlichkeit der Beteiligten, die Abgrenzung gegenüber weiteren Instrumenten der Kreativitätsförderung, die Integration in die Unternehmenspolitik sowie Branche, Unternehmensgröße, Funktionsbereich und Mitbestimmungsaspekte müssen bei der unternehmensspezifischen Ausgestaltung des Konzepts berücksichtigt werden und in Planung, Einführung und den Weiterausbau des QC-Programms einfließen.

These 7: Engagement und Motivation der am QC-Problemlösungsprozeß beteiligten Mitarbeiter sind ebenso notwendige Voraussetzungen für erfolgreiche QC-Arbeit wie rückhaltlose Unterstützung durch die Unternehmensleitung.

These 8: Das QC-Konzept wird sich bei fortschrittlichen Unternehmen, die bereit sind, Änderungsprozesse einzugehen, auch in unseren Breitengraden durchsetzen. Wir stehen heute erst am Anfang einer solchen Entwicklung, die voraussichtlich nie dasselbe hohe Ausmaß annehmen wird, wie es in Japan beobachtet werden kann.

Zusammenfassend sagt Beriger dazu: »Das QC-Konzept ist ein interessanter Ansatz im Rahmen der Kreativitätsförderung im Unternehmen. Quality Circles können durchaus dazu beitragen, die Fähigkeit zur Lösung von offenen, schlecht strukturierten Problemen zu verbessern, und so mithelfen, die Organisation durch die Unbill und Herausforderung der heutigen Markt- und Konkurrenzsituation zu steuern.«

Der Markt-Erfolg wird immer mehr ein Erfolg der Partizipation.

Das Ende des Paternalismus ist da

Es geht eine Zeit zu Ende, die man in der Soziologie als »Paternalismus« bezeichnet. Unter Paternalismus versteht man »Macht, ausgeübt zum Wohle anderer« (Richard Sennett in seinem Buch »Autorität«, Frankfurt am Main 1985).

Die historische Analyse zeigt, daß der Paternalismus eng mit der Entwicklung des Kapitalismus und des modernen Managements verbunden ist. Der Paternalismus übernimmt die familiären Muster (zum Beispiel Vater und Kinder) und überträgt sie auf die Sphäre der Arbeitswelt. »Ich, euer Arbeitgeber, kümmere mich um euch und werde für euch sorgen.«

Diese Art von Autoritäts-Anspruch ist in Deutschland trotz vielfältiger Praktiken der Mitbestimmung immer noch – bewußt oder unbewußt – *die zentrale Metapher des Top-Managements*. Durch »diese Autorität der falschen Liebe« (Sennett) wird das partizipative Management von vielen Managern abgelehnt. Es gilt als undurchführbar, als ineffizient und als konflikt-steigernd.

Andererseits sind selbst Inhaber-Unternehmer, die kleine Firmen besitzen, nicht mehr in der Lage, das Rad der Geschichte zurückzudrehen und einen echten paternalistischen Führungsstil aufleben zu lassen. Warum? In allen Industrienationen ist die »Enttäuschung durch Autorität« (Sennett) zu häufig erlebt und emotional breit verankert worden. Darüber hinaus sind Emanzipations-Trends zum Tragen gekommen (unter anderem durch die Bildungspolitik der letzten Jahrzehnte), die eine Umkehr unmöglich machen.

Die innere Kündigung als das Ergebnis falscher Macht

Auf der anderen Seite spüren immer mehr Manager und Unternehmer, daß das jetzige Autoritäts-Modell (maskierte Macht) in zunehmendem Maße contraproduktiv wird, weil es die Produktivität reduziert und weil es in immer mehr Unternehmen zu immer mehr »inneren Kündigungen« führt. Ein neues Bild von Autorität und eine neue Praxis von Macht müssen also gefunden werden, um nach vorn durchstarten zu können zu neuer Produktivität.

Es ist deshalb anzuraten, die Team-Welle und das von den Pionierfirmen bereits praktizierte partizipative Management ernst zu nehmen, um es frühzeitig und engagiert nutzen zu können ... zugunsten der Produktivität und der Rendite.

Alle Untersuchungen zeigen, daß die Mitarbeiter nach wie vor *an Leistung interessiert sind*, trotz Wertewandel und wachsender Freizeit-Orientierung.

Die Elite der Mitarbeiter ist sogar bereit, mehr als die übliche 08/15-Leistung zu bringen. Sie will sich leidenschaftlich engagieren. Es geht jetzt darum, *diese Leidenschaft zuzulassen*. Wie?

Leidenschaftliches Arbeiten braucht mehr Emotion

Aus der Theorie der Gruppendynamik weiß man, daß sich Leidenschaft immer dann in einer Gruppe entwickelt, wenn ein Maximum an formeller und informeller *Kommunikation* praktiziert werden kann, so daß eine *erhöhte Emotionalität* herrscht. Auf der anderen Seite gilt auch: Je entwickelter die Emotionalität in einer Gruppe, um so besser die Fähigkeit zur Kommunikation.

Für das moderne Management bedeutet das, mit dem Faktor Hierarchie und Information grundsätzlich anders umzugehen. Statt hierarchische Informationsflüsse *sollte es Netzwerke geben.* Nur so kann sich die erhöhte Emotionalität in einem Unternehmen entfalten, die wiederum die Basis wird für »mehr Spaß bei der Arbeit« und mehr Verschworenheit.

Für das Personal-Management steht eine neuartige Aufgabe vor der Tür: Die systematische Pflege und Entfaltung von Emotionalität in den Unternehmen. *Soviel High-Touch wie möglich.*

Die alles entscheidende Voraussetzung jedoch liegt in der Fähigkeit des Top-Managements, die Hierarchie soweit wie möglich abzubauen und zu verflachen. Hierarchie bedeutet »heilige Ordnung«.

Und sie ist eine entscheidende Barriere in dem Bemühen, den Grad der Emotionalität zu erhöhen. Wie Gerhard Schwarz in seinem Buch »Die heilige Ordnung der Männer« (Opladen/Wiesbaden 1985) analysiert hat, ist die Hierarchie immer mit *Patriarchat und Zwang* verbunden. Je mehr Hierarchie, um so weniger gute Emotionalität.

Die neue Erfolgs-Formel lautet: Mehr Kohärenz bei mehr Individualität

Die Untersuchungen von Philip Slater zeigen, daß es deutliche Unterschiede gibt zwischen Männern und Frauen, was die Gruppen-Dynamik betrifft. Je mehr Frauen in einer Gruppe oder je emotionaler, weicher und fraulicher das Gruppen-Klima, um so *weniger Zwang zum Konformismus* . . . um so mehr Individualität trotz Gruppen-Kohärenz.

Und genau hier liegt das Geheimnis zukünftiger Human-Strategien: Wir brauchen mehr *Kraft durch Kohärenz* (aligned und attuned), und wir brauchen zugleich *mehr Kreativität durch mehr Individualität.*

Je geringer die partriarchalische Kultur in einem Unternehmen, um so besser ist diese neue Zielsetzung erfullbar.

Männer sind aufgrund ihrer Evolutions-Prägung wesentlich stärker auf Gruppen-Konformität, Unterordnung und Ent-Individualisierung ausgerichtet als Frauen. Da die Prognosen davon ausgehen, daß 25 Prozent der Top-Manager in den 90er Jahren Frauen sein werden, sind hier massive Veränderungen nötig und erwartbar. Die Feminisierung des Business wird die Individualität erhöhen und das Kader-Prinzip reduzieren.

Die neue Definition von Autorität

Aber es geht nicht nur um die Überwindung allzu patriarchalischer Hierarchien, sondern auch um die *Neudefinition von Autorität.* Verlangt wird eine Autorität, die auch »reife« (tendenziell autonome) Gruppen akzeptieren können. Die dafür erforderliche neue Autorität definiert sich wie folgt: Autorität ist, wer für eine Gruppe wichtige Funktionen und positive soziale Effekte übernimmt bzw. realisiert. Autorität entsteht im Rahmen der neuen Gruppen-Trends durch den spezifischen *Beitrag zum Wohlergehen der Organisation.*

Damit verlagert sich der Autoritäts-Schwerpunkt der Manager bedeutsam: Von der direkten Handlungs-Anordnung zur *Kultivierung menschlicher Ressourcen.* Derjenige erhält (freiwillig) Autorität, der das menschliche Potential in den Teams kultiviert und fördert.

Neu: Die kooperative Autorität

Die Wirtschaft wird in den nächsten Jahren den Unterschied zwischen der autoritären Autorität und einer *kooperativen Autorität* entdecken. In den wissenschaftlichen Diskussionen ist diese Unterscheidung bereits üblich. Eine kooperative Autorität ist dann gegeben, wenn versucht wird, *den Reifungs-Prozeß der Gruppe zu fördern.* Eine autoritäre Autorität ist dann gegeben, wenn sie den möglichen Reifungs-Prozeß der Gruppe stoppt oder reduziert.

Das entscheidende Schlüsselwort, das für Führung und Personal-Strategie immer wichtiger wird, ist die »Gruppen-Reife«. Das partizipative Management ist darauf ausgerichtet, die Gruppen-Reife kontinuierlich zu erhöhen. Das wird in der modernen Gruppen-Theorie dadurch definiert, daß der Anteil der Selbststeuerung durch die Gruppen-Mitglieder besonders hoch ist.

Je mehr Selbst-Organisation und je mehr Selbst-Steuerung, um so höher die Gruppen-Reife. Kooperative Autorität trainiert die Selbst-Steuerung der Mitarbeiter. Anders ausgedrückt: Wenn man auf Dezentralisierung und Selbstorganisation umschalten will, dann muß man alles tun, um die Gruppen-Reife zu verbessern.

Dadurch wird klar, wo der eigentliche Engpaß liegt: Erst wenn das Top-Management in der Lage ist, dieses Training in Richtung »Selbst-Steuerung« ehrlich zu wollen und aktiv durchzusetzen . . . erst dann haben die neuen Führungs-Stile eine ernsthafte Chance. Quality Circles, autonome Gruppen und partizipatives Management sind erst dann erfolgreich, wenn sich die basale Strategie der Autorität gewandelt hat: *Von der autoritären zur kooperativen Autorität.*

Da dies ein Problem des obersten Top-Managements ist, empfehlen wir den Vorständen, Inhabern und Direktoren, dieses Thema anzunehmen, um neue Wege beschreiten zu können. Gelingt das, so ist eine eminente Produktivitäts-Steigerung das Ergebnis.

So werden künstlich Konflikte produziert

Die Trend-Recherchen zeigen, daß in vielen Unternehmen systematisch Konflikte produziert werden, und zwar nicht so sehr durch das turbulente Umfeld des Marktes, sondern vielmehr durch *personelles Miß-Management* im eigenen Haus. Wieso?

Die meisten Unternehmen setzen auf die permanente *Qualifizierung ihrer Mitarbeiter*, schon allein aus Wettbewerbs-Gründen. Gleichzeitig werden die Mitarbeiter durch Wertewandel und gesellschaftliche Einflüsse immer emanzipierter, kritischer und psychisch autonomer. Dadurch wächst der Anteil der Jobs und Entscheidungen, die »von unten« autonom gesteuert werden können, kontinuierlich. Es entsteht ein eigentlich nicht beabsichtigter Reifungs-Prozeß der Gruppe.

Wenn aber zugleich das Top- und Middle-Management mit der gewohnten autoritären Autorität managt, dann ist der von oben gesteuerte Anteil der Arbeiten und Entscheidungen nach wie vor sehr groß (tendenziell bei 80 Prozent). Die hausgemachten Konflikte entstehen dann, wenn auch die Mitarbeiter rund 80 Prozent der Entscheidungen selbst treffen können und wollen.

Diese Konflikte werden gesteigert durch den Trend zu CIM und den Trend zu autonomen Gruppen. Die Elektronifizierung der Produktion und der Verwaltung verlagert die Entscheidungen immer mehr »nach unten« bzw. »vor Ort«. Die Mitarbeiter werden durch CIM also gezwungen, immer mehr »wie eigene Chefs« zu arbeiten, obwohl die oberen Chefs mit der alten Autorität steuern und entscheiden wollen.

Daraus schlußfolgert: Diejenigen Unternehmen, die auf Computer-Verwaltung und Roboter-Produktion umschalten, benötigen zwingend eine *Transformation der Autorität*, sonst werden die Produktivitäts-Chancen, die in der Elektronik liegen, nicht genutzt werden können.

Wenn die Roboter kommen, müssen die Muster der Autorität geändert werden

Eine große Gefahr droht dem Management, wenn es die Elektronifizierung der geistigen Arbeit und der Montage anordnet und durchführt, ohne zugleich konsequent auf Partizipations-Management umzustellen.

Durch die Elektronifizierung kommt – ohne, daß man das verhindern könnte – eine *Demokratisierung der Informationen* und damit eine Führung von unten. Es stirbt damit das alte Leitbild der Bosse (»Der Kopf ist immer oben«). Durch die Elektronifizierung des Business *ist das Gehirn überall plaziert.*

Wenn trotzdem die alten Kader-Muster, die alten Macht-Rituale, die überzogenen Hierarchien und das patriarchalische Status-Gehabe, das heute überwiegend praktiziert wird, beibehalten werden, dann kommt es nicht nur zur stillen Kündigung, sondern der *Konsens der Gruppe wird heimlich aufgekündigt*: Die Gruppen zerfallen dann, obwohl sie äußerlich noch als Gruppe vorhanden sind. Es entstehen soziale Hülsen, von denen man eher Zynismus und Desinteresse statt Engagement und Produktivität erwarten kann.

Dieser Gruppen-Zerfall zerstört die zentrale Identifikation mit dem Unternehmen und seinen Zielen. Die Produktivität der geistigen Arbeit wird dadurch extrem reduziert. Wie gesagt: Initiiert durch die Elektronifizierung!

Das Beispiel eines Weltunternehmens

Damit nicht der Eindruck entsteht, diese Trends und Gefahren seien allzu theoretisch oder erst in ferner Zukunft wichtig, sei hier zitiert aus einem uns vorliegenden Bericht. Es handelt sich um ein Weltunternehmen mit fast 100 000 Mitarbeitern. Das Unternehmen ist zur Zeit schwer angeschlagen, und die offzizielle Sprachregelung und Begründung lautet: Schwierige Marktlage.

Der Bericht nennt aber die eigentlichen Gründe: Eine hausgemachte *Negativ-Energie* durch »eine schlechte Unternehmenskultur und eine scheußliche geistige Atmosphäre«. Die Produktivität der Mitarbeiter ist auf dem Nullpunkt. Nicht der Markt ist schuld, sondern die Psyche des Managements.

Wie reagiert das Unternehmen darauf seit vielen Jahren? Das Top-Management beschließt ein Sanierungs-Programm nach dem anderen.

Darunter werden Umstrukturierungen verstanden, die nichts bringen außer Unruhe und Kosten und . . . natürlich Personal-Abbau, was wiederum das Klima und das soziale Ur-Vertrauen zerstört. Alle paar Jahre gibt es dann auch Machtkämpfe im Top-Management und dadurch einen neuen Vorstand.

Auch dieser neue Vorstand beginnt zuerst mit Sanierungs-Programmen, unfähig, das eigentliche Problem zu erkennen, nämlich das Kultur-Problem, das Visions-Problem und das Führungs-Problem (falsches Autoritäts-Modell und fehlende Partizipation). Statt Sanierung über Kosten wäre eine *geistige Sanierung* das Gebot der Stunde. Soweit die Realität eines Weltunternehmens.

Der Abbau der Hierarchie verlangt, das Machtproblem zu lösen

Es empfiehlt sich, die heutzutage überall diskutierte *Abflachung der Hierarchie* nicht nur instrumentell anzugehen, das heißt nicht nur rational-organisatorisch. Es geht nicht darum, aus einer sechsstufigen Hierarchie eine dreistufige zu machen (so vorteilhaft das auch ist), sondern es geht darum, *die grundsätzlichen Axiome der Hierarchie* – soweit das heute möglich ist – zu überwinden, um dadurch zu mehr Handlungs-Leidenschaft und zu mehr Wettbewerbs-Stärke zu kommen.

Es gibt nach Schwarz vier Axiome der Hierarchie:

① In einer Hierarchie können die Entscheidungen immer nur von der zentralen Stelle aus getroffen werden.

② Dieses ist nur möglich aufgrund eines Informations-Monopols, durch das die jeweilige zentrale Stelle über mehr und wichtigere Informationen als die Peripherie verfügt.

③ In einer Hierarchie gibt es unterschiedliche Wertigkeiten für unterschiedliche Aufgaben, also auch »die Ausbildung der Zentral-Funktionäre«. Das ist das Top-Management, das im Grunde ausschließlich Chef-Direktions-Arbeit übernimmt.

④ Die Zentral-Funktionäre sind in einer Hierarchie immer mit Macht ausgestattet, damit sie den »oberen Willen« durchsetzen können.

Betrachtet man diese Axiome, so wird deutlich, wo das kommende Problem liegt: beim Top-Management. Die Tatsache, daß so viele Initiativen, die in Richtung Dezentralisierung, Autonomisierung und Partizipation laufen, derzeit nicht funktionieren, liegt in der *ungeklärten Machtfrage*.

Erst wenn das Top-Management sich von der klassischen Kader-Macht trennen kann zugunsten einer anderen, nämlich *kooperativen Autorität* ... erst dann wird der von allen Unternehmern und Managern angestrebte Produktivitäts-Sprung durch Human-Resources-Management möglich. Ohne Transformation der Macht gibt es keine Produktivitäts-Steigerung durch partizipatives Management.

Es entsteht eine andere Arbeitsmoral – hier liegt die Chance

Neuere Untersuchungen bestätigen diese Trends aufs eindrücklichste: Die neuen Techniken (High-Tech) prägen eine *andere Arbeitsmoral*. Und genau hier liegen die Chancen, um die derzeit überall absackende geistige Produktivität der Mitarbeiter wieder zu erhöhen.

Gerhard Schmidtchen hat hierzu eine Untersuchung (»Neue Techniken, neue Arbeitsmoral«, Deutscher Instituts-Verlag 1984) vorgelegt, ausgerichtet auf die Metall-Industrie. Einige Trend-Fakten daraus:

Es wird für das Management immer schwieriger, aber zugleich auch immer bedeutsamer, dafür zu sorgen, daß Mitarbeiter mit ihrer täglichen Arbeit, ihrem Beruf und ihrem Unternehmen zufrieden sind. Warum? Je größer die *Berufs-Zufriedenheit*, um so stärker die Leistungs-Orientierung. Diejenigen Mitarbeiter, die nicht zufrieden sind, haben eine hohe Freizeit-Orientierung (73 Prozent). Die sehr zufriedenen Mitarbeiter haben dagegen nur eine von 13 Prozent.

Wenn rund 50 bis 60 Prozent aller Mitarbeiter mit dem Unternehmen und dem Job nicht zufrieden sind, dann herrscht im Unternehmen im Grunde ein *Leistungs-Streik*, der nicht als Streik sichtbar wird. Dann herrscht nämlich das vor, was Lutz von Rosenstiel in seinen Untersuchungen ebenfalls beobachtet hat: »die freizeit-orientierte Schonhaltung«.

Die meisten Unternehmer und Top-Manager haben aber ein Werte-Bild in sich verankert, das von Fleiß, *Disziplin und zum Teil Askese* getragen wird. Besonders die (älteren) Inhaber-Unternehmer im deutschen Mittelstand weisen dieses *protestantische Muster* in hohem Maße auf.

Neu: Die kommunikativen Tugenden der Arbeit

Die Mitarbeiter aber sind inzwischen längst wertegewandelt. Die Untersuchung zeigt, daß die *puritanischen Tugenden* (Präzision: 51 Prozent,

Pünktlichkeit: 44 Prozent, Umsichtigkeit: 41 Prozent, Fleiß: 36 Prozent) nicht mehr so wichtig sind wie die *kommunikativen Tugenden* (Teamarbeit: 54 Prozent, eigene Meinung: 49 Prozent, Offenheit: 47 Prozent, Verträglichkeit: 33 Prozent, Zuhören: 32 Prozent, Humor: 24 Prozent, für andere dasein: 24 Prozent).

Die Mitarbeiter haben also in sich selbst zwei Arbeits-Tugenden vereinigt, die Tugend des Puritanismus und die neue, kommunikative Tugend.

Interessant ist, daß die meisten Top-Manager und Unternehmer diesen *Schritt zur Lebens-Erotik*, zur Selbstentfaltung und zur kommunikativen Arbeits-Moral noch nicht nachvollzogen haben. Dadurch kommt es zu *Wert-Konflikten*, die überall in den deutschen Unternehmen ausgetragen werden (von der kargen Kantine, in die man nicht investiert, bis hin zu völlig überholten Pünktlichkeits-Kontrollen).

Die Untersuchungen von Schmidtchen zeigen, daß die jugendlichen Mitarbeiter eine *gute Synthese* zwischen der klassischen Disziplin und der kommunikativen Arbeitsmoral praktizieren. Die vielgescholtene Jugend ist nicht etwa fauler, sondern nur frustriert von der Ist-Realität. Im Prinzip will sie Leistung und Höchstleistung geben, aber nicht auf der Basis autoritärer Führung und puritanischer Arbeits-Organisation. Fazit: Nicht die Arbeitsmoral ist gesunken, sie hat sich nur verändert.

Spaß bei der Arbeit ergibt eine bessere Arbeits-Produktivität

Diejenigen, die einen kommunikativen Lebensstil anstreben (Lebens-Erotik und Selbstentfaltung) verlangen in hohem Maße (63 Prozent) auch eine kommunikative Arbeitsmoral. Sie verlangen mehr Autonomie am Arbeitsplatz. Sie verlangen mehr Selbstentfaltung in den Jobs Und sie verlangen mehr *Spaß bei der Arbeit*.

Wenn sie das nicht erhalten . . . erst dann verweigern sie Leistung. Dadurch sinkt die gesamte Produktivität des Unternehmens. Und dieser Produktivitäts-Verlust kann – so zeigen alle Untersuchungen – nicht durch Sanierungs-Programme, Rationalisierung, Roboterisierung und Chip-Intelligenz aufgewogen werden. Nur durch Human-Resources-Management findet man den Pfad zur erhöhten Produktivität.

Aber die Unternehmen werden große Schwierigkeiten bekommen, das neue Leitbild »Glanz, Spaß und Stolz in der Arbeit« zu verwirklichen. Das alte Menschenbild (Arbeit ist Fron, und Leistung kommt durch Disziplin) ist noch zu sehr verankert, besonders bei der Business-Elite.

Spaß reduziert Streß

Auf der anderen Seite zeigen die Untersuchungen, daß diejenigen Mitarbeiter, denen die Arbeit Spaß macht, eine völlig andere Einstellung zu Streß und Belastung aufweisen: Je mehr Arbeits-Zufriedenheit, um so weniger Angst, daß man sich durch die Arbeit verbraucht. Im Gegenteil: Die sehr zufriedenen Mitarbeiter sind zu 77 Prozent sogar der Meinung, daß man durch die Arbeit auch etwas gewinnt. *Diese Arbeit baut auf.*

Und genau diese Haltung (»Arbeit macht Spaß und fit«) ist entscheidend für passioniertes Arbeiten ... also für eine kontinuierliche Höchstleistung.

Das bedeutet:

So unglaublich es auch klingt: Vermutlich wird man sich in den 90er Jahren sehr anstrengen, um den Spaß bei der Arbeit deutlich zu erhöhen, damit die Produktivität wieder steigt. Das geht von der Musik am Arbeitsplatz über die autonome Arbeitszeit-Planung bis hin zu vielfältigen privaten Unterstützungen für Freizeit, Sport und Familie.

Um es anders zu sagen: Im Moment werden viele Millionen und Milliarden investiert in Rationalisierung und Technologie, weil man hier dem Irrglauben unterlegen ist, dadurch allein die Produktivität erhöhen zu können. Morgen wird man in den Faktor »Spaß« investieren, und zwar nicht nur mit halbem Herzen oder gar verschämt, sondern methodisch, strategisch und mit vollem Investment.

Das neue Ziel: Arbeit muß Spaß machen, damit sie produktiv wird.

Die Untersuchungen von Schmidtchen haben darüber hinaus gezeigt, daß das »selbständige Arbeiten« mit 89 Prozent als besonders reizvoll und anregend bewertet wird. Der breite Trend zur Autonomisierung der Arbeit, vor dem das Top-Management in vielen Unternehmen zögert, wird längst von der Mitarbeiter-Basis erwartet und verlangt. Und offensichtlich sind die Mitarbeiter dazu auch psychisch reif. Das Mehr an Verantwortung wird nicht als Belastung erlebt, sondern als das genaue Gegenteil: Als Job-Enrichment, das nichts kostet.

Das Fazit daraus: Der angestrebte Effekt »Mehr Spaß bei der Arbeit« ist nicht nur durch die Rahmenbedingungen (von den besseren Räumen bis hin zu neuartigen Sozial-Services) erzielbar, sondern auch durch die Arbeit selbst. Mehr Spaß kommt nicht nur durch soziale Geschenke, sondern vorrangig durch die gewünschte Umwandlung der Arbeit: Hin zu einem selbständigen Arbeiten, hin zu neuen Formen der Teamarbeit (79 Prozent), hin zu mehr Arbeitseinsatz (78 Prozent), hin zu einer größeren Vielseitigkeit der Aufgaben (78 Prozent).

Wenn das Top-Management in der Lage ist, die alles überlagernde Autoritätsfrage zu lösen und damit endgültig auf das partizipative Management umzusteigen, dann wird sich die Arbeit zwangsläufig so umformen, daß das angestrebte Ziel »Mehr Spaß an der Arbeit« weitestgehend wie von selbst möglich wird. Mehr Spaß bedeutet nicht, mehr Geld zu investieren, sondern zuerst einmal, das partizipative Management einzuführen.

Ausblick

Auf dem Weg zur Cultured Corporation

Man kann die Verbindung von Liebe und Management auch neurophysiologisch erklären. Wie John Z. Young in seinem Buch »Philosophie und Gehirn« (Basel 1989) eindrucksvoll beschreibt, organisiert sich das Gehirn zum großen Teil durch Muster und Felder. Diese Muster haben dann Ordner-Qualität. Der Begriff »Ordner« kommt aus der Synergetik (Herman Haken) und besagt, daß hier zentrale Faktoren andere Faktoren mitreißen. Mit anderen Worten: Es gibt Erlebnisse und Erfahrungen, die das Gehirn so speichert, daß dadurch ein ganzes Bündel von physiologischen und psychologischen Faktoren konditioniert wird.

So zum Beispiel ist es möglich, durch den zentralen Management-Ordner »Liebe« das körperliche und hormonelle Potential von Mitarbeitern drastisch zu verbessern. Man wird also wacher, dynamischer und intelligenter, wenn das Gehirn diejenigen Ordner gelernt hat, die als Schleusenwärter für diese Selbst-Energetisierung sorgen.

Wie die Untersuchungen von E. Kandel gezeigt haben, sind die gelernten emotionalen und mentalen Ordner keineswegs nur passive Gedächtnisleistungen des Gehirns. Im Gegenteil: Sie verändern das Gehirn auch physiologisch. Die Gehirn-Qualität von Mitarbeitern ist also nicht etwa für ewige Zeiten programmiert und unveränderbar . . . sie ist in hohem Maße abhängig davon, welche Muster und mentalen Ordner Menschen während der Arbeit lernen.

Wenn man das Gehirn auffaßt als ein kraftvolles und vieldimensionales System unterschiedlicher Vernetzungen, dann sorgt der zentrale Management-Ordner »Liebe« dafür, daß diejenigen Öffnungen zur Selbst-Energetisierung konditioniert werden, die für eine gute Arbeits-Energie und mentale Fitneß (Vigilance) sorgen. Mit anderen Worten:

Management und Führung steuern nicht nur funktionale Prozesse, sondern auch neuronale Konditionierungen. Der oberste

Ordner ist dabei die Erfahrung und Gewißheit von praktizierter Liebe innerhalb des Jobs, weil dadurch die mentalen und physiologischen Voraussetzungen für eine hohe Leistungs-Energie konditioniert werden.

Die Zeit wird kommen, in der die hölzerne und allzu abstrakte Betriebswirtschaftslehre die entscheidende Ordner-Rolle von Liebe als Meta-Faktor des Erfolgs entdeckt.

Wenn dieses geschieht, wird zugleich die Bedeutung der *Selbstentfaltung* entdeckt werden. Warum?

Nur diejenigen Manager und Unternehmer, die über ein hohes Maß an Selbstentfaltung und Selbst-Liebe verfügen, sind in der Lage, persönliche Integrität und Liebe in die soziale Dynamik der Unternehmen einzubringen.

Wie wichtig dieses Selbst-Wachstum in Zukunft sein wird, läßt sich an folgendem Fall, den ich selbst beobachtet habe, skizzieren: Ein Vorstand, zuständig für Finanzen und Organisation, ist in seinem Unternehmen einer der Befürworter für eine gründliche Wandlung der Organisation: Abbau der Hierarchie und Aufbau eines modernen Partizipations-Konzeptes. Er selbst ist Mitgestalter dieses humaneren Konzeptes. Und er tritt auch aktiv und seriös dafür ein.

Auf der anderen Seite ist er gekennzeichnet durch ein sehr »kleinliches Kleinheits-Ich«, das heißt, seine Liebe zu sich selbst ich nur minimal ausgebaut. Rational befürwortet er also den Aufbruch seines Unternehmens zu einer anderen Qualität der Mitmenschlichkeit. Unbewußt und emotional erlebt er diesen von ihm getragenen Aufbruch jedoch als einen wachsenden Konflikt. Während er immer intensiver zum Promotor der »humanen Führung« wird, wird er auf subtile Art immer dirigistischer und repressiver im Verhalten. Er führt immer schlechter, während er immer humaner führen will.

Da er sich selbst sehr wenig liebt und sein defizitäres Ich zum Mittelpunkt seiner Identität gemacht hat, kann er immer weniger zulassen, daß sich andere Mitarbeiter mehr und mehr entfalten, eigendynamischer werden, kreativer und fröhlicher.

Das erinnert an ein chinesisches Sprichwort: »Du mußt nicht fremde Kerzen ausblasen, um dein eigenes Licht zu sehen.« Genau das tut dieser Vorstand aber. Und da jedes Unternehmen letztendlich nur sozial geformte Liebes-Energie ist, verseucht er von Monat zu Monat mehr diese Liebes-Energie. Es sind kleine symbolische Handlungen, mit denen er das tut, kleine zum Teil winzige Erniedrigungen seiner vielen Mitarbeiter... winzig, aber dennoch ausgesprochen destruktiv. So zerbricht die Sozial-Energie, während er stolz verkündet, die humane Führung sei eingeführt.

Wir erkennen an dieser Stelle ein globales Gesetz:

Man kann nur dann ein wirklich guter Führer sein, wenn man kein kleinliches Kleinheits-Ich hat. Jedes Kleinheits-Ich reduziert die Liebe zu sich selbst. Wer nur zur reduzierten Selbstliebe fähig ist, kann in dem sozialen Rahmen eines Unternehmens keine Liebe praktizieren. Wenn Liebe zum zentralen Management-Faktor wird, dann ist die Selbstentfaltung und das persönliche Liebes-Wachstum eine unverzichtbare Voraussetzung.

Selbstliebe ist das Fundament für Management by Love.

Eine andere Voraussetzung für Management by Love ist das *Menschenbild*. Hier geht es nicht darum, welches Menschenbild man verkündet, sondern um dasjenige Menschenbild, an das man wirklich glaubt. Besonders Top-Manager und schnelle Karrieristen lernen auf ihrem Weg nach oben oft falsche Elite-Muster und schädliche Muster latenter bis offener Hybris. Das ergibt ein Menschenbild, das klar hierarchisch ist: Ich bin die Elite, den Rest brauch' ich nur für meine Überlegenheit.

Im Jahre 1988 gab es eine große Konferenz über »Manager 2000«, durchgeführt in Brüssel. Viele Experten und Praktiker diskutierten mehrere Tage lang, wie der Manager des 21. Jahrhunderts aussehen müßte. Das Ergebnis faßte man schriftlich in Thesen zusammen. Und hier zeigte sich eklatant, wie gegensätzlich humane Führung und Menschenbild sein können.

Da war zu lesen: »Wir brauchen Leute, die Persönlichkeit haben.« Und wenige Absätze weiter konnte man lesen: »Aber die Autorität an der Spitze muß die Balance halten zwischen Respekt gegenüber *Untergebenen* und der Notwendigkeit dezidierter Entscheidungen.«

Hier wird wieder der alte Konflikt zwischen elitärem Kader-Konzept und Management by Love deutlich. Auf der einen Seite will man alles tun, um echte Persönlichkeiten statt Organigramm-Menschen zu haben, dann aber wieder rutscht die verhängnisvolle Vokabel »Untergebene« heraus. Sie verrät allzu deutlich das wirkliche Menschenbild dieser Experten und Manager.

Wer glaubt, Untergebene zu führen, kann keine humane Führung praktizieren. Er kann sie intentional wollen und auch theoretisch verstanden haben, aber er wird nicht fähig sein, glaubwürdige Liebe ins Management einzubringen.

Wie der SAS-Chef Carlzon in seinem Buch »Alles für den Kunden« geschrieben hat, haben die meisten Unternehmen und Manager immer noch nicht begriffen, daß »zuwenig aufs Produkt hingearbeitet wird«. Das Produkt aber sei immer der Mensch. Deshalb managen die meisten, die an der Spitze stehen, viel zu sehr mit offenen oder versteckten Disziplinierungs-Techniken oder mit der brüchigen Kraft der Ratio und viel zu selten mit der intensiven Kraft der Liebe.

Der amerikanische Psychotherapeut Robert Hoffman, Begründer des Quadrinity Process, weiß um die Kraft wirklicher Liebe, wenn sie nicht nur theoretisch behauptet wird, sondern integer gelebt wird. Er weiß aber auch, daß es so etwas gibt wie die

negative Liebe.

Hier haben wir wieder einen neuropsychologischen Prozeß, der sich wie folgt beschreiben läßt: Jeder Mensch benötigt aufgrund der originären Ausrichtung seines Neurosystems Erfolgs-Erlebnisse, Identitäts-Bestätigungen und ein kontinuierliches Belohnungs-Gefühl. Das neurochemische System, das die körperliche und geistige Energie produziert und steuert, ist besonders stark abhängig von diesen vielfältigen Belohnungen.

Schlechte Führung sorgt dafür, daß sich dieses originäre Bedürfnis nach Liebe und Belohnung verbindet mit Distanzierung, Bestrafung, Verunsicherung und Repression. Dadurch lernt das Selbstkonzept des Menschen ein sehr negatives Muster, also einen *autodestruktiven Ordner*: Lieber schlechte Behandlung und Schläge als gar keine Zuwendung.

Diese Form der negativen Liebe findet sich in fast allen Unternehmen täglich tausendfach. Fast keine Sitzung ohne Rückverstärkung dieses Musters negativer Liebe. Wo immer im Rahmen von Hierarchien miteinander umgegangen wird, ist dieses negative »Liebes-Syndrom« (Hoffman) zu beobachten. Dabei ähnelt das Ganze einem subtilen Tanz von Süchtigen. Die Eliten und Führer benötigen die negative Liebe für ihr elitäres Selbstkonzept. Die derart schlecht Geführten benötigen die negative Liebe als Ersatz für praktizierte Liebe.

Neurophysiologisch und mental-energetisch bedeutet das für die Geführten folgendes: Sie werden schlechter, als sie ohnehin sind. Sie werden kreativ gehemmter. Und ihre Selbstentfaltung und ihr mentales Wachstum werden ins Gegenteil verkehrt.

Wer mit negativer Liebe führt, arbeitet mit geheimer Self-fulfilling-Technik. Er programmiert das energetische System der Menschen um von Wachstum auf Reduktion und zieht dann daraus die Rechtfertigung und den empirischen Beweis für den Einsatz von härterer Führung und repressiver Gängelung.

Negative Liebe, so hat es Jochen Windhausen einmal ausgedrückt, »frißt von Mal zu Mal ein Stückchen Leben«. Das bedeutet: Es reduziert auf unsichtbare, aber dennoch unweigerliche Art das Energie-Potential der Mitarbeiter und damit die originärste Quelle wirtschaftlicher Produktivität.

Kader bedeutet negative Liebe

Wenn es in Zukunft wieder eine *charismatische Führung* geben wird, dann wird sie sich konsequenter und endgültiger vom Kaderprinzip trennen müssen, weil Kader immer gleichbedeutend ist mit negativer Liebe. Wie destruktiv und repressiv das Kader-Prinzip selbst in den obersten Etagen wirkt, kann man am Beispiel des Daimler-Chefs Edzard Reuter dokumentieren. Als seine Berufung zum Vorstands-Vorsitzenden anstand, war im Unternehmen und in der Presse allzu oft Lenins Spruch über den Vater von Reuter, den berühmten Berliner Bürgermeister Ernst Reuter, zu hören: »Reuter ist ein brillanter und klarer Kopf, nur ist er etwas zu unabhängig.«

Genau an diesem Punkt der Unabhängigkeit scheidet sich das helle Management vom Management der negativen Liebe. Unabhängige Menschen sind die Garantie für spontan-kreative und mitreißende Mental-Kraft. Abhängige und rückgrats-gebrochene Menschen können zwar optimal gehorchen, können aber den permanenten Prozeß der selbstgesteuerten Evolution im Unternehmen nicht konstruktiv fördern. Wenn es in Zukunft also darum gehen wird, die Unternehmen geistig zu flexibilisieren – was ja nichts anderes ist, als die *innere Evolution* der Unternehmen zu beschleunigen –, dann wird man gerade diese Unabhängigkeit aktiv fördern müssen, statt sie durch Kader-Techniken zu zerbrechen.

Charismatische Führung ist deshalb immer darauf ausgerichtet, das Wachstum des Selbst im anderen Menschen zu fördern . . . innerhalb der Arbeit und durch die Arbeit. Insofern ist die kommende charismatische Führung eine Kombination von Coaching und praktizierter Liebe. Die charismatische Qualität des Chefs entspringt nicht seiner Position in der Hierarchie und erst recht nicht den Prestige-Insignien, die in den Companies üblich sind. Beim hellen Management ist Charisma nichts anderes als diejenige *Voll-Macht*, die die Mitarbeiter ihrem Führer gegenüber zulassen, weil dieser ihr menschliches und berufliches Wachstum fördert.

Es ist im Grunde ein Austausch-Prozeß zwischen dem Führenden und seinen Mitarbeitern. Da wir derzeit einen breiten und intensiven Mega-Trend in Richtung *Führen ohne zu führen* haben, vollzieht sich dieser Austausch-Prozeß im Rahmen praktizierter Liebe . . .

Liebe zu den Menschen, Liebe zur Leistung. Beides ist zirkulär miteinander verbunden.

Während man früher sehr häufig dachte und hörte: »Wie gut, daß die da unten von uns abhängig sind«, wird man morgen die Unternehmen so organisieren, daß diese finanzielle und situative Abhängigkeit auf ein extremes Maß gesenkt wird. Das alte Kader-Prinzip funktionierte im Grunde nur durch ein sich mehrfach ergänzendes Abhängigkeits-Konzept.

Das helle Management ignoriert diese Abhängigkeiten. Das bedeutet eine Wandlung von der Muß-Arbeit zur Freiwilligkeits-Arbeit. Statt: »Wie gut, daß alle abhängig sind« lautet nunmehr die Leit-Idee:

Wie würden wir managen, wenn alle nur aus Spaß arbeiten würden?

Wie müßten wir führen, wenn alle nur freiwillig arbeiten würden?

Durch diese Fragen erkennt man auch den Unterschied zwischen Corporate Culture, was derzeit geradezu Mode ist, und dem viel anspruchsvolleren Ziel einer

Cultured Corporation.

Auf dem Weg zu einer »Cultured Corporation« (Wilfried Holleis: »Unternehmenskultur und moderne Psyche«) wird sich die Führung eminent wandeln. Die Leitlinie für diese Wandlung möchte ich wie folgt beschreiben:

① **Die Menschen wollen nicht mehr für ein soziales System arbeiten, sondern als ein soziales System arbeiten.**
Vom Kader-Management zum Family-Management.

② **Die Menschen wollen für ihren Sinn arbeiten und nicht für ihren Chef.**
Von der Karriere-Arbeit zur Entfaltungs-Arbeit.

③ **Die Menschen wollen durch ihre Arbeit wachsen und nicht nur für Ziele funktionieren.**
Von der Funktion zur persönlichen Transformation.

Literaturverzeichnis

Alt, Günter (Hrsg.): Die Welt als offenes System. Frankfurt am Main 1986

Ammon, Günter: Der mehrdimensionale Mensch. München 1986

Bruns, Margarete/Spreither, Franz: Durchbruch zur größeren Wirklichkeit. Konstanz 1980

Capra, Fritjof: Wendezeit. München 1983

Carlzon, Jan: Alles für den Kunden. Frankfurt am Main, New York 1988

Cooper, J. C.: Der Weg des Tao. München 1985

Eisenhardt, Peter/Kurth, Dan/Stiehl, Horst: Du steigst nie zweimal in denselben Fluß. Reinbek 1988

Foerster, Heinz von: Sicht und Einsicht. Versuche zu einer operativen Erkenntnistheorie. Braunschweig 1985

Foster, Richard N.: Innovationen – die technologische Offensive. Wiesbaden 1986

Gerken, Gerd: Die Geburt der neuen Kultur. Düsseldorf, Wien, New York 1988

Gerken, Gerd: Der neue Manager, Freiburg 1986

Gerken, Gerd: Die Trends für das Jahr 2000. Düsseldorf, Wien, New York 1989

Gerken, Gerd: Zukunft des Handels. Freiburg 1987

Gerken, Gerd/Luedecke, Gunther: Die unsichtbare Kraft des Managers. Düsseldorf, Wien, New York 1988

Hickman, Craig/Silva, Michael: Der Weg zu Spitzenleistungen. München 1986

Holl, Hans Günter: Das lockere und das strenge Denken. Weinheim 1985

Holleis, Wilfried: Unternehmenskultur und moderne Psyche. Frankfurt am Main, New York 1987

Klipstein, Michael von/Strümpel, Burkhard: Gewandelte Werte – Erstarrte Strukturen. Bonn 1985

Kohn, Alfie: No Contest: The Case against Competition. Boston 1986
Krummenacher, Fred: Flexibles Management statt Bürokratie. Landsberg 1985
Loye, David: Gehirn, Geist und Vision. Basel 1986
Lutz, Rüdiger: Die sanfte Wende. München 1984
Lutz, Christian: Die Kommunikationsgesellschaft. Rüschlikon 1986
Maturana, Humberto/Varela, Francisco: Der Baum der Erkenntnis. München 1989
Mayer, Elmar (Hrsg.): Controlling-Konzepte. Wiesbaden 1986
Monroe, Robert: Der Mann mit den zwei Leben. München 1986
Nietschke, August: Junge Rebellen, Mittelalter, Neuzeit, Gegenwart: Kinder verändern die Welt. München 1985
Noelle-Neumann, Elisabeth/Strümpel, Burkhard: Macht Arbeit krank? Macht Arbeit glücklich? München 1984
Pascarella, Perry: The New Achievers: Creating a Modern Work Ethic. World Future Society 1984
Peters, Tom: Kreatives Chaos. Hamburg 1988
Peters, Thomas/Austin, Nancy: Leistung aus Leidenschaft. Hamburg 1986
Peters, Thomas/Waterman, Robert jr.: Auf der Suche nach Spitzenleistungen. Landsberg am Lech ^{3}1986
Russell, Peter: Die Erwachende Erde. München 1984
Sabel, Charles F. E.: Arbeit und Politik. Wien 1986
Schwarz, Gerhard: Die heilige Ordnung der Männer. Opladen/Wiesbaden 1985
Sennett, Richard: Autorität. Frankfurt am Main 1985
Tontaine u. a.: Jenseits der Krise – Wider das politische Defizit der Ökologie. Frankfurt am Main 1976
Weick, Karl E.: Der Prozeß des Organisierens. Frankfurt am Main 1985
Young, John Z.: Philosophie und Gehirn. Basel 1989

Personen- und Sachregister

Das Institut für Trend-Forschung Worpswede / Miami

Das Institut hat sich zur Aufgabe gemacht, der Wirtschaft im deutschsprachigen Raum wichtige zukunftsweisende Trends in qualifizierter und regelmäßiger Form zu präsentieren. Basis ist das RADAR-SYSTEM, daß Anfang der 80er Jahre von Gerd Gerken entwickelt wurde, um die Komplexität und Dynamik von Trends sytematisch erfassen zu können.
Das RADAR-SYSTEM basiert derzeit auf 26 Mega-Trends und beobachtet kontinuierlich die dynamischen Verläufe von rund 160 Trends. Darüber hinaus werden globale Meta-Trends diagnostiziert und ganzheitliche Trend-Landschaften beschrieben, diese besonders für Parteien und Groß-Unternehmen.
Die Methodik des RADAR-SYSTEMS beruht auf drei Säulen der empirischen Sozial-Forschung:

1. Inhalts-Analysen von Medien mit frühen Inhalten;
2. Experten-Auskünfte;
3. Teilnehmende Beobachtung, dieses besonders in Szenen, Subkulturen und avantgardistischen Initiativen.

Das RADAR-SYSTEM fokussiert hauptsächlich den deutschsprachigen Raum und konzentriert sich dabei hauptsächlich auf kulturelle, soziale und kollektiv-psychologische Trends. Darüber hinaus werden »öffentliche Feelings« und nationale Orientierungs-Metaphern diagnostiziert, die wiederum wichtig sind, um die Dynamik der »Soft-Factors« in einem Wirtschafts-Raum prognostizieren zu können.
Auf dieser Basis berät das Institut für Trend-Forschung seit vielen Jahren Unternehmer, Manager und Entscheidungsträger in Parteien und Institutionen. Im einzelnen umfaßt das Beratungs-Programm folgende Bereiche:

1. Der schriftliche Trend-Service

Dieser Service ist hauptsächlich auf Aktualität ausgerichtet. Deshalb offeriert er den Unternehmer zweimal im Monat einen

- ZUKUNFTS-LETTER mit je 20 Seiten, hauptsächlich ausgerichtet auf deutsche Trends, sowie Trends aus USA, Japan, Europa und dem High-Tech-Bereich. Dazu gibt es folgende Beilagen:
- BRAIN ... die aktuellen Entwicklungen der Gehirn-Forschung und der Bewußtseins-Praxis.
- WORLD ... die aktuellen Trend-Signale aus der Welt des Designs und der Kultur.
- CALIFORNIA ... wichtige Trends aus der Pazifik-Region.
- MIAMI ... Lifestyle-Trends aus Florida.
- NEW YORK ... Kultur-Trends aus der Metropole.

Des weiteren liefert dieser Service einen speziellen Info-Letter, mit dem Titel:
- GERKEN-ZUKUNFT
  Er präsentiert dem Top-Management grundsätzliche Richtungs-Trends für die Zukunft im Business.

Ergänzt wird der Service durch eine Serie von
- TREND-TREFFS,
  jeweils durchgeführt von Gerd Gerken in Hamburg und München.

Flankiert werden diese Service-Aktivitäten durch
- EXCLUSIV-SEMINARE,
  die hauptsächlich ganzheitliche und globale Meta-Trends aufarbeiten.

2. Visions-Beratung durch Zukunfts-Konferenzen

Das Institut für Trend-Forschung und Gerd Gerken bieten Unternehmen und Managern eine progressive Beratung, bezogen auf Zukunfts-Projekte und Langfrist-Planungen. Dabei werden alle relevanten Zukunfts-Aspekte in szenarischer Form, das heißt im Rahmen einer Zukunfts-Landschaft entwickelt und präsentiert, hauptsächlich bezogen auf
- die Zukunft der Führung,

- die Zukunft der Organisation,
- die Zukunft der Personal-Politik,
- die Zukunft der Fortbildung und Personal-Entwicklung,
- die Zukunft von Marketing und Interfusion,
- die Zukunft der Öffentlichkeits-Arbeit/Issue-Politik,
- die Zukunft der Lobby-/Verbands-Arbeit,
- die Zukunft der Produkt-Entwicklung/-Innovation,
- die Zukunft von Design- und Identity-Architektur.

3. Exklusives Trend-Monitoring per Abonnement

Dieser Service beinhaltet eine »maßgeschneiderte Trend-Diagnose«, die als laufender Service von Top-Managern und Entscheidungs-Trägern genutzt wird. Entsprechend den strategischen Zielsetzungen des Unternehmens wird eine Exklusiv-Diagnose aller relevanten Trend-Signale durchgeführt, um damit dem Management verläßliche Orientierungs-Daten für zukunftsgerichtete Entscheidungen zu geben. Das Monitoring ist exklusiv, es kann also pro Branche nur einmal vergeben werden. Das RADAR-Team diagnostiziert die Trend-Strömungen kontinuierlich. Präsentiert werden die Ergebnisse zweimal im Jahr durch Gerd Gerken im Rahmen eines jährlichen Service-Vertrages.

4. Persönliches Coaching für Unternehmer und Manager

Darüber hinaus bietet das Institut für Trend-Forschung in Worpswede innovative Konzepte für ein qualifiziertes Trainings-Programm für die mentale Qualifizierung von Managern entsprechend den Regeln des MIND DESIGN. Hierfür steht ein eigenes Coaching-House mit vielfältigen Programmen und Systemen zur Verfügung.
Weitere mündliche Informationen über die Ziele und Services sowie Probehefte, sind unter folgender Adresse zu erhalten:

Institut für Trend-Forschung
Muditas GmbH
Postfach 1206
D-2862 Worpswede
Tel.: 0 47 92 / 26 56
Fax: 0 47 92 / 26 86